TEOLOGIA e CIÊNCIAS NATURAIS

Coleção Teologia na Universidade

- Teologia e arte – *Ceci Baptista Mariani e Maria Angela Vilhena (orgs.)*
- Teologia e ciências naturais – *Eduardo R. da Cruz (org.)*
- Teologia e direito – *Afonso M. L. Soares e João Décio Passos (orgs.)*
- Teologia e outros saberes – *João Décio Passos*
- Teologia e sociedade – *Paulo Nogueira Baptista e Wagner Lopes Sanchez (orgs.)*

Eduardo R. da Cruz

TEOLOGIA e CIÊNCIAS NATURAIS

Teologia da Criação, Ciência e Tecnologia em diálogo

Paulinas

Dados Internacionais de Catalogação na Publicação (CIP)
(Câmara Brasileira do Livro, SP, Brasil)

Teologia e ciências naturais : teologia da criação, ciência e tecnologia
em diálogo / Eduardo R. da Cruz (org.). – São Paulo : Paulinas,
2011. – (Coleção teologia na universidade)

ISBN 978-85-356-2768-8

1. Teologia   I. Cruz, Eduardo R. da.   II. Série.

11-00575   CDD-230.01

Índice para catálogo sistemático:
1. Teologia   230.01

1ª edição – 2011

Direção-geral: Flávia Reginatto

Conselho editorial: Dr. Afonso M. L. Soares
Dr. Antonio Francisco Lelo
Luzia M. de Oliveira Sena
Dra. Maria Alexandre de Oliveira
Dr. Matthias Grenzer
Dra. Vera Ivanise Bombonatto

Editores responsáveis: Vera Ivanise Bombonatto e
Afonso M. L. Soares
Copidesque: Anoar Jarbas Provenzi
Coordenação de revisão: Marina Mendonça
Revisão: Sandra Sinzato
Assistente de arte: Sandra Braga
Gerente de produção: Felício Calegaro Neto
Projeto gráfico: Manuel Rebelato Miramontes

Nenhuma parte desta obra poderá ser reproduzida ou transmitida
por qualquer forma e/ou quaisquer meios (eletrônico ou mecânico,
incluindo fotocópia e gravação) ou arquivada em qualquer sistema ou
banco de dados sem permissão escrita da Editora. Direitos reservados.

Paulinas
Rua Dona Inácia Uchoa, 62
04110-020 – São Paulo – SP (Brasil)
Tel.: (11) 2125-3500
http://www.paulinas.org.br – editora@paulinas.com.br
Telemarketing e SAC: 0800-7010081
© Pia Sociedade Filhas de São Paulo – São Paulo, 2011

Agradecimentos

Uma obra coletiva como esta não se faz sem a dedicação de uma série de colaboradores, que retiram do pouco tempo disponível para um pesquisador brasileiro os momentos para refletirem sobre temas tão exigentes como os aqui apresentados.

Assim sendo agradeço em primeiro lugar aos autores do presente volume, por aceitarem o convite e o desafio que lhes foi feito, pelo esforço diligente ao longo de vários meses. Este volume também é, como ressaltado na Apresentação, fruto da experiência acumulada em muitos anos na disciplina de "Introdução ao Pensamento Teológico" da PUC-SP. Os temas que aqui são discutidos já foram objetos de reflexão com inúmeras pessoas, impossíveis agora de serem nomeadas, a quem agradeço pela atenção e paciência. O agradecimento também se estende aos editores gerais da coleção, professores livre-docentes Afonso Maria Ligorio Soares e João Décio Passos, pela envergadura e seriedade do projeto, e pelo convite a mim feito para dirigir o presente volume.

Menção também deve ser feita aos seguintes mestrandos e doutorandos do Programa de Estudos Pós-graduados em Ciências da Religião da PUC-SP: Celso Gusman, Gilmar Gonçalves da Costa, Maria Cláudia Araújo, Tatiana Boulhosa, pela revisão dos capítulos, e Alfredo Veiga pela tradução do capítulo de Bronislaw Szerzinski. Por fim, gostaria de agradecer ao professor Paulo Fernando Carneiro de Andrade, da PUC-Rio, pelo apoio dado na fase inicial do projeto deste volume.

Apresentação da coleção

Com este novo livro, *Teologia e ciências naturais*, organizado pelo professor Eduardo R. da Cruz, damos continuidade ao projeto que se configurou na coleção *Teologia na Universidade*. Nós a concebemos para atender um público muito particular: jovens universitários que, muito provavelmente, estão tendo seu primeiro contato — e quem dera não fosse também o derradeiro — com uma área de conhecimento que talvez nem soubessem da existência: a área de estudos teológicos. Além dos cursos regulares de teologia e de iniciativas mais pastorais assumidas em várias Igrejas ou comunidades religiosas, muitas universidades comunitárias oferecem a todos os seus estudantes uma ou mais disciplinas de caráter ético-teológico, entendendo com isso oferecer ao futuro profissional uma formação integral, adequada ao que se espera de todo cidadão: competência técnica, princípios éticos e uma saudável espiritualidade, independentemente de seu credo religioso.

Pensando especialmente nesse público universitário, Paulinas Editora convidou um grupo de docentes com experiência no ensino introdutório de teologia — em sua maioria, professores e professoras da Pontifícia Universidade Católica de São Paulo (PUC-SP) — e conceberam juntos a presente coleção.

Teologia na Universidade visa produzir coletâneas de estudos que explicitem as relações entre a teologia e as áreas de conhecimento que agregam os cursos de graduação das universidades, a serem realizados pelos docentes das disciplinas teológicas e afins — que podem ser chamadas, dependendo da instituição de ensino em que sejam oferecidas, de *Introdução ao Pensamento Teológico*, *Introdução à Teologia*, *Antropologia Teológica*, *Cultura Religiosa* e/ou similares. Nosso escopo foi contar com a parceria de pesquisadores das áreas em questão (direito, saúde, ciências sociais, filosofia, biologia, comunicação, artes etc.).

Diferencial importante dos livros desta coleção é seu caráter interdisciplinar. Entendemos ser indispensável que o diálogo entre a teologia e outras ciências em torno de grandes áreas de conhecimento seja um exercício teológico que vá da *teologia e...* até a *teologia da...* Em outros termos, pretendemos ir do diálogo entre as epistemes à construção de parâmetros epistemológicos de teologias específicas (teologia da saúde; teologia do direito; teologia da ciência etc.).

Por isso, foram escolhidos como objetivos da coleção os seguintes:

a) Sistematizar conhecimentos acumulados na prática docente de teologia;

b) Produzir subsídios para a docência inculturada nas diversas áreas;

c) Promover o intercâmbio entre profissionais de diversas universidades e das diversas unidades destas;

d) Aprofundar os estudos teológicos dentro das universidades, afirmando e publicizando suas especificidade com o público universitário;

e) Divulgar as competências teológicas específicas no diálogo interdisciplinar na universidade;

f) Promover intercâmbios entre as várias universidades confessionais, comunitárias e congêneres.

Para que tal fosse factível, pensamos em organizar a coleção de forma a possibilitar a elaboração de cada volume por um grupo de pesquisadores, a partir de temáticas delimitadas em função das áreas de conhecimento, contando com coordenadores e com articulistas reconhecidos em suas respectivas linhas de atuação. Essas temáticas podem ser multiplicadas no decorrer do tempo a fim de contemplar esferas específicas de conhecimento.

O intuito de estabelecer o diálogo entre a *teologia e outros saberes* exige uma estruturação que contemple os critérios da organicidade, da coerência e da clareza para cada tema produzido. Nesse sentido, decidimos seguir, na medida do possível, uma estruturação dos volumes que contemplasse:

- *o aspecto histórico e epistemológico*, que responde pelas distinções e pelo diálogo entre as áreas;

- *o aspecto teológico*, que busca expor os fundamentos teológicos do tema, relacionando *teologia e...* e ensaiando uma *teologia da...*

- *o aspecto ético*, que visa expor as implicações práticas da teologia em termos de aplicação dos conhecimentos na vida social, pessoal e profissional do estudante.

Esperamos, portanto, cobrir uma área de publicações, nem sempre suficientemente subsidiada, com estudos que coadunem a informação precisa com a acessibilidade didática. É claro que nenhum texto dispensará o trabalho criativo e instigador do docente em sala de aula, mas será, com certeza, um seguro apoio para o bom sucesso dessa missão.

Apresentação da coleção

Quanto ao presente volume, organizado pelo professor Eduardo R. da Cruz, nosso colega no Programa de Estudos Pós-graduados em Ciências da Religião da PUC-SP, acreditamos que seu potencial de impacto alcance fronteiras muito além das graduações universitárias. Como observa o próprio organizador da obra, ainda que haja bons livros em português a respeito do tema, aqueles que incluem autores brasileiros são ainda em pequeno número. Por isso, também em termos de produção nacional, alegra-nos receber nesta coleção um produto dessa envergadura e profundidade. Ele poderá ser usufruído por professores de ensino médio e/ou de cultura religiosa em universidades confessionais, mas também será útil em cursos de teologia e ciências da religião, assim como a todo leitor e leitora que, tendo contato com esses temas pela mídia, deseje adquirir mais conhecimento e aprofundar sua reflexão a respeito.

Enfim, esta coleção foi concebida também com espírito de homenagem a todos aqueles docentes que empenharam e aos que continuam empenhando sua vida na difícil arte do ensino teológico para o público mais amplo da academia e das instituições de ensino superior, para além dos muros da confessionalidade. De modo muito especial, temos aqui presentes os docentes da disciplina de *Introdução ao Pensamento Teológico na PUC-SP*, onde essa coleção começou a ser gestada.

Afonso Maria Ligorio Soares
Livre-docente em Teologia pela PUC-SP

Introdução

O presente volume da coleção *Teologia na Universidade* traz ao público brasileiro uma série de ensaios sobre o tema geral "Teologia e Ciências Naturais", incluindo-se com este último a tecnologia. Trata-se de uma temática que vem ganhando crescente visibilidade, e não só em ambientes religiosos. A SOTER (Sociedade Brasileira de Teologia e Ciências da Religião) dedicou sua reunião de 2009 justamente ao tema (Religião, Ciência e Tecnologia), e a própria Paulinas Editora tem publicado uma série de títulos a respeito.[1] Em termos mais amplos, assiste-se a um esforço mundial para um "diálogo ciência-religião", envolvendo grandes universidades e centros de pesquisa, cátedras específicas, congressos e periódicos, vários dos quais são citados ao longo dos capítulos deste livro. Poderíamos pensar em um futuro brilhante para a relação entre teologia e ciência, mas este não é necessariamente o caso.

De fato, esta área apresenta um desafio paradoxal para a reflexão teológica acadêmica. De um lado, especialmente nas universidades confessionais, as áreas de "exatas" e "biológicas" (para utilizar expressões infelizes gestadas em processos de vestibular) parecem oferecer um problema menor para a teologia. Há uma espécie de "pacto de não agressão", por assim dizer, ou um reconhecimento de "magistérios não interferentes", para utilizar a expressão de Stephen J. Gould.[2] Usualmente, os gestores destas universidades não se intrometem nos assuntos destas áreas (com exceção de algumas instituições protestantes, no que diz respeito à biologia e ao criacionismo), e há certamente menos pontos de atrito do que quando falamos a respeito das ciências sociais e humanas. Em boa parte das instituições federais e estaduais, o panorama não é muito diferente. Muitos dos cientistas e tecnólogos são religiosos, mas em todo caso a maioria não se interessa em explorar áreas de interesse ou conflito.

---

1   Entre os citados nas "Leituras sugeridas" ao final, destaquemos os títulos *Pensar a criação como jogo*; *Cristianismo e ciência*; *Cristo para o universo*; *Teologia e ciência*; *Religião, ciência e tecnologia* e *As leis da natureza*.

2   Stephen J. GOULD. *Pilares do Tempo*. Para este autor, à ciência cabe o magistério do conhecimento, enquanto a religião se encarrega de questões de moral e sentido.

Eduardo R. da Cruz

Por outro lado, este pacífico panorama esconde desafios de proporções gigantescas. Como se verá em muitos dos capítulos, novos desenvolvimentos em várias áreas das ciências naturais questionam profundamente crenças religiosas, envolvendo ou não entidades "sobrenaturais". Além disso, um grupo significativo de pessoas proeminentes nessas áreas tem-se dedicado nos últimos anos a uma intensa campanha ateísta e antirreligiosa, justamente em nome de novos desenvolvimentos científicos. Nomes como Richard Dawkins e Daniel Dennett surgem constantemente na mídia, e ainda que atuem mormente em países de língua inglesa, acabam encontrando ouvidos atentos por aqui.

Entre muitos exemplos que surgem nos meios de comunicação, citemos dois: primeiro, uma afirmação de Marcelo Gleiser que, apesar de ateu, é crítico de Dawkins e respeita a religião:

> A questão aqui é de atitude, do que fazer frente ao desconhecido. Existem duas alternativas: ou se acredita na capacidade da razão e da intuição humana (devidamente combinadas) em sobrepujar obstáculos e chegar a um conhecimento novo, ou se acredita que existem mistérios inescrutáveis, criados por forças além das relações de causa e efeito que definem o normal.[3]

Notemos aí uma visão algo superficial de mistério e de "sobrenatural". Infelizmente, esta visão é comum até entre religiosos. O outro exemplo vem de Craig Venter, o empresário que se tornou famoso pelo sequenciamento do genoma humano:

> É muito difícil ser um cientista de verdade e acreditar em Deus. Se um pesquisador supõe que algo ocorreu por intervenção divina, ele deixa de fazer a pergunta certa. Sem perguntas certas, sem questionamento, não há ciência. O ser humano tenta achar uma força misteriosa para explicar suas falhas, fraquezas e dúvidas. Mas a vida começa com o nascimento e termina com a morte. Se todas as pessoas aceitassem isso, aproveitariam mais sua vida, exigiriam mais de si mesmas e não desperdiçariam chances.[4]

Além de confirmar as observações feitas sobre a citação de Gleiser, esta aqui acrescenta uma dimensão: a ciência, libertando as pessoas das ilusões da religião, proporcionaria a elas uma vida mais humana e mais digna. O desafio, portanto, não se dá apenas no plano no conhecimento como também no da moral e no do sentido da vida. Não é pouca coisa!

Os capítulos a seguir procuram refletir estas questões, e oferecem pistas para uma reflexão futura. Não são orquestrados segundo uma linha única, mas refletem

---

3 Marcelo GLEISER, Sobre o natural e o sobrenatural. *Folha de São Paulo*, Seção "Ciência", domingo, 11 de julho de 2010.

4 Entrevista com Craig VENTER, "Prefiro ser Charles Darwin". *Veja*, Edição 2173, 14 de julho de 2010, p. 21.

diferentes entendimentos e abordagens. Seus autores são importantes pesquisadores brasileiros e estrangeiros, teólogos, filósofos, sociólogos e cientistas. Alguns capítulos são mais densos e extensos que outros, o que não implica maior ou menor importância do tema ou nível de reflexão, apenas indicando as preocupações de momento de seus autores. Esta heterogeneidade reflete, por um lado, a ausência de consensos fáceis e de pessoas que efetivamente se dediquem a temas tão complexos. Por outro lado, é uma oportunidade para os leitores, um desafio para um maior aprofundamento, uma convocação para mais pessoas assumirem tarefas tão exigentes.

Mas vamos a uma rápida descrição destes capítulos. Eles se dividem em blocos lógicos: o primeiro, enfrentando tanto questões mais abrangentes e de fundo quanto aquelas históricas; outro, diz respeito a questões mais sistemáticas, como por exemplo aquelas ligadas às ciências físicas e biológicas; o terceiro, fala de temas mais práticos, ligados à ética e à tecnologia; por fim, o último capítulo volta a uma questão de caráter mais geral, a do conhecimento religioso.

O primeiro capítulo, de Edênio Valle, intitulado "Religião como forma de conhecimento: mito e razão", fornece-nos uma visão geral de vários dos problemas apresentados nos capítulos que se seguem. De fato, em uma primeira seção, depois de descrever algumas dificuldades que a teologia e o cristianismo têm sofrido na modernidade, apresenta um breve panorama do "diálogo ciência-teologia", incluindo autores brasileiros. Em seguida, o autor se dedica a esclarecer alguns conceitos utilizados, como o de "Mito", "Razão", "Religião", "Teologia" e correlatos, sempre causa de mal-entendidos na academia, com vistas a uma adequada ciência da religião. Sobre esta, em termos mais concretos, o autor apresenta algumas de suas teorias, como a de Lévi-Strauss e a apresentação que este faz de formas nativas de conhecimento, e as de recorte psicológico (Freud, Jung, Piaget, Vygotsky, Van Belzen), realçando o caráter contextual e relacional do conhecimento, e a importância disto para o estudo da religião. Fala também da contribuição de epistemologias críticas do século XX, em especial a de Bachelard. Conclui sugerindo algumas lições para o entendimento da racionalidade, e como esta pode se abrir para o Mito e a Religião.

O termo "conhecimento" vem por vezes acompanhado de um ranço racionalista, e até androcêntrico. Assim o capítulo de Maria Clara Bingemer, insigne teóloga brasileira, apresenta uma reflexão teológica de cunho mais sapiencial, mesmo místico. Seu ponto de partida é a figura de "Deus-Pai" e o seu papel na criação. Ao ordenar o cosmo, Deus se faz sempre presente, tornando o primeiro um lugar de epifania e salvação. Isto tem consequências para uma consciência ecológica que vá para além de uma mera expressão subjetiva. Este Pai não é homem nem mulher, mas, ao criar a estes como par, plenifica-os e glorifica-os. Em trindade, este é um Deus de relação, que concede/solicita uma relação profunda entre homem, mulher e natureza.

Se a abordagem de Maria Clara segue uma tradição sapiencial, de quem vive a experiência de Deus criador, o capítulo de Roberto Pich, filósofo, segue outra tradição, igualmente veneranda, a da teologia natural. Complementando a primeira, esta tradição acentua o caráter racional da fé em um Deus criador, e dirige-se mormente àqueles que colocam em dúvida Sua existência. A estes a teologia natural (intimamente relacionada com a ontoteologia e a metafísica) procura convencer do caráter básico da existência de Deus. Como diz o autor: "Da proposição 'Deus existe' depende basicamente a racionalidade — e a acessibilidade disponível à razão — dos demais conteúdos da religião e, em geral, de demais convicções sobre uma entidade suma e da qual o universo depende quanto à sua explicabilidade, chamada 'Deus'". Após uma rápida apresentação, com alguns elementos históricos, Roberto Pich debruça-se sobre dois autores modernos, que retomam os argumentos clássicos da existência de Deus: Samuel Clarke e William Paley. Seguindo uma apresentação das posições destes, o autor expõe as pertinentes críticas da parte de filósofos que lhes são contemporâneos, como Hume e Kant. Pich não pretende minimizar estas críticas, mas indica que têm recebido respostas recentes à altura, como a do filósofo inglês Richard Swinburne. Trata-se de um capítulo denso e exigente, mostrando as muitas sutilezas da discussão. Mas se o leitor concordar com a primazia da proposição "Deus existe", então é convidado a enfrentar o rigor da argumentação e a seriedade expressos neste capítulo.

Juvenal Savian, também filósofo, dá de certa forma, no quarto capítulo, continuidade à reflexão de Roberto Pich. Retoma o lugar central de Deus na filosofia da religião clássica e contemporânea, mas estabelece críticas a uma visão excessivamente racionalista dEle — Deus é sempre maior que suas representações. Dedica-se a alguns temas da história da disciplina, reconhecendo duas diferenças entre abordagens clássicas e contemporâneas: primeiro, os modernos dissociam Deus da religião, e segundo o ceticismo moderno em relação à metafísica. Como agora se entende que o sujeito constrói seu próprio objeto de conhecimento, o saber metafísico se torna objeto de opinião e vontade. O autor também destaca a reação católica e protestante a estes desenvolvimentos, que redundou na formalização da fé e moralização da experiência religiosa. Em um segundo momento, Savian apresenta caminhos para superação de preconceitos racionalistas, destacando que as religiões devem fundamentar se na experiência pessoal de seus fiéis como uma experiência de encontro pessoal com o Transcendente. Quando fala depois da experiência religiosa como desafio paradoxal para a filosofia e as ciências, o autor destaca que, mesmo se a experiência da fé possa ser "investigada empiricamente", a partir dos relatos e da prática dos fiéis, o testemunho da fé é, sobretudo, o testemunho de um encontro, o encontro de uma Presença. Ao descrever a interpretação analítico-fenomenológica da experiência religiosa, ele lembra que sempre há um ato de confiança (uma forma de fé, portanto!) na origem de todas as nossas formas de conhecimento, incluindo o

Introdução

científico. Savian conclui de modo mais positivo sobre a espinhosa questão de Deus, destacando o desafio do ateísmo contemporâneo. Termina o capítulo com uma reflexão que merece ser reproduzida aqui: "'Deus' é o atributo de uma experiência: é o nome com o qual designamos a percepção de uma Presença Transcendente, por uma experiência pessoal, num alargamento dos limites da razão e, geralmente, em continuidade com alguma tradição religiosa".

O capítulo V, de Hugh Lacey, entra mais propriamente no campo da filosofia da ciência. Ao analisar o papel dos valores na atividade científica, o autor foge da abordagem usual das boas e más aplicações da ciência, e reflete mais propriamente sobre os contextos onde a ciência é produzida, o que inclui uma visão de mundo e perspectiva de valores. Dois destes contextos se opõem: aquele mais usual, até considerado padrão por muitos, o da abordagem descontextualizada; e aquele que o autor defende, pluralista, que considera questões de intencionalidade e leva em conta o ser humano como agente moral. À primeira abordagem corresponde uma visão de mundo materialista, que o autor procura desconstruir com muita destreza. Lacey considera vários tipos de custo associado a esta abordagem, sendo o mais conhecido deles a crise ecológica. Por fim, ele argumenta que tal abordagem desqualifica visões de mundo religiosas. Para ele, só abordagens pluralistas com abertura à intencionalidade podem não só emprestar um papel mais efetivo às religiões, como dar-lhes um lugar de relevo na consecução dos objetivos mais gerais da atividade científica. Este é também um capítulo denso, mas a articulação do argumento do autor em cinco teses facilita a compreensão do leitor.

A defesa entusiasta do trabalho científico dentro de uma abordagem descontextualizada acabou levando, como muitos historiadores mostraram, a uma verdadeira "Religião da Ciência". No capítulo VI, Marcelo Camurça analisa justamente isso, a presença de tal religião no contexto cultural contemporâneo. Recorre para tanto a alguns antropólogos e sociólogos franceses de destaque. Seguindo as pistas deles, vê duas vertentes religiosas principais: a pararreligião dos próprios cientistas, e versões populares, baseadas no caráter mágico e transcendente emprestado à ciência moderna. Camurça dedica-se mais a esta segunda vertente, com a seguinte perspectiva: "Dentro de uma abordagem funcionalista, à maneira do sagrado social de Durkheim, podemos, através da chave dos rituais, desvelar em espaços laicos procedimentos que engendram um sentido gregário, uma 'efervescência coletiva' que conduz o indivíduo a um sentimento de identificação e pertença a um coletivo, a uma instituição". Analisa então vários casos de apropriação do discurso científico, paraciências que utilizam recursos da ciência (teoria e método) para alegadamente provar a existência de uma realidade transcendente. Além do caso clássico do espiritismo, Camurça cita desenvolvimentos dentro da "Nova Era", incluindo movimentos ufológicos. Em todos ressalta o caráter mágico dos discursos e das práticas, e a dialética ciência-irracionalismo. Por fim, conclui destacando as relações que se expressam em diferentes tipos: complementação, competição, substituição e interdependência.

Vistos os aspectos gerais que cercam a interface entre teologia e ciências naturais, passamos a dois exemplos concretos: a cosmologia e a biologia evolutiva. Há questões históricas e sistemáticas envolvidas, e os quatro capítulos a seguir procuram tratar delas. O capítulo de Ribeiro e Videira sobre cosmologia, por envolver tanto as questões históricas quanto as sistemáticas, é bastante extenso. Entretanto, os autores procuram apresentar complexas questões científicas com uma surpreendente simplicidade. Iniciam mostrando que questões cosmológicas são tão velhas quanto a humanidade, tendo sido tratadas pelos mitos, filosofias e teologias. A ciência moderna, por razões descritas pelos autores e também no capítulo VIII, tem uma relação ambivalente em relação a este legado, e se percebe como incapaz de dar plenamente conta de questões filosóficas tão importantes.[5] Para os autores, mais do que dar respostas a questões últimas, a ciência precisa se preocupar com o estatuto epistemológico das leis, teorias e modelos cosmológicos. Como em toda boa ciência, entretanto, essa atitude prudente é contrabalançada por ideias audazes a respeito da realidade. Com tais atitudes em mente, a cosmologia do século XX deu base científica à ideia de que o universo evolui, que possui uma história. O grosso do capítulo, portanto, é dedicado a narrar a história da cosmologia no século passado, com seus interessantes personagens, como também a própria história do universo, e a linguagem que os físicos utilizam para descrevê-la. Por fim os autores, ao analisar figuras tão diversas quanto Galileu, Boltzmann, Einstein e W. Stoeger, defendem um realismo mitigado, que permita dar a devida autonomia às descrições científicas e teológicas do cosmo.

As questões históricas são importantes por conta de vários "mitos" (no sentido mais popular de "história falsa") que foram gradativamente incorporados à "religião da ciência", desqualificando a teologia e o cristianismo. Tais mitos, infelizmente, ainda invadem a cultura ocidental. Em seu capítulo, o eminente historiador Ronald Numbers lança-se à tarefa de desmistificar episódios da história da ciência.[6] Inicia por indicar dois grandes responsáveis pela elaboração sistemática de tais mitos, John William Draper e Andrew Dickson White (mencionados também em outros capítulos), e suas respectivas motivações. Em seguida, começa a analisar episódios e concepções, como o de Galileu, a ideia da terra plana, os embates em torno da teoria darwiniana e por fim o julgamento de John Scopes em Dayton, Tennessee, em 1925, por conta de seu ensino da teoria da evolução em uma escola local.

---

5   A despeito de tentativas em sentido contrário de alguns físicos, como recentemente a de Stephen HAWKING em seu livro *Grand Design*. Todavia, estas tentativas não resistem a um exame filosófico mais acurado, conforme indicou Andrés Torres QUEIRUGA — ver entrevista com ele, como republicada em http://www.ihu. unisinos.br/index.php?option=com_noticias&Itemid=18&task=detalhe&id=36047 (acesso em 20/09/2010).

6   Este capítulo resume análises do volume organizado pelo autor, *Galileo Goes to Jail*, and other myths about science and religion. Cambridge, Mass.: Harvard University Press, 2009.

Concluindo, Numbers constata a contínua presença do criacionismo "científico" e do desígnio inteligente em nossa cultura, e dá a entender que, sem um processo de desmistificação, estas duas ameaças tendem a permanecer entre nós como uma espécie de contracultura.

O tema desta forma de fundamentalismo, o criacionismo "científico", é importante o suficiente para merecer um capítulo à parte. Mas antes de entrar diretamente no assunto, seu enquadramento teológico mais amplo precisa ser apresentado. Assim, no capítulo IX, Erico Hammes estabelece a equação básica deste enquadramento, o jogo entre criação e natureza, neste caso representada pela evolução das espécies. Logo de início, o autor destaca a diferença entre doutrina da criação e criacionismo, este visto como uma mistura impura de religião e ciência. Em seguida, oferece uma retrospectiva histórica do desafio colocado pelas ideias darwinianas à concepção de um Deus criador. Descreve, por exemplo, a dificuldade com que o magistério católico recebeu tais ideias, sendo que as restrições iniciais foram sendo abandonadas apenas a partir de Pio XII. Fala depois do papel crucial de João Paulo II em admitir as propostas de cunho darwiniano como algo "mais que uma teoria" para a reflexão teológica. Após essa breve retrospectiva, e alertando para o perigo de concordismos fáceis, Hammes apresenta algumas posições de teólogos contemporâneos, o que nos remete a algumas das possibilidades já vistas no capítulo I. Por fim, o autor avança seu próprio entendimento do assunto, procurando o difícil equilíbrio entre subordinar a ação divina a evidências empíricas e o recurso ao fideísmo. Ele acentua o caráter narrativo da automanifestação divina e as dificuldades hermenêuticas envolvidas quando se defronta com a narrativa proporcionada pelas ciências naturais. Para Hammes, de qualquer forma, é pela relacionalidade gratuita entre criador e natureza em evolução que se pode chegar a uma compreensão mais justa de Deus, do homem e de suas aflições.

Antecipado então nos dois últimos capítulos, o tema do criacionismo é mais bem desenvolvido no capítulo X, de autoria de Steven Engler. Enquanto professor visitante na PUC-SP, Steven realizou uma extensa pesquisa sobre o criacionismo no Brasil, e isto o qualifica de modo único para o argumento que apresenta. Lembremos que o termo, originalmente, tem uma amplitude maior — pode ser aplicado onde houver uma doutrina religiosa da criação. Nas últimas décadas, entretanto, subentende-se por ele o criacionismo "científico", movimento surgido nos Estados Unidos na década de 1960 em face do ensino da evolução em escolas públicas. Por isso, Engler enfatiza que o criacionismo é um fenômeno moderno, e não simplesmente um traço retrógrado de crenças religiosas antigas. Como o autor define, "trata-se de uma doutrina da criação divina que se posiciona contra a teoria da evolução ou, mais frequentemente, contra o evolucionismo", a partir de uma leitura peculiar dos primeiros capítulos do Gênesis. Após as considerações iniciais, Engler descreve os tipos de criacionismos cristãos, em termos do modo de interpretação bíblica, período e modo da atividade divina, e a idade presumida da terra. Fala também de um desenvolvimento mais recente, o desígnio inteligente (ID), já descrito anteriormente. Retoma em seguida história do movimento criacionista (dentro daquele mais geral, o do fundamentalismo protestante norte-americano), ressaltando que ele surge como reação a uma série de questionamentos cientificistas a partir da segunda metade do século XIX. Engler também apresenta alguns resultados de sua pesquisa no Brasil, falando da institucionalização do criacionismo por aqui. Finalmente, ele ressalta que o criacionismo não é especificamente cristão, havendo formas e movimentos islâmicos, hindus e judaicos.

Os três capítulos a seguir debruçam-se sobre questões mais práticas, ligadas à ética e a tecnologia. O de Leo Pessini logo sugere a especialidade do autor, a bioética, da qual ele é um dos grandes nomes no Brasil. A bioética desponta como uma disciplina de alta importância neste início do século XXI, na medida em que se dirige a sonhos (ou pesadelos) que, prenunciados em obras como *1984* e *Admirável mundo novo*, podem agora se concretizar. Pessini analisa sete pontos que considera relevantes. Primeiro, a própria conceituação de biotecnologia, um cuidado que cerca o bom trabalho acadêmico nesta área. Segundo, descreve os entusiasmos e inquietudes nesta idade de ouro de descobertas biotecnológicas, como o fantasma da eugenia. Terceiro, fala de propostas específicas tanto de aplicações terapêuticas como as relativas ao aperfeiçoamento humano, mostrando a dificuldade de distinguir entre as duas. Quarto, descreve as origens e os fundamentos do movimento transumanista, enquanto parte de uma tendência mais geral que propugna um pós-humano, enquanto ser pós-biológico possibilitado pelo avanço da computação associado a tecnologias convergentes. Quinto, Pessini fala das inevitáveis questões éticas que surgem desta proposta, com seus traços utópicos e de arrogância prometeica. Sexto, o autor fala das controvérsias e de bio-conservadores, como Leon Kass e Francis Fukuyama. Por fim, ele pergunta se a dignidade humana não seria incompatível com a ideia de um pós-humano. Em termos de tarefas urgentes e necessárias, Pessini aponta a necessidade de escrutínio público, de se desenvolver um saudável ceticismo e sabedoria, e a pergunta sobre limites e as qualidades humanas fundamentais. Neste ponto ele concorda com Setphen G. Post, falando de qualidades cristãs como o cuidado e a compaixão, ameaçadas que estão pela busca desenfreada por longevidade e beleza.

No rastro do debate sobre evolução e teologia, Leomar Brustolin nos apresenta, em seu capítulo, um tema que se tornou muito próximo de nós — a crise ecológica. Em parte por conta de uma nova consciência ecológica, têm-se nas últimas décadas uma vasta produção no que se denomina "teologia da natureza", bem diferente da "teologia natural" vista no capítulo III. Primeiramente, Brustolin trata da natureza sob a perspectiva da ciência e da teologia. O autor nos lembra que durante muito

Introdução

tempo a lógica da ciência excluiu considerações de cunho metafísico ou teológico, e como que, após a Segunda Guerra Mundial, tais considerações voltaram com força, em adição a preocupações de ética e responsabilidade social (ver também capítulo de Lacey). Em seguida, nosso autor detalha mais a consciência contemporânea de uma crise ambiental, indicando uma guinada do antropocentrismo ao biocentrismo, que entende o homem em continuidade com a natureza. Como teólogo, Brustolin fala agora da menção ao "dominai a terra" de Gênesis 1,28. Após uma análise exegética, ele destaca que, ao se falar de "dominar" e "subjugar", subentende-se que o ser humano seja tido como um cuidador e continuador da obra criada por Deus. Então depois de descrever a ambivalência do progresso, Brustolin propõe uma ética do cuidado na ecologia, baseando-se principalmente nas concepções de Jürgen Moltmann.

No capítulo a seguir, introduzimos o leitor brasileiro ao pensamento de Bronislaw Szerszynski, insigne sociólogo da Universidade de Lancaster, UK. Aqui ele nos apresenta a relação dialética entre tecnologia e secularização. Durante o século XX houve dois discursos dominantes: o primeiro, relacionando secularização e desencantamento do mundo, na esteira de Max Weber; o segundo, que critica a tecnologia como sistema totalizante dominado pela razão técnica, pensamento este representado por Heidegger e Jacques Ellul; há ainda críticas de fundo marxista, como a de Herbert Marcuse. Szerszynski representa uma tendência recente, ainda pouco conhecida por nós, que questiona a secularização como processo de esvaziamento da religião, e o alegado papel da tecnologia nesse processo. Para ele, o moderno mundo secular — incluindo ciência e tecnologia — tem sua própria teologia camuflada. O secular, de fato, é um produto peculiar e distintivo da história cultural e religiosa do Ocidente, e até mesmo um fenômeno religioso. Szerszynski faz um breve apanhado das raízes teológicas da ciência moderna. A emergência desta no século XVII, por exemplo, foi muito mais uma fusão entre o pensamento religioso e a filosofia natural, do que um conflito ciência-religião, e os principais filósofos-cientistas da época foram os responsáveis pelo estabelecimento de uma teologia secular. Hoje em dia, até mesmo onde há conflitos, é possível ver isso não como evidência de racionalidades autônomas radicais de duas modalidades de pensamento, mas como uma dependência comum de postulados teológicos. Um exemplo são as "guerras da ciência", que criticam/corroboram as pretensões teológicas do cientificismo. A tecnologia, lembremos, não se reduz a artefatos úteis, mas reveste-se de significados humanos. Há uma narrativa presente na divulgação científico-tecnológico, que tem um caráter mítico — também a tecnologia envolve um mistério. O autor constata que, enquanto as formas canônicas de religião aos poucos dão lugar ao pragmatismo na escolha de bens espirituais, a tecnologia se move na direção oposta, a de oferecer libertação das limitações terrenas e das incertezas da vida. Szerszynski conclui argumentando que as tensões e choques entre religião e tecnologia derivam do fato de suas origens

19

pertencerem a um mesmo universo cultural — dessas origens retiraram diferentes posições dentro dos debates teológicos partilhados.

O último capítulo procura, após este passeio por temas de tanta relevância e atualidade, retomar uma questão que esteve sempre presente, em maior ou menor grau, principalmente em tempos de "novos ateístas" como Richard Dawkins, a de Deus e de sua existência. Argumentamos que, na esteira de tantas questões e críticas destes personagens, é o momento de ressaltar o realismo em teologia. Em outras palavras, a despeito de seu caráter analógico e até mesmo apofático, há uma referência envolvida a um ente singular que transcende nossa vida mental e linguagem. Primeiro procuramos estabelecer o discurso do realismo em ciência, com suas quatro noções de verdade: por correspondência, coerência, consenso e pragmatismo. Em seguida discutimos diferenças e semelhanças entre o realismo em ciência e em religião, para apresentar em seguida o caso da teologia. Ainda que esta tenha sido tradicionalmente realista (e em certos casos até de forma literal), assiste-se hoje a uma pluralidade de posturas contextualistas, ligadas ou não ao pós-modernismo. Ainda que tais posturas tenham escassa representatividade no mundo da ciência, elas encontram alguma ressonância na teologia. Procuramos entender o que está em jogo e quais as limitações de tais posturas, recorrendo-se a uma limpeza conceitual (por exemplo, com respeito à noção de crença). Recordamos, também, que as novas ciências cognitivas induzem a se entender a religião como ilusão, mas que ao mesmo tempo ilustram o pensamento religioso como tendo as mesmas estruturas de qualquer outro, inclusive o científico. Em seguida, encetamos uma longa digressão sobre o papel das virtudes teologais na postura realista, e o nexo com a atividade científica. Um problema espinhoso nesta discussão diz respeito ao papel da revelação em nosso conhecimento de Deus. Como pensar um realismo teológico em consonância com o científico, se o primeiro requer uma automanifestação divina só reconhecida pela fé? Entre outras anotações, destacamos um possível paralelo entre linguagem da revelação e linguagem matemática, para pensar como algo de caráter histórico possa ter validez universal. Ao defender o caráter universal e público da revelação judaico-cristã, nos defrontamos explicitamente com a realidade do pluralismo religioso. Este às vezes é contrastado com a imagem de uma "ciência única", que permitiria consensos. Após contestar esta imagem, mostramos que a articulação das diversas pretensões de verdade na religião segue um mesmo padrão daquela da ciência: exposição franca e explícita das respectivas posições, e procura de consensos provisórios que possibilitem um diálogo posterior. Finalmente, na conclusão, reiteramos a centralidade da reflexão sobre Deus para a teologia, em diálogo com grupos que não compartilham da mesma visão. Lembrando da definição de Santo Anselmo, que liga Deus ao último sobre o qual poderia se pensar, chegamos a algumas alternativas fundamentais, que no fundo requerem uma atitude de fé.

Após essa apresentação dos capítulos, cabem por fim duas observações de ordem mais formal. Primeiro, o leitor poderá notar que, ao longo dos capítulos, há certa ambiguidade na opção de uso de termos como religião e teologia, que poderiam parecer intercambiáveis. Optamos por manter esta ambiguidade, pois o esforço de distinção requereria um texto muito mais longo, formal e detalhado. O leitor poderá certamente, distinguir as opções de uso pelo contexto onde os termos aparecem.

Segundo, há uma opção de fundo, face a alternativas que se encontram no mercado editorial. Ao se assumir "ciência" e "tecnologia", opta-se pelo que há de mais consensual e avançado nas áreas correspondentes. Não importa se o cientista tem coisas boas ou ruins para dizer sobre a religião e a teologia — entendemos que ele deve ser citado porque é representativo de sua área, na opinião da maior parte de seus colegas. Evita-se assim o recurso a "paradigmas alternativos", apenas porque, na opinião de alguns teólogos, eles poderiam ser mais adequados ao diálogo com a teologia do que a ciência-padrão. Acreditamos que qualquer boa ciência, venha de onde vier, é, em princípio, adequada para a reflexão teológica.

Com isto esperamos oferecer ao leitor uma série de elementos para sua reflexão, estimulando a abertura do espírito para novas informações e ideias que nem sempre oferecem de imediato a dimensão das respectivas importâncias.

Eduardo R. da Cruz

PARTE I

Fundamentos histórico- -sistemáticos

CAPÍTULO I

Religião como forma de conhecimento: mito e razão

Edênio R. Valle

O título do presente capítulo deixa claro que seu objetivo é o de discutir se, em que sentido e dentro de quais limites a *religião* e o *mito* são formas próprias e idôneas de conhecimento, mas distintas da usualmente entendida quando se fala em conhecimento *científico*. O subtítulo, ao incluir o conceito de *mito*, é um convite explícito a relacionar o conhecimento propiciado pela *religião* ao de *mito*, um conceito que passou a ser revisto à medida que historiadores, antropólogos, filósofos e teólogos aprofundaram o entendimento do mesmo. O objetivo principal da reflexão é, assim, o de debater, do ponto de vista da *racionalidade* (algo diferente de *cientificidade*), se nossa inteligência tem na religião e no mito um instrumento de acesso à compreensão racional do mundo e de nós próprios. O texto não pretende dar uma resposta cabal a essa indagação. Quer tão somente esclarecer melhor os conceitos envolvidos na discussão e mostrar que as teorias do conhecimento e as ciências da religião contemporâneas oferecem elementos mais que suficientes para argumentar em favor de uma resposta positiva ao problema acima enunciado.

A exposição será feita em três passos. Após (1) uma introdução que visa situar a questão; (2) um segundo, com o objetivo de esclarecer os principais conceitos em uso para, em um terceiro passo (3), aprofundar alguns pontos com base na psicoantropologia e na epistemologia das ciências.

1. Situando a questão

1. Outros capítulos deste livro trazem esclarecimentos e complementações importantes ao que neste capítulo será comentado. Para não tornar demasiadamente pesada a exposição vou restringir boa parte de minhas considerações mais ao cristianismo e à teologia cristã, circunscrevendo-as, além disso, ao período histórico da

modernidade, pano de fundo indispensável para compreender o clima de estranhamento e hostilidade suscitado pelo culto iluminista à razão. Esse culto, como se sabe, foi mentor e motor do processo de secularização que se estendeu por toda a Europa, entre os séculos XVII e XX, e serviu de base para a divulgação de concepções agnósticas, quando não de ateísmo expresso. A partir daí os conflitos e desentendimentos entre ciência e teologia/religião/Igreja se tornaram uma marca registrada do pensamento ocidental. Divulgou-se a ideia de que a incompatibilidade entre a ciência e religião/fé estava radicada na essência mesma de uma e de outra. A Igreja Católica foi mais drástica em sua reação aos ataques a que a religião foi submetida após a Revolução Francesa (1789-1792). Trancou-se ao diálogo com todas as novas tendências filosóficas, científicas e políticas. Também as Igrejas protestantes acusaram o golpe. Nelas multiplicaram-se os movimentos fundamentalistas, mas, sobretudo em círculos teológicos eruditos, os argumentos da crítica filosófica e científica[1] encontraram acolhida na chamada teologia liberal.

Desde o início quero assinalar que a teologia cristã nem sempre foi uma instância fechada aos questionamentos das ciências e da filosofia. Até porque os cultores das ciências não a viam como sendo uma inimiga da racionalidade e da pesquisa empírica. Ao contrário até, foi nos claustros que as ciências naturais tiveram o seu primeiro berço. Durante séculos os estudos científicos foram patrocinados pelas Igrejas cristãs e por cientistas crentes, do porte de N. Copérnico (1473-1543), J. Kepler (1571-1630), I. Newton (1642-1727). No plano filosófico-epistemológico, filósofos como R. Descartes (1596-1650) não atacavam diretamente a razão religiosa, muito embora fossem precursores de visões que contradiziam o senso religioso vulgar e mesmo algumas ideias teológicas consideradas intocáveis pela escolástica vigente na teologia católica de então. Também no caso emblemático de Galileu Galilei (1564-1642) o ponto de discórdia não estava no referente à primazia do teológico propriamente dito sobre o científico.

2. Dois outros pontos preliminares precisam ser levantados nessa introdução. Há que sublinhar, primeiro, que por trás dessa disputa "intelectual" existia um confronto — ora oculto, ora explícito — entre o poder religioso (as Igrejas, mormente a Católica) e o poder secular (laicista e crítico), confronto esse que se acentuou com o processo de secularização e as transformações que agitaram a Europa nos últimos três séculos. Além disso, não se pode esquecer a tese dominante na história da ciência dos últimos anos, segundo a qual os conceitos de "religião", e de "ciência", como hoje os entendemos correntemente, só apareceram no século XIX. Antes dessa data, os "filósofos da natureza" e os cultores da "história natural" que se faziam cada vez mais presentes no cenário científico, viam suas descobertas como complementares

---

1 A este propósito leia-se MCGRATH, *Fundamentos do diálogo entre ciência e religião*, pp. 55-66; e BARBOUR, *Religion in an age of science*.

e não como opostas às verdades e crenças religiosas. Para eles havia como que duas revelações de Deus: uma encerrada na revelação bíblica, custodiada pela Igreja, e outra no livro ainda fechado da natureza (a ser desvendado pelas ciências naturais).

Essa tese, que é de Peter Harrison,[2] tem sérias e óbvias implicações para os conceitos ainda hoje vigentes a respeito do relacionamento entre ciência e religião. Além de esclarecer os passos evolutivos pelos quais passaram as noções de religião e de ciência ao longo dos séculos, Harrison deixa claro que a origem da estranheza que ainda hoje perdura tem base em aspectos de invenção bastante recente que exercem influência nos posicionamentos sobre as relações entre ciência e religião. Por exemplo: a noção de que existem muitas "religiões" distintas entre si, mas interligadas por uma "religião" genérica de fundo é de construção iluminista. A fase imperialista da história europeia exigia critérios comparativos entre a "religião cristã" e as "religiões" que os europeus iam encontrando nos demais continentes, algumas tão ou mais antigas quanto o próprio cristianismo. Essas religiões, tidas como exóticas e inferiores, obrigaram os primeiros etnólogos a construir a noção de "religiões" (no plural, como conjunto organizado de crenças e rituais com características próprias a cada cultura). Havia por trás a intenção de descrevê-las em sua originalidade para então compará-las com mais objetividade com uma suposta "religião" de fundo (que ofereceria critérios para o caráter mais ou menos evoluído de cada uma dessas religiões). Os argumentos históricos de P. Harrison ajudam a entender melhor tanto o porquê das mudanças não apenas semânticas sofridas por essas duas categorias, quanto a razão das distorções que essas mudanças trouxeram à discussão do relacionamento entre religião/mito e ciência.

3. Hoje se fala muito, e com razão, de uma "crise da modernidade". É como se a fase histórico-cultural designada com o nome de modernidade estivesse sendo superada por outra, nova e diferente. Principalmente na França o conceito de pós-modernidade adquiriu direitos de cidadania. Os que o defendem postulam uma desconstrução dos sistemas ideológicos, científicos, filosóficos (e mítico-religiosos!) criados pela modernidade europeia e posteriormente impostos, por caminhos nem sempre racionais, ao resto do mundo. O panorama geral ainda não se esclareceu inteiramente, mas é inegável, como se mostrará mais adiante, que o Positivismo científico foi submetido, no século XX, a uma revisão crítica que teve como efeito colateral provocar as teologias cristãs a saírem do gueto em que haviam se entocado ao longo dos séculos XVIII e XIX. É cada vez mais frequente em congressos de teologia a discussão das relações entre teologia, ciência e tecnologia.[3] A maioria dos teólogos resiste e fica com um pé atrás, mas a chamada *middle range Theology* já aceita

---

2   HARRISON, Ciência e religião: construindo limites.

3   Cf. SOTER, *Religião, ciência e tecnologia*.

Edênio R. Valle

dialogar com o conhecimento não teológico.[4] Há até os que abraçam os avanços das ciências com demasiada avidez, acreditando ingenuamente que eles possam, sem mais, trazer benefícios imediatos e atualização à teologia. Tudo indica, contudo, que há pela frente um longo e árduo caminho ainda a ser palmilhado. Também do lado dos cultores das ciências existem aberturas e fechamentos. É fácil desfilar nomes representativos vindos das ciências que percebem e aceitam o fato de as descobertas da própria ciência levantarem questões que vão além de sua capacidade de resposta. Embora atitudes quase que de cruzada[5] contra a religião não tenham desaparecido de todo, é inegável a existência de uma inquietação metateórica que sinaliza o reconhecimento da necessidade de chegar a "uma metafísica e a uma ética e salienta a importância de uma epistemologia. A própria noção de interdisciplinaridade aponta para essa necessidade, visto que o conceito de disciplina só adquire sentido no contexto de uma filosofia da ciência".[6]

O que ainda provoca mal-estar ao cientista interessado em metodologias de fundo experimental-indutivo é a tradição metafísico-dedutiva que marca a antropologia teológica, há séculos subjacente ao pensamento cristão. Essa direção não é a da antropologia cultural ensinada nas universidades. Um dito de C. Lévi-Strauss (1908-2009)[7] ilustra bem o que quero dizer:

> Em fins do século XIX, (a ciência) se voltou preferencialmente para os biólogos com o fito de pedir a eles uma filosofia do homem e do mundo; depois, voltou-se para os sociólogos, os historiadores e os próprios filósofos. Passados alguns anos, porém, foi a antropologia que assumiu tal papel e foi dela, também, que se esperava grandes sínteses e, também, razões pra viver e esperar.

4. No sentido de propiciar novos parâmetros metateóricos à presente crise das ciências da modernidade, dois eventos significativos foram amplamente noticiados pela imprensa mundial e brasileira nos primeiros meses de 2010. Um talvez constitui o maior marco da pesquisa física contemporânea. Refiro-me ao megaexperimento do LHC ("Large Hadron Collider"), o acelerador de feixes de prótons hiperenergizados, capaz de acelerá-los quase à velocidade da luz. Não entro em detalhes sobre seus objetivos científicos maiores, como o de ajudar a encontrar a matéria escura que molda o cosmo já visualizado pelos aparelhos de que já dispomos, ou a determinar a existência real do "bóson de Higgs" que, teoricamente falando, poderia explicar o início da matéria e, assim, permitiria volver ao processo do *big bang* que originou o

---

4   Como exemplo, ver DREES, *Religion, science and naturalism;* HAUGHT, *Science and religion.*

5   Há mesmo propostas de um novo ateísmo fundado nas descobertas mais recentes das ciências. Cf. DAWKINS, *O relojoeiro cego;* DENNETT, *Quebrando o encanto.*

6   CRUZ, De "fé e razão" à "teologia e ciência/tecnologia", p. 535.

7   LÉVI-STRAUSS, La crise moderne de l'anthropologie, p. 13

Religião como forma de conhecimento: mito e razão

universo. Um jornalista da *Folha de S.Paulo*[8] que reportou o evento conclui sua narrativa com uma observação irônica que atribui ao diretor-geral do Projeto: "Só não se viu ninguém dedicando a vitória a Deus".

O segundo evento, mais modesto, foi o lançamento do novo *best-seller* do físico brasileiro Marcelo Gleiser,[9] que representa à perfeição a inquietação filosófico-teológica e metafísica que percorre os laboratórios de biogenética, neurociências e física. Gleiser, resumidamente, proclama que tudo o que a ciência conhece não passa de uma minúscula fração do que existe de fato. Os aparelhos e recursos tecnológicos cada vez mais sofisticados não têm como superar essa imperfeição congênita da ciência humana. O que é imperfeito e assim continuará é a capacidade de nossa inteligência de ver e interpretar a realidade que nos cerca, revelando e ocultando. Ou seja, na linguagem dos antigos gregos, o *mistério* que nos envolve de todos os lados continuará nos envolvendo. Renunciar a entender de maneira inteligente essa realidade seria a solução? Não. Continuar é preciso. Só que a ciência deve aprender a ser humildemente consciente de seus limites intrínsecos. Para tanto ela deve reaprender a valorizar outros modos perfeitamente humanos e significativos de captação do sentido do real. Entre eles, como uma milenar sabedoria dos povos nos ensina, a imaginação, a beleza, a poesia e a fé. A religião é uma parceira e não uma adversária da ciência em sua demanda de encontrar sentido e unidade no universo. Um sentido que provavelmente não será o mesmo almejado pela física do século que apenas findou. Cito um pertinente comentário de Thereza Venturoli[10] ao novo livro de Gleiser:

> Na física moderna (há) uma obsessão representada pela busca de uma Teoria do Tudo, um arcabouço matemático que explique a origem da matéria e a interação entre as forças fundamentais da natureza. E aí Gleiser levanta uma das bandeiras mais polêmicas de *Criação imperfeita*: por que buscar uma Teoria do Tudo?, questiona ele. Que "tudo" é esse, e por que procurar unidade num universo que já se sabe guardar tanta diversidade?

Contudo, seja como for, a famosa tensão entre "religionistas" e "cientificistas"[11] persiste, refletindo a permanência de uma tensão que não reside apenas nas pessoas e suas convicções religiosas ou científicas, e sim na problemática objetiva que o diálogo entre ciência e religião necessariamente implica. Existem nos dois campos

---

8   GARCIA; COELHO, Mega-acelerador LHC começa a operar, p. A-17.

9   GLEISER, *Criação imperfeita*.

10   VENTUROLI, A ciência na mente de quem a faz, p. 121. Venturoli continua: "Gleiser se sente à vontade para desafiar todo tipo de dogmatismo — da concepção de um universo elegante, defendido por Brian Greene aos ataques intransigentes do biólogo Richard Dawkins à religião. Não se trata, argumenta ele, de descartar a importância dos avanços científicos alcançados por essa ilusão de beleza simétrica na natureza. Trata-se tão somente de admitir que a verdade é bela e simples. E que a boa ciência é avessa ao dogma — a esse e a qualquer outro".

11   FILORAMO; PRANDI, *As ciências da religião*.

Edênio R. Valle

"buracos negros" que funcionam como áreas cegas que entravam realmente o esclarecimento das diferenças em debate. O cientista de carne e osso, e enquanto pessoa, continua, porém, se sentindo implicado na discussão. Uma pesquisa empírica, de inícios do século passado,[12] sobre a crença de cientistas em um Deus pessoal — realizada com cerca de 400 físicos e biólogos norte-americanos tidos como "grandes cientistas" — obteve como resultado que apenas 28% deles se disseram crentes, enquanto 53% de declararam descrentes e cerca de 20% agnósticos ou em dúvida. Reprisada em 1996,[13] a pesquisa acusou percentuais semelhantes, embora os crentes passassem a ser 39% dos respondentes e os outros dois subgrupos abarcassem juntos 60% dos pesquisados. Comentando essa mesma pesquisa, Ian Barbour[14] é de opinião que tais resultados desafiam a ideia amplamente difundida de que as crenças religiosas tenham sofrido uma queda drástica entre os cientistas do século XX.

5. Nos meios científicos brasileiros, Geraldo José de Paiva[15] logrou mostrar que na mais importante universidade de nosso país não existe um fechamento pessoal com relação à religião, por parte de 26 professores das áreas da física, zoologia e história. Nesse estudo, Paiva não se concentrou na questão epistemológica da religião e da ciência e sim, como ele mesmo diz, nas vicissitudes pessoais e psicossociais dos cientistas na adesão ou rejeição da religião. Interessava a ele saber qual a resposta que esses pesquisadores de renome davam às interpelações da ciência e da religião nas esferas do pensamento e da vida. São três as principais conclusões a que chegou:

- Primeiro que a adesão ou rejeição dos pesquisados a uma visão religiosa não se baseava em razões e argumentos de ordem científica. O que mais pesava eram as influências familiares, de colegas ou grupos de amigos, e da cultura circundante. Crises pessoais relativas à aceitação ou à recusa foram também constatadas.

- Outro resultado mostrou que os motivos da decisão religiosa pessoal não implicavam nem a manutenção nem o abandono da religiosidade. Em alguns casos havia a manutenção refletida de referências religiosas anteriores; em outros, a adesão a novas formas religiosas, inclusive de ordem impessoal e cósmica, e em um terceiro subgrupo "o abandono de qualquer filiação religiosa e sua substituição por um sistema de referência muitas vezes designado como secularizado".

- Paiva afirma ainda não estar em condições de, com base nos dados e depoimentos colhidos por ele, excluir a possibilidade de que as convicções científicas levem à rejeição da relação religiosa. Embora tal não tenha ocorrido entre os seus 26 entrevistados, ele teve a oportunidade de encontrar tal justificativa fora do contexto

---

12   LEUBA, *The belief in God and immortality.*

13   LARSON; WITHAM, Scientists and religion in America, pp. 78-83.

14   BARBOUR, *Quando a ciência encontra a religião*, p. 13.

15   PAIVA, Ciência, religião, psicologia, conhecimento e comportamento.

Religião como forma de conhecimento: mito e razão

da pesquisa. Uma observação taxativa de Paiva resume bem uma de suas principais conclusões: a aceitação ou recusa da adesão religiosa não é o que conduz os 26 pesquisados a abandonar ou a continuar cultivando a religiosidade.[16]

Outro conhecido pesquisador desse problema, o ex-redator da revista *Zygon*, Philip Hefner, é de opinião que hoje em dia cientistas e teólogos compartilham uma interface que ele acredita estar ancorada em uma comum "busca de sentido". Diz ele, quase que indicando um possível caminho para futuros intercâmbios, que

> enquanto as religiões tradicionais fornecem uma moldura abrangente de *sentido*, as ciências oferecem uma moldura abrangente de *causalidade*. São molduras distintas, com convergências e discrepâncias, mas procura-se hoje com interesse acadêmico uma forma de articulá-las.[17]

A opinião de Ph. Hefner talvez seja otimista demais, mas expressa algo do clima mais distendido que está se criando nas universidades norte-americanas. Há indícios de que algo assim se dá também na Europa, malgrado a cultura relativista e desinteressada que se instalou no velho continente. Ian Barbour,[18] mapeando diversas áreas do conhecimento científico avançado, desenha um quadro mais matizado e provavelmente mais correspondente à realidade. Segundo ele, existem ao menos quatro[19] modalidades ou tipos de relacionamento entre ciência e religião. Penso que esses quatro posicionamentos podem ser colocados em dois eixos cartesianos. Um, vertical, vai do *conflito* explícito (um não aceita o outro por partirem de pontos de vista que se excluem em aspectos fundamentais) até uma *integração* (não há incompatibilidades de princípio entre um e outro e, em consequência, o ideal seria um trabalho conjunto, embora cada um em seu campo). O segundo eixo, horizontal, vai da *independência* (o melhor é cada um trabalhar no que lhe é próprio, sem se arvorar em juiz dos pressupostos teóricos, métodos e definições de objeto do outro) ao *diálogo* (isto é, embora autônomos, enquanto abordagens com características próprias, é possível, útil e desejável que exista um intercâmbio entre um e outro campo). Essas distinções de Barbour matizam inteligentemente uma discussão que em geral é vista

---

16   Ibid.

17   Apud ibid.

18   BARBOUR, *Quando a ciência encontra a religião*, pp. 9-19.

19   Há autores que adotam classificações mais minuciosas. O próprio Barbour (*Quando a ciência encontra a religião*, p. 16) menciona as tipologias propostas por John Haught (*Science and religion*), que fez uma classificação de oito tipos. Wilhelm Drees vai mais longe e chega a apontar nove possíveis tipos (*Religion, science, and naturalism*). Há certa concordância entre as classificações desses três autores, mas o fato de existirem entre eles essas distinções tem significação para nossa reflexão. Se já na relação entre ciência e teologia autores que têm certa afinidade encontram dificuldades em chegar a um acordo entre as possíveis distinções a serem feitas, mais ainda é de esperar que ao ponderar sobre a racionalidade do conhecimento propiciado pela religião e o mito encontremos dificuldades ainda maiores em estabelecer uma visão comum. Há que contar com divergências de posição.

31

em termos de *tudo ou nada*. Talvez seja intempestivo falar de uma *integração*, em sentido estrito, mas são muitos os casos em que o debate se dá com bom conhecimento de causa e com o devido respeito à natureza epistemológica de cada campo de conhecimento. Pode-se, portanto, falar em um *diálogo*, ao menos incipiente, uma vez que existe, dos dois lados, escuta, conhecimento de causa e aceitação do pensamento do outro. Falar em integração, novamente, é prematuro. Aliás, *soluções definitivas*, nem a ciência, nem a religião (ou a teologia) as tem e, muito provavelmente, não as terá, pois são muitos os modos de intelecção válida de que dispõem os seres humanos. Nenhum deles é apodítico e definitivo ou capaz de responder a tudo. Todas as modalidades humanas de conhecimento são cercadas por nuvens, até espessas, de *não conhecimento*. Por fantásticos que sejam os avanços e perspectivas das ciências naturais como a genética, a física ou a bioquímica, por exemplo, parece que quanto mais se conhece menos se sabe sobre pontos absolutamente fundamentais. Epistemólogos que se situam na perspectiva da *pós-modernidade* o reconhecem hoje. Mesmo sem chegar a um consenso (coisa, aliás, de esperar), associam-se na crítica à insuficiência da epistemologia positivista que os precedeu.[20]

6. E a posição oficial das Igrejas e/ou dos teólogos cristãos ante tal panorama? Qual sua posição oficial ante as quatro alternativas de relacionamento entre fé e ciência sugeridas por Barbour? Ninguém melhor do que o Papa João Paulo II,[21] no caso da Igreja Católica, para nos dar uma resposta sintética a tal questionamento:

> Mais do que teses filosóficas isoladas, as tomadas de posição do Magistério ocupam-se da necessidade do conhecimento racional — e, por conseguinte, em última análise do conhecimento filosófico — para a compreensão da fé [...]. Se observarmos a situação atual, constatamos que os problemas retornam, mas com peculiaridades novas. Já não se trata de questões que interessam apenas a indivíduos ou grupos, mas de convicções tão generalizadas no ambiente que se tornam, em certa medida, mentalidade comum. Tal é, por exemplo, a desconfiança radical na razão, que evidenciam as conclusões mais recentes de muitos estudos filosóficos [...]. Também na teologia voltam a assomar as tentações de outrora. Por exemplo, em algumas teologias contemporâneas comparece novamente certo *racionalismo*, principalmente quando asserções consideradas filosoficamente fundadas são tomadas como normativas para a investigação teológica. Isto sucede sobretudo

---

20 Para uma rápida visão panorâmica sobre este tema, ver REALE; ANTISERI, *História da filosofia*, v. 7, pp. 139-160 ou JAPIASSU, *Uma introdução ao pensamento epistemológico*. Em Reale e Antiseri, pode-se encontrar uma apresentação da crítica que K. Popper e alguns pós-popperianos (como Th. Kuhn, I. Lakatos ou Paul Feyerabend) fizeram ao neopositivismo do Círculo de Viena (de Carnap e M. Schlick, por exemplo). Pode-se ver nesses mesmos dois autores italianos um bom resumo da filosofia não positivista de G. Bachelard (pp. 125-130) e uma apresentação do pensamento epistemológico de M. Foucault, um nome importante nesse campo, e de J. Lacan, o francês que trouxe o estruturalismo e as modernas teorias da linguística para dentro da psicanálise (pp. 88-97).

21 JOÃO PAULO II, *Carta Encíclica "Fides et Ratio"*, nn. 53 e 55.

quando o teólogo, por falta de competência filosófica, se deixa condicionar de modo acrítico por afirmações que já entraram na linguagem e cultura corrente, mas carecem de suficiente base racional.

Uma voz expressiva, no campo da epistemologia da teologia protestante, é a de John Cooper.[22] Em seu comentário à encíclica acima citada de João Paulo II ele confronta a tese do Papa com a de dois filósofos protestantes Alvin Plantinga e Nicholas Wolterstoff. A conclusão a que chega Cooper, após denso arrazoado, é que, falando de um ponto de vista filosófico cristão — protestante ou católico — propor uma epistemologia cristã "contém um bom montante de bom senso (*sic*)".

2. Esclarecendo os conceitos usados

a) A noção de mito

Começo por dizer que hoje é consensual admitir a existência de relações substantivas entre os conceitos de religião e de mito e, segundo, que esse último conceito foi revisto e revalorizado por historiadores e filósofos (cf. Burton[23]), além de confirmado por cientistas da religião. Foram os gregos que inventaram esse termo, mas o mito em si existe desde tempos imemoriais em todos os povos e culturas. A linguagem elaborada pela filosofia grega e tornada ainda mais precisa pelas ciências exatas da modernidade lançou suspeitas sobre a contribuição cognitiva do mito, mas, paradoxalmente, ele voltou a ganhar força no momento em que a chamada modernidade começou a perder prestígio. O mito se revestiu de roupagens novas, não excluídas as de evidente toque místico-religioso. É como se a atual crise da cultura moderna mostrasse que os seres humanos não podem viver sem algum mito de referência. É justificado perguntar se a ciência, as ideologias políticas e as metas fantásticas da comunidade científico-tecnológica não seriam elas próprias mitos de uma sociedade globalizada, atordoada pela violência e pela destruição paulatina do meio ambiente. Ou, então, descendo mais ao chão, se os modelos e modismos da sociedade de consumo não deveriam também ser entendidos como mitos de uso anestésico e sempre à disposição do consumidor. Teria este universo colorido vulgarizado pela grande mídia algum embasamento *científico*? No plano ético, incluiria ele alguma dimensão de *humanidade*? Ou, descendo a um patamar bem mais chão do questionamento: houve, por exemplo, alguma base racional no impulso que levou nada menos de 154.878.460 (número próximo ao de eleitores existentes em nosso país!) a votarem no último paredão do Big Brother Brasil (de 2010)?

---

22 COOPER, *Fides et Ratio*, reformed epistemology and the possibility of a Christian philosophy, p. 134.

23 BURTON, *From Myth to reason*.

Mas, afinal, o que são mitos? Em sua acepção original, a palavra vem do grego. Em sua origem, significava o mesmo que "fala", "relato" ou "som". Na Grécia, com essa palavra se designavam narrativas cantadas referentes a heróis ou fatos dos primórdios, mesclados ora a estórias de deuses e eventos cósmicos, ora a aspectos muito concretos da própria condição humana (morte e vida, sorte e azar, fartura e penúria, casamento e prole, ódio e amor). Os cenários imaginativos incluíam deuses e forças e fenômenos da natureza. Geralmente as estórias eram contadas pelos poetas-rapsodos (uma espécie de contadores de estórias) que tocavam também em aspectos, temas e princípios presentes nos templos que ponteavam todo o território grego e suas grandes cidades. As fronteiras entre mito e religião, mito e história, mito e filosofia nem sempre eram precisas. As narrativas míticas tinham uma conotação de verdade para os que as ouviam. Mesmo quando carentes de qualquer base histórica, sua linguagem de pregnante realismo simbólico lhes conferia autoridade e capacidade para explicar, orientar e dar coesão aos que as escutavam, celebravam e passavam adiante nas conversas do dia a dia.

Essa breve descrição nos permite fixar alguns pontos iniciais: os mitos não são o mesmo que "ficções" fantásticas, como os contos de fada. São respostas que lançam luz sobre perguntas fundamentais a respeito da origem e do destino do homem e do mundo, e sobre questões que vão além da compreensão da vida em sua objetividade racional. São carregados de um sentido vital que tange o mesmo campo misterioso sobre o qual se estabeleceram, em outro momento da história da humanidade, as grandes religiões. Aí reside, seguramente, um dos motivos de sua antiquíssima afinidade e quase simbiose com as religiões constituídas. As religiões históricas lançaram mão e incorporaram sem grandes escrúpulos a linguagem simbólica dos mitos, mas suas matrizes de compreensão são elaboradas também no plano nocional, pois são construções institucionalizadas que justificam, dão sentido e oferecem base às crenças e práticas dos grupos sociais que as criam, conservam e transmitem, recriando-os quando há razões para tanto. Nascem daí as "teologias" e as "filosofias" com os devidos cuidados críticos que as distanciam das imagens metafóricas que caracterizam os mitos. As religiões funcionam como indicadoras e mediadoras de uma compreensão mais profunda que toca questões últimas (*"ultimate concerns"*), o que as torna viabilizadoras de encaminhamentos dos impasses para os quais as sociedades e os indivíduos não encontram soluções funcionais. Do "funcional" elas passam ao "substantivo". Entram em complexas questões de conteúdo explicativo e compreensivo. Os materiais que as religiões oferecem são de dois tipos: elas comportam *conhecimentos* e *informações* de rápida captação[24] (em geral ligados mais ao senso comum

---

24 A sociedade do conhecimento em que vivemos hoje, porém, "conta com mecanismos midiáticos capazes de informar sobre todos os assuntos com uma agilidade e eficiência sem precedentes, podendo com esses mecanismos oferecer oportunidades de conhecimento" (PASSOS, *Teologia e outros saberes*, p. 20).

Religião como forma de conhecimento: mito e razão

e à linguagem imaginativa) e outros acessíveis somente aos que refletem, isto é, aos teólogos ou, em um nível sapiencial, aos místicos. Esses últimos experimentam diretamente o transcendente que envolve o ser humano, permitindo tocar, por assim dizer, o *mistério* que envolve por todos os lados o cosmo e a humanidade, como a própria ciência tem mostrado. Mas abre a possibilidade de algum controle sobre o que parecia ser explicável somente através da intervenção divina, seja qual seja o modo como essa for concebida (mítico, religioso, filosófico ou científico).

A linguagem do mito continua, portanto, sendo um recurso de valor (como a poesia, por exemplo), mas não inteiramente satisfatório ao que a inteligência humana necessita quando colocada ante os enigmas que a desafiam por todos os lados. A filosofia — assim como se configurou na Grécia antiga — aparece, então, como uma forma privilegiada de conhecer que vai além do nível imaginativo e simbólico, nível que encontra no mito uma forma válida de conhecimento, mas carente de outras complementações. As concepções epistemológicas do Positivismo, levadas em certo momento ao extremo, acabaram por dar ao vocábulo "mito" a conotação pejorativa de coisa ilusória, fantástica e enganosa.

Em parte esse sentido pouco lisonjeiro se relacionava com uma concepção muito difundida no século XIX de que a filosofia era a substituta cognitiva *pleno iure* do linguajar metafórico dos mitos, tidos como sendo formas mais primitivas de perceber, explicar e relacionar-se com o mundo real. Essa tese foi revista pelos historiadores da filosofia. O mito — eis a tese hoje adotada — é uma forma lídima de pensar. De certa perspectiva, ele pode ser mais adequado à compreensão do que é vital do que o pensamento lógico, seja ele especulativo como nas ciências do espírito, seja ele sistemático e empírico como nas ciências naturais.

Ou seja, a pesquisa da história da filosofia demonstrou que os poetas e os místicos sabiam o que sabiam pela via da experiência. Um texto anônimo de origem zen-budista o dizia com senso sábio crítico: "O dedo aponta a lua, o sábio olha a lua e o tolo olha o dedo". Fernando Pessoa o expressou poeticamente em versos carregados de um sentido perdido pela cultura nascida do cientificismo positivista:[25] "O mito é o nada que é o tudo. O mesmo sol que abre os céus é um mito brilhante e mudo". O filósofo Roger von Oech,[26] na mesma linguagem sutil da metáfora, arremata jocosamente o que muitos PhDs estultos (expressão de Rubem Alves) não conseguem compreender: "A vida é como uma rosquinha doce. Quando está fresca e fresquinha, é uma delícia. Mas acontece que ela geralmente está dura. O buraco no meio é o seu grande mistério. Sem ele não existiria a rosquinha".

---

25 Digo que foi em parte perdido porque paralelamente ao Iluminismo existiu outro movimento de grande força, o Romantismo. A história intelectual e a filosofia do século XIX são atravessadas por esses dois movimentos.

26 VON OECH, *Um "toc" na cuca*, p. 72.

b) A noção de razão/racionalidade e saber comum

Ciência é uma coisa, *cientificismo*, outra. A ciência é em geral entendida como sendo o conjunto organizado de acontecimentos atinentes a um determinado objeto de estudo, observado e analisado mediante critérios bem definidos e segundo metodologias próprias. Ou, então, como sendo um processo pelo qual o homem consegue um tipo de relação com os fenômenos da natureza que permitem entendê-los em seus mecanismos e utilizá-los em seu proveito e vantagem. A ciência é uma invenção progressiva construída pela inteligência humana com o fito de estabelecer um bom relacionamento com a natureza que o cerca e visando dominá-la de modo a auferir vantagens e evitar perdas.

O cientificismo, como diz o nome, se refere ao conhecimento científico. É sua absolutização. Baseia-se na hipótese de que o conhecimento científico deve ser reduzido apenas ao constatado empiricamente sob o controle de metodologias experimentais justificadas pela lógica e a matemática. Outros acessos ao conhecimento são tidos como de valor secundário. O que conta é o conhecimento generalizável sob a forma de leis universais, dentro de nexos do tipo causa-efeito. Uma das tarefas que o Positivismo radical assumiu como própria foi a de provar a existência de uma incompatibilidade de fundo entre este conhecimento científico e o decorrente de concepções pré-científicas e/ou crenças religiosas, cujo fundamento são argumentos e convicções de cunho subjetivo. A bandeira da desmitificação do religioso foi e continua sendo para o cientificismo decorrência necessária do próprio método e progresso científico. O cientificismo se associa à obtenção de tecnologias, mas não deve ser sem mais confundido com essas. Tem aspirações bem mais abrangentes, donde a ansiedade de alguns cientistas em chegar ao que Gleiser chama de uma "Teoria do Tudo"[27] reduzível à famosa equação única da qual P. Laplace (1749-1827) teria falado a Napoleão Bonaparte, quando esse o visitou em seu laboratório de química. É pequeno o espaço em tal esquema epistemológico para a percepção do valor do senso comum e da religião ou, até, da riqueza da linguagem poética. No item 3 da exposição voltaremos à questão da crítica movida por epistemólogos que não aceitam tais posições fechadas.

1. Em sua origem a palavra *razão* vem do latim, *ratio* e do grego, *logos*. Semanticamente ela expressa de uma maneira mais apurada o sentido que a racionalidade já havia adquirido no pensamento greco-romano, que irá ser uma das matrizes da inteligência ocidental e base para o diálogo entre ciência e religião (e também a fé) desde o surgimento do cristianismo. *Logos* vem do verbo *legein*, que quer dizer "contar", "reunir", "juntar", "calcular". *Ratio* vem do verbo latino *reor* e quer dizer

---

27   Cf. a nota 10.

Religião como forma de conhecimento: mito e razão

aproximadamente o mesmo ("contar", "reunir", "medir", "juntar", "separar", "calcular"). Pergunta M. Chauí:

> Que fazemos quando medimos, juntamos, separamos, contamos e calculamos? Pensamos de modo ordenado [...]. E de que meios usamos para essas ações? Usamos palavras [...]. Por isso, *logos, ratio ou razão* significam pensar e falar ordenadamente, com medida e proporção, com clareza e de modo compreensível para outros.[28]

É só essa a função da razão humana? J. B. Libanio, embora atento a esse sentido lógico (fundamental para o pensamento científico), considera como essencial ao conceito de razão a sua dimensão ética. Referindo-se a qualquer tipo de conhecimento — científico, *sensu stricto*, ou de outra natureza —, ele escreve:

> O pensar pede, portanto, pelo lado da verdade e por sua própria natureza, liberdade sem peias. Liberdade e pensar relacionam-se intrinsecamente. O pensar pertence ao âmbito da interioridade da pessoa. Nesse espaço realmente não existe limite. Mas [...] o ser humano, social por natureza, aspira a comunicar-se. Nada há tão sublime como a verdade, o bem, a beleza. Quem os descobre sente necessidade de transmiti-los a outros. O pensar livre conduz ao comunicar livre. Nesse momento, nasce a real tensão [...] ao sair do espaço da privacidade do pensar para o da socialização do pensado surge o limite [...]; e o limite que impõe à expressão da verdade não vem da autoridade extrínseca, nem do poder autoritário, mas da consciência do sujeito pensante.[29]

Para especificar melhor o que se passa com o pensamento religioso é importante ter presente que ele comporta sempre duas modalidades de atividade racional, ambas subjetivas: a intuição (a *razão intuitiva*) e o raciocínio (a *razão intelectiva*). Em geral, ao falar de racionalidade tendemos a pensar apenas na segunda dessas modalidades e, ao falar de religiosidade, a tendência é a de situá-la no campo da sensibilidade e da intuição. É um fato que a intuição (*ver dentro do real*) tem um papel preponderante nas experiências humanas que põem o ser humano em situações de limite, sentidas como inacessíveis aos processos racionais empregados pelas ciências. Em tais situações empregamos — no passado remoto da espécie como hoje — modos globais de compreensão, por vezes instantânea, dos objetos, fatos ou pessoas. É um ato da inteligência, mas implica empiricamente os estados corpóreos e anímicos (imagens, sentimentos, desejos e percepções) próprios ao sujeito do conhecimento lógico-dedutivo que é sempre o produzido por um indivíduo biológica, emocional e cognitivamente situado em bem determinados contextos reativos. Na intuição,

---

28   CHAUÍ, *Convite à filosofia*, p. 59.
29   LIBANIO, *Em busca de lucidez*, p. 87.

de uma só vez, a razão capta todas as relações que constituem a realidade e a verdade da coisa intuída. É um ato intelectual de discernimento e compreensão [...]. Os psicólogos se referem à intuição usando o termo *insight*, para referirem-se ao momento em que temos uma compreensão total, direta e imediata de alguma coisa, ou o momento em que percebemos, num só lance, um caminho para a solução de um problema científico, filosófico ou vital.[30]

Opõe-se a *razão intuitiva* à *razão discursiva*? Não, necessariamente. Dedução e indução devem ser vistas complementarmente. A intuição, pode-se dizer, é um momento psicologicamente culminante do processo de conhecimento, sobretudo quando esse tem como objeto não uma coisa e sim seu significado. O psicólogo Abraham Maslow (1908-1970) chamou tais situações de *peak experiences* ("experiências de culminação") e as considerou como sendo momentos privilegiados — presentes também na intuição científica — em que as coisas se mostram claras e convincentes. Ao lê-las a partir de dentro o sujeito percebe encaminhamentos que apesar de sua obscuridade (de natureza inconsciente, diria um psicanalista) respondem às necessidades postas em movimento no sujeito que se sente interpelado por fatos, objetos e pessoas. Para algumas escolas psicológicas foi difícil superar o esquema positivista que as caracterizava, razão pela qual Maslow, ao falar da psicologia científica de sua época de estudante (décadas de 1940 e 1950), atesta que só muito paulatinamente a viu se afastar daquele esquema e

> aprendendo que o estado de existir sem um sistema de valores é patogênico. O ser humano necessita de valores, de uma filosofia de vida, de uma religião ou substitutivo dela, de acordo com os quais possa viver e pensar, e isto da mesma maneira como necessita da luz solar, do cálcio ou do amor.[31]

c) A noção de religião/religiosidade

Como conceituar a religião? Contam-se às centenas as definições de religião propostas ao longo dos decênios pelas várias ciências da religião. O mesmo se pode dizer a respeito da noção de religiosidade. Esta talvez seja até mais equívoca, uma vez que se refere à subjetividade da experiência do divino no contexto de cada religião particular. Olhando esse cipoal de aproximações, quero, do ponto de vista da psicologia da religião, fazer uma distinção simples que pode lançar alguma luz sobre o entendimento que no nível do senso comum costumamos ter do termo "religião". Costumo distinguir entre *religião* e *religiosidade*. Mesmo não havendo unanimidade na aceitação do que segue, pode-se dizer que a *religião* deve ser vista mais como

---

30   CHAUÍ, *Convite à filosofia*, p. 67.

31   MASLOW, *Religions, values, and peak experiences*, p. 206.

Religião como forma de conhecimento: mito e razão

uma criação social e histórica, retransmitida e retrabalhada por séculos e milênios, enquanto a *religiosidade* se refere ao modo subjetivo de assimilação da religião pelos indivíduos e grupos sociais que vivem no contexto específico de cada uma delas. Estudar a *religião* é competência mais das ciências *sociais* da religião em suas múltiplas vertentes. À psicologia — sem ignorar a contribuição das outras disciplinas —, cabe um estudo que tem como objeto especificamente seu a compreensão da *experiência religiosa* vivenciada pelo sujeito individual ou coletivo. Evidentemente são muitas as *interfaces* entre essas diversas abordagens entre e dentro de cada uma dessas disciplinas, motivo pelo qual é cada vez mais comum pensar que só aproximações interdisciplinares permitem considerar com boa objetividade o que sejam as religiões e chegar a discernir as variedades sem número das experiências religiosas dos indivíduos e dos grupos.

Outra distinção a ser feita é a que separa o *conhecimento religioso* do *conhecimento teológico*. Segundo João Décio Passos,[32] teólogo e cientista da religião, fazer tal distinção equivale a afirmar a legitimidade e autonomia do conhecimento religioso e implica tomar distância crítica das visões negativas de autores que até pouco eram considerados decisivos na discussão das relações entre religião/mito e ciência. Basta lembrar nomes como os de A. Comte, para quem o conhecimento religioso não passava de um resíduo do passado mítico-teológico da humanidade que seria inevitavelmente atropelado pelo pensamento positivo da ciência moderna. Outro nome de peso é o de S. Freud, que concebia a religião como uma projeção infantil, neurótica e ilusória que reprime os processos que provêm das pulsões inconscientes que se projetam nas imagens, crenças e rituais das religiões e da religiosidade. Já no pensamento de K. Marx, o conhecimento religioso não passava de uma manipulação ideológica de elites interessadas em manter sob sua dominação econômica as demais classes sociais. Muitos filósofos se aliaram a esses três pensadores para lançar suspeitas sobre a não cientificidade das análises históricas e filosóficas de alguma forma benévolas à religiosidade humana e às religiões.

Passos chama a atenção para o perigo fácil de identificar o pensamento religioso com o pensamento teológico. Historicamente eles se imbricam, é verdade, mas são saberes cujos pressupostos epistemológicos não se identificam. Para compreender a função de cada um deles é indispensável ter sempre muito presente o caráter singular e específico da experiência e da tradição cultural em que um e outro são construídos e mantidos, seja por milênios, seja por espaços mais breves de tempo. O saber religioso tem uma relação bastante direta com o senso comum, chegando a ser com ele confundido; é mais imediato no tocante aos dados sensoriais da experiência; liga-se a modos simbólicos de ver, expressar e comunicar a realidade captada em contextos e sentidos que a transcendem. Consolida-se, além disto, em costumes, gestos

---

32 PASSOS, *Teologia e outros saberes*, pp. 66-67.

Edênio R. Valle

e rituais de transmissão passados de geração em geração, usando linguagens folclóricas despidas de maiores pretensões de chegar a conclusões e interpretações racionais de seu significado ou origem. Desse ponto de vista, o conhecimento religioso acha-se mais próximo do *mito* do que do saber teológico culto que, por definição, adota uma metodologia racional de busca de uma verdade no fundo nunca plenamente acessível (e que tem como fonte primeira uma Palavra revelada) e cujo caminho difere já em seus princípios do trilhado pelas ciências.

d) A noção de teologia

E a teologia? Faz ela jus ao que há muitos séculos diz de si mesma, quando afirma ser "a inteligência em busca da fé e a fé em busca da inteligência"? É ela, como pergunta Ian Barbour, "inimiga", "estranha" ou "parceira" da ciência? Há em algum lugar a possibilidade de um encontro dos dois caminhos? João Décio Passos argumenta que sim. Para ele as formas adotadas pelos dois conhecimentos para fazer ponte entre o sujeito que conhece e o objeto conhecido são atos racionalmente orientados para "serem objetivos em seus processos e resultados para superar as armadilhas ideológicas e as tendências inconscientes de natureza outra. No entanto, a ciência (e — acrescento eu — também a ciência teológica!) não será jamais um conjunto teórico neutro e muito menos definitivo que paira acima das individualidades concretas e dos contextos históricos ambos com suas inevitáveis influências sobre os modelos científicos".[33]

J. B. Libanio e A. Murad[34] distinguem na intelecção do termo teologia ao menos três sentidos com longa e complexa história. Todos se situam numa sequência de movimentos humanos que terminam em Deus. Mesmo quando na teologia cristã se fala de um Deus revelado, a teologia é sempre e necessariamente uma operação humana que comporta os limites de todo e qualquer esforço de compreensão empreendido por humanos. Os três sentidos são todos válidos enquanto modalidades de pensamento, mas seu peso, sentido e funções não são os mesmos. O relacionamento entre religião e mito é percebido de modos distintos segundo cada um destes três ângulos, o da teologia *sapiencial*, o da teologia *racional* e o da teologia *crítica*. É uma distinção que pode nos ser de grande utilidade. Enquanto *sabedoria* a teologia

> diz respeito à totalidade da pessoa. Expressa-se preferentemente em símbolos e alegorias. Opõe-se ao saber teológico mais analítico e lógico das realidades individuais em benefício de um conhecimento que insere cada coisa e tudo no todo da realidade criada por Deus, originada de Deus e ordenada por Deus. Valoriza a dimensão do espírito aberto ao mistério, envolvendo a totalidade da pessoa.[35]

---

33   Ibid., p. 69.

34   LIBANIO; MURAD, *Introdução à teologia*, pp. 62-75.

35   Ibid., p. 77.

Enquanto *saber racional* a teologia cristã deve muito à cultura filosófica greco-romana. Platão, via Santo Agostinho, e Aristóteles, via São Tomás de Aquino, são duas influências de enorme peso. Na alta escolástica (nome dado à filosofia cristã na Idade Média) houve uma troca intensa entre o esforço sistemático de compreensão e essa dimensão mística ou sapiencial sem a qual a experiência de Deus se esvazia. Libanio e Murad chamam a atenção para a decadência que pouco a pouco a razão teológica fria trouxe à dimensão sapiencial, por natureza, calorosa. E concluem que assim "a razão fria destronou a sabedoria e se entronizou como normativa da verdadeira teologia". A observação dos dois autores é uma crítica ao tipo de teologia que se erigiu em normativa, na medida mesma em que a modernidade impunha o critério da razão como o mais decisivo. Foi preciso esperar a crise dos mitos modernos para conseguir reverter este quadro. No momento, são muitos os indícios de que a humanidade — não excluídos os cientistas — sente falta dessa dimensão que vai além do raciocínio. O que não significa que o homem como ser pensante possa renunciar à sua inata necessidade de perguntar sempre de novo, para tentar compreender algo sem jamais tudo compreender.

A teologia, como *crítica*, nasceu da entrada da filosofia moderna no cenário teológico contemporâneo, trazendo um toque transformador ao saber racional greco-romano que lhe servia anteriormente como apoio e referência. Na América Latina a Teologia da Libertação oferece um bom exemplo deste processo de revisão. Escrevem nossos dois autores, confirmando o que foi dito em um ponto anterior deste capítulo:

> Antes de tudo, a crítica nasce das suspeitas teóricas filosóficas atingindo os próprios pressupostos da teologia. Essa arma-se então de ferrenha apologética para defender-se dos assaltos da razão crítica. Passados os primeiros embates, a função crítica teórica incorporou-se como tarefa permanente da teologia. Os clássicos mestres da suspeita — Marx, Nietzsche e Freud — sem falar em E. Kant e L. Feuerbach, desempenharam relevante papel no despertar dessa função crítica [...]. Em termos teológicos, a teologia, reflexão sobre a fé, permite-se ser criticada pela caridade, pelo agir cristão.[36]

e) *Voltando à definição de religião/religiosidade*

Não são somente os teólogos e místicos que se dão conta da penumbra enfrentada por quem se põe a questão de Deus, baliza a que se chega quando se atinge o limite do poder explicativo da razão. Penumbra semelhante é encontrada também pelos filósofos e cientistas contemporâneos de todos os naipes. A já mencionada dificuldade em chegar a um acordo sobre o que entender por religião ou por religiosidade

---

36   Ibid., p. 79.

Edênio R. Valle

tem aí uma de suas principais explicações. Como, então, definir religião? Para os fins que tenho em mente neste texto, entre as muitas definições de religião, apresento ao leitor três ou quatro que me parecem ser úteis ao entendimento dessa problemática. Uma definição clássica é a de William James,[37] que entende a religião como sendo o conjunto dos "sentimentos, atos e experiências do indivíduo humano, em sua solidão, enquanto se situa em uma relação com seja o que for por ele considerado como divino". É fácil perceber o viés psicológico dessa aproximação que marcou época e é sempre relembrada dada a minuciosa explicação que dela apresenta o psicólogo e filósofo norte-americano em seu famoso livro *As variedades da experiência religiosa*. No entanto, James deixa de lado importantes condicionadores da experiência subjetiva do indivíduo religioso. A definição devida ao belga Antoine Vergote, também ele psicólogo e filósofo, já é mais abrangente; faz alusão expressa à sociedade e não só ao indivíduo em sua solidão. Diz assim:

> A religião é uma relação vivida e praticada entre o ser humano e o ser ou os seres supra-humanos nos quais ele crê [...] e, em consequência, é um comportamento e um sistema de crenças e de sentimentos [...] orientado e estruturado de sentimentos e pensamentos, por meio dos quais o homem e a sociedade tomam consciência vital de seu ser íntimo e último e, simultaneamente, nela se torna presente o poder divino.[38]

Julgo necessário ampliar o que Vergote apenas insinua quanto à base social da religião. Para tanto podem nos ser de valia os pensadores que não veem a religião só como um departamento da vida psíquica e sim como expressão do homem em sua totalidade, o que abarca o mundo real em que ele é culturalmente socializado. Ninguém melhor do que Clifford Geertz para explicitar o que quero dizer. O antropólogo norte-americano *interpreta* a religião e o mito como relacionados a

> um sistema de símbolos que atua para estabelecer poderosas, penetrantes e duradouras disposições e motivações nos homens, enquanto comunidades organizadas por meio da formulação de conceitos de uma ordem de existência geral e revestindo essas concepções com tal aura de factualidade que as disposições parecem singularmente reais.[39]

O filósofo da religião Juan Martin Velasco nos oferece uma ulterior complementação ao que Geertz diz de maneira sintética e elegante. A religião é mais que um conjunto de crenças, símbolos e práticas ou um sistema de estruturas sociais que permitem às comunidades humanas, nas diferentes épocas e culturas, viver sua relação

---

37   JAMES, *As variedades da experiência religiosa*, pp. 31-32.

38   Apud VALLE, *Psicologia e experiência religiosa*, p. 258.

39   Ibid., p. 259.

Religião como forma de conhecimento: mito e razão

com o mundo do sagrado. Sua complexidade advém, mais ainda, do fato de ela tocar no ponto que constitui um dos objetos próprios da teologia. É, diz ele, quando se instaura a possibilidade e a necessidade também de um pensar teológico que leva em conta e põe em jogo "todos os níveis da consciência humana e do entendimento do que acontece [...] através da referência a uma realidade superior, invisível, transcendente, misteriosa, da qual faz depender o sentido da vida".[40]

3. Aprofundamentos na perspectiva das ciências da religião

Esclarecidos os termos empregados, passo a oferecer alguns elementos novos encontrados nas ciências que estudam a religião e o religioso. A importância dessas observações para nosso tema vem do fato de a ciência da religião (a *Religionswissenschaft* dos alemães) representar um árduo ponto de chegada da reflexão teológica em seu diálogo com as ciências humanas e sociais em ascensão na segunda metade do século XIX. Caminharemos por duas trilhas: (1) a da antropologia e da psicologia da religião (2) e a da crítica epistemológica ao cientificismo.

a) Aproximação antropológica

Claude Lévi-Strauss (1908-2009) será aqui nosso guia principal.[41] Suas dicas têm peso especial por não decorrerem de *a priori* filosóficos ou teológicos de tipo ocidental-cristão, mas de pesquisas realizadas através da observação direta de mitos traduzidos de rituais religiosos que se desenvolveram sem nenhum contato com as tradições religiosas e as teologias cristãs. A recente morte de Lévi-Strauss provocou uma rediscussão sobre suas ideias e posições teóricas a respeito de povos tidos como "primitivos", caso dos indígenas brasileiros de nação kadivew, bororo e nambikwara, que, graças aos seus estudos, mostraram ser possuidores de conhecimentos, tecnologias e compreensões de mundo sabiamente adequadas à realidade em que viviam. Lévi-Strauss mudou suas convicções sobre essas culturas e povos só após conhecê--los "de dentro". Foi a evidência do que pôde constatar na convivência com aqueles "selvagens" que o levou a criticar o etnocentrismo do espírito científico de seu tempo e a propor novos parâmetros para entender o pensamento daqueles "outros diferentes", invertendo opiniões que datavam da chegada dos primeiros portugueses ao

---

40 VELASCO, *Introducción a la Fenomenología de la Religión.*

41 Seria fácil elencar uma série expressiva de outros antropólogos que acompanham o raciocínio de Lévi--Strauss no que respeita à capacidade de pensar de povos e religiões não ocidentais. A seguir será citado, por exemplo, o nome de Viveiros de Castro, mas na escola antropológica brasileira esse mesmo ponto de vista existe há muitos anos e é majoritário. Como em qualquer outro assunto existem discrepâncias e algumas abordagens materialistas ou biologísticas podem ter críticas mais contundentes a esse respeito.

Brasil. Em vez de olhar esses índios a partir de fora e de cima — como *outsider* que era —, ele percebeu que existia na visão de mundo e nos estilos de vida daqueles povos uma compreensão teórica e prática da realidade que não correspondia ao que, na França da década de 1920, um de seus mestres — L. Lévi-Brühl (1857-1939) — havia designado com o nome depreciativo de "mentalidade primitiva". Lévi-Brühl seguia nisso a mesma visão de etnólogos e antropólogos ingleses, como Edward Tylor (1832-1917), que, um pouco antes de Brühl, andava à cata das formas mais primitivas ainda existentes sobre a face da terra. Segundo essas hipóteses, que assimilaram com facilidade o evolucionismo social de Charles Darwin (1809-1882), teria existido, previamente ao surgimento das religiões, um estágio anterior de desenvolvimento que seria *pré-religioso*. Para Tylor e, na sua esteira, para James Frazer (1854-1941), alguns grupos aborígenes da Austrália seriam, em fins do século XIX, os derradeiros cultores dessas formas já em desaparecimento que, por sua vez, seriam as verdadeiras matrizes de outras modalidades mais evoluídas, como as religiões poli e/ou monoteístas. Para esses antropólogos aqueles povos teriam estacionado em um nível mítico--religioso e mágico de relacionamento com a natureza e o sagrado.[42]

Diversa foi a orientação adotada por Lévi-Strauss com base em suas observações no Brasil e nos Estados Unidos. Depois de vários anos longe da França, ao assumir uma cadeira de etnologia no *Collège de France*, ele a rebatizou com o sugestivo nome de *Religião comparada em povos não letrados*. O nome já revelava sua intenção de trazer aos olhos dos europeus o que aprendera nas Américas, acentuando o poder intelectual e a arguta versatilidade daqueles povos. Posições como a de Lévi-Strauss levaram a etnologia e a antropologia a darem uma guinada em suas concepções de religião e mito, abandonando as ideias da geração de antropólogos que o precederam na Europa e no Brasil. As novidades defendidas por Lévi-Strauss causaram um impacto sobre os cientistas formados no período em que o mito de supremacia de raças ganhava terreno em toda a Europa. Lévi-Strauss tornou-se um autêntico demolidor da arrogância com que a ciência ocidental via os demais povos e culturas. Ele, no dizer de Eduardo Viveiros de Castro, "fez com que os não europeus se tornassem nossos contemporâneos".[43]

Mais perto do que aqui nos interessa, o mesmo Viveiros de Castro, em entrevista concedida a Carlos Haag, sem endossar o estruturalismo, corrobora a opinião do pesquisador francês sobre a racionalidade do pensamento dos povos não letrados que utilizam linguagens simbólicas próprias. Viveiros de Castro aponta para três aspectos que, segundo Lévi-Strauss, seriam os pilares do pensamento de povos cujos sistemas e rituais religiosos de crença apresentam uma racionalidade distinta da ocidental cristã. São aspectos que podem dar ao leitor uma boa pista de aproximação ao

---

42 Para conhecer algo dessa problemática, ver SCHMIDT, A antropologia da religião, pp. 53-95.

43 HAAG, A tristeza nos trópicos, p. 81.

Religião como forma de conhecimento: mito e razão

tema da religião e do mito enquanto formas de conhecimento. Existe, sim, no pensamento desses povos, uma racionalidade estruturada e válida. Ela guarda analogia com o pensamento dos povos que possuem escrita, ciência e técnica, no sentido moderno e, em outro nível, também com teorias e métodos dos que são adotados pelas ciências humanas ocidentais, guardadas evidentemente as diferenças nas linguagens e nos métodos. Seria, portanto, incorreto conceber em termos de certo ou errado, de racional ou irracional, de científico ou não científico o seu modo de se referir ao mundo que os cerca. Essas ideias de Lévi-Strauss provocaram uma reviravolta nas concepções vigentes antes dele. Ele disseminou — no campo da etnologia, da antropologia, da psicanálise e da filosofia — a convicção de que a ciência ocidental como um todo só teria a ganhar se aprendesse a rever pela raiz seus preconceitos sobre a cultura, a religião e a inteligência humanas. Para explicitar melhor o sentido do acima dito, cito Viveiros de Castro:

> O pensamento indígena não é confuso, obscuro, nem está perdido nas brumas da magia e da participação primitiva. Ao contrário, é um pensamento obcecado com a ordem, a distinção, a classificação. Para Lévi-Strauss não há descontinuidade entre a ciência moderna e a ciência selvagem, mas, no futuro, as duas convergirão para o mesmo ponto. Enfim, ele dissolve os graves equívocos que os europeus mantinham a respeito do outro, e dissolve (assim) seu etnocentrismo.[44]

Ao mesmo tempo, Lévi-Strauss ensinava que há que aceitar a existência de diversidades[45] e que "a filosofia e a ética ameríndias têm na diferença o seu princípio". Essa constatação o levava a considerar o pensamento desses povos como um pensamento não submetido à racionalização econômica, política e científica que impregna e dimensiona praticamente todo o pensamento europeu, invadindo também suas religiões, em especial as de matiz pós e neocristão, hoje amplamente difundidas. Os povos não letrados, porém, tinham "a diferença como princípio". Nos Estados Unidos — eis um bom exemplo histórico — eles não tiveram grandes dificuldades em incluir os forasteiros que chegavam às suas terras em seus mitos de criação, tão fundamentais para seu sistema de pensamento e sua cosmovisão. Seria, portanto, crassamente equivocado tomar como parâmetro único a racionalidade que se expressa na ciência ocidental, condenando como primitivas outras formas alternativas de conhecimento. Os povos, cada um à sua maneira, têm uma real capacidade de elaborar um conhecimento (e uma "sabedoria"!), cujo valor, sentido e capacidade de ordenação da realidade não é de maneira alguma irracional. Ela é tão somente diferente. E conclui: "Não existe em si uma descontinuidade entre ciência moderna e

---

44 Ibid., p. 81.

45 As frases ou palavras colocadas entre aspas são da entrevista de Viveiros de Castro e foram verbalmente retiradas do artigo de Haag.

a ciência selvagem". Provavelmente reside nesse quase axioma de Lévi-Strauss a chave para entender o motivo por que os povos colonizados pelos europeus depois do século XVI resistiram e mantiveram os elementos fundamentais de suas convicções e estilos de vida mais profundos. A qualquer modificação de sua estrutura cultural — que privilegiava a preservação da natureza, as regras matrimoniais destinadas a manter a fecundidade, o princípio político que abolia formas de decisão não baseadas na unanimidade, a organização social e do parentesco, as cosmologias, classificações, mitologias, rituais, crenças etc. —, eles respondiam com uma silenciosa defesa do que era propriamente deles.

Existe, em terceiro lugar, na sabedoria desses povos uma "abertura ao outro" que os distingue do "fechamento" dominador (político, sociocultural, filosófico, científico, estético e, muito especialmente, religioso) que os povos europeus demonstraram em seu choque com os povos por eles "descobertos" nos outros três continentes. A religião e a linguagem mítica fazem parte dessa "abertura" que vai além do saber codificado e matematizado da ciência ocidental.

Lévi-Strauss encontrou entre os antropólogos, etnólogos e psicanalistas de sua época muitos seguidores de sua valorização do que representava uma necessária correção à antropologia cultural que o precedeu. Nem todos, porém, adotaram seu ponto de vista estruturalista, mas aprenderam com Lévi-Strauss a dar o devido peso à necessidade de analisar com mais rigor o significado da cultura na história dos povos e no desenvolvimento da própria humanidade. Essa preocupação é antiga, mas só encontra uma formulação mais articulada graças à reflexão de pensadores como ele, que possibilitaram uma visão alternativa ao chavão "tudo ou nada" em que era posta a questão da racionalidade da religião e do mito no período mais agudo de uma postura eurocêntrica que não por acaso teve início no colonialismo cultural antes dele vigente.[46]

b) Aproximação psicológica

Passo a uma rápida consideração psicológica sobre a racionalidade da religião e do mito. A aproximação elegida pode causar surpresa ao leitor acostumado a ver a psicanálise individual de C. G. Jung (1875-1961) como sendo a principal e quase única chave de leitura de toda essa questão. Não será essa a minha via de acesso. Tampouco pretendo partir de M. Eliade (1907-1986), de Joseph Campbell (1904-1987) ou da fenomenologia, como é frequente na psicologia da religião brasileira. Não que a colaboração desses autores seja destituída de valor para nossa discussão. É que seus pontos de vista sobre religião, mito e magia são já demasiados batidos. Aponto ao leitor outra via de aproximação.

---

46   Ver ASAD, *Genealogies of Religion*.

Religião como forma de conhecimento: mito e razão

Tomarei como guias Lev Vygotsky (1896-1934), com razão considerado um dos maiores psicólogos da primeira metade do século XX, e Jacob Van Belzen,[47] um dos psicólogos da religião que mais insistem na necessidade da consideração da dimensão cultural para uma adequada compreensão psicológica da religiosidade humana e que, em sua busca de referenciais e pontos de apoio, soube dar ao psicólogo russo o devido apreço. O psicólogo e filósofo cognitivista Jerome Bruner é outro que segue na mesma direção de Van Belzen e toma Vygotsky como um de seus mentores em problemas psicopedagógicos de vital importância na educação hoje. Tudo indica que ambos consideram o enfoque histórico-cultural[48] que Vygotsky dá à questão da subjetividade e da consciência do ser humano na sociedade e cultura russas em mudança, como indicador de pistas relevantes que, em minha opinião, complementam o que já vimos em Lévi-Strauss e R. Geertz. Estou convencido de que, juntos, eles oferecem pistas e *insights* instigantes sobre o tema que nos ocupa. No plano teórico da psicologia o que os aproxima é o fato de verem as relações do sujeito com o mundo a partir de *contextos e linguagens* que permitem entender como a espécie humana, porque *sapiens*, tornou-se capaz de ir além da pura materialidade, usando para tanto os recursos evolutivos de que passou a dispor na medida em que se conscientizou de si no mundo.

1. Vygostsky viveu em Moscou, no período de maior ebulição da revolução soviética. Morreu muito jovem, aos 37 anos, sem poder arrematar sua obra, mas deixou uma rica herança intelectual. Vygotsky talvez realce mais o biológico[49] (devido ao peso de Pavlov na psicologia russa) e o sócio-histórico (por influência do clima político em que viveu). Faltavam-lhe por completo contatos com culturas estranhas ao mundo russo e mesmo com o que se passava nos países da Europa (Primeira Guerra Mundial, advento do nazismo, afirmação do capitalismo e da economia de guerra, pluralismo da cultura, desenvolvimento rápido das ciências de base, surgimento de uma sociedade de consumo etc.). A perda da influência religiosa era partilhada por todos esses intelectuais, sendo ela, porém, bem mais marcante em Moscou do que em Paris. No plano filosófico e dos costumes, a França da *belle époque* estava dando lugar a uma cultura crítica que sentia a tensão entre o capitalismo e o comunismo,

---

47 Ver VAN BELZEN, *Psicologia cultural da religião*.

48 Os estudiosos de Vygotsky no Brasil litigam em torno da designação a ser dada ao conjunto das ideias desse autor. Há os que defendem intransigentemente o adjetivo "sócio-histórico", que dá ênfase ao materialismo histórico-dialético, e os que preferem o termo "histórico-cultural", que acentua o interesse de Vygotsky pela cultura e a educação. A respeito veja-se DUARTE, *Vigotski e o "aprender a aprender"*; GONZÁLEZ-REY. O enfoque histórico-cultural, pp. 194s. Há na citação acima uma alusão a um célebre exemplo do próprio Vygotsky. Aludindo ao conhecido comportamento dos gansos que se põem a grasnar e servem quase como cães de guarda, ele diz que o ganso, ao sentir medo, se põe a alertar todo o bando com seus gritos não para transmitir a eles o que ele viu e sim para contagiá-los com o seu medo.

49 As abordagens "naturalistas" acham-se hoje presentes e precisam ser consideradas com a devida atenção pelos estudiosos da religião. Este é um vasto campo de pesquisa e há quem fale de um novo paradigma (ver CRUZ, Em busca de uma história natural da religião; YAMAMOTO, Psicobiologia.

Edênio R. Valle

entre o totalitarismo e o individualismo, em uma batalha ideológica que só seria invertida nos anos 80 e 90 do século passado. Dadas essas circunstâncias todas, era impossível que um jovem psicólogo como Vygotsky pudesse chegar ao tipo de problematização de um Lévi-Strauss, de um J. Bruner ou de um Van Belzen. Já com a psicanálise (S. Freud) e o cognitivismo (Jean Piaget) Vygotsky teve maior chance de entrar em diálogo, o que não deixou de surtir efeito sobre sua visão do modo como os sujeitos humanos se colocam no mundo.[50] Quanto às divergências, não se pode negligenciar o fato de Vygotsky seguir os parâmetros do materialismo histórico-dialético, deixando pouco espaço à religião. Não obstante — extrapolando a bitola estreita do materialismo em que ele se viu mergulhado até o nariz —, ele se preocupava de modo inusitado com aspectos eminentemente humanos do funcionamento da psique e da consciência, o que o levou, quase que por si mesmo, a se perguntar sobre a dimensão da subjetividade, algo raro na psicologia russa de seu tempo. Ele considerava a passagem do biológico ao cultural como um tema psicológico de primeira grandeza. Sua tentativa de compreensão psicológica dessa passagem o aproximou de outros psicólogos e linguistas europeus e, imagino eu, o teria levado a se interessar por colocações como as dos autores que menciono nesta reflexão. Ele, por exemplo, teria provavelmente questionado algumas das ideias de Lévi-Strauss, mas teria igualmente percebido a existência de uma série de nexos entre as desse antropólogo e as suas, malgrado o materialismo histórico-dialético que separava[51] a postura teórica de um e de outro.

Em uma perspectiva psicológica, Marta Kohl de Oliveira pode ajudar a perceber melhor em que sentido Vygotsty abre horizontes para a compreensão da relação entre o mundo e o homem e das dimensões simbólicas inerentes à linguagem com que ele a expressa:

> Os elementos mediadores na relação entre o homem e o mundo — instrumentos, signos e todos os elementos do ambiente humano carregados de significado cultural — são construídos nas relações entre os homens [...]; os sistemas simbólicos e, particularmente, a língua exercem um papel fundamental na comunicação entre os sujeitos e no estabelecimento de significados compartilhados que permitem interpretações dos objetos, eventos, situações do mundo real. Na ausência de um sistema de signos compartilhado e articulado, como a língua humana, somente o tipo de comunicação mais primitivo e limitado é possível. A comunicação entre os gansos, no exemplo de Vygotsky, se dá por contágio afetivo, num processo difuso e genérico, em que medo gera medo, e não pela transmissão de informações precisas sobre o tipo, a localização ou a dimensão do perigo.[52]

---

50   Cf. VYGOTSKY, *Pensamento e linguagem*, cap. 2 e 3.

51   Ana Maria BOCK et alii. Psicologia sócio-histórica; DUARTE, *Vigotski e o "aprender a aprender"*.

52   OLIVEIRA, História, consciência e educação, p. 10.

Religião como forma de conhecimento: mito e razão

2. Fernando L. González-Rey, psicólogo cubano, é no Brasil um dos maiores conhecedores da psicologia russa em geral. Ao preferir designar o sistema de Vygotsky com o nome de "histórico-cultural" (e não de "sócio-histórico"), ele traz o psicólogo russo para o fluxo de tendências e movimentos teóricos que estavam acontecendo na psicologia e na psicoterapia europeia das décadas de 1920 e 1930 e que chegaram a influenciar teoricamente a geração de Vygotsky e de Bakhtin, que sentiu na carne o peso da censura ideológica do stalinismo. Três princípios merecem ressalto, segundo González-Rey,[53] no pensamento de Vygotsky.

Vygotsky "parte de um sujeito historicamente constituído em sua subjetividade, em suas ações sociais, dentro de um contexto histórico culturalmente determinado". Note-se que, ao assumir esse ponto de vista, o psicólogo russo está criticando simultaneamente o biologismo, o behaviorismo e a fenomenologia, sistemas então em voga na Europa. Destaca-se também da psicanálise freudiana que vê como produto da sociedade capitalista e burguesa. Surpreendentemente, discrepando do rolo compressor que pressionava o pensamento russo de então, ele enfatiza não somente a matriz histórico-social em que se constitui o sujeito, mas também o caráter singular da constituição do indivíduo enquanto tal. Relendo hoje textos de Vygostky, parece-me possível afirmar que essas intuições de Vygostsky oferecem provocativos subsídios para a complementação das noções de *self*[54] e de *cultura* hoje muito valorizadas por psicólogos que estudam a evolução e a dinâmica da religiosidade humana.[55]

Além disto, Vygotsky atribui ao sujeito "uma capacidade de subjetivação geradora de sentidos e significados em seus diferentes sistemas de relação, os quais podem ter um caráter transformador sobre a configuração de seus processos psicológicos atuais". Tal capacidade decorre de um diálogo com os outros dentro da dinâmica decorrente do andamento da história (que ele, repito, tende a ler em chave materialista, sem maiores atenções ao que acontece com o sentido religioso tão presente na alma do povo russo).

No parecer de Vygotsky as épocas históricas implicam aspectos ideológicos dos quais decorrem "elementos de significação e sentido constituintes da gênese das patologias presentes nesses contextos". Cabe ao psicólogo mostrar como esses valores acham-se vinculados às ideologias, o que pode torná-los parciais e portadores de elementos não vitais para a sociedade e para o indivíduo.

Resumindo, o que Vygotsky, melhor que muitos psicólogos da religião, pode nos mostrar é que o amadurecimento psicológico carece de uma contextualização que

---

53 As frases entre aspas são do texto de GONZÁLEZ-REY, O enfoque histórico-cultural e seu sentido para a psicologia clínica, pp. 195-196.

54 A noção de *self* dialógico, por exemplo, é muito distante da criada por C. G. Jung, no contexto da psicanálise individual, ou por Maslow, dentro de uma visão humanística que se aproxima da fenomenologia.

55 No campo da psicologia cultural da religião, cf. VAN BELZEN, *Psicologia cultural da religião*.

49

Edênio R. Valle

não pode ser definida abstrata ou genericamente. Para ele, os seres humanos são sempre e necessariamente situados e datados, não só no tocante à adaptação ao meio ambiente material quanto "particularmente no que se refere às funções psicológicas superiores, tipicamente humanas" que estão fortemente lastreadas "nos modos culturalmente construídos de ordenar o real".[56] Ora, poucas funções superiores do psiquismo exercem com mais propriedade essa função de ordenação do real do que as cultivadas pelas religiões. Vygotsky, se vivesse em nossos dias, teria provavelmente compreendido e dialogado bem com autores contemporâneos. Devido à sua morte prematura, não há como testar essa hipótese. Mas sabemos que J. Bruner e J. Van Belzen, ao lerem os escritos de Vygotsky, reconheceram imediatamente sua pertinência para o estudo da ética e da religião. Indo além, esses dois autores pensam que não se pode compreender nenhum processo de aprendizagem — um tema frequente em Vygotsky — sem aceitar a existência de um *self* dotado de uma estrutura cognitiva e relacional com modelos não científicos de organização e significado que permitem ao sujeito consciente elaborar as informações que lhe chegam das pessoas e do ambiente. É através desses dispositivos anímicos que as pessoas desenvolvem suas maneiras individuais de conceber e dar sentido ao mundo e constroem nas mais variadas maneiras seus próprios sistemas explicativos e interpretativos. Entre esses conta, e não pode ser preterido como secundário, o do sentido eminentemente pessoal da experiência religiosa de indivíduos emocional e cognitivamente maduros.

3. Estendo-me um pouco mais sobre pontos seminalmente presentes em Vygotsky, assim como o psicólogo holandês Jacob Van Belzen os aprofunda em sua obra.[57] Van Belzen insiste na tese de que todos os conhecimentos, experiências, ações, emoções e desejos psicológicos, para serem bem compreendidos, carecem de uma contextuação cultural. Isto vale mesmo para as mais sublimes experiências de espiritualidade. Em sua opinião a dimensão cultural do fato religioso não foi ainda devidamente levada em consideração pela psicologia da religião.

Para esclarecer esse pensamento, Van Belzen usa o exemplo da emotividade humana, para ele uma síndrome socioculturalmente construída a partir de hábitos, papéis sociais, concepções e valores aprendidos em situações de relacionamento com os demais "outros significativos" (*significant others*). Ulteriormente, no curso de um processo de socialização que vai além da fase infantil ou juvenil, essas emoções se adaptam ao modo subjetivo de cada um, adquirindo conotações próprias. A subjetividade humana em sua totalidade está sujeita a condicionamentos culturais e biográficos que alteram as posições do eu (*I positions*), como dizem Hermans e Konopka,[58]

---

56   OLIVEIRA, História, consciência e educação, p. 10.

57   VAN BELZEN, *Psicologia cultural da religião*: uma introdução; VAN BELZEN, Psicologia cultural da religião, pp. 1-29.

58   HERMANS; KONOPKA, *Dialogical self theory*.

em sua teoria do *self* dialógico (cf. também Massih).[59] Van Belzen reconhece que há muitas décadas atrás Vygotsky já havia assinalado que as funções psíquicas mais elaboradas (as que ele chama de "superiores") teriam uma dupla origem: primeiro a cultural e depois a da apropriação pessoal, ambas construídas a partir de processos evolutivos de natureza biológica, mas indo além de tais condicionamentos no caso da espécie humana. A primeira vem da cultura, a segunda é criação do sujeito na interação com os "outros significativos" com quem a pessoa dialoga. Todos os conhecimentos, das mais abstratas e complexas elucubrações do pensamento filosófico-teológico ou científico à mais simples construção ideativa do senso comum, têm aí sua origem. Diga-se o mesmo das linguagens do mito e das efervescências sem limites da imaginação. Ao contrário do que geralmente se pensa, as emoções e os sentimentos são modos de compreensão que não se explicam nem por um inconsciente basicamente biológico, nem pela criatividade do sujeito tomado em sua solidão, como queria William James ao definir a experiência religiosa. As emoções são padrões inteligentes de experiência e de expressão adquiridos no intercâmbio social e a partir daí praticados em situações sociais específicas que possibilitam ao sujeito ser o seu próprio *self*. Elas podem e devem ser, na realidade, caracterizadas não apenas como desejos ou sentimentos — e o são —, mas como avaliações axiológicas cujo conteúdo não é dado pela natureza biológica e sim pelo sistema de praxes e costumes e pelos valores e convicções (*ethos*) culturais vivenciados pela comunidade concreta da qual o sujeito é membro.

Em resumo, Van Belzen é de opinião que não existe algo que possamos chamar de natureza humana independentemente da cultura e que a religiosidade, como qualquer outra experiência humana de sentido, deve ser sempre *interpretada* a partir do modo original como os grupos humanos e neles as pessoas se situam como seres-no-mundo e o significam. Vygotsky não usava esse modo de falar, mas uma de suas ideias-força a respeito da subjetividade humana era que não existe conduta significativa que não seja culturalmente constituída. Situar o comportamento religioso e espiritual na teia de cada arranjo cultural é, segundo Van Belzen, uma condição para a psicologia da religião poder descobrir como as constantes psicológicas que possibilitam a experiência religiosa se articulam em si e entre si mesmas. Esta articulação ocorre em um processo de incessantes modificações provenientes das múltiplas variações culturais às quais o sujeito é submetido e às quais reage desde a compreensão que tem de si. É isso que torna possível a construção psicológica de conhecimentos e ações espirituais e religiosas, cujo valor inegável torna religião algo "eterno" como afirma E. Durkheim,[60] em sua conhecida leitura das formas elementares da vida

---

59 MASSIH, A teoria do *self* dialógico na psicoterapia de religiosos, pp. 53-67.

60 DURKHEIM, *Las formas elementales de la vida religiosa*, pp. 397-398.

religiosa, nisso se aproximando de algo admitido também por Lévi-Strauss após seu contato direto com povos não letrados do Brasil:

> Há, portanto, algo eterno na religião, algo destinado a sobreviver a todos os símbolos particulares com os quais o pensamento religioso foi sendo sucessivamente envolvido. Não pode haver uma sociedade que não sinta a necessidade de conservar e reafirmar, em intervalos regulares, os sentimentos e as ideias coletivas que proporcionam sua unidade e personalidade.

Seguindo por uma pista que tem paralelo com a de Durkheim, só que não sociologística, Van Belzen vê a religiosidade humana em um processo de efervescência cultural que lhe possibilita uma incessante capacidade criativa na elaboração de novas visões ideais da realidade, razão pela qual ele propõe que a psicologia da religião seja pensada e praticada como uma ciência *histórico-hermenêutica* e *interpretativa* que, sem deixar de buscar um entendimento rigoroso do fato religioso psíquico, foca sua atenção nos significados da consciência mais do que na busca de regras, mecanismos e constantes que expliquem racionalmente o comportamento religioso. Inspirado em teorias de colegas de universidades holandesas, como Hermans e Kempen, Van Belzen pensa que a psicologia da religião deveria ser uma psicologia *hermenêutica*, assumindo pressupostos semelhantes aos da psicologia narrativa, atualmente usada na Europa para explorar a estreita relação dialogal que o sujeito estabelece com seu meio cultural-religioso em função da construção e reconstrução da identidade de seu *self*. É oportuno acrescentar que a *teoria histórico-hermenêutica* perfilada por Van Belzen, ao dar este destaque tão marcante ao fator cultural, não ignora nem a influência dos fatores materiais e psicofisiológicos sobre a subjetividade humana, nem negligencia, como ficou dito, a dimensão dos valores e sentidos que o sujeito descobre e afirma como seus ao longo da lenta e constante definição do seu *self*. Segundo Van Belzen, a psicologia da religião do século XXI deveria pôr mais empenho do que até agora na compreensão de como os seres humanos vieram a ser o que são hoje religiosamente.

Tal visão psicológica da evolução coletiva e individual do ser humano e de suas criações culturais poderia, na opinião de Van Belzen, levar a uma compreensão bem mais adequada da religião (dimensão sociológica e histórica) e da religiosidade (dimensão psicológica e subjetiva) dos seres humanos, assim como esses evoluem criativamente, alimentados por essa sua "segunda natureza", a cultura.

Esta visão psicológica da evolução coletiva e individual do ser humano passaria a ser uma contrapartida a abordagens que reduzem o humano exclusivamente a um de seus componentes parciais, como o inconsciente, o biopsicológico ou o genético. Com essa complementação, que não precisa se justificar ante as teorias

Religião como forma de conhecimento: mito e razão

evolucionárias, hoje bastante estudadas também por psicólogos brasileiros,[61] leituras da religião, da arte e do conhecimento humano fundamentadas em pesquisas sobre a pré-história de nossa espécie, como as feitas por Mithen[62] ou Boyer,[63] ganham uma indispensável contrapartida. Também a compreensão dos mitos e rituais do passado e do presente adquirem novos prismas de significado e interpretação.

c) Aproximação a partir da epistemologia crítica

1. A epistemologia do século XX voltou a reconhecer o mito e o senso comum enquanto formas de conhecimento. Eis como Hilton Japiassu formula o que hoje se pensa sobre esse tipo especial de conhecimento que antecede na consciência o saber referendado por formulações elaboradas segundo as exigências da lógica:

> Antes do surgimento de um saber ou de uma disciplina científica, há sempre uma primeira aquisição ainda não científica de estados mentais já formados de modo mais ou menos natural ou espontâneo [...]; eles constituem as "opiniões primeiras" ou *prenoções*, tendo por função reconciliar o pensamento comum consigo mesmo, propondo certas explicações. Podemos caracterizar tais pré-noções como um conjunto falsamente sistematizado de *juízos*, constituindo representações esquemáticas e sumárias, formadas pela prática e para a prática, obtendo sua evidência e sua "autoridade" das funções sociais que desempenham. Como já dizia Aristóteles, "toda disciplina susceptível de se aprender e todo estudo comportando um processo intelectual constituem-se a partir de um conhecimento já presente".[64]

Opiniões como a de Japiassu se apoiam em filósofos da Antiguidade — não só em Aristóteles —, mas resultam também e mais diretamente do trabalho crítico de filósofos do conhecimento da primeira metade do século XX. Não é aqui o lugar para expor as controvérsias que, por exemplo, contrapuseram pensadores como Karl Popper (1902-1994) ou Ludwig Wittgenstein (1869-1951)[65] à filosofia radicalmente positivista do Círculo de Viena.[66] Como o próprio Japiassu fez em muitos de seus escritos epistemológicos, para os fins que temos em mente neste texto, talvez seja mais apropriado lembrar a *ruptura epistemológica* proposta por Gaston Bachelard, ele próprio um filósofo vindo das ciências exatas, de uma época em que o positivismo dominava a epistemologia e o estudo das ciências da natureza. Ele se pergunta,

---

61   Ver YAMAMOTO, Psicobiologia, pp. 241-260.

62   MITHEN, *A pré-história da mente.*

63   BOYER, *Religion explained.*

64   JAPIASSU, *Uma introdução ao pensamento epistemológico*, p. 17.

65   WITTGENSTEIN, *Tractatus Logico-Philosophicus.*

66   Um claro panorama da transição do positivismo radical para posições críticas como as de K. Popper e de neopopperianos como Thomas Kuhn pode ser encontrado em REALE; ANTISERI, *História da filosofia,* pp. 140-183.

entre as décadas de 1930 a 1960, sobre qual deva ser o *espírito científico* de nossa época. Chamou sua visão das ciências de "dialética *a posteriori*", opondo-a frontalmente às ideias positivistas que ele encontrara em seus anos de estudo da física e da química modernas. Sua epistemologia é indutiva e não dedutiva. Decorre da leitura crítica do processo histórico que foi dando origem aos avanços das ciências. Esse é, para Bachelard, o ponto de partida verdadeiro da epistemologia e não vice-versa. Bachelard tem consciência de que é preciso certa imprudência para deixar o que é tido como científico exatamente para poder recriá-lo à luz das descobertas novas. Para ele, a dialética que deve presidir o novo espírito científico é uma reflexão que se vê às voltas com suas próprias objeções internas e que tenha condições de acolher as dúvidas suscitadas pelos seus próprios avanços, de modo a permitir que o problema a ser solucionado possa encontrar outras pistas de solução, sem perder, contudo, o veio de sua concatenação racional. Trata-se de uma dialética de ultrapassagem da razão pela própria razão. A essa visão da dialética do pensamento científico subjaz a ideia de que as teorias científicas se constroem a partir de *rupturas epistemológicas.* Entende-se assim por que ele chama sua dialética de uma "dialética *a posteriori*", isto é, que nasce e se justifica a partir da própria prática da ciência e do cientista e não como resultado da aplicação de princípios filosóficos abstratamente tomados de teorias preexistentes, por instigadoras que possam ser. Para Bachelard,

> a ruptura entre o conhecimento comum e o conhecimento científico nos parece tão nítida que esses dois tipos de conhecimento não poderiam ter a mesma filosofia. O empirismo é a filosofia que convém ao conhecimento comum. O empirismo encontra aí sua raiz, suas provas, seu desenvolvimento. Ao contrário, o conhecimento científico é solidário com o racionalismo e, quer se queira ou não, o racionalismo está ligado à ciência, o racionalismo reclama fins científicos. Pela atividade científica, o racionalismo conhece uma atividade dialética que prescreve uma extensão constante dos métodos.[67]

2. Para o nosso tema, há *três considerações* bachelardianas importantes para uma reta compreensão de seu pensamento a respeito da construção do objeto do conhecimento. A primeira se refere ao relacionamento entre os conceitos de conhecimento científico e senso comum. Bachelard, ao analisar os estágios de desenvolvimento da ciência ocidental, retorna de maneira original ao que dizia A. Comte, mas julga fazê-lo com um método de análise "muito mais exato e específico", estabelecendo o que chama de "leis dos estados científicos" que evoluíram historicamente em três momentos (ou "estados", como diz ele): o "estado concreto", o "estado concreto-abstrato", e o "estado abstrato". A ciência como hoje a entendemos acha-se no terceiro desses estados: o do conhecimento "em que o espírito adota informações

---

67   BACHELARD, *La formación del espíritu científico*, pp. 15s.

Religião como forma de conhecimento: mito e razão

voluntariamente subtraídas à intuição do espaço real, voluntariamente desligadas da experiência imediata e até em polêmica declarada com a realidade primeira, sempre impura, sempre informe". Em poucas palavras, esse estado conjuga o conhecimento concreto com o abstrato, ambos dialeticamente avaliados e reavaliados pelo "racionalismo aplicado e pelo materialismo técnico", que seria a forma da racionalidade e da lógica da ciência contemporânea alcançada pela física, por exemplo, depois de Einstein. Chegada a esse "estado do racionalismo aplicado e do materialismo técnico", a ciência se debateu entre três concepções ainda hoje presentes no debate: a do positivismo, a do empirismo e a do realismo. A cientificidade, diz Bachelard, significa a superação do empirismo e vai do racional-empírico para o real.

Bachelard situa deliberadamente sua epistemologia na esfera do *realismo*. É a partir daí que deveríamos, em sua ótica, nos perguntar pelo valor cognitivo do mito, um conhecimento "concreto" ancorado no "senso comum". No estado concreto de seu desenvolvimento o espírito científico já possui conhecimentos válidos, embora precários, porque apoiados primordialmente em impressões e imagens imediatas do objeto em estudo, resultado de uma primeira leitura dos fenômenos naturais. É uma "primeira imagem do mundo", uma imagem considerada à primeira vista como já "pronta e feita", além de suficientemente clara, que a ciência precisa superar para chegar ao conhecimento cientificamente fundamentado, o que acontece através da superação dos "obstáculos epistemológicos" que cada nova descoberta coloca à teoria e às hipóteses anteriormente avaliadas como suficientes. É nesses termos que, segundo Bachelard, o problema do conhecimento do real, possibilitado pelos mitos, deve ser colocado e equacionado. Seu pensamento a respeito dos mitos está condensado nos parágrafos que seguem abaixo:

> O conhecimento do real é luz que sempre projeta alguma sombra. Nunca é imediato e pleno. As revelações do real são recorrentes. O real nunca é "o que se poderia achar", mas sempre o que se deveria ter pensado. O pensamento empírico torna-se claro *depois*, quando o conjunto dos argumentos fica estabelecido. Ao retornar a um passado cheio de erros, encontra-se a verdade num autêntico arrependimento intelectual. No fundo, o ato de conhecer dá-se *contra* um conhecimento anterior, destruindo conhecimentos mal estabelecidos, superando o que, no próprio espírito, é obstáculo à espiritualização.[68]
> O espírito científico é essencialmente uma retificação do saber, um alargamento dos quadros do conhecimento. Julga o seu passado condenando-o. A sua estrutura é a *consciência* dos seus erros históricos. Cientificamente, pensa-se o verdadeiro como retificação histórica de um longo erro, pensa-se a experiência como retificação da ilusão comum e primeira.[69]

---

68   BACHELARD, *O novo espírito científico*, p. 17.

69   Ibid., p. 120.

Várias vezes, nos diferentes trabalhos consagrados ao espírito científico, nós tentamos chamar a atenção dos filósofos para o caráter decididamente específico do pensamento e do trabalho da ciência moderna. Pareceu-nos cada vez mais evidente, no decorrer dos nossos estudos, que o espírito científico contemporâneo não podia ser colocado em continuidade com o simples bom senso.[70]

Entre o conhecimento comum e o conhecimento científico a ruptura nos parece tão nítida que estes dois tipos de conhecimento não poderiam ter a mesma filosofia. O empirismo é a filosofia que convém ao conhecimento comum. O empirismo encontra aí sua raiz, suas provas, seu desenvolvimento. Ao contrário, o conhecimento científico é solidário com o racionalismo e, quer se queira ou não, o racionalismo está ligado à ciência, o racionalismo reclama fins científicos. Pela atividade científica, o racionalismo conhece uma atividade dialética que prescreve uma extensão constante dos métodos.[71]

A maneira como Bachelard vê a evolução do processo científico tem alguma afinidade com a proposta comtiana que serviu de parâmetro ao cientificismo francês. Como Comte, ele reconhece a existência de três fases no desenvolvimento do espírito científico. Uma (mais mítico-religiosa) que, segundo ele, vai da Antiguidade clássica até o século XVII, aproximadamente. A segunda fase já pertence à Modernidade e segue até inícios do século XX. O ano de 1905 seria o momento-chave do *turning point* do espírito científico. Dura até nossos dias. Bacherlard descreve essa terceira fase de uma maneira que nos ajuda a entender por que o recente experimento do acelerador de partículas da Suíça tem um significado epocal em termos teóricos e empíricos:

Consideraríamos o ano de 1905 como o início da era do novo espírito científico, momento em que a Relatividade de Einstein deforma conceitos primordiais que eram tidos como fixados para sempre. A partir dessa data, a razão multiplica suas objeções, dissocia e religa as noções fundamentais, propõe as abstrações mais audaciosas. Ideias das quais uma única bastaria para tornar célebre um século aparecem em apenas vinte e cinco anos, sinal de espantosa maturidade espiritual. Como, por exemplo, a mecânica quântica, a mecânica ondulatória de Louis de Broglie, a física das matrizes de Heisenberg, a mecânica de Dirac, as mecânicas abstratas e, em breve, as físicas abstratas que ordenarão todas as possibilidades de experiência.[72]

É imprescindível, em terceiro lugar, mencionar a originalíssima distinção que Bachelard faz entre dois tipos de conhecimento, *o diurno e o noturno*. Textos de peso de sua obra são consagrados tanto a um quanto a outro desses dois modos. Bachelard,

---

70 BACHELARD, Conhecimento comum e conhecimento científico, p. 47.

71 Ibid., p. 45.

72 Ibid., pp. 9-10.

Religião como forma de conhecimento: mito e razão

já em idade mais avançada, se lamenta ter chegado demasiadamente tarde a essa distinção que municia o espírito com dois tipos de consciência: uma *diurna*, a do pleno dia que torna claras as imagens que nos chegam; e a outra *noturna*, que aceita o lado noturno do espírito ou da "alma". Essa dupla consciência norteou suas penetrantes análises e observações críticas sobre a história da ciência e sobre a natureza do conhecimento científico ou do senso comum. Obras como *O novo espírito científico* e *O materialismo racional* pertencem ao primeiro gênero de aproximação. Textos que se tornaram clássicos como *A psicanálise do fogo* e *A terra e os devaneios da vontade* representam bem — já em seus títulos — a confiança e liberdade com que ele entrava no campo da imaginação e da poesia, como fundamentais à reflexão que uma época como a nossa precisa ter do mundo e da vida. Vê-se pelos títulos acima citados que Bachelard não inclui formalmente a religiosidade entre seus campos de interesse pessoal. Deixa, porém, pistas e tampouco a exclui.

4. Para arrematar a reflexão

O ser humano é um ser pensante e consciente. Dispõe de uma enorme capacidade de compreender e pensar a realidade que o cerca. O conceito de razão é fundamental para discutir as modalidades e níveis dessa capacidade que é o ponto de partida e a referência indispensável para todas as formas e níveis de compreensão do mundo. Há que distinguir vários níveis e formas. Algumas são mais sofisticadas e têm suas exigências próprias. Por sua complexidade não são acessíveis a todos. São de dois tipos: o *especulativo*, que reúne conhecimentos ordenados que buscam e dão sentido ao mundo da natureza, às realidades culturais e às coisas e aos fatos da vida e da história; e o *científico*, que tem como finalidade própria chegar a dados objetivos, racionalmente justificados em cada um dos passos seguidos para chegar a eles. Mas não só desses pensamentos e sentidos vive o homem. No cotidiano da vida, a maioria de nossos passos se faz a partir do senso comum, uma realidade que não tem o rigor conceitual e metodológico do saber científico (típico das ciências naturais e sociais) e do saber especulativo (como a filosofia e a teologia). Não obstante, distintos esses saberes e pré-saberes se entrecruzam e não precisam diminuir o valor dos conhecimentos de um ou outro deles para justificar o lugar que ocupam na interpretação que a humanidade faz de si mesma no tempo e no espaço.

A moderna filosofia da ciência há tempos mitigou a posição autossuficiente que caracterizava, por exemplo, o Positivismo. A crítica ao Positivismo não significou nem poderia significar uma renúncia à racionalidade. Gerou foi um racionalismo crítico, cuja postura tem um quê de paradoxal: de um lado, *confia* na possibilidade de chegar a conhecimentos objetivos pela via de previsões ordenadas segundo premissas e teorias logicamente fundamentadas. De outro lado, *desconfia* daquilo que se afirma por essa via, pela simples razão de que sobre nenhum assunto existe uma teoria única que o possa explicar de maneira cabal e definitiva a realidade existente (o mistério do mundo) nem possa fornecer um sentido e o sentido total para nosso ser-no-mundo.

Pôr em dúvida é, portanto, uma necessidade da própria ciência e de seu método; ser racional não é o mesmo que não ter dúvidas. A lucidez crítica sob os limites do que se sabe é uma premissa e condição para chegar à inteligência possível a nós seres humanos. Em outras palavras, como ensinava Bachelard,[73] o conhecimento comum (eu diria que também a linguagem mítica) não se opõe *per se* ao conhecimento científico, embora não exista um conhecimento científico que não se abra crítica e epistemologicamente ao inédito e ao novo diferente. Mesmo na concepção mecânica da física newtoniana se tinha consciência dessa restrição. Concepções mais recentes levaram à necessidade de aceitar a presença de indeterminações que não podem ser controladas pelo método ou esgotadas por uma teoria científica. Existem, além disso, caminhos "certos" também no nível do senso comum. Aristóteles o diz muito bem, quando escreve que é como se todo conhecimento verdadeiro — científico ou não — tivesse como ponto de partida uma pergunta nascida de intuições pré-científicas.

Outro ponto a ser ressaltado: a racionalidade não pode ser reduzida a uma verdade apenas do sujeito. São duas as dimensões constitutivas da razão: uma que tem a ver com o objeto a ser compreendido (*razão objetiva*) e outra cuja função é a de responder à necessidade de compreensão dos muitos dados reais que interpelam a existência de cada sujeito (*razão subjetiva*). É considerando essas duas dimensões que os filósofos do conhecimento dizem que "a razão objetiva é a afirmação de que o objeto do conhecimento (ou a realidade) é racional (e que) a razão subjetiva é a afirmação de que o sujeito do conhecimento e da ação é racional".[74] Ela envolve uma validação objetiva das conclusões a que cada ser pensante pode e julga chegar; implica uma capacidade humana de pensar as coisas em sua realidade; tem como finalidade colocar algum tipo de ordem e sentido compreensível no mundo em que estamos situados e permite, muito especialmente, adequar a inteligência à realidade e a realidade à inteligência.

Nisso a razão encontra tanto penumbras e limitações intransponíveis quanto sentidos que vão bem além e mergulham no mistério. Por vezes a linguagem do mito e da religião se mostra mais apta a abrir brechas de luz nas penumbras da vida do que as ideias brilhantes dos filósofos e as fascinantes descobertas das ciências. Talvez o momento mais racional do pensamento de Pascal tenha sido aquele em que ele disse acreditar no Deus de Abraão, de Isaac e de Jacó, e não do Deus dos filósofos e cientistas.

---

73 Ibid., pp. 47-56.
74 CHAUÍ, *Convite à filosofia*, p. 59.

5. Referências bibliográficas

ASAD, Talal. *Genealogies of religion*; discipline and reasons of power in Christianity and Islam. Baltimore: Johns Hopkins, 1993.

BACHELARD, Gaston. *O novo espírito científico*. Rio de Janeiro: Tempo Universitário, 1968.

_____. *La poétique de la rêverie*. Paris: Presses Universitáires de France, 1965.

_____. *La formación del espíritu científico*. Buenos Aires: Siglo Ventiuno, 1972.

_____. Conhecimento comum e conhecimento científico. *Tempo brasileiro*, n. 28, 1972, pp. 47-56.

BARBOUR, Ian G. *Religion in an age of science*. San Francisco: Harper, 1990.

BOCK, Ana M. Bahia. A Psicologia sócio-histórica: uma perspectiva crítica em psicologia. In BOCK, Ana Maria B.; GONÇALVES, Graça M.; FURTADO, Odair (orgs.). *Psicologia sócio-histórica*. São Paulo: Cortez, 2001. pp. 15-35.

BOYER, Pascal. *Religion explained*; the evolutionary origins of religious thought. New York: Basic Books, 2001.

BRUNER, J. et alii. *Studies of cognitive Growth*. New York: John Wiley, 1966.

BURTON, Richard R. (org.). *From myth to reason*. Oxford: Oxford Press University, 1999.

CHAUÍ, Marilena. *Convite à filosofia*. São Paulo: Ática, 2000.

COOPER, John. *Fides et Ratio*, reformed epistemology, and the possibility of a Christian philosophy. *Ciências da Religião*, ano 2, n. 2, 2002, pp. 133-148.

CRUZ, Eduardo R. Em busca de uma história natural da religião. In: USARSKI, *O Espectro Disciplinar*, pp. 259-80.

_____. De "fé e razão" a "teologia e ciência/tecnologia": aporias de um diálogo e o recuperar da doutrina da criação. In: SOTER (org.). *Religião, ciência e tecnologia*. Soter/Paulinas, 2009. pp. 7-38.

DAWKINS, Richard. *O relojoeiro cego*; a teoria da evolução contra o desígnio divino. São Paulo: Cia. das Letras, 2001.

DENNETT, Daniel C. *Quebrando o encanto*; a religião como fenômeno natural. São Paulo: Ed. Globo, 2006.

DREES, Wilhelm. *Religion, science, and naturalism*. Cambridge: Cambridge University Press, 1996.

DUARTE, Newton. *Vigotski e o "aprender a aprender"*; crítica às apropriações neoliberais e pós-modernas da teoria vygotskyana. São Paulo: Autores Associados, 2006.

DURKHEIM, Émile. *Las formas elementales de la vida religiosa*. Buenos Aires: Editorial Schapire, 1968.

FILORAMO, Giovanni; PRANDI, Carlo. *As ciências da religião*. São Paulo: Paulus, 1999.

GARCIA, Rafael; COELHO, Luciana. Mega-acelerador LHC começa a operar. *Folha de S.Paulo*, Ciência, 21 de março de 2010, p. A-17.

GLEISER, Marcelo. *Criação imperfeita*; cosmo, vida e o código oculto da natureza. São Paulo: Record, 2010.

GONZALEZ-REY, Fernando L. O enfoque histórico-cultural e seu sentido para a psicologia clínica: uma reflexão. In: BOCK, Ana M. Bahia et alii. *Psicologia sócio-histórica*. São Paulo: Cortez, 2002.

HAAG, Carlos. A tristeza dos trópicos. *Ciência e tecnologia no Brasil/ Pesquisa FAPESP*, n. 166, 2009, pp. 79-83.

HAUGHT, John F. *Science and religion*; from conflict to conversation. Mahwah, NJ: Paulist Press, 1995.

HEFNER, Philip J. The Science-Religion Controversy, convergence, and search for meaning. *International Journal for the Psychology of Religion*, 7, 1997, pp. 143-158.

HARRISON, Peter. Ciência e religião: construindo limites. *REVER, Revista de Estudos da Religião*, ano 7, 1, 2007, pp. 1-2.

HERMANS, Hubert J. M.; KONOPKA, Agnieszka. *Dialogical self theory*; positioning and counter-positioning in a globalizing society. Cambridge: Cambridge University Press, 2009.

JAPIASSU, Hilton. *Uma introdução ao pensamento epistemológico*. São Paulo: Francisco Alves, 1973.

JOÃO PAULO II. Carta Encíclica *Fides et Ratio*. São Paulo: Paulinas, 1998.

LARSON, Edward J.; WITHAM, Larry. Scientists and religion in America. *Scientific American*, 281, 3, 1998, pp. 78-83.

LEUBA, James H. *The belief in God and immortality*; a psychological, anthropological and statistical study. Boston: Sherman, French and Co., 1916.

LÉVI-STRAUSS, Claude. La crise moderne de l'antrhopologie. *L' Courier de l'Unesco*, v. 14, 1961, pp. 12-17.

_____. *Tristes trópicos*. São Paulo: Companhia das Letras, 2000.

LIBANIO, João B.; MURAD, Afonso. *Introdução à teologia*; perfil, enfoques, tarefas. São Paulo: Loyola, 1996.

LIBANIO, João B. *Em busca de lucidez*. O fiel da balança. São Paulo: Loyola, 2008.

_____. Religião, fé e ciência. Recuperar a esperança. Síntese retrospectiva sobre o tema geral. In: SOTER (org.). *Religião, ciência e tecnologia*. São Paulo: Soter/ Paulinas, 2009. pp. 171-190.

MCGRATH, Alister E. *Fundamentos do diálogo entre ciência e religião*. São Paulo: Loyola, 2005.

MAGALHÃES, Antônio; PORTELLA, Rodrigo. *Expressões do sagrado*; reflexões sobre o fenômeno religioso. Aparecida: Santuário, 2008.

MASLOW, Abraham A. *Religions, values, and peak experiences*. Harmondsworth: Penguin Books, 1964.

MASSIH, Eliana. A teoria do *self* dialógico na psicoterapia de religiosos. *REVER, Revista Eletrônica de Estudos da Religião*, ano 9, n. 4, 2009, pp. 53-67.

MITHEN, Stephen J. *A pré-história da mente*; uma busca das origens, da religião e da ciência. São Paulo: Unesp, 2002.

OLIVEIRA, Marta K.; DE LA TAILLE, Yves; DANTAS, Heloysa. *Piaget, Vygotsky, Wallon*; teorias psicogenéticas em discussão. São Paulo: Summus, 1992.

OLIVEIRA, Marta K. História, consciência e educação. *Viver: mente e cérebro*, n. 2, 2005, pp. 6-13.

OOSTEN, Jarich. Cultural anthropological approaches. In: *Theory and method in religious studies*; contemporary approaches to the study of religion. Berlin/New York: Mouton de Gruyter, 1995.

PASSOS, João Décio. *Teologia e outros saberes*. São Paulo: Paulinas, 2010.

PAIVA, Geraldo J. *A religião dos cientistas*; uma leitura psicológica. São Paulo: Loyola, 2000.

_____. Ciência, religião, psicologia, conhecimento e comportamento. *Psicologia: reflexão e crítica*, v. 15, n. 3, 2002.

PETERS, Ted. Theology and natural science. In: FORD, David (org.). *The modern theologians*. Oxford: Blackwell, 1997.

REALE, Giuseppe; ANTISERI, Dario. *História da filosofia*; v. 6: De Freud à atualidade. São Paulo: Paulus, 2006.

SCHMIDT, Bettina E. A antropologia da religião. In: USARSKI, Frank (org.). *O espectro disciplinar da ciência da religião*. São Paulo: Paulinas, 2007. pp. 53-95.

SOTER (org.). *Religião, ciência e tecnologia*. São Paulo: Soter/Paulinas, 2009.

VALLE, Edênio. Medo e esperança. Uma leitura psicossociológica do milenarismo. In: BRITO, Ênio J. C.; TENÓRIO, Waldecy (orgs.). *Milenarismo e messianismos ontem e hoje*. São Paulo: Loyola, 2001. pp. 65-98.

_____. Psicanálise e teologia. In: ANSPACH, Sílvia (org.). *A religião e a psique*. Belo Horizonte: Alternativas, 2005. pp. 19-38.

_____. *Psicologia e experiência religiosa*. São Paulo: Loyola, 1997.

VAN BELZEN, Jacob. Psicologia cultural da religião: perspectivas, desafios, possibilidades. *REVER, Revista de Estudos da Religião*, dezembro 2009, pp. 1-29.

_____. *Psicologia cultural da religião*; uma introdução. Aparecida: Santuário, 2010.

VELASCO, Juan Martin. *Introducción a la fenomenología de la religión*. Madrid: Trotta, 2006.

VERGOTE, Antoine. *Modernidade e cristianismo*. São Paulo: Loyola, 2002.

VON OECH, R. *Um "toc" na cuca*; técnicas para quem quer ter mais criatividade na vida. São Paulo: Editora da Cultura, 1988.

VYGOTSKY, Lev S. *Pensamento e linguagem*. São Paulo: Martins Fontes, 1989.

WITTGENSTEIN, L. *Tractatus Logico-Philosophicus*. São Paulo: Edusp, 1994.

YAMAMOTO, Maria Emília. Psicobiologia: o que esta abordagem tem a oferecer para a compreensão dos fenômenos psicológicos. In: YAMAMOTO, Oswaldo H.; GOUVEIA, Valdiney V. (orgs.). *Construindo a psicologia brasileira*; desafios da ciência e prática psicológica. São Paulo: Casa do Psicólogo, 2003. pp. 241-260.

6. Sugestões de leitura

Da bibliografia citada, sugerimos para aprofundamento em particular os seguintes livros:

MCGRATH, Alister E. *Fundamentos do diálogo entre ciência e religião*. São Paulo: Loyola, 2005.

USARSKI, Frank (org.). *O espectro disciplinar da ciência da religião*. São Paulo: Paulinas, 2007.

VALLE, Edênio. *Psicologia e experiência religiosa*. São Paulo: Loyola, 1997.

VAN BELZEN, Jacob. *Psicologia cultural da religião*; uma introdução. Aparecida: Santuário, 2010.

CAPÍTULO II

Deus:
segredo escondido em sua criação

Maria Clara Bingemer

A teologia da criação é uma área de primeira grandeza hoje talvez mais que em outras épocas na teologia cristã. E isto se deve muito ao fato de que a consciência ecológica da ameaça que pesa sobre a terra, que depende em boa parte das relações do ser humano com o planeta e com os outros seres vivos, se agudizou consideravelmente nas últimas décadas.

O objetivo deste texto é chamar a atenção para a presença divina que permanece no cosmo mesmo após havê-lo criado e que dá a toda atuação do ser humano sobre o cosmo um peso e uma dimensão de eternidade.

Assim, em um primeiro momento trataremos de examinar a questão da Palavra criadora de Deus que chama do nada as coisas que não são para que sejam. E que, para além disso, ordena o criado de acordo com seu desejo de vida em plenitude para tudo e para todos.

Em um primeiro momento, examinaremos como essa ordenação divina se dá dentro do próprio cosmo, fazendo-o lugar de epifania e de salvação. Em um segundo momento, procuraremos ver como essa ação divina ordenadora se debruça com especial desvelo sobre o homem e a mulher, que o livro do Gênesis diz que formam desde o início a humanidade. Sobretudo veremos como essa "ordem" reflete na verdade aquilo que o próprio Deus é em si mesmo. Esperamos haver chegado a demonstrar isso em nossa conclusão.

1. Um segredo salvífico no segredo do cosmo

A Palavra criadora de Javé é elemento constitutivo da natureza na sua origem e atividade (Is 40,26; Jó 37,6; Sl 147,15). E o cosmo é fonte de revelação de Deus. É Deus, portanto, que faz existir. Que chama as coisas de onde não são para que sejam. E o faz por sua Palavra. Deus diz e aquilo é feito, do nada. Só Deus é Deus, como será repetido muitas e muitas vezes na Bíblia, no sentido de que só ele é capaz de criar a partir do nada, o cosmo e tudo que existe (cf. Is 40,25-30; Jó 38).

Deus cria, porém, colocando ordem no criado. Sua Palavra estrutura o caos. Ao mesmo tempo, a Bíblia nos relembra que o Criador dialoga com a sua criatura humana, o que é uma maneira de conceder-lhe um imenso respeito. Tudo isto numa ausência absoluta de violência, numa espécie de doçura fundante que será sustentáculo para o Sermão da Montanha posteriormente, no Novo Testamento, quando será proclamada a perfeição do Pai (cf. Mt 5). Neste criar no tempo, "no princípio", o relato bíblico não sonha em opor à eternidade de Deus a eternidade do mundo criado. Somente Deus é princípio e começo de tudo que existe, e o mundo vem depois, ainda que não se possam estabelecer datas cronológicas para essa posterioridade do criado. Esse "começo", essa "origem sem origem" que só encontra sua fonte na inefável paternidade divina, é incompreensível sem um "fim". Mas este fim, sem o qual o mundo perderia seu dinamismo, nos é radicalmente desconhecido. Este desconhecimento nos impede de buscá-lo entre os fenômenos deste mundo. Este fim não compete aos cientistas. E é desconhecido do próprio Filho, que deixa este segredo para o Pai (cf. Mt 24,36).

O esforço que vem fazendo a teologia cristã, nos últimos tempos, para debruçar-se sobre a problemática da criação denota uma tomada de consciência por parte dos cristãos de que o que está em jogo na questão ecológica é muito mais que um novo tema a ser trabalhado pelo pensamento teológico. Trata-se, sim, do futuro mesmo das relações homem-natureza-Deus, ou seja, o próprio conceito de Deus que é central ao cristianismo: Deus Pai, autor da vida, criador e salvador.

O mandato de "dominar a terra", que o livro do Gênesis (cf. Gn 1,28) coloca na boca do Deus Criador, dirigindo-se ao homem recém-moldado do barro e animado com o hálito da vida divina, passou por muitas interpretações ao longo da tradição cristã. Uma delas — e talvez a que mais se impôs em meios não cristãos — tendia a interpretar a consignação divina no sentido de domínio arrogante do homem sobre a natureza, em nome do Criador. Trata-se, no entanto, de apenas uma tendência em meio a tantas outras que, longe de apresentarem uma visão antropocêntrica predatória em relação à natureza, primam por uma perspectiva contemplativa do mundo, considerando-o como morada do homem — a ser amada e respeitada — e sinal mediante o qual Deus se revela. Ainda assim, essa tendência continua a apresentar problemas quando se trata de confrontar, ainda hoje, a problemática ecológica com o cristianismo. E a acusação e a desconfiança que permanecem em relação à interpretação do mandato genesíaco no sentido de uma primazia absoluta e sem limites do homem sobre a natureza carregam consigo outras sérias consequências: a suspeita de uma concepção de ser humano equivocadamente individualista, aliada a um

Deus: segredo escondido em sua criação

determinismo econômico e tecnológico onipotentes; a visão do homem separado da natureza, vendo nesta uma inimiga a ser conquistada e destruída impunemente em nome de um equivocado progresso; a luta do homem pela vida transformada em ameaçador instinto de morte que pesa sobre todas as outras formas de vida.

Teologicamente, as consequências não são menos graves. Optar por tal tendência e assumir tal interpretação é introduzir uma cisão irreparável na própria ideia de criação, separando o homem do cosmo. É banir da vida cristã, de sua teologia e espiritualidade, a noção tão presente para os antigos de ver o cosmo como uma epifania, ou seja, como a manifestação de um mistério, que pede reverência e respeito para quem dele se aproxima. Esta é uma atitude filial que em um ano dedicado ao Deus Pai, o Criador [1999], deveria ser uma das marcas dos cristãos do mundo inteiro. Readquirir um olhar contemplativo, extasiado, para ver no mundo, na realidade, em todos os seres viventes, a marca comum de criaturas de Deus, criação divina, morada de Deus e do ser humano, é imperativo inadiável para o cristão hoje. Desse imperativo, ele poderá encontrar as fontes de inspiração na vida e na experiência de muitos santos, que são maravilhas do Espírito de Deus acontecidas na história e na rica tradição da Igreja. Assim, a teologia cristã abre caminho para que ao antropocentrismo, que a tem marcado e que propõe a crise da paternidade ou a eliminação do pai ou da figura paterna, suceda o teo-centrismo, ou seja, a centralidade de Deus, que é Pai Criador e é também Espírito e vida que mora, habita no homem e no cosmo. Nessa perspectiva, pessoa e planeta passam a ter direitos iguais, uma vez que o ser humano não é mais do que os outros seres, mas sim concidadão humildemente posterior de uma comunidade de seres vivos que o antecede em seu emergir das mãos do Criador. O caminho teológico cristão para a superação da crise ecológica estaria, pois, em voltar a perguntar-se sobre o Deus da revelação judeu-cristã, de quem a criatura humana é imagem. Um Deus que se revela não pelo domínio, mas pelo abrir mão de suas prerrogativas e pela vinda humilde em direção à sua criação para ali revelar-se, fazer morada, conhecer e ser conhecido. Conhecer a Deus, nesse sentido, é inseparável de amar. Conhecer a criação será, então, não dominá-la, não reduzi-la, não instrumentalizá-la, mas colocar-se, também, modesta e maravilhadamente, na escola do amor que olha, vê com respeito e entra em relação.

O mundo assim considerado será, então, diáfano e transparente da presença divina, desdobrando seus mistérios e seus encantos diante do olhar humano purificado de toda voracidade instrumentalizadora e tornado capaz de contemplação e adoração. Nele, o ser humano será chamado a descobrir seu lugar, que é de aliança e comunhão com a totalidade do cosmo. O ponto de partida da antropologia cristã é o fato indiscutível da terrenalidade das pessoas e da espécie humana. O capítulo 2 do livro do Gênesis é sobre isso, bem claro ao apresentar aos olhos do leitor o primeiro homem, chamando-o — a ele e a toda a espécie humana por ele simbolizada — "o terreno", "o da terra" (*adam, adamá*). A humanidade, como também as demais espécies animais, é composta de terra, da terra brota e depende, tanto para respirar como para alimentar-se e manter-se em vida. No entanto, ao mesmo tempo em que se descobre e autocompreende como "ser da terra", Adão e sua descendência percebem também que a terra não lhes pertence. Seus ritmos e segredos lhes são impenetráveis, só muito lenta e demoradamente entregando-lhes a chave de alguns de seus mistérios. A terra "resiste" de certa forma ao homem que por isso, em algumas culturas e tradições, a proclama sagrada, venerando-a com carinho filial, como Mãe prenhe de vida. Na experiência bíblica, por sua vez, se não há traços de um culto explícito à terra, não há também, nenhum traço de um "culto" ao homem, no sentido de proclamação de sua supremacia enquanto criatura. O sujeito da criação, para a Bíblia, na verdade, é Deus. E a criação, toda ela, possui capacidade geradora de vida. Essa capacidade é, em si mesma, sagrada e inegável, porque o Doador de vida por excelência é sempre, em última instância, o Espírito de Deus. Ser criado é, já e inseparavelmente, participar do próprio ser e da própria vida de Deus. Mundo e homem são, integradamente, copartícipes dessa vida. E se algo a mais ao homem é dado, não é nada além da acrescida responsabilidade de ser guardião e protetor da vida criada; intendente, em meio ao cosmo, do Deus da vida e da obra de suas mãos (cf. Gn 1,28-31).

Embora boa e digna de reverência, lugar e morada da vida, a criação não é, no entanto, considerada pelo cristianismo como uma grandeza harmônica e em si mesma reconciliada. É, sim, grandeza dividida, conflitiva, sofrida, porque atravessada pelo mal e por ele "submetida". Todas as criaturas participam dessa condição e juntas gemem e esperam pela libertação (cf. Rm 8,19-22). O cristianismo, por sua vez, proclama que só a passagem pelo crivo messiânico da nova criação, inaugurada com a encarnação, vida, morte e ressurreição de Jesus Cristo, permite dizer, afinal, que o mundo é graça.

A habitação, portanto, de Deus na criação ainda escravizada é dom, porém dom vulnerável, exposto e ferido à agressão que a desordem do mal inaugura e instaura. Contemplar o cosmo e com ele relacionar-se não é, portanto, para o homem, segundo a teologia cristã, distração ética, feita apenas de lazer e tranquilidade estéticas, mas despertar da preocupação ética primeira, que consiste em dar ou restituir ao homem e à mulher despossuídos e espoliados o cosmo, que é seu lugar. E essa restituição se dá sob a forma da matéria à qual o ser humano tem um direito assegurado pelo próprio Deus. Toma, então, a forma da "devolução" do pão ao faminto, do teto ao desabrigado, da água ao sedento etc., não sendo isso nada mais que restituir um pedaço do cosmo àquele ou àquela que dele foi desprovido. Esse gesto ético restituidor é, dentro da lógica cristã, o gesto redentor e salvador primeiro e fundamental, parâmetro de julgamento do Juiz Escatológico no final dos tempos (cf. Mt 25,31-46).

Deus: segredo escondido em sua criação

Sendo lugar da ética, do agir moral, a criação é, no entanto, também e não menos, lugar do patético, do padecido, da vulnerabilidade afetada. Se algo há a restituir, esse algo é sintoma de perda, de carência, de sofrimento pela necessidade agredida. E essa perda inscreve, necessariamente, no cosmo a marca do *pathos*. A utilização desordenada dos recursos da natureza faz sofrer tanto o ser humano como a própria natureza, conclamando portanto à solidariedade, à partilha, à reconciliação na sua dimensão maior.

Sendo, além disso e quase por definição, lugar de experiência, o cosmo é não apenas interpelação ética, mas também receptividade que prova e é provada, espaço de paixão e compaixão. Se o cristianismo parte da verdade fundamental de que o Verbo de Deus se fez carne, veio ao mundo e aí habita e encontra sua morada, o mundo mesmo dá testemunho dessa presença a-paixonada que, a partir de dentro do criado, se entrega ao experimentar e ao conhecer outros das criaturas. Expondo-se a "estar no mundo", despojando-se de suas prerrogativas divinas, (cf. Fl 2,5-11), Deus mesmo assume na carne vulnerável de Jesus de Nazaré as consequências da interação bela, porém tantas vezes sofrida, com as coisas e o cosmo. Foram e são seus também, e não só nossos, os sofrimentos causados pela perplexidade das calamidades não controláveis que se abatem sobre a natureza, o sofrimento não merecido, tudo que releva do domínio do não explicável e que é experimentado como penoso.

A encarnação do Verbo, por sua vez, remete à criação realizada por Deus Pai a partir do nada (*creatio ex nihilo*) e na origem dos tempos. E algumas correntes da teologia contemporânea — em estreito diálogo com tendências do pensamento judaico — veem nessa criação o primeiro gesto de despojamento de Deus, que para criar o céu e a terra, um mundo "fora" de si mesmo, abre "dentro" de si mesmo um espaço à finitude. É nesse espaço aberto e "capaz" da finitude que vai eclodir o cosmo, "capaz" por sua vez de receber Deus como presença vivificadora e vulnerabilidade apaixonada e salvadora. Espaço do ético e do patético, espaço primeiro das contrações fecundas e prenhes de vida do Deus Pai Criador, é no entanto o cosmo, segundo a revelação bíblica, não culpado, mas cativo, submetido. Passivamente entregue à vaidade, no dizer do apóstolo Paulo (Rm 8,17-31), sofre na verdade as consequências do pecado do ser humano. Seu mal, portanto, é originado da desgraça e não do erro. A natureza, então — criação e filha do Deus Pai —, não é corrompida, mas apenas ferida. E isso que é verdade da natureza cósmica pode também e redentoramente sê-lo da natureza humana, que pela sua aliança com o cosmo não é corrompida em seu fundo mais profundo, substancialmente. Continua "capaz", potencialmente, de bondade, de recepção da salvação divina. Espaço do ético e do patético, lugar da experiência, da prova e da paixão, não se pode esquecer que o cosmo é também lugar da práxis histórica. A proposta cristã é, sobretudo, proposta e oferta para recuperar e resgatar — salvar — o sentido do cosmo e do homem, fazendo acontecer uma nova criação. Esse novo que o cristão é chamado, pelo Evangelho, a introduzir na criação e na história com sua intervenção inspirada pelo Espírito Santo não é, na verdade, nada mais que o desígnio originário do Deus Pai Criador e Salvador que passa necessariamente por este mundo e pela luta para transformá-lo. A teologia cristã parte, humildemente, da fé em que Deus Pai deseja fazer efetiva já, na criação e na história, a salvação que se consumará na meta-história. Enquanto a espera ansiosamente, o cristão é chamado a amar de todo coração este mundo ao qual Deus "tanto amou que enviou Seu Filho único" (cf. Jo 3,16-17) e sobre o qual derramou e derrama sempre novamente o Espírito de vida e santidade. A "figura" e finalidade da relação Homem-Deus-Natureza é, portanto, o amor. Amor não apenas extático e afetivo, mas também efetivo e transformador. Amor que sabe encantar-se e contemplar, mas também experimentar, lutar e padecer.

Cosmo e homem carregam, portanto, reciprocamente, em seu ser, seu comum destino. Destino que é de salvação. Portador e meio de salvação, o cosmo nos diz hoje que o que é criado é o que é salvo, por levar no mais profundo de si mesmo a presença vivificante do Deus Pai Criador e salvador. O cosmo é, portanto, nosso espaço soteriológico, onde podemos experimentar e ser experimentados pelo Espírito de Deus que habita a criação a partir de dentro como dom e vulnerabilidade amorosa e redentora.

Por outro lado, o homem é responsável pelo futuro do cosmo, tendo diante de si o chamado não apenas a construir uma história e um devir para seu próprio crescimento e progresso, ignorando o restante do criado, mas a cuidar e garantir a habitabilidade e a sobrevivência plena de todo ser vivo, de toda a criação. A interpelação ecológica ouvida e obedecida pela teologia pode ajudar a garantir hoje o não esquecimento dessa mútua fecundidade e compenetração da pessoa e do planeta, em amorosa filiação do comum Pai Criador.

Voltar-se atentamente sobre a questão e o tema da criação significa, para o pensamento cristão, tocar no âmago mesmo do mistério que o anima e lhe dá consistência e que se revela — hoje como sempre — não enquanto mistério lógico, mas sim enquanto mistério de salvação. O desejo salvífico de Deus Pai, que está no começo de tudo que existe, é que se manifeste sua glória e seu gozo ao fazer com que as criaturas vivam entre si e com Ele uma comunhão de vida semelhante àquela que constitui a vida, a glória e o gozo do próprio Deus em sua vida imanente, como Pai, Filho e Espírito Santo.

2. O Pai de entranhas maternas

A revelação desse Deus Criador e Pai chegou à sua plenitude em Jesus Cristo. Isto vai conduzir por sua vez à revelação do feminino e da maternidade em Deus.

Durante os últimos anos, até mesmo durante as últimas décadas, muitos valiosos artigos e até mesmo livros foram escritos sobre este tema. Nas décadas de 1960 e 1970, também o movimento feminista participará das recriminações antipaternas e antiautoritárias em chave antimasculina. O assassinato do pai, na reflexão feminista, é um "adeus ao patriarcado" — a operação mistificante que atribuiu valor universal ao macho, esquecendo a parcialidade em conexão com o feminino, e que sistematicamente deu peso e espaço, na sucessão histórica e hermenêutica, ao masculino. Já no início deste século estava em ato uma nova hermenêutica no feminino também no campo teológico, da qual um dos êxitos radicais foi a colocação em comum sob acusação de uma ordem institucional-religiosa culpada de impor a todos a equação "Deus é macho, então o macho é Deus".

Para além de Deus Pai é o título significativo da obra com a qual, no início da década de 1970, Mary Daly declarou a impossibilidade de uma conciliação entre cristianismo e antipatriarcalismo, e a instauração de um novo e diverso simbolismo religioso. O "pai" assassinado pelo feminismo é o modelo do ser e do agir femininos com o qual o homem se identificou erroneamente, em nome de Deus.

Outras vias, mais fecundas, do pensamento feminista, são aquelas da atenção crítica para com o símbolo do Pai, sublinhando o perigo de paralelismo com o conceito de "patrão" e a necessidade de separar o apelativo paterno dado a Deus identificado pelo conceito latino de *pater-familias*: o verdadeiro significado da paternidade de Deus, pelo contrário, segundo a revelação judaico-cristã, encontra revelação muito mais fértil nos conceitos da dependência de Deus, da criaturalidade, da confiança do sermos estreitamente unidos e relacionados. Mesmo a teologia masculina colocou em relevo no conceito paterno de Deus o significado de ser princípio de uma vida nova, da proteção da vida da qual se deu origem; e nesse sentido, o Deus de Jesus Cristo é *Abbá*, ou seja, Deus próximo, materno no cuidado que tem pelos filhos e atenção para com a humanidade. Com o amadurecimento do pensar feminino e o emergir de outras tendências, se afirmou uma instância mais profunda e preciosa: restabelecer a distinção entre o homem (macho) e Deus, recuperar uma filiação (um estar em relação) com o Pai, oculta e travestida de muitas mediações iníquas. Tanto a mística como a tradição monástica do século passado levaram adiante a instância de liberdade e identidade feminina em conexão com um Deus percebido e vivido na paixão de um percurso identitário forte e exclusivamente conotado pelo feminino. O pensamento feminino cristão recupera do seio da tradição e sublinha especialmente na figura de Maria um estatuto de "filha fêmea" de altíssimo valor, no qual não só a semelhança com o Pai se estabelece na máxima prerrogativa divina, o ser doador de vida, mas a subjetividade mesma da mulher recebe uma força e uma liberdade inatingíveis de outra forma. Voltando à referência da feminilidade-maternidade divina operada pelo pensamento feminino, permanece ainda aberta hoje a urgência da recuperação do sentido e significado mais autênticos da paternidade de Deus, para além da necessidade deste nome como referência obrigatória simbólica e litúrgica. A crise da "ordem paterna", pois, é ligada à crise da masculinidade: esta última recebia força e identidade propriamente da atribuição simbólica deslegitimada pela reação feminista a quanto houvesse de negativo na tradição androcêntrica. Com a guerra do feminino contra a tradição patriarcal veio menos ainda a continuidade de transmissão dos valores masculinos sobre os quais se fundava a identidade do próprio macho. O pai de hoje sofre as consequências do processo de desuniversalização do masculino que subverteu as hierarquias estabelecidas: o feminismo, de certa maneira, no dizer da pensadora francesa Elizabeth Badinter, mostrou "o rei nu".

Essa afirmação é feita para libertar o feminismo da recorrente e não exata acusação de ser o único responsável da crise na qual a masculinidade cai. Mas aí é denunciado um aspecto perigoso e desafiante do agir e pensar femininos em confronto com o homem: chegar a ver, analisar e exprimir com excepcional lucidez os limites e as carências; chegar a fazer-se superior de maneira outra da que os homens fizeram com as mulheres.

Para os homens, inferiorizar a mulher foi uma questão mais teórica e mental, radicalizada a fim de poder aproximar-se sem dever temê-las, enquanto o olhar feminino sobre a efetiva "nudez" masculina, se não vem envolto numa capacidade de amor e misericórdia, torna impossível ou bastante difícil para a mulher pensar-se ao lado do homem, e tem portanto um valor altamente desagregador. A tomada de consciência que as últimas gerações de mulheres estão realizando as diferencia profundamente das nossas antepassadas que chegavam a "ver o homem como um Deus" e provavelmente tinham menos problemas e uma vida mais simplificada.

Há um núcleo de legítima base teológica para o desejo e luta das mulheres de serem companheiras dos homens e trabalhar com eles, lado a lado, em lugar de fazê-lo como seres inferiores ou menores. Podemos dizer isto porque acreditamos que o ser divino que nos criou, que nos redime e que nos santifica não se identifica com um gênero mais que com o outro. Pelo contrário, enquanto transcende a ambos os gêneros, Deus reúne os homens e as mulheres sem suprimir a riqueza das diferenças entre eles. Acreditamos que há um princípio feminino como também um princípio masculino em nossa criação à imagem de Deus, em nossa salvação tornada possível pela Encarnação, Paixão, e Ressurreição de Jesus Cristo, e em nosso novo ser sendo moldado pelo Espírito de Deus. Não obstante, o princípio masculino foi reconhecido muito mais amplamente. Ainda é mais importante, então, que este princípio feminino seja tirado do esconderijo no qual foi mantido durante todos esses anos de tradição judaico-cristã, moldado por uma cultura patriarcal masculina e predominantemente machista. É tempo, por isso, de repensar a nossa fé em Deus. Uma fé em Deus

Deus: segredo escondido em sua criação

que só é identificado com características masculinas é incompatível com a revelação cristã e com o Deus de amor revelado na Bíblia e plenamente no Novo Testamento.

Nos fundamentos de nossa reflexão, então, há convicção de que só uma imagem masculina e feminina de Deus, que integre a plenitude da humanidade — masculino e feminino — e também realidade cósmica, pode servir adequadamente como símbolo do divino. Se o ser humano é a imagem de Deus (Gn 1 e 2), examinando o conceito que temos da imagem (o ser humano), analogicamente vemos as características do modelo (Deus). Na tradição judaico-cristã, e ainda hoje, na chamada civilização cristã ocidental, este conceito foi decididamente androcêntrico (cf. a tradição javista do relato da criação [Gn 2,18-24]; os relatos da aliança, nos quais o parceiro divino [Deus, Jesus Cristo] é representado com elementos masculinos e o que é humano e pecador [Israel, a Igreja] com elementos femininos). Segundo Santo Agostinho, a mulher pode ser considerada imagem de Deus na sua alma racional, mas não no seu corpo sexuado. Por outro lado, o gênero masculino em si mesmo simboliza a excelência da imagem divina. Com este tipo de dualismo entre corpo e alma, o homem é teomorfo. E Deus, o Deus universal de todos os povos, se torna (embora esta não seja a intenção explícita dos autores) andromorfo. De acordo com aquela tipologia, não é difícil ver por que Deus sempre é chamado o rei, juiz, patriarca, marido, senhor e pai. Junto com esta noção de supremacia masculina vem a tradicional noção de que a mulher pode alcançar este nível apenas quando perde a feminilidade, quer dizer, quando ela renuncia às suas funções sexuadas, transcendendo assim seu gênero e sua identidade.

Quando esta antropologia é aplicada à imagem de Deus, passa a haver um buraco entre humanidade e feminilidade. Um Deus assim concebido é um Deus que se identifica só com um gênero. Desejamos aqui demonstrar que, embora encontremos aspectos predominantemente masculinos nas Escrituras e na teologia, também podemos achar algumas características femininas e maternais em Deus. A linguagem feminina e as imagens que se deixam entrever nas Escrituras nos deixam ver as características femininas de Deus. Assim, nós não só podemos encontrar em Deus um Pai forte, mas também uma Mãe que é compassiva, consoladora, e protetora que revela força, mas também criatividade, equilíbrio, e beleza. O Deus do cristianismo não é um solitário patriarca e dominador, isolado no seu céu. Mas é uma comunidade de amor entre pessoas (o Pai, o Filho, o Espírito Santo) onde não são suprimidas as diferenças e pluralidades, mas sim integradas; onde a vida é um processo íntegro de procriar e nascer. Nesta comunidade divina, a comunidade humana — feita de homens e mulheres — acha sua semelhança. Primeiramente observaremos aquilo que já foi revelado sobre Deus na Bíblia e na história e em algumas tradições teológicas. Existem no Antigo e no Novo Testamento, para se referir a Deus, como que "núcleos" semânticos que abrem o acesso à realidade feminina do mistério de Deus.

71

Uma das expressões bíblicas frequentemente usadas se referindo a Deus é *rachamim*. Descreve a clemência, a misericórdia de Deus. A raiz da palavra é *rechem*, que significa o "útero materno"; as *rachamim*, então, referem-se àquele lugar no corpo de uma mulher onde uma criança é concebida, nutrida, protegida, onde cresce e depois é dada à luz. A palavra *rachamim* é usada então para comparar o amor de Deus com o de uma mãe. Em Is 49,15, Deus é comparado com uma mãe: "Porventura a mulher esquece a sua criança de peito, esquece de mostrar sua ternura ao filho da sua carne? Ainda que elas os esquecessem, eu, eu não te esquecerei!"; em Jr 31,20 o profeta se refere às *rachamim* de Deus: "Efraim será para mim um filho querido, uma criança que me delicia? Toda vez que falo dele, sempre e sempre tenho de repetir seu nome; e em meu coração, que emoção por ele! Eu o amo, sim eu o amo"; Is 42,14 sugere que os sofrimentos de Deus por seus filhos sejam como as dores de parto: "Desde muito eu permaneci inativo, eu não dizia nada, me continha, como mulher em dores de parto, eu gemo, eu sufoco e sou oprimido ao mesmo tempo".

Este amor invencível é expresso, graças à intimidade misteriosa de maternidade, de muitos modos diferentes na Bíblia hebraica. É expresso como proteção e salvação de perigos e inimigos diferentes, como perdão para os pecados das pessoas, e também como fidelidade mantendo promessas e impulsionando esperança, apesar da infidelidade de outros (Os 14,5; Is 45,8-10; 55,7; Mq 7,1-9; Dn 9,9). O *chesed* de Deus, a clemência profunda de Deus, a fidelidade de Deus para as pessoas apesar das suas infidelidades e pecados, vem do coração maternal de Deus, de suas *rachamim*. Deus sempre será compassivo e infinitamente terno (Is 14,1). A fé de Israel é dirigida a este Deus como ao útero de sua mãe. Chama e pede proteção amorosa: "Olha e vê, lá do céu, lá do teu palácio santo e esplêndido: Onde estão, pois, o teu ciúme e a tua coragem, a emoção das tuas entranhas? Tuas ternuras por mim foram contidas?" (Is 63,15). Sua fidelidade desapareceu totalmente? A palavra se calou para os séculos? Porventura Deus se esqueceu de dispensar graça? Encolerizado, fechou seu coração? (Sl 77,9); o Salmo 79,8 dirige-se às *rachamim* divinas como a Deus: "Não invoques contra nós as faltas antigas. Depressa! Que a tua piedade nos preceda, estamos de todo desvalidos; ajuda-nos, ó Deus salvador pela glória do teu nome".

Todos esses textos nos conduzem a questionar: por que não pode o mesmo Deus que é conhecido e também adorado pelas pessoas como um libertador forte, guerreiro terrível, e Senhor poderoso ser conhecido como um amante e uma mãe terna? Essas palavras das Escrituras fazem-nos sentir que é possível experimentar Deus de modo materno.

O termo *ruach* também é evocativo. Na Bíblia hebraica significa "vento," "espírito" ou "respiração de vida". E é feminino em gênero. Às vezes no Antigo Testamento este vento é uma brisa suave, em outras ocasiões é um vento forte (1Rs 19,11; Is 57,13 e outros). Às vezes Deus envia o vento (Ez 1,4; Dn 7,2), outras vezes Deus está no

Deus: segredo escondido em sua criação

vento, e este é a respiração de Deus, sua vida (2Sm 22,16; Sl 18,16; Is 11,15 etc.). *Ruach* é o Espírito de Deus e sua presença, d'Ele que é o portador e causa de vida.

No relato da criação do mundo (Gn 1,2) quando a *ruach* se move sobre a terra, evoca a presença de uma Grande Mãe que dá à luz o mundo a partir de seu útero generoso e amoroso. Paul Evdokimov, grande teólogo ortodoxo russo, diz isto sobre mulher: "Ela está debaixo do sinal do Espírito que, na narrativa da criação, cobre e choca o ovo da terra".

Este mesmo Espírito aparece como *ruach*, a mãe de vida, e dá respiração de vida a tudo que existe (Ez 36,37; 1Sm 10,6-10; 2Rs 3,l ss.). Em outro conjunto de passagens, a *ruach* aparece como Deus (Is 63,10-11; Sl 51,13) que, sendo mais recentes, são uma base para o que será no Novo Testamento o Espírito Santo (Mc 1,9-11 e *passim*) chamado em muitos textos antigos não o Consolador, mas a Consoladora.

Há outras expressões significativas no Antigo Testamento, por exemplo, Sabedoria (*hochmah, sophia*), descrita nas Escrituras como a "filha de Deus". Com ela, cria Deus e realiza seu trabalho de dar vida. Em Pr 8,23-31, a mesma Sabedoria que é mediadora da criação é imaginada como uma mãe que transmite sabedoria aos seus filhos.

O autor do livro de Sabedoria retrata-a como uma presença feminina, mediadora de Deus e presença na história da salvação. Ela era sua companheira e guia; ela os ajudou em dificuldades e perigos. Passou com eles pelo Mar Vermelho; "abriu a boca dos mudos e deu fala às línguas dos bebês" (Sb 10,21) de forma que eles pudessem louvar a Javé.

O que é descrito é um "tipo feminino" de presença e atividade. É útil comparar o relato da criação nos primeiros capítulos do Gênesis com a descrição da atividade da Sabedoria dentro da criação (Sb 7–8). Num deles, Deus forma "lugares" e cria formas de vida. Nós o assistimos fazendo o mundo. Ele vê isto de fora, e está satisfeito. Esta é uma imagem masculina de planejamento consciente, visível, razoável. Nas passagens do livro da Sabedoria vemos a criação como um processo contínuo de "ordenar," amoldando, inspirando, sustentando, mudando, a partir de dentro. É igualmente um trabalho de poder, mas a partir de dentro da situação, e só pode ser captado corretamente por alguém que vive com a Sabedoria.

No Novo Testamento não se encontram os mesmos tipos de imagens femininas aplicados a Deus como são encontrados no Antigo Testamento. Jesus, o Filho de Deus, é obviamente um homem. Ele se refere a Deus como *Abbá*-Pai, o que é sem dúvida um apelativo masculino. O Espírito Santo, a terceira pessoa da Trindade, é chamado de *pneuma* em grego. O gênero desta palavra é neutro, nem masculino nem feminino. Há, porém, uma palavra usada nos escritos joaninos que tem fortes raízes na tradição cristã e se refere ao mistério de Deus. Esta palavra é *ágape*, que traduzimos como "amor". "Deus é amor" (1Jo 4,8-16). Trata-se de uma palavra significativa, não porque tenha gênero feminino em grego, mas devido à realidade profunda que expressa. A ágape joanina é o amor de Deus que se derrama sobre o mundo. As relações amorosas que ela instaura promovem e encorajam a comunhão entre as pessoas.

O amor de Deus pela humanidade, que flui da economia trinitária, é a imagem e forma da realidade mais funda de Deus. O amor assim misteriosamente entendido é inclusivo, não deixando fora de si o pobre ou os pequenos deste mundo. A reciprocidade trinitária é matriz para a reciprocidade inter-humana, primeiro e último elemento de tudo que existe. Da mesma maneira que o Filho e o Espírito Santo constituem referências de um Princípio sem princípio, um Mistério absoluto — o Pai —, assim também o homem e a mulher são constituídos através da referência a um dinamismo que os transcende e constitui o mistério do ser humano.

Cada pessoa da Trindade mostra uma harmonização de características masculinas e femininas. Trata-se de uma comunidade de amor que se revelou também no feminino, assim como no masculino.

3. Conclusão: Deus criador e instaurador de relações

Ao final deste percurso em que tentamos fazer uma limitada reflexão sobre uma questão teológica tão imensa como o é a criação do mundo e do ser humano, percebemos que a "ordem" que Deus instaura no caos a partir do qual cria o cosmo não é reducionista nem uniformizante.

Ao contrário de muitas ideologias antigas e modernas, para as quais a palavra "ordem" evocava imediatamente disciplina excessiva, rigor ditatorial e uniformização de tudo sob a direção de um só, a revelação cristã nos mostra um Deus amante da diferença pelo fato de carregá-la em si mesmo, em sua pessoa e sua vida.

O Deus Criador deseja que ser humano e natureza se relacionem harmônica e solidariamente. Não autoritária e predatoriamente. Não instaurou em sua criação uma hierarquia rígida que desembocará no domínio de uns sobre outros e, mais ainda, na opressão de uns poucos sobre muitos.

Assim, o ser humano é chamado pela fé a reverenciar a natureza e não utilizá-la despudoradamente em benefício próprio. Ali no fundo mais profundo do cosmo se esconde um segredo de salvação e há que aproximar-se dele com respeito e reverência. Dessa amorosa reverência sairá a salvação do homem, da mulher e de toda a criação.

Da mesma maneira não criou Deus o homem para que domine a mulher e a escravize em benefício próprio. Mas, pelo contrário, fez de cada um e cada uma revelação daquilo que o outro é e pode ser na realidade, semeando em todos e todas a centelha de sua divindade. Isto não apenas o realizou Deus pela sua criação, mas o ensinou pela sua revelação na história que chega à sua culminância com sua entrada na história, em pessoa, tomando a carne humana e vivendo no mundo criado, um de tantos (cf. Fl 2,5-11).

A teologia da criação hoje e todo diálogo da teologia com a ecologia e os estudos de gênero são convidados a levar em conta esta premissa iniludível: tudo que existe está grávido de Deus. E esse Deus encontrado no cosmo e no ser humano é aquele que desde o início dos tempos criou tudo que existe e se revelou com o nome de Pai, Filho e Espírito Santo. O ser humano criado à sua imagem é chamado a ser no mundo sua comunicação e a extensão de seu agir divino.

4. Sugestão de leitura

HACKMANN, Geraldo (org.). *Deus Pai*. Porto Alegre: EDIPUC-RS, 1999.

CAPÍTULO III

Teologia natural:
debates na filosofia moderna

Roberto Hofmeister Pich

1. Introdução

Há diferenças de ênfase e de abrangência no uso dado pelos pensadores à expressão "teologia natural". Na busca de um sentido geral e aplicável a todos os períodos da história da filosofia, pode-se considerá-la como um esforço teórico de conhecer a Deus *sem* recorrer à revelação, mas *tão só* a alguma forma de recurso racional válido. Há contextos da história da filosofia em que essa proposta se concretiza na produção de argumentos teístas ou a favor da proposição "Deus existe", em que "Deus" é uma entidade racionalmente conhecível e que pode ser representada como uma "pessoa" onipotente, onisciente, inteiramente boa e, de algum modo, criadora do universo. Havendo, em dados projetos filosóficos, uma noção de "Deus" como ente primeiro e primeira causa do universo, com atributos semelhantes aos mencionados, e nos quais a proposição teísta "Deus [com tais e tais características] existe" é defendida através de argumentos cujas premissas independem da revelação, pode-se tomar a "teologia natural" como um ideal partilhado por pensadores tão distantes cronologicamente, e tão distintos em seus pressupostos, como Aristóteles, Agostinho, Anselmo de Cantuária, Tomás de Aquino, Duns Scotus, Descartes, Berkeley e Leibniz (entre muitos outros).

O impulso favorável à teologia natural pode historicamente ser encontrado entre *teólogos* — famosamente, autores da Primeira e da Alta Escolástica[1] —, muito

---

1   Com efeito, houve vários programas *teológicos*, sobretudo dentro do cristianismo, como famosamente aquele resumido e aqueles inspirados no lema *fides quaerens intellectum* de Anselmo de Cantuária (1033-1109), que dariam suporte aos ideais de uma teologia natural — uma teologia racional — que fizesse desse objeto de investigação uma prova *sola ratione* da proposição "Deus existe", uma meta básica ou ao menos integral. Ver ANSELM VON CANTERBURY, *Proslogion*, Prooemium et I-IV; ver também BOEHNER; GILSON,

Teologia natural: debates na filosofia moderna

embora tenha sido repudiado por outros, sobretudo teólogos reformados, como por exemplo, no século 20, pela neo-ortodoxia de Karl Barth (1886-1968).[2] Sabidamente, a teologia natural foi recusada também por *filósofos* — pelo ceticismo de Hume sobre as crenças da religião revelada e pelo agnosticismo de Kant com respeito a tudo o que ultrapassa os limites da razão, expostas as condições de possibilidade *a priori* de toda a experiência.

Inegavelmente, a *teologia natural*, em todos os contextos que a identificam, reserva espaço significativo ao objetivo maior e ao enfoque definidor do *teísmo filosófico*, a saber, a consideração do sentido e do alcance de provas da existência de Deus. Afinal, é em particular uma afirmação inconteste da *religião revelada* e do *discurso* que reflete sobre ela de forma *racionalmente* articulada — contemplando, aqui, em especial judaísmo, cristianismo e islamismo — que *Deus existe*. Da proposição "Deus existe" depende basicamente a racionalidade — e a acessibilidade disponível à razão — dos demais conteúdos da religião e, em geral, de demais convicções sobre uma entidade suma e da qual o universo depende quanto à sua explicabilidade, chamada "Deus". Na suposição de que tal proposição seja verdadeira e de que aquilo que é verdadeiro pode ser conhecido, "argumentos teístas" procuraram concluí-la dedutiva ou indutivamente.[3]

Nesse passo, toda teologia natural pode ser inserida em um objetivo da metafísica, estipulado com clareza por Aristóteles, a saber, que cabe à filosofia primeira o real conhecimento — ainda que diminuto — *do que* a primeira causa da realidade

---

História da filosofia cristã, pp. 14ss., 21; GILSON, *Christianisme et philosophie*, pp. 39-40. Ver, por exemplo, Sanctus *Thomas Aquinatis, Summa theologiae — Tomus I*, I q. 2 a. 2 p. 117: *"Ad primum dicendum, quod Deum esse, et alia huiusmodi, quae per rationem naturalem nota possunt esse de Deo, ut dicitur non sunt articuli fidei, sed praeambula ad articulos. Sic enim fides praessuponit cognitionem naturalem, sicut gratia naturam, et perfectio perfectibile. Nihil tamen prohibet illud quod secundum se demonstrabile est et scibile, ab aliquo accipi ut credibile, qui demonstrationem non capit"*. Para uma visão geral de metafísicas teístas desenvolvidas no islamismo e no judaísmo, ver, por exemplo, BURRELL, The Islamic contribution to medieval philosophical theology, pp. 88-94; RUDAVSKY, The Jewish contribution to medieval philosophical theology, pp. 95-102.

2   Ver, por exemplo, PLANTINGA, Natural theology, p. 347.

3   Ver PICH, A filosofia analítica da religião, pp. 60-64. "Raciocínio indutivo", aqui, deve ser tomado em sentido lato, a saber, "indução enumerativa", "raciocínio probabilístico", "argumento a partir de analogia", "inferência à melhor explicação" etc. Sem dúvida, na história da filosofia "argumentos dialéticos" também têm papel importante na teologia natural, em uma "teologia natural" em sentido lato — admitindo proposições cujo grau de justificação epistêmica ficam aquém da evidência à razão ou à percepção sensória (podem ter como fonte, por exemplo, a autoridade e o testemunho veraz); ver MACDONALD, Natural theology, pp. 708-709. Para MacDonald, dois projetos contemporâneos em filosofia da religião ilustram modos de desenvolver a "teologia natural" que se encontram além dos limites de conhecimento "estrito" e com base em evidência, a saber, o projeto de Richard Swinburne (*The existence of God*), na base de provas indutivas e da lógica da probabilidade. O outro projeto é o de Alvin Plantinga e Nicholas Wolterstorff (a "epistemologia reformada"), que desafia a ideia de que a racionalidade da crença em Deus exige argumentos a partir de evidência (ver a obra referencial *Faith and rationality*). Afinal, é tese da "epistemologia reformada" que a crença em Deus ou de que Deus existe pode ser "propriamente básica": ela pode ser considerada como princípio ou ponto de partida da teologia natural.

Roberto Hofmeister Pich

é e *de que* ela *existe*.[4] Naturalmente, até certo ponto do projeto de uma teologia natural não vale o veredicto kantiano[5] — dado o traspassar acrítico dos limites da razão teórica — e neokantiano de que as provas teístas estão mortas e só conseguem trazer Deus à linguagem inteligível.[6] Sem dúvida, a função das provas da existência de Deus como tais jamais foi apenas a de ilustrar validamente de que maneira *insipientes* podem ser convencidos de que *Deus existe*. O seu papel foi muito mais amplo, dado que tangem de forma significativa o sentido profundo de Deus na experiência humana. Entre outras coisas, e além do seu caráter como *provas demonstrativas*, os argumentos teístas da teologia natural buscaram mostrar também (a) que o conceito de Deus é, dadas as suas propriedades essenciais, logicamente coerente e não contraditório, (b) que o conceito de Deus é linguisticamente significativo mesmo diante da premissa de que não é utilizável no mesmo sentido que qualquer outro conceito, (c) que o conceito de Deus ainda assim, quanto ao conteúdo, mantém consonância

---

4   A metafísica de Tomás de Aquino é um exemplo extraordinário de que de fato não é possível *dividir rigorosamente* a "ciência da totalidade do real" em "metafísica especial" e "metafísica geral". Ver WIPPEL, Metaphysics, pp. 85-127 (especialmente pp. 85ss e pp. 113ss).

5   Mesmo em tempos pós-metafísicos, provas teístas pretendem, sim, demonstrar ou, em diálogo com as ciências naturais, ao menos defender de modo rigoroso a devida racionalidade da crença na existência de Deus e outras convicções associadas a essa. Não por acaso, a seção dedicada a argumentos teísticos em QUINN; TALIAFERRO (orgs.), *A companion to philosophy of religion*, intitula-se "The justification of theistic belief" ("A justificação da crença teísta"), em que a crença teísta a ganhar justificação racional é a crença na existência de um ente primeiro único, atemporal, imaterial, de suma bondade, onipotente e onisciente. Na filosofia da religião contemporânea ligada à tradição anglo-saxônica, a obra *God and other minds. A study of the rational justification of belief in God*, de Alvin Plantinga (1932-), pode ser entendida como a reconsideração paradigmática dos objetivos do programa filosófico da teologia natural e do teísmo. Entre outras coisas, Plantinga se propôs investigar, dentro do modelo de estudo próprio à filosofia analítica, a justificação racional da crença na existência de Deus tal como Deus é concebido na tradição judaico-cristã, isto é, propôs-se investigar *provas* e *contraprovas* racionais oferecidas pelos filósofos para algumas das principais crenças do teísmo; ver PLANTINGA, *God and other minds*, Parte I "Teologia Natural", pp. 1-111. Porém, o passo que Plantinga considera mais promissor para os propósitos do teísmo é apresentado na Parte III, ou seja, "Deus e outras mentes", pp. 185-271. Já nessa obra, mostra-se a crítica de Plantinga a toda forma de "evidencialismo" e "fundacionismo" clássico para a justificação de crenças, estipulando a distinção entre "justificação" e "aval" (cf. ibid., pp. xi-xii). Plantinga (cf. ibid., pp. xiv-xv) não acredita nem que a teologia natural é bem-sucedida nem que a "ateologia natural" o seja. Por "ateologia natural" entende-se o empreendimento teórico de mostrar que não há nenhum Deus, que o teísmo, portanto, é falso, em tese a partir de duas estratégias: (i) mostrando que o conceito de Deus é incoerente ou internamente inconsistente; (ii) mostrando que a existência de Deus ou a verdade de certos grupos de crenças religiosas é incompatível com o conhecimento evidente sobre o mundo. Nesse sentido, há certo consenso de que "argumento do mal" (*argument from evil*) é o mais forte argumento ateológico.

6   Ver KÜNG, *Existiert Gott?*, pp. 583-590. Ver também PANNENBERG, *Systematische Theologie*, v. 1, pp. 105-108. Pannenberg aponta para um rumo semelhante ao de Küng: tais argumentos guardam uma importância como descrições da realidade do ser humano e do mundo. Eles asseguram o discurso sobre Deus em termos de inteligibilidade, e assim fundamentam os critérios do falar de Deus. Kant, é verdade, (ver KANT, *Kritik der praktischen Vernunft*, pp. 238-264) oferece motivos "práticos" para postular a existência de Deus e a imortalidade da alma, dando a essas alegações certa justificação epistêmica. Ver também FISCHER, *Philosophie der Religion*, pp. 98-115.

com a experiência humana, (d) que ele deve ser defendido moralmente, na medida em que concede unidade à experiência moral.[7]

Em comum, as tradições filosóficas pré-kantianas buscam mostrar que a proposição "Deus existe" segue de modo dedutivo de *proposições (necessárias ou contingentes) que são obviamente verdadeiras e aceitas por todos*. Em um paradigma importante da teologia natural, ou seja, o aristotélico-tomasiano — em que o caso ideal seria o das "cinco vias"[8] —, as provas correspondentes são casos de ciência demonstrativa ou conhecimento em sentido estrito (*scientia*), em cuja base estão proposições imediatas ou autoevidentes e que constituem, então, um fundamento epistêmico para outras (conclusões), em um raciocínio discursivo.[9] Ao lado disso, os argumentos daquelas tradições *tomam como pressuposto necessário dispor de outras proposições evidentes e necessariamente verdadeiras* — algum saber tautológico[10] metafísico e/ou científico que acompanha procedimentos de prova em geral — tais como "Uma coisa não pode ser a causa da própria existência" ou "Do nada nada pode ser originado". Os tipos centrais de argumentos teístas, estruturalmente conservados na filosofia da religião contemporânea, ainda que na origem devidos às provas formuladas por autores clássicos e medievais, no essencial se associam às rubricas "argumentos ontológicos", "argumentos cosmológicos" e "argumentos teleológicos"[11] a favor da existência de Deus.[12]

A seguir, no intuito de tipificar a contribuição da filosofia moderna ao projeto da teologia natural, serão discutidos (1) um paradigma de argumento cosmológico, o de Samuel Clarke, e (2) um paradigma de argumento do desígnio, o de William Paley, com posicionamentos críticos a cada vez. Nas (3) considerações finais, rumos do argumento do desígnio na filosofia da religião contemporânea serão apontados, com brevidade.

---

7   Ver CLAYTON, Gottesbeweise III. Systematisch/Religionsphilosophisch, pp. 769-776 (especialmente 772-776). Por outro lado, é verdade que, se a teologia natural tem se importado com a verdade de certas proposições teológicas, a partir de formas válidas de argumentação e concepções de justificação epistêmica, acompanham a teologia natural, nesse sentido, tipos de reflexão que visam primariamente à "clarificação" de conceitos, o exame da coerência e consistência interna de uma teoria, não a justificação de crenças. Para MACDONALD, Natural theology, pp. 711-712, a conjunção de "teologia natural" com "teologia clarificatória" forma o que se chamaria de "teologia filosófica". Em meu parecer, é no sentido de uma "teologia natural ampla" e de uma "teologia classificatória", isto é, de uma "teologia filosófica", que se pode dizer que não há território aberto ao praticante da teologia da revelação que não esteja aberto ao praticante da teologia filosófica.

8   Como verdadeiros preâmbulos da fé, as vias de Tomás de Aquino aparecem nas seções de abertura das suas duas grandes obras teológicas, a saber, a *Summa theologiae* (I q. 2 a. 3) e a *Summa contra gentiles* (I *caput* 13).

9   Ver MACDONALD, Natural theology, p. 708.

10   Ao menos sob fortes alegações.

11   Ou "do desígnio" (*arguments from design, design arguments*), como literalmente aparecem na filosofia moderna.

12   Ver PLANTINGA, *God and other minds*, pp. 1-111.

2. Samuel Clarke e o argumento cosmológico

A tipologia dos mais importantes argumentos teístas, em terminologia remissiva a Kant, é, no conteúdo, comum aos autores medievais e modernos. Assim, os argumentos ditos "ontológicos", desde a acepção original por Anselmo de Cantuária, em *Proslogion* II-IV, partem, não de fatos empíricos, mas, em uma *reductio ad absurdum*, do sentido de, sem contradição, pensar, com uma intencionalidade única, Deus sob a noção "aquilo acima do qual nada maior pode ser pensado", ou seja, de que ter a concepção adequada de Deus implica pensá-lo como *algo (necessariamente) existente*.[13] Mesmo com a sua rejeição — nas versões cartesiana e leibniziana — por Kant, na *Crítica da Razão Pura* (1781, [2]1787), dada a controversa suposição de que a "existência" é "propriedade" de um ente, desde Leibniz a *ratio Anselmi* foi abordada em termos da possibilidade intrínseca de um "ente perfeito" — o que em parte se enquadra na chamada "segunda versão" do argumento, desdobrada por Ch. Hartshorne e N. Malcolm.[14] Nessa versão, estabelecer-se-ia que pensar Deus sem contradição significa pensá-lo em termos de "existência necessária", ponto teórico que ficaria imune às críticas de Kant. Contemporaneamente, Alvin Plantinga propôs-se mostrar que nenhuma reprovação teórica geral do "argumento ontológico e suas variantes" foi efetivamente apresentada — em especial, sugerindo o autor não ter sido convincentemente mostrado qual é o erro em assumir-se que a existência é um predicado, ou a necessidade de sustentar-se que essa é, de fato, uma premissa alegada por parte de Anselmo, ou ainda a necessidade de admitir comprovada a acepção de que proposições existenciais não podem ser necessárias.[15]

Argumentos "cosmológicos", tanto os mais recorrentes quanto retroativos ao primeiro argumento teísta *detalhado* da história da filosofia, a saber, o de Aristóteles em *Metafísica* XII,[16] ganhando um lugar cativo no Ocidente cristão ao ser reelaborado em ao menos três das "cinco vias" de Tomás de Aquino, levam ao conhecimento da existência de Deus a partir de dados evidentes — dito de outro modo: proposições manifestamente verdadeiras e por todos aceitas — *sobre o mundo*.[17] Em uma das muitas variantes por autores coetâneos como W. Rowe,[18] essa forma de demonstração livrou-se de certas suposições físico-cosmológicas antiquadas, sendo dessa

---

13 Ver DORE, Ontological arguments, pp. 323-330. Ver também PICH, Anselmo de Cantuária sobre a verdade do pensamento, pp. 94ss.

14 Ver HARTSHORNE, *Anselm's discovery*, pp. 141-162 (estudo originalmente publicado em 1960).

15 Ver PLANTINGA, *God and other minds*, pp. 26-63.

16 Para uma exposição sucinta, ver CRAIG, *The cosmological argument from Plato to Leibniz*, pp. 23ss.

17 Ou, mais simplesmente, "da existência do mundo para a existência de Deus"; ver ROWE, Cosmological arguments, pp. 331-337.

18 Ver ROWE, *The cosmological argument*.

Teologia natural: debates na filosofia moderna

maneira resumido por W. P. Alston:[19] (i) O universo físico é temporalmente finito ou infinito; (ii) se finito, o começo da existência do universo deve ter sido devido a alguma causa; (iii) se infinito, deve haver alguma causa cuja atividade é responsável pela existência deste universo, e não de outro ou nenhum (em que (ii) e (iii) acusam a validade e a aplicação do "princípio de razão suficiente"); (iv) mesmo se a causa da existência do universo deve a sua existência a alguma outra, um regresso infinito de tais causas (fora do universo espaçotemporal) é impossível; (v) logo, a universo como um todo deve a sua existência a uma causa primeira incausada, que de sua natureza existe necessariamente.

Também este argumento contemporâneo deve algo ao argumento cosmológico que, na filosofia moderna, mais intensamente repercute entre os autores que debatem o teísmo, ou seja, o argumento formulado por Samuel Clarke (1675-1729). Egresso da Universidade de Cambridge e classicista talentoso, Clarke tanto converteu-se ao "arianismo" em 1697 — na disputa interna à Igreja Anglicana entre os defensores do Credo Atanasiano e sua profissão da Trindade e os críticos ao mesmo — como esteve a favor dos "anglicanos" na disputa com os "deístas".[20] O deísmo — inglês, francês ou alemão —, a "religião do Iluminismo", foi em si um movimento repleto de nuances diferentes, mas do qual se pode afirmar, em geral, que não procurava harmonizar razão e revelação, mas separá-las, dando precedência a uma "religião natural" ou rigorosamente racional em escopo, na qual se pode crer em um Deus Criador e, muito importante, autor da lei moral (em suma, tudo o que se precisa saber sobre Deus), mas em que se expurgam itens como milagres e atos sobrenaturais (agenda de uma "religião ruim" e demasiadamente sócio-humana), potenciando ademais o desinteresse por algo como "a vida e a morte de Jesus" (isto é, pela dívida a uma revelação histórica específica).[21] Não obstante isso, deístas ingleses se consideravam cristãos; se o projeto de Clarke consistia em defender uma teologia natural *com independência* da revelação, a distância entre pensadores como ele e deístas acabava por ser, em realidade, pequena.

---

19 Ver ALSTON, Religion, history of philosophy of, p. 241.

20 Em verdade, Samuel Clarke posicionou-se contra diversas outras concepções não ortodoxas, como, por exemplo, contra certo reducionismo materialista acerca da natureza da mente, a ser identificado em Locke e Spinoza, em suas *Boyle Lectures* de 1705. Além disso, defendeu uma visão sobre Deus como sumamente livre, porém refletindo padrões naturais de bondade e verdade, uma vez que essas últimas nada têm a ver com arbitrariedade. Isso poderia ser estabelecido ao se refletir sobre a "adequação das coisas" (*fitness of things*), revelando na natureza um aspecto moral que é paralelo ao seu aspecto físico. Ver GAUKROGER, Samuel Clarke (1675-1729), pp. 378-379.

21 Ver, por exemplo, WESTPHAL, Modern philosophy of religion, p. 112. O autor enfatiza três aspectos do "projeto deísta": "Um interesse epistêmico pela autonomia de uma razão humana universal, um interesse político pela tolerância religiosa e um anticlericalismo projetado para negar à igreja tanto a autoridade epistêmica quanto a política". Já esse projeto, como mais fortemente depois o seu "fracasso", inaugura a tendência, consumada em Hegel, de falar-se filosoficamente sobre a "religião", e não sobre "Deus".

Em seu clássico *A Demonstration of the Being and Attributes of God* (1705), Clarke expõe a sua influente versão do argumento cosmológico. De início, estabelece como proposição absolutamente evidente e, pois, inegável de que "Alguma coisa existiu desde a eternidade". Essa proposição, de todo modo, é uma conclusão e, portanto, recebe evidência a partir de uma prova breve: dado que alguma coisa é agora, alguma coisa sempre foi. No cerne disso, está a reflexão de que o efeito "algo existente (agora)" não pode ser explicado, quanto ao existir, por uma produção a partir do nada, restando, pois, sem causa. A medida de contradição dessa hipótese é, por contraste, análoga à medida de certeza sobre a natureza do real existente que é explicitada pelo Princípio de Razão Suficiente: "Tudo o que existe tem uma causa, uma razão, um motivo para a sua existência, um fundamento sobre o qual a sua existência repousa, um motivo ou uma razão por que ele de fato existe em vez de não existir".[22] A proposição conclusiva "Alguma coisa existiu desde a eternidade" está alicerçada na validade desse princípio.

Como princípio real e não de razão (tampouco como juízo sintético *a priori* regulador), o Princípio de Razão Suficiente (PRS) é válido para todo existente, revelando a sua estrutura causal: a condição de possibilidade de todo existente é uma condição causal. O PRS é válido tanto para um ente necessário como para um contingente. Essas noções modais se mostrarão centrais no debate promovido por Hume; portanto, convém dizer que um ente "necessário" é o que tem "necessidade" em sua própria natureza, sendo em si mesmo eterno; um ente "contingente" recebe a sua existência da "vontade de algum outro ente", e isso implica que, na ordem natural-causal, um outro ente lhe precede.[23]

Em verdade, Clarke quer chegar a uma conclusão mais qualificada: "Existiu desde a eternidade algum ente imutável e independente". Anteriormente, Clarke insistira que "Necessariamente, alguma coisa existiu desde a eternidade". Ora, para a "alguma coisa" dessa proposição existem duas alternativas, assim resumidas: (a) ou bem sempre existiu um ente imutável e independente, ao qual todos os entes dependentes devem a existência, (b) ou há uma "sucessão infinita de entes mutáveis e dependentes", cada qual causado pelo anterior. Revela-se, no segundo passo, a novidade maior na versão clarkiana do argumento cosmológico — em comparação, diga-se, à terceira via de Tomás de Aquino:[24] Clarke trata a série inteira de entes dependentes como uma entidade em si e, fazendo uso do PRS, vê-se legitimado a

---

22 Ver CLARKE, O argumento cosmológico, p. 627. A passagem mais interessante para a minha descrição e análise pode ser encontrada na tradução desse extrato (pp. 627-630).

23 Ibid.

24 Ver Sanctus Thomas AQUINATIS, *Summa theologiae* — Tomus I, I q. 2 a. 2 p. 117: *"Tertia via est sumpta ex possibili et necessario"*.

Teologia natural: debates na filosofia moderna

perguntar o que a explica. Contudo, (b) é uma hipótese absurda e impossível. Mas por que ela é refutável de modo tão veemente?

Clarke não rejeita (b) na base da impossibilidade de uma série infinita de causas "para trás". Ele considera uma "progressão infinita" como "uma série sem fim inteira de entes dependentes" (SIED). Posto isso, (1) segue-se que a SIED não pode ter *causa exterior* à sua existência, visto que se supõe haver ali todas as coisas que são ou jamais foram no universo. A SIED é, portanto, temporal e diacrônica. Ademais, (2) segue-se que a SIED não pode ter *razão dentro de si* para a sua existência, porque nenhum ente, nela, é "autoexistente" ou "necessário", mas todos dependem de um anterior. Ora, (3) onde nenhuma parte é necessária, *o todo* não pode sê-lo — lembrando que "necessidade absoluta de existência" só pode ser propriedade essencial da coisa que assim existe.[25] Até aqui, o argumento *pressupôs* a consistência de uma SIED e seu potencial de explicar a existência de algo.[26] Expostos os seus predicados, é notório que uma SIED não tem necessidade nem causa para a sua própria existência, seja *dentro* ou *fora de si.*

Contudo, retomando o PRS, uma SIED é uma expressa contradição. Estar-se-ia dizendo, com ela, que algo é causado, dado que em todos os seus estágios sucessivos não é necessariamente e nem é de si, e ao mesmo tempo em que, no todo, não é causado por nada. Assim, uma SIED é uma contradição sob qualquer condição de sua existência temporal ou de sua duração. A conclusão "Existiu desde a eternidade algum ente imutável e independente"[27] repousa na inconsistência de uma SIED: ela acusa inconsistência causal, porque se abstém, inadvertidamente, de considerar a razão de existência de algo. Não pode haver uma sucessão de entes dependentes *ad infinitum* porque não pode haver existência sem razão suficiente — uma SIED exclusiva não tem em si razão suficiente.[28] Clarke dá cores à inconsistência de admitir uma SIED e suprimir o PRS, favorecendo a tese "Há apenas uma sucessão infinita de entes mutáveis e dependentes, cada qual causado por um precedente". Essa tese é uma inaceitável proposta de existência não necessária acausal: ora, (a) não se explica o que, desde a eternidade, determinou a existência de uma SIED, em vez de nada existir; (b) "acaso" é "uma mera palavra", destituída de "qualquer significado"; (c) não havendo nenhum existente fora da SIED, pois ela é tudo o que há, e portanto nenhum existe "necessário" (ou "autoexistente"), tem-se de dizer que a existência da e de cada ente na SIED "foi determinada por nada" — ou seja, é inexplicada. Assim, a

---

25   Com efeito, "existência necessária" parece destacar-se, aqui, como "propriedade essencial" de algo.

26   Ver CLARKE, O argumento cosmológico, p. 628.

27   Como já se pressente, e logo se constatará, "ente independente" pode ser definido como aquele cuja existência não depende de coisa alguma fora de si mesmo, sendo, pois, "necessário" ou "autoexistente".

28   Ibid., p. 628. Que o argumento trabalha com a descrição de uma SIED "exclusiva", isto é, segundo a qual não há nenhuma causa externa à série e do tipo que a própria série é, é um aspecto ratificado no resumo por HUME, Problemas com o argumento cosmológico, pp. 631-632.

reductio ad absurdum é concluída: para demonstrar "Necessariamente, existiu desde a eternidade algum ente imutável e independente", Clarke inferiu consequências da tese ateísta, revelando suas contradições e permitindo inferir que a negação da proposição teísta é falsa, e ela mesma é uma tese verdadeira.[29]

No terceiro passo, não mais buscando a *conclusão* em si, Clarke mostra que o "ente imutável e independente" relatado na proposição teísta deve ser "autoexistente", o que equivale a dizer "existente necessariamente". Ora, com respeito à explicabilidade causal da existência, Clarke discrimina (i) o existir do nada ou "absolutamente sem causa", (ii) o existir "por alguma causa externa" e (iii) o existir como "autoexistente". Após os passos primeiro e segundo, sabe-se que a explicabilidade última das coisas existentes em uma série de entes dependentes — o mundo — exige: "Necessariamente, existiu desde a eternidade algum ente imutável e independente". Mas a explicabilidade causal desse ente, a "autoexistência", faz sentido? O ponto é importante, e Hume o notou claramente. Para Clarke, "autoexistente" não significa "produzido por si mesmo". Não se admite a ideia de que algo seja *causa sui* no sentido de "autoproducente". Antes, ser "autoexistente" é "existir por uma necessidade absoluta, originalmente na natureza da própria coisa". Liga-se, pois, autoexistência à necessidade ontológica, em que, na ordem das razões, "necessidade" antecede "existência" naquele ente — não "no tempo", mas "na ordem natural das nossas ideias no que tange à nossa suposição do seu ser".[30] Convém lembrar que necessidade "absoluta" se distingue de necessidade "relativa" e "por consequência", caso em que algo seria necessário "por outro", e não "por si". Sobre o ser "necessariamente existente", supor a sua não existência — a suposição do contrário ou a negação do assumido — só pode equivaler a uma "contradição expressa".

Como saldo final, que tipifica a teologia natural dos modernos, Clarke só consegue chegar a um Deus muito abstrato. Mesmo porque o ente "autoexistente" não pode ser o mundo material e tampouco um aspecto do mesmo. Por que não? Porque isso teria de implicar que o mundo material existe por uma "necessidade absoluta em sua própria natureza", e com respeito a ele o não existir seria uma contradição. É "evidente", assim diz Clarke, que o mundo material não tem tal "necessidade absoluta de existir", e é manifesto que "uma possibilidade de não existir" é válida para ele. Ora, (i) pode-se concebê-lo como não existindo ou (ii) como diferente, em certo aspecto, do que é agora. Clarke concebe "necessidade absoluta" como necessidade de essência e, nesse âmbito, imutabilidade da coisa. "Mundo material" consiste tanto (a) na disposição e no consequente movimento das partes do mundo físico (a sua "forma") como (b) na matéria do mundo como tal, sem consideração à forma atual. A partir daí, Clarke pode afirmar que tudo o que existe no mundo, o todo e as partes, em

---

29   Ver CLARKE, O argumento cosmológico, pp. 628-629.

30   Ibid., p. 629.

todos os aspectos, é dependente e sumamente distante de uma necessidade absoluta que se possa conceber.[31]

O argumento cosmológico de Clarke contém os dois passos costumeiros de (1) partir da existência do mundo para concluir a existência de Deus e (2) presumir, para a entidade cuja existência é provada, propriedades que bem se conformam a uma concepção de Deus aceita por teólogos e filósofos. O argumento de Clarke, além disso, não depende da premissa de que um regresso ao infinito de causas tem de ser negado.[32] Eis a sua forma simplificada: (i) todo ente (incluindo uma SIED) é ou bem um ente dependente quanto à existência ou um ente autoexistente; (ii) não é o caso que todo ente pode ser um ente dependente quanto à existência; (iii) portanto, existe um ente autoexistente.

Os limites dos méritos da teologia natural dos modernos,[33] ainda antes da crítica da religião feita por Kant, foram paradigmaticamente colocados na obra epocal de David Hume (1711-1776), *Diálogos sobre a religião natural*, publicados postumamente, em 1779.[34] Ele faz uma inspeção que revisa de forma crítica praticamente todos os temas da teologia natural e da justificação racional das crenças teístas — sobretudo dos teístas cristãos —, dos argumentos a favor da existência de Deus até a reflexão sobre atributos divinos. Através do problema do mal, a discussão do argumento cosmológico ocupa um lugar modesto, mas tanto intenso quanto diretamente voltado às teses de Samuel Clarke.[35] Demea é a figura dos *Diálogos* que, representando uma linha de abordagem do teísmo, adota o argumento cosmológico, no texto chamado de "argumento *a priori*".

Fazendo o mesmo serviço destrutivo de Filo, via de regra o porta-voz do ceticismo de Hume, o personagem Cleantes, que de resto participa dos *Diálogos* sobretudo como defensor do "argumento do desígnio" e da consistência das propriedades

---

31   Ibid., pp. 629-630. Em verdade, Clarke admite que possa haver nas coisas do mundo material uma "necessidade de adequação" (um tipo de necessidade nomológica e de desígnio), tendo elas de estar em certa ordem para o bem-estar do todo.

32   Ver ROWE, Cosmological arguments, pp. 332-333.

33   No período moderno, anterior a Kant, a maioria dos ataques à teologia natural é dirigida a argumentos *particulares*, e não contra o empreendimento como um todo. Já David Hume ofereceu uma crítica forte ao argumento cosmológico e ao argumento do desígnio e dirigiu os seus princípios empiristas para um ataque à possibilidade de milagres e ao valor da evidência alegada ao seu acontecimento. No século 20, esse projeto crítico foi de certo modo retomado por MACKIE, *The miracle of theism*.

34   A crítica ampla da religião que Hume realizou, segundo ZILLES, *A crítica da religião*, p. 82, encerra dois aspectos gerais, ou seja, ela (a) "investiga a origem da religião na natureza humana" e (b) "questiona o fundamento da religião na razão". Se o primeiro aspecto é investigado em uma "perspectiva genealógica" (cf. ibid., pp. 82-83), sobretudo em *História natural da religião*, o segundo aspecto, de "crítica lógica" das crenças deístas e teístas, na base de um empirismo metodológico assumido, é desdobrado em *Investigação acerca do entendimento humano* e nos *Diálogos sobre a religião natural*. Ver também GASKIN, Hume on Religion, pp. 313-344.

35   Ver também PEREBOOM, Early modern philosophical theology, pp. 107-108; DYE, A Word on Behalf of Demea, pp. 266s.

divinas alegadas tradicionalmente (em especial, a onipotência e a benevolência absoluta), defende que o argumento — cosmológico *a posteriori*, em realidade — é falacioso. No primeiro item de crítica,[36] afirma-se que não há nenhum ente cuja não existência implica uma contradição. Indiretamente, pois, Hume estaria dizendo que a proposição "Deus [com as características essenciais que desse nome se podem *naturalmente* imaginar] não existe" não apresenta uma contradição ao pensamento. Embora isso pareça ser dito no nível lógico-semântico, em que a crítica recairia na inconsistência interna de "existência necessária", o passo de Hume parece ser ao final epistêmico, pois afirma que nenhuma "existência necessária" é demonstrável, a partir do conhecimento que se tem do mundo. Ora, mesmo fazendo uso de analogias, como seria o uso do teorema 2 + 2 = 4, para imaginar a "necessidade" da existência de um determinado ente, a desproporcionalidade dos casos — visto que tudo o que se conhece do mundo e tudo o que se concebe em um momento existir simplesmente *pode ser concebido* como não existente em outro momento — desabona o procedimento. "Existência necessária" é expressão sem sentido.

Que o passo anterior era epistêmico, isso é ratificado pelo segundo ponto das objeções. Assumindo que há um conteúdo cognoscível preciso em "ente necessariamente existente", e que esse ente precisa existir para que haja explicabilidade no universo, por que, segundo a explicação analógica de necessidade que se tem à mão, não é o próprio "universo material" o ente ao qual se atribui existência necessária? Se a noção "ente necessariamente existente" não é tirada de algo que se conhece sobre o mundo, e é só imaginada, por que não atribuí-la à matéria ou a um aspecto material do universo? É alegável que ninguém conhece a matéria tão completamente que possa negar essa possibilidade, a saber, que as propriedades que se costuma atribuir a "Deus" sejam repassadas à natureza da matéria ou à natureza de algo do mundo material[37] — embora Hume esteja consciente de que é comumente concedido identificar *contingência* tanto na *forma* quanto na *matéria* mesma, no mundo, isto é, que é por todos reconhecido que aniquilação e alteração são possíveis no que tange ao mundo material (tese de Clarke), visto que sua forma e sua matéria se modificam e, salvo melhor juízo, corrompem-se.[38]

---

36   Ver HUME, Problemas com o argumento cosmológico, p. 632. Mais uma vez, a passagem mais interessante para a minha descrição e análise pode ser encontrada na tradução desse extrato (pp. 630-633).

37   Embora na sequência de ideias apareça como quinta objeção, isto é, a que invoca o desconhecimento da economia do universo, de sua "álgebra oculta", da "natureza íntima dos corpos", essa poderia ser associada à hipótese de a matéria possuir as propriedades costumeiramente atribuídas a Deus: a "economia do universo" pode seguir uma lógica oculta de autossuficiência quanto ao existir, apenas sem que se tenha como ilustrar tal necessidade oculta — ou tal algoritmo oculto. Talvez, se alguém penetrasse a "natureza íntima dos corpos", veria por que seria impossível que esses tivessem outra disposição interna — sem precisar recorrer, para explicar aquela, a uma causa exterior autoexistente. Ver ibid., pp. 632-633.

38   Ibid., p. 632.

Teologia natural: debates na filosofia moderna

É interessante a consideração (nesses termos, um tanto velada) de Hume, *via* Cleantes, de que não seria válida a tese de que um mundo material necessário teria de ganhar explicação em um ente imaterial necessário por meio de uma relação de causação *ab aeterno*, justamente porque uma causação *ab aeterno* é uma noção inconsistente. Mas é o quarto passo crítico humeano que se reveste de maior peso, dadas as informações anteriores. Assim, pois, por que considerar uma série de entes dependentes como um todo único (como uma SIED), ele mesmo ainda carente de explicação quanto à existência? A afirmação de que há um todo, ali, é "um ato arbitrário da mente". Uma série infinita de entes dependentes, segundo Hume uma ideia consistente, se não deve ser vista como uma totalidade, deve ter admitido um princípio de razão suficiente; ora, na série em apreço não há nada que, quanto ao existir, não seja explicado — cada coisa existe justamente em função da causa anterior. Ademais, é questionável se *aquele* todo carece de explicação exterior, pois a causa de um todo é suficientemente explicada pela causa das suas partes; mais ainda, *é dessa maneira* que um todo é explicado (a partir da causa das partes), e não a via contrária (a causa das partes a partir da causa do todo).[39]

3. William Paley e o argumento do desígnio

Finalmente, argumentos "teleológicos" — ou mais comumente "argumentos do desígnio" (*arguments from design*) — fazem a pauta (talvez a principal e mais inspiradora) dos filósofos modernos que articulam uma teologia natural. As suas diretrizes sofreram transformações severas pelo teísmo contemporâneo, mas convém atentar para elas, para melhor compreender a impactante visão de mundo que está em jogo na tentativa de restabelecer um argumento teleológico. Esses argumentos partem de aspectos relevantes de "propósito" inscritos no mundo e buscam convencer de que esses têm de ter sido *designados* por um ente inteligente e pessoal.[40] Nenhum autor moderno melhor representa o argumento do desígnio e o debate em torno dele do que o filósofo e teólogo inglês William Paley (1743-1805). Paley formou-se com a mais alta distinção no Christ's College, Cambridge, em 1763. Em uma carreira brilhante, lecionou por nove anos também em Cambridge e assumiu posições destacadas na Igreja da Inglaterra. Em seu quarto e hoje mais conhecido livro — dois outros foram tão bem-sucedidos que viraram livro-texto em universidades inglesas e norte-americanas —, isto é, *Natural Theology* (1802), Paley ofereceu uma afirmação detalhada do argumento do desígnio.[41]

---

39 Ibid., pp. 632-633.

40 Ver GARCIA, Teleological and design arguments, pp. 338-344.

41 Ver BROWN, William Paley (1743-1805), pp. 186s.

Paley elabora uma "versão local" do argumento do desígnio. Nela, constrói uma analogia entre um relógio mecânico (do tipo da época), que é encontrado em uma charneca, e o olho de uma criatura viva. A alegação de Paley é que assim como é manifesto que o relógio ganha "desígnio" por parte de um "designador inteligente", assim também o olho, na medida em que pode ser considerado um "artefato" ou "mecanismo". Um relógio *qua* artefato é um tipo de coisa que exige uma explicação bem distinta daquela que, por exemplo, uma "pedra" exige. Quanto à existência do relógio, jamais será suficiente identificar meramente uma causa com poder de efetivar a sua existência. Por quê? Porque, diferentemente do caso da pedra, quando se inspeciona um relógio mecânico nota-se que as suas partes são estruturadas e reunidas com um propósito: o de produzir movimento, regulado para indicar a hora do dia, exigindo para tanto uma ordem específica e bem determinada. A ordem — no caso do relógio, reconhecidamente *complexa* — está, pois, manifestamente associada a um propósito.[42]

"Propósito" ou "desígnio" (*purpose* ou *design*) como aspecto de coisas não é uma tese que se admite sem mais — um dos grandes méritos da obra de Paley foi chamar atenção para e sustentar essa noção, sem dúvida, como "propriedade real" — metafísica, portanto — de coisas. De início, (a) ter um "propósito" ou "desígnio" significa para algo ter uma "função", que pode ser ligada às partes de um todo e (diferentemente) também ao todo, ainda que a função das partes dependa do que é o todo e é, pois, *também* a do todo. Nesses termos, se algo tem uma função, algo tem um propósito — e isso poderia ser dito, como parte em si e como parte que contribui ao todo, dos *materiais* dos quais as partes do mecanismo são feitas. Se, pois, refletindo sobre "funções", é possível reconhecer "propósito" em um mecanismo complexo, Paley acredita que isso (b) força a inferência de que o mecanismo — o relógio — foi feito por alguém na categoria de um "artífice", ou por "artífices", existente(s) em algum momento e em algum lugar, que o formou(aram) com o propósito ao qual se percebe que ele serve. Assim, o mecanismo do relógio, com uma ordem e um propósito, faz alguém concluir a existência de um artífice inteligente.[43] Ter um desígnio complexo, portanto, como atributo essencial da coisa, exige para a sua explanabilidade, para a observação do princípio de razão suficiente, uma causa externa que tenha, ao menos na proporção do artefato, inteligência e intenção. Bem entendido, "desígnio", seja ele complexo ou não, não é explicado só por inteligência, mas precisa também de intenção, que "batize" intencionalmente um artefato com o seu "para quê".[44]

---

42 Ver PALEY, O argumento do desígnio, pp. 634s. Novamente, a passagem mais interessante para a minha descrição e análise pode ser encontrada na tradução desse extrato (pp. 634-642).

43 Ibid., pp. 634-635.

44 Por certo, há itens da natureza dos quais não se consegue dizer o seu "para quê", que não se consegue, pois, ao menos não sem inquietantes dificuldades, identificar como "artefatos". A "pedra" é um exemplo.

Teologia natural: debates na filosofia moderna

Adiantando-se a objeções facilmente discerníveis, a conclusão indicada seria atingida mesmo se jamais se tivesse visto ou conhecido alguém capaz de fazer um relógio, mesmo se alguém se soubesse incapaz de executar ou compreender a sua realização. "Propósito" e "desígnio inteligente por algo ou alguém" podem ser concluídos a partir daquilo que se conhece só vagamente e em muito se ignora — como as razões de forma, posição e sustentação da nave central de uma igreja gótica. Aquela conclusão também seria atingida se o relógio, às vezes, ou quase sempre, operasse com inexatidão — "desígnio" poderia ser verificado em um mecanismo imperfeito. Em terceiro lugar, a conclusão seria mantida mesmo se houvesse partes do relógio sobre as quais não se pudesse descobrir como e se conduzem ao efeito geral. Nada disso tiraria a indicação de "invenção" (*contrivance*) no relógio-artefato — em que "invenção" encerra as ideias de ordem e propósito.[45] Ademais, a suposição de que o relógio existente seria *uma* casual combinação de formas materiais — entre outras — não é convincente. Por fim, a sugestão de haver em algo como um relógio mecânico — e não em alguém externo e anterior — um princípio de ordem que dispôs as partes na sua presente configuração é simplesmente incompreensível. Em verdade, Paley oferece continuações engenhosas ao argumento.[46]

A básica suposição seguinte é a de alguém que encontrasse o relógio e descobrisse que ele possuía o poder de produzir, no curso do seu movimento, outro relógio igual a si. Que efeito teria essa descoberta sobre a conclusão que diz a existência de um artífice inteligente? Cinco efeitos são descritos por Paley: a descoberta de tal propriedade (i) aumentaria a admiração pela invenção e pelo talento do inventor; (ii) um relógio "autorreplicante" como efeito e causa intermediária sem indício de inteligência não poderia ter uma posição causal comparável à de uma causa primeira, inteligente e inventiva; (iii), assim, um relógio individual encontrado, mesmo supondo-se não ter sido feito *imediatamente* pela mão de um artífice, não afeta a inferência de que um artífice tenha sido *originalmente* responsável por sua produção. E nada disso altera a necessidade de relacionar a "subserviência" do relógio a um uso (ou fim) à existência de um designador. Dizer que algo tem ordem e propósito obriga alguém a reconhecer, na origem, algo ou alguém capaz de desígnio, expressão que, agora claramente, invoca inteligência e intenção de finalidade.[47] (iv) Ademais, nada se ganha sob a suposição de um regresso infinito, em que o relógio encontrado tenha

---

45 Ibid., p. 635.

46 Ibid., pp. 635-636.

47 "Desígnio" é utilizado por Paley em sentidos diversos: (a) como predicado de mecanismos-artefatos ou órgãos-artefatos, dizendo, em especial e salientemente, o seu "para-quê" ou a sua função ou "função própria", dada a sua maior ou menor complexidade; (b) por outro lado, se desígnio é um efeito que só se explica por uma causa, ele é algo que é causado por uma razão suficiente que possui dois elementos que fazem parte do conceito mesmo de desígnio: conhecimento ou inteligência e intenção de propósito ou de finalidade. O "desígnio" de algo não pode ser plenamente explicado sem considerar esses dois aspectos.

sido produzido por um outro, e esse por um outro etc. Esse regresso não tem força explanatória, pois uma "mente designadora" não é nem suprida nem dispensada por essa suposição. Permaneceria a necessidade de explicar *originalmente* a "invenção" e o "desígnio" mediatos. A questão não é simplesmente de que modo o primeiro relógio veio à existência — hipoteticamente, a partir de um outro e um outro, autorreplicantes por um mecanismo oculto. Antes, pergunta-se pela metafísica que explana o fato de que, não uma pedra, mas um relógio mecânico, uma invenção com propósito e meios ao fim, *em sentido último* tem lugar no mundo. Ora, se pela nova alegação há causa para o relógio que alguém segura na mão, é preciso negar que, com isso, saiba-se da causa por que o relógio é um existente com a inventividade de fim e meios ou o desígnio que se sabe que ele é. A última descoberta exige mais ainda a mente inteligente e com intenção. Encontrar a causa da existência ainda não é explicar a causa do desígnio: só com a causa de existência, tem-se "invenção", mas nenhum "inventor", evidências de "desígnio", mas nenhum "designador". Ordem causal final não se reduz a ordem causal eficiente. Por fim, (v) o efeito daquela descoberta seria levar o observador a concluir que o fabricante do relógio autorreplicante é responsável pela produção de todos os relógios mediamente produzidos — e é no fabricante original que um talento mais impressionante é reconhecido. Em resumo, se o *primeiro exame* do relógio sugeria que ele teria sido feito por um artífice capaz de entender mecanismos complexos e designar fim ou uso, o *segundo exame*, sob a hipótese de um curioso princípio de autorreplicação, eleva a admiração pelo talento empregado na constituição da máquina. O oposto disso é "absurdidade" e "ateísmo".[48]

Até aqui, Paley explicou o que é para algo ser um mecanismo com desígnio e o que isso implica termos de explicabilidade causal. Negar as implicações disso é "ateísmo" no momento em que, por analogia, pode-se dizer que toda manifestação de desígnio presente no relógio existe nas obras da natureza, com a diferença de ser, ali, em grau muito maior. As "invenções" da natureza ultrapassam as da arte em todos os critérios possíveis de avaliação de excelência. O novo método de Paley é comparar um item da natureza com um item de invenção humana com padrões de analogia, como um "olho" e um "telescópio". Com a analogia, não se quer mostrar o que é para algo ser um mecanismo com desígnio, mas mostrar que *itens da natureza* são mecanismos com desígnio.[49] O olho foi feito para ver, o telescópio para auxiliá-lo nesse fim. Os mesmos princípios e leis de transmissão e refração de raios de luz regem olho e telescópio. O fabricante do telescópio pressupõe para o seu feito conhecimento de princípios matemáticos, poder de aplicação desse saber e de adaptação de meios a um fim. Se o telescópio é um mecanismo com desígnio, ele testifica inteligência, conselho e propósito no designador. No caso do olho, exigindo muito

---

48   Ibid., pp. 636-638.

49   Ibid., pp. 638s.

Teologia natural: debates na filosofia moderna

mais arte em seus detalhes de produção material e anatomia, regido pelos mesmos princípios e tendo o mesmo fim (a produção da imagem), é impossível tanto não tomá-lo como artefato designado quanto não admitir a evidência de que ele só tem explicação através da existência de um designador com suficiente inteligência e intenção. Para Paley, o parecer sobre o relógio pode ser repetido sobre animais, plantas e "todas as partes organizadas da natureza".[50]

Como anteriormente, a analogia do mecanismo designado é tão forte que podem subsistir, também nos artefatos da natureza, imperfeição, imprecisão e irregularidades, sem que dúvida sobre a existência de um designador inteligente seja erguida. Imperfeições, na natureza, são de peso diminuto quando o que está em jogo é a *existência* de um Criador. Elas têm, contudo, certo peso quando o argumento é respectivo aos *atributos* do Criador, caso em que imperfeições devem ser vistas em conjunto com evidências sobre excedente habilidade, poder e benevolência em outras instâncias. Paley sabe, ademais, que alguém poderia arguir que a forma dos itens da natureza é "aleatória". No caso do olho, para o propósito de ver com tal perfeição, poderia ter ele outra forma qualquer? Paley é habilidoso em descrever o que um órgão teria de conter anatomicamente para o propósito de ver. Depois de três níveis de descrição anatômica, afirma que essa "afortunada conformação de partes", como o "quinhão" de uma espécie inteira, não pode ser aleatória. Paley crê que uma complexidade mecânico-artificial como o olho não pode ser comparada a sistemas mais simples, esses mesmos aparentemente acidentais. Se, em outro nível, alguém sugerir que o mundo natural como é encontrado resulta de várias combinações possíveis, desde eras infinitas, tendo inúmeras outras formas perecido por defeito de constituição, Paley é taxativo em afirmar que (i) não há evidência de que isso esteja ocorrendo na natureza e (ii) nem evidências para dar suporte à opinião de que todas as possíveis combinações de estrutura vegetal ou animal foram anteriormente tentadas — ainda que logicamente possíveis e consistentes com vida e preservação. Visivelmente, Paley não consegue vislumbrar a ideia da evolução. Por que as combinações tentadas teriam desaparecido, restando apenas e justamente as espécies que agora existem? Essa situação, para Paley, parece ser intencional ou, ao menos, não excludente, mas ratificadora de intenção.[51]

---

50 Ibid., pp. 638-640.

51 Ibid., pp. 640-641. Tampouco PALEY, O argumento do desígnio, p. 640, aceita a existência de um "princípio de ordem" intrínseco na natureza. Se "ordem" quer dizer a adaptação dos meios a um fim, "princípio de ordem" tem de significar a "mente" e a "intenção" que faz essa adaptação, e, dados os mecanismos com desígnio da natureza, esse princípio equivale ao Criador. Ademais, o "princípio de ordem" não pode ser intrínseco à natureza, pois seria cego e indiscriminado, não inteligente. E, na natureza, ali onde se necessita de ordem, ali ela é encontrada (no olho); onde não se necessita de ordem ou onde, se ela prevalecesse, ela seria inútil, ali não se a encontra (formas de rochas e montanhas, linhas que dão forma a baías e promontórios etc.).

Com certa injustiça com respeito aos seus méritos filosóficos, mas repercutindo um juízo inevitável face ao progresso da ciência, as obras de William Paley, hoje, caíram em obscuridade.[52] O quadro da natureza como "artefato" com um desígnio complexo foi abandonado pela biologia evolucionária contemporânea — em verdade, desde *A origem das espécies*, de Charles Darwin. Paley, que era um teísta, e não um criacionista, não poderia imaginar as mudanças ainda por vir: (a) que o desígnio complexo de órgãos e animais pudesse provir de ancestrais mais simples e comuns, através de descendência modificada e da mutação genética; (b) que o planeta fosse notavelmente antigo; (c) que esse quadro sobre as espécies pudesse ser ratificado pela anatomia e taxonomia, desfazendo a ideia de um mundo feito com espécies fixas desde o "começo", tendo algumas, visíveis ainda em fósseis, simplesmente desaparecido. Em uma série de trabalhos de divulgação do pensamento científico, o biólogo evolucionário Stephen Jay Gould (1941-2002), argumentou, em sua defesa da teoria da evolução, que a ideia de desígnio é equivocada com respeito aos itens da natureza, se a via argumentativa é, por exemplo, do tipo daquela que Paley adota. Ora, na visão evolucionária, em princípio consistente, (1) a causa externa do "funcionamento" que tipifica um item é a "natureza", isto é, os ascendentes de um indivíduo de espécie, perceptíveis em taxonomias, que, se hipostasiados, nada teriam a ver com um designador inteligente e todo-poderoso, mas com um "funileiro" rudimentar; no mesmo passo, (2) Gould mostrou que itens da natureza são antes "geringonças" do que artefatos planejados com cálculo e cuidado.[53] Reconhece-se, porém, que qualquer apelo à evolução constitui um argumento forte contra a "versão local" do argumento do desígnio, mas não contra a "versão global", que invoca uma explicação para a presença geral de ordem no universo. A ordem geral, porém, embora enfaticamente reivindicada, por teístas contemporâneos, para as constantes físicas, pode ser vinculada de outro modo com a abordagem evolucionária, dado que essa pressupõe formas de ordem deixadas sem explicação — a ordem exigida para a herança genética, para a mistura de genes a partir de indivíduos diferentes, a produção das mutações etc.

De todo modo, no período pré-kantiano, o modelo de argumentação que melhor ilustra crítica forte à proposta de Paley ou de qualquer argumento do desígnio que lhe é próximo é aquela de Hume, novamente nos seus *Diálogos sobre a Religião Natural*, de 1779[54] — portanto, anteriores à obra famosa de Paley. Ao argumento do

---

52 Ver BROWN, William Paley (1743-1805), p. 186.

53 Isso é claramente exposto naquele que, possivelmente, é o ensaio mais conhecido do autor, a saber, "O polegar do panda"; ver GOULD, O polegar do panda, pp. 642-646. De forma interessante, para desenvolver o seu ponto, o autor faz uso precípuo de outra obra de Darwin (menos conhecida do público), isto é, *Sobre os diversos mecanismos pelos quais orquídeas britânicas e estrangeiras são fertilizadas por insetos* (1862), a partir de que termos de comparação (orquídeas e sua fertilização, pandas e seu "polegar") são traçados.

54 Sabidamente, a pesquisa estabeleceu os anos 1750 como o período de composição dos *Diálogos*; ver GASKIN, Hume on religion, pp. 316s.

Teologia natural: debates na filosofia moderna

desígnio Hume dedicou a soma maior dos seus esforços. Nos *Diálogos*, Cleantes o apresenta e Filo o refuta extensamente. É significativo que Hume ofereça uma crítica à "versão global" do argumento, respectiva à explicação de um padrão de ordem ubíquo no universo. Assim, Cleantes descreve o mundo como uma "grande máquina", subdividida em infindas e inescrutáveis máquinas menores. Todas essas são ajustadas entre si com enorme "acurácia". A pervasiva "adaptação de meios a fins" na natureza excede em muito o "planejamento" ou a capacidade humana de impor "desígnio". Fazendo uso do princípio de analogia de que, se efeitos semelhantes se assemelham uns aos outros, pode-se inferir "que as causas também se assemelham", a conclusão a atingir-se *a posteriori* é que o "Autor da Natureza" existe e é semelhante à mente humana, no entanto possui faculdades muito mais amplas, em proporção à complexidade das obras que realizou.[55]

Hume oferece uma quantidade notável de estratégias para desabonar o argumento por analogia de Cleantes.[56] (1) Inicialmente, a reflexão é sobre aspectos de um argumento por analogia. Ora, toda vez que se parte da "similaridade dos casos" tem-se diminuição proporcional de evidência — argumentos por analogia não estão entre os mais fortes —, e isso pode chegar a um ponto em que, dependendo dos termos da comparação, a analogia se torna muito fraca. Ter-se-ia, é claro, de encontrar um mecanismo complexo criado, como uma casa (efeito cuja causa é, pela experiência que se tem, um construtor), e estipular motivos por que um universo (efeito), por semelhança à casa, tem como causa um designador inteligente. Porém, o universo não tem semelhança com uma casa para que se possa inferir uma causa semelhante. A dessemelhança é manifesta, o máximo que se obtém pela analogia é conjetura. E há um caso, aqui, com um conhecimento de causalidade. Ninguém pode atribuir *objetivamente*, pela experiência, a causa de *qualquer* evento, muito menos do todo que é o universo — a imaginação pode oferecer "uma variedade infinita de relatos" possíveis, não havendo motivo para preferir um ou outro.[57]

Além disso, todo suposto arranjo encontrado de causas finais não é, *de si*, "prova de desígnio". Só poderia sê-lo sob algum relato de experiência, a saber, *como procedendo* da Deidade. Para induzir por analogia, tem de haver alguma experiência. Pela carência de experiência de uma Deidade inteligente-intencional, Filo advoga que, *a priori*, *a matéria* poderia ser, por algum aspecto causal desconhecido, a causa conjeturada da ordem percebida. Ora, a limitada experiência humana sem cessar descobre na natureza novos princípios. Quais ainda estão para ser descobertos? Em verdade, Filo exige que a transferência da descrição causa-efeito experimentada a

---

55   Ver HUME, Problemas com o argumento do desígnio, pp. 647-648. Novamente, a passagem mais interessante para a minha descrição e análise pode ser encontrada na tradução desse extrato (pp. 647-660).

56   Ver, por exemplo, GASKIN, The design argument, pp. 213ss.

57   Ver HUME, Problemas com o argumento do desígnio, pp. 649-650.

casos similares seja feita com cuidado. Ela tem de contar com casos exatamente semelhantes, para que a aplicação de uma observação passada a um novo fenômeno seja confiável. Na comparação feita por Cleantes, *a disparidade* é grande. Comparando o universo com um artefato complexo, como uma casa ou um navio, fazendo com que efeitos semelhantes proporcionem saber de causas semelhantes, com desígnio e inteligência, toma-se o passo questionável de transferir uma conclusão sobre uma parte (próxima) para uma conclusão sobre o todo (distante). Se todo argumento por analogia tem um componente de raciocínio indutivo, ele precisa cumprir um princípio de experiência que raciocínios indutivos cumprem, no sentido mesmo de que é só a partir da observação de duas "espécies de objetos" como conjugadas que é lícito inferir, por "costume", a existência de uma espécie ali onde se constata a existência da outra. Esse componente de experiência exigiria a constatação fatalmente impossível de que alguém tivesse experimentado um universo surgindo de poderoso pensamento e arte, tal que da experiência de um universo adicional se inferiria, por costume, novamente um designador inteligente. Em resumo, o argumento indutivo-analógico pede ao seu proponente uma "experiência da origem dos mundos".[58]

Se o argumento teísta analógico-indutivo decorre menos de experiência e mais de conjetura, Filo pode acusar o seu proponente, que conclui um plano de mundo ideado na mente divina, de "antropomorfismo". Pouco adiante, mostrar-se-á que, bem refletindo, o teísta se desencantará com consequências da adoção do argumento indutivo-analógico do desígnio. Ora, (a) terá de renunciar a qualquer pretensão à infinitude nos atributos divinos; (b) não poderá atribuir "perfeição" e "inerrância" à "Deidade"; (c) na dependência possível deste mundo perfeito para com outros experimentados na "arte de fazer mundos", ou seja, na dependência deste bom resultado para realizações anteriores defeituosas, durante muito tempo, a conjetura a se fazer seria a de uma Deidade finita em sabedoria; (d) mesmo sendo verdade que multiplicar causas sem necessidade não combina com a boa filosofia, em valendo a analogia suscitada, a conclusão a se adotar não favorece um único ente inteligente, de vasto poder e capacidade, mas antes diversas deidades em trabalho combinado, cada uma com limitações em seus atributos, o que bem se encaixa nas razões de um mecanismo complexo, porém ainda assim com imperfeições e espaços para melhora. Ora, a analogia, se aceita, impõe de resto uma vasta gama de conjeturas antropomórficas sobre os atributos prováveis da "Deidade".[59]

Mas há muito mais a dizer. (2) Filo não pode aceitar que, na forma como foi apresentado, o argumento do desígnio contenha uma explicação causal definitiva — parece sugerir que ela possa ser uma petição de princípio. Ora, (i) pela *razão*, por investigações *a priori*, nada impede que se pergunte pela causa do universo de

---

58 Ibid., pp. 650-652. Ver também RABBITTE, Hume's critique of the argument from design, pp. 191s.

59 Ver HUME, Problemas com o argumento do desígnio, pp. 654-655.

Teologia natural: debates na filosofia moderna

ideias na mente divina — ou seja, a ordem suprema presumida pela analogia ou o Ente chamado de "Autor da Natureza" requer uma explicação causal tanto quanto o mundo material. Hume dá a entender, ademais, que o mero dizer que as ideias que compõem a razão do Criador "caem numa ordem" por "sua própria natureza" não tem significado preciso. (ii) Ademais, pela *experiência* não há motivo palpável por que afirmar que a ordem é mais essencial ao pensamento do que à matéria. "Ordem" requer causa última em ambos os domínios, e em ambos uma solução é barrada pelos limites do conhecimento humano.[60]

(3) Além disso, a falta de base experimental no argumento — sua desproporção para uma analogia — e a sugestão de sua petição de princípio incitam Filo a preferir, dentre conjeturas possíveis, uma explicação materialista à ordem do universo. Seria mais simples conjeturar que está na natureza dos objetos materiais a posse original de "uma faculdade de ordem e de proporção". Esse materialismo preferencial não atenua, porém, (4) a situação de que se está, sobre o arranjo nomológico do universo, "na máxima ignorância das causas", e isso impede de forma especial *essa* pretensão de explicação científica. Afinal, se é verdade que na ciência explanam-se "efeitos particulares por causas mais gerais", há um ponto em que as causas gerais ficam inexplicadas. Nem por isso cientistas adotam a ideia de que efeitos particulares possam ser explicados por "uma causa particular".[61] É possível que Hume rejeite, aqui, um tipo de explicação *pessoal.*[62]

Retomando o materialismo preferencial de Hume, como resultado de um possível argumento por analogia para saber sobre a razão suficiente do universo material, a qual certamente *existe*, chegar-se-ia *antes* a um princípio eterno de ordem *inerente* ao mundo, embora acompanhado "por grandes e contínuas revoluções e alterações". Um sistema cosmogônico preferível, porque *a priori* com vaga e maior probabilidade, seria a reabilitação da hipótese epicurista — uma reabilitação do materialismo. A matéria pode ter uma razão intrínseca de movimento e de mudança até gerar este mundo, sem ser preciso postular um agente voluntário primeiro.[63] Em resumo, por

---

60 Ibid., pp. 652-653.

61 Sobre a diferença entre "causas gerais" e "causas particulares", ver NATHAN, God in Hume's Theism, pp. 112ss. Se uma causa geral por ser reelaborada como "princípio", parece correto afirmar que o "primeiro princípio", que é a fonte "dos quatro princípios, de razão, instinto, geração e vegetação", equivale a "Deus" para Hume. Ver ibid., p. 121: "Deveria ser evidente que o único tipo de causa que Hume poderia tomar como sendo uma causa primeira e suprema é um princípio. Como tal, Deus pode ser chamado de 'Mente', mas não de 'uma mente', dado que a última se refere a um sistema de percepção, um ente particular. Nenhum argumento a partir de analogia poderia ser bem-sucedido mostrando que uma primeira causa é um ente particular, dada a mecânica da explicação causal humeana, que requer referência a princípios como causas últimas".

62 Ver HUME, Problemas com o argumento do desígnio, pp. 653-654.

63 Recuperando o ponto da crítica de Hume, Antony Flew apresentou uma objeção fundamental à versão global do argumento do desígnio, mostrando de forma supostamente conclusiva que, mesmo admitindo-se a presença de ordem fundamental no universo, ela não exige, para que tenha explicabilidade, um "indivíduo

95

experiência da natureza e por ignorância quanto aos seus princípios últimos, é muito mais simples, por analogia, supor que a matéria ou algo dela opera como princípio que explica o desígnio e a ordem no universo e em suas partes. Filosoficamente, suspender o juízo é o "único recurso razoável" quanto à crença em um princípio designador, inteligente e externo.[64]

4. Considerações finais

Como já foi aludido, as críticas de Hume ao argumento do desígnio não são dirigidas aos argumentos de Paley; de todo modo, elas formam um paradigma para os debates futuros, em especial no que diz respeito a argumentos "globais". E, diante do que foi relatado, não é surpreendente que o argumento do desígnio ou teleológico tenha recebido reformulações profundas por filósofos contemporâneos. Iniciando com uma visão do universo como um todo e questionando por que razões ele tem a estrutura ordenada de constantes físicas básicas que permite que nele haja vida (sobretudo vida animada e superior), considerando ademais que segundo leis superiores da economia interna do universo só fenômenos subordinados são explanados, reconhece-se que uma explicação científica *não pode* ser oferecida para as leis de fundo ou mais fundamentais. Nesses termos, um argumento poderoso, exibindo padrões sólidos de justificação epistêmica, foi desenvolvido por Richard Swinburne com o intuito de concluir a "proposição teísta". Um suporte decisivo para a sua argumentação é oferecido por reflexões recentes acerca da probabilidade da "sintonia fina" (*fine tuning*) das leis fundamentais e das condições iniciais da natureza em sua totalidade, requerida para que um universo capaz de vida ganhe existência.[65]

---

supremo" diferente e exterior ao universo, mas toda ordem pode ser intrínseca ao universo material. Ao defender o seu "ateísmo estratoniciano", Flew mostrou que o argumento teísta só tem chance de sucesso se for quanto ao desígnio a partir da ordem, mas não quanto à ordem em si, pois "ordem" e "Ordenador" não são ideias necessariamente conectadas. O ônus da prova reside na concepção de que as qualidades de ordem observadas *não* são intrínsecas ao universo. Requer o universo ordenado um designador? Ora, o universo é único; dado que ele inclui tudo o que há, não há como considerar um outro. Não há como saber quais tendências os elementos básicos do universo teriam "em si mesmos", em adição a saber o que fazem e farão nas condições universais que existem. O conhecimento das naturezas e tendências das coisas tem de ser fundado nos modos como elas de fato se comportam. É extraordinária a afirmação de que a soma das coisas existentes não pode expressar as suas próprias tendências inerentes, apesar de elas estarem fazendo exatamente o que lhes advém naturalmente. Não há, em princípio, como saber por observação que os constituintes do universo seriam desordenados se deixados a si mesmos. As observações a que se tem acesso dão suporte à ideia de que são *intrinsecamente* ordenados. O caráter único do universo constitui o ponto crucial do debate. Considera-se ser altamente improvável haver tanta ordem *sem desígnio*. Mas como saber "o que é provável ou improvável acerca de universos?". Não há como jamais saber. Conclui-se que a ordem no universo, por si, não oferece qualquer aval para identificar um Ordenador ou um Designador. Ver FLEW, Crítica do argumento global a partir do desígnio, pp. 661-664.

64 Ver HUME, Problemas com o argumento do desígnio, pp. 657-660.

65 A tipologia de provas a favor da existência de Deus, acrescendo-se versões modernas e contemporâneas, é de fato muito mais extensa que essa que foi apresentada, segundo os objetivos deste estudo. Ver, por exemplo, HICK, *Philosophy of Religion*, pp. 27-28; PLANTINGA, God, arguments for the existence of, pp. 85-93.

Teologia natural: debates na filosofia moderna

Swinburne insere a sua versão do argumento teleológico dentro de um modelo amplo de argumentação indutiva por probabilidade a favor do teísmo.[66] A reconstrução do argumento do desígnio foi elaborada por Swinburne originalmente em *The Existence of God*, em 1979, obra que, em 1991, foi reimpressa com apêndices e foi substancialmente reescrita em 2004.[67]

Possivelmente, a versão do argumento por Swinburne é a sua mais forte reapresentação filosófica contemporânea.[68] Ela é construída em interlocução estreita com as objeções correspondentes de Hume, em seus *Diálogos*, estabelece uma forma adequada de dependência entre um argumento cosmológico e um argumento teleológico e exibe, como procedimento demonstrativo, tanto padrões comuns às inferências científicas adotadas em modelos teóricos (hempelianos) das ciências como um embasamento respeitável em informações científicas, isto é, no conhecimento científico que serve de evidência empírica e de fundo tautológico para inferências. A conclusão será a de que não só não há fraqueza formal no novo argumento, mas há força inferencial analógico-indutiva.[69] Assim, ele se insere nas visões fundamentais da realidade com significativo papel apologético, constituindo uma fonte inspiradora ao estudioso ou adepto do teísmo.

5. Referências bibliográficas

ALSTON, William P. Religion, history of philosophy of. In: CRAIG, *The Routledge encyclopedia of philosophy*, v. 8, pp. 238-248.

ANSELM VON CANTERBURY. *Proslogion*. Lateinisch-Deutsche Ausgabe von P. Franciscus Salesius Schmitt O.S.B. Stuttgart — Bad Cannstatt: Friedrich Frommann Verlag (Günther Holzboog), 1961 (3. ed., 1995).

---

66 Richard Swinburne nasceu em 1934, na Inglaterra. Estudou teologia e filosofia em Oxford. Após atuar nas universidades de Oxford, Leeds, Hull e Keele, tornou-se, desde 1985, *Nolloth Professor* de filosofia da religião cristã na Universidade de Oxford, cargo que ostentou até o ano de 2002. Swinburne é autor de mais de quinze livros e de mais de uma centena de artigos especializados. Entre os livros que editou, destaca-se uma obra sobre o teorema de probabilidade de Bayes, no qual muito do seu argumento teísta se baseia.

67 Ver também STURCH, Review of *The Existence of God*, pp. 401s. Embora possa ser considerada a obra principal do programa teísta de Swinburne, *The existence of God* foi concebida como a segunda parte de uma trilogia acerca da justificação racional do teísmo; ver também SWINBURNE, *The coherence of theism*; *Faith and reason*, 1981 (²2005).

68 F. R. Tennant teria sido o primeiro a endossá-lo e desenvolvê-lo no século 20. Ver PLANTINGA, Natural theology, p. 347. Por sua forma argumentativa indutiva e não dedutiva, MACDONALD, Natural theology, p. 709, considera a obra de Swinburne um paradigma atual de uma "teologia natural em sentido amplo" (*broad natural theology*). Uma versão muito mais simplificada (e quase "popular") do argumento do desígnio é exposta pelo autor em: SWINBURNE, *Is there a God?*, pp. 48-68.

69 Ver também PICH, Richard Swinburne sobre o argumento teleológico a favor da existência de Deus: uma defesa contemporânea do teísmo.

BOEHNER, Philotheus; GILSON, Etienne. *História da filosofia cristã*; desde as origens até Nicolau de Cusa. 5. ed. Petrópolis: Vozes, 1991.

BOUNJOUR, Laurence; BAKER, Ann (orgs.). *Filosofia*; textos fundamentais comentados. Traduzido por Roberto Hofmeister Pich. Porto Alegre: ArtMed, 2010.

BROWN, Charlotte R. William Paley (1743-1805). In: CRAIG, *The Routledge encyclopedia of philosophy*, v. 7, pp. 186-188.

BURRELL, David. The Islamic contribution to medieval philosophical theology. In: QUINN; TALIAFERRO, *A companion to philosophy of religion*, pp. 88-94.

CLARKE, Samuel. *A demonstration of the being and attributes of God* (1705).

_____. O argumento cosmológico, extraído de *Uma demonstração do ser e dos atributos de Deus* (*A demonstration of the being and attributes of God*, 1705). In: BOUNJOUR; BAKER, *Filosofia*, pp. 627-630.

CLAYTON, John. Gottesbeweise III. Systematisch/Religionsphilosophisch. In: MÜLLER, Gerhard (org.). *Theologische Realenzyklopädie*. Studienausgabe. Berlin/New York: Walter de Gruyter, 2006. v. VIII, pp. 740-784.

CRAIG, Edward (org.). *The Routledge encyclopedia of philosophy*. London/New York: Routledge, 1998. 10 vv.

CRAIG, William Lane. *The cosmological argument from Plato to Leibniz*. London: The Macmillan Press, 1980.

DORE, Clement. Ontological arguments. In: QUINN; TALIAFERRO, *A companion to philosophy of religion*, pp. 323-330.

DYE, James. A Word on Behalf of Demea. In: TWEYMAN, *David Hume*, pp. 265-277.

FLEW, Antony. Crítica do argumento global a partir do desígnio. Extraído de *God*; *a critical inquiry*. LaSalle, Ill.: Open Court, 1966. In: BONJOUR; BAKER, *Filosofia*, pp. 661-664.

FISCHER, Peter. *Philosophie der Religion*. Göttingen: Vandenhoeck & Ruprecht (UTB), 2007.

GARCIA, Laura L. Teleological and design arguments. In: QUINN; TALIAFERRO, *A companion to philosophy of religion*, pp. 338-344.

GASKIN, John C. A. Hume on Religion. In: NORTON, David Fate (org.). *The Cambridge companion to Hume*. Cambridge: Cambridge University Press, 1993 (repr. 1994). pp. 313-344.

_____. The design argument. In: TWEYMAN, *David Hume*, pp. 210-226.

GAUKROGER, Stephen. Clarke, Samuel (1675-1729). In: CRAIG, *The Routledge encyclopedia of philosophy*, v. 2, pp. 378-380.

GOULD, Stephen Jay. O polegar do panda. Extraído de: O polegar do panda; mais reflexões em história natural. In: BONJOUR; BAKER, *Filosofia*, pp. 642-646.

HARTSHORNE, Charles. *Anselm's discovery*; a re-examination of the ontological proof for God's existence. La Salle: Open Court, 1965.

HICK, John. *Philosophy of religion*. Englewood Cliffs: Prentice-Hall, 1963.

HUME, David. *Dialogues concerning natural religion*. Edited, with an introduction, by Norman Kemp Smith. Indianapolis/New York/Kansas City: Bobbs-Merrill, 1947.

_____. Problemas com o argumento cosmológico, extraído de *Diálogos sobre a religião natural*. In: BOUNJOUR; BAKER, *Filosofia*, pp. 630-633.

_____. Problemas com o argumento do desígnio, extraído de *Diálogos sobre a religião natural*. In: BONJOUR; BAKER, *Filosofia*, pp. 647-660.

KANT, Immanuel. *Kritik der praktischen Vernunft*. Werkausgabe Band VII, hrsg. von Wilhelm Weischedel. 13. ed. Frankfurt: Suhrkamp, 1996.

_____. *Kritik der reinen Vernunft*. Werkausgabe Bände III-IV, hrsg. von Wilhelm Weischedel. 13. ed. Frankfurt: Suhrkamp, 1995.

KÜNG, Hans. *Existiert Gott?* Antwort auf die Gottesfrage der Neuzeit. München/Zürich: R. Pieper & Co. Verlag, 1978.

MACDONALD, Scott. Natural theology. In: CRAIG, *The Routledge encyclopedia of philosophy*, v. 6, pp. 707-713.

MACKIE, John L. *The miracle of theism*. Oxford: Oxford University Press, 1982.

MALCOLM, Norman. Anselm's ontological arguments. In: MALCOLM, Norman. *Knowledge and certainty*. Englewood Cliffs: Prentice-Hall, 1963. pp. 141-162.

NATHAN, George J. God in Hume's theism. In: TWEYMAN, *David Hume*, pp. 97-125.

PALEY, William. *Natural theology*, 1802.

_____. O argumento do desígnio. Extraído de *Teologia Natural*. In: BONJOUR; BAKER, *Filosofia*, pp. 634-642.

PANNENBERG, Wolfhart. *Systematische Theologie*. Göttingen: Vandenhoeck & Ruprecht, 1988. v. 1.

PEREBOOM, Derk. Early modern philosophical theology. In: QUINN; TALIAFERRO, *A companion to philosophy of religion*, pp. 103-110.

PICH, Roberto Hofmeister. A filosofia analítica da religião. *Cult — Revista Brasileira de Cultura* 11, 131, 2008, pp. 60-64.

_____. Anselmo de Cantuária sobre a verdade do pensamento. *Dissertatio* 15/30, 2009, pp. 93-133.

_____. Richard Swinburne sobre o argumento teleológico a favor da existência de Deus: uma defesa contemporânea do teísmo. In: PICH, Roberto H. (org.). *Naturalismo e ateísmo*. Porto Alegre: EST, 2009.

PLANTINGA, Alvin. *God and other minds*; a study of the rational justification of belief in God. Ithaca/London: Cornell University Press, 1967 (repr. 1990).

_____. God, arguments for the existence of. In: CRAIG, *The Routledge encyclopedia of philosophy*, v. 4, pp. 85-93.

_____. Natural theology. In: KIM, Jaegwon; SOSA, Ernest (orgs.). *A companion to metaphysics*. Oxford: Blackwell Publishers, 1998. pp. 346-349.

PLANTINGA, Alvin; WOLTERSTORFF, Nicholas (orgs.). *Faith and rationality*. Notre Dame: Notre Dame University Press, 1983.

QUINN, Philip L.; TALIAFERRO, Charles (orgs.). *A companion to philosophy of religion*. Oxford: Blackwell Publishing, 2005.

RABBITTE, E. Hume's critique of the argument from design. In: TWEYMAN, *David Hume*, pp. 181-196.

ROWE, William. Cosmological arguments. In: QUINN; TALIAFERRO, *A companion to philosophy of religion*, pp. 331-337.

_____. *The cosmological argument*. Princeton: Princeton University Press, 1975.

RUDAVSKY, Tamar. The Jewish contribution to medieval philosophical theology. In: QUINN; TALIAFERRO, *A companion to philosophy of religion*, pp. 95-102.

STURCH, R. L. Review of the existence of God. Second Edition. By Richard Swinburne. pp. viii+363. Oxford University Press, 2004. In: *The Journal of Theological Studies* 57, 1, 2006, pp. 401-405.

SWINBURNE, Richard. *Faith and reason*. Oxford: Clarendon Press, 1981 (2. ed. 2002).

_____. *Is there a God?* Oxford/New York: Oxford University Press, 1996 (repr. 2003).

_____. *The coherence of theism*. Oxford: Clarendon Press, 1977 (rev. ed. 1993).

_____. *The existence of God*. 2. ed. Oxford: Clarendon Press, 2004.

THOMAS AQUINATIS, Sanctus. *Summa theologiae*; pars prima et prima secundae. Cura et studio Sac. Petri Caramello cum textu et recensione leonina. Torino/Roma: Marietti Editori, 1952.

TWEYMAN, Stanley (org.). *David Hume*; critical assessments; volume V: religion. London/New York: Routledge, 1995.

WESTPHAL, Merold. Modern philosophy of religion. In: QUINN; TALIAFERRO, *A companion to philosophy of religion*, pp. 111-117.

WIPPEL, John F. Metaphysics. In: KRETZMANN, Norman; STUMP, Eleonore (orgs.). *The Cambridge companion to Aquinas*. Cambridge: Cambridge University Press, 1993 (repr. 1997). pp. 85-127.

ZILLES, Urbano. *A crítica da religião*. Porto Alegre: EST, 2009.

6. Sugestões de leitura

Textos originais de filósofos citados no capítulo, como publicados em:

BOUNJOUR, Laurence; BAKER, Ann (eds.). *Filosofia*; *textos fundamentais comentados*. Traduzido por Roberto Hofmeister Pich. Porto Alegre: ArtMed, 2010.

MCGRATH, Alister E. *Fundamentos do diálogo entre ciência e religião*. São Paulo: Loyola, 2005, especialmente cap. 6.

PICH, Roberto Hofmeister. A filosofia analítica da religião. *Cult — Revista Brasileira de Cultura* 11, 131, 2008, pp. 60-64.

_____. Richard Swinburne sobre o argumento teleológico a favor da existência de Deus: uma defesa contemporânea do teísmo. In: PICH, Roberto Hofmeister (org.). *Naturalismo e ateísmo*. Porto Alegre: EST, 2009.

ZILLES, Urbano. *A crítica da religião*. Porto Alegre: EST, 2009.

CAPÍTULO IV

Filosofia da religião: a experiência religiosa como desafio paradoxal à filosofia e às ciências

Juvenal Savian Filho

1. Introdução: Deus sempre maior

> A essência do sentimento religioso não é afetada por nenhuma espécie de racio-cínio ou ateísmo, e não tem nada que ver com crimes ou más ações. Há aqui algo mais e sempre haverá algo mais; algo que os ateus escamotearão sempre, pois sempre falarão de algo distinto.

A fala do príncipe Mischkin — retirada da obra *O idiota*, de Dostoiévski, e citada acima — contém todo o desafio paradoxal que a religião representa para a filosofia, sobretudo para as formas contemporâneas de pensamento assentadas (muitas vezes irrefletidamente) na negação da existência de Deus ou na pura indiferença pela experiência religiosa.

Esse desafio observa-se também no fato de Deus e a religião continuarem profundamente enraizados na vida contemporânea, apesar das críticas mordazes dirigidas a ambos por muitos filósofos. O paradoxo está em compreender por que os ataques de pensadores como Nietzsche, Marx, Freud, Heidegger, Sartre, Deleuze etc. — os quais decretaram a "morte de Deus" — não foram suficientes para erradicar Deus da experiência humana nem dos debates filosóficos.

Além disso, curiosamente, se se fizer um levantamento, constatar-se-ão mais filósofos que creem em Deus do que filósofos que não creem. Dos pensadores recentes mais conhecidos poderíamos citar Kierkegaard, Maine de Biran, Husserl, Maurice Blondel, Gabriel Marcel, Bergson, Scheler, Edith Stein, Jaspers, Etienne Gilson,

Filosofia da religião

Ricoeur, MacIntyre etc. Haveria também aqueles pensadores que, mesmo não crentes, tomam a sério a análise da experiência religiosa, como Cassirer, Merleau-Ponty, Derrida, Habermas etc. Poder-se-iam citar, ainda, autores de tradições não filosóficas: no caso da psicanálise, por exemplo, Jung e Winnicott não podem ser esquecidos. Definitivamente, portanto, Deus e a religião estão longe de serem banidos do interesse contemporâneo.

O dado fundamental é que Deus e a religião continuam a fazer parte da vida humana. Na América Latina e nos países do Oriente, isso é bastante visível, mas um fato de extrema importância ocorre atualmente na Europa, onde séculos de filosofias ateias ou agnósticas esvaziaram igrejas e templos, e hoje se vive uma renovação das religiões antes criticadas (sobretudo o cristianismo). Isso não tem relação com as guerras de religião, de que tanto fala a mídia, mas com uma busca autêntica de sentido para a existência e com uma recusa às formas de pensamento que defendem o absurdo da existência. Deus e a religião fornecem, de maneira inquestionável, uma experiência de realização humana e unidade interior; uma fonte de sentido na fé.

É certo que, em nome de Deus, muitas atrocidades foram e ainda são cometidas, e que, para muitas pessoas, a fé resulta de um quadro patológico. A própria imagem de Deus defendida por alguns crentes mais espanta qualquer interesse genuíno do que o atrai. Há, ainda, e sempre constante, o problema do mal a dificultar a crença num ser divino bom. Mas nada disso equivale a um argumento para negar a existência de Deus, nem a natureza benéfica da religião. Uma razão que não despreze, por razões ideológicas, nenhum aspecto da experiência humana continua sempre a ser estimulada por Deus e a religião.

Henri de Lubac (1896-1991) assim exprimiu essa experiência:

> "Deus está morto!" É o que dizem... Mas logo "nós o encontraremos vivo", na próxima curva da estrada. Ele se imporá de novo, para além de tudo o que teremos deixado no caminho, tudo o que não era senão viático para uma etapa de nossa caminhada, abrigo provisório antes de partir novamente. E, se verdadeiramente progredirmos, nós O encontraremos, e ele também terá crescido. Mas será o mesmo Deus. *Deus semper major* [Deus sempre maior!]. E de novo caminharemos à Sua luz. Deus não fica jamais para trás, entre os dejetos. Não importa a direção para onde nossos passos nos levem, ei-Lo surgir em frente, ei-Lo que nos chama, que vem ao nosso encontro.[1]

---

1   LUBAC, *Sur les chemins de Dieu*, pp. 202-203. (tradução nossa).

2. Sentido e origens da filosofia da religião

Ultimamente, tem-se falado de *filosofia da religião* como uma disciplina, e muitos centros de formação do mundo já a incluíram em seu currículo filosófico. No Brasil, a maioria das universidades públicas reluta em incluí-la, pois, devido a tendências ideológicas ou mesmo a ignorâncias culturais, afirmam que uma disciplina desse gênero atentaria contra a laicidade da formação e do Estado.

Em todo caso, como disciplina filosófica, a filosofia da religião tem como objeto as possibilidades contemporâneas de afirmação da existência de Deus; a experiência de fé e suas relações com a razão e as racionalidades; a natureza da religião; a análise do fenômeno religioso; as relações entre ética, política e religião; a epistemologia implicada no ato de fé; as condições epistêmicas das afirmações religiosas; a racionalidade e garantia dessas afirmações; a experiência mística etc.

Com essa abordagem contemporânea (digamos, "especializada"), na qual Deus, a fé e a religião são tomados como objetos de reflexão a partir da prática (e não como meras abstrações), a disciplina *filosofia da religião* é relativamente recente. Ela data das décadas de 1930 e 1940, e tem sido muito desenvolvida por filósofos analíticos (sobretudo ingleses, alemães e americanos),[2] além dos trabalhos dos filósofos "clássicos", de tradição fenomenológica, hermenêutica, dialética etc.[3]

Entretanto, a temática centrada em Deus e na religião como objetos filosóficos — dando origem à *filosofia da religião* — é mais antiga e começou a desenvolver-se nos tempos do Iluminismo francês, alemão e inglês. Seus maiores expoentes foram, sem dúvida, Kant e Hegel. O primeiro chegou a escrever obras como *O único fundamento possível para uma demonstração da existência de Deus*, *Investigação sobre a clareza dos conceitos de teologia e de moral*, *A religião dentro dos limites da simples razão*, e deu aulas de *filosofia da religião*, editadas postumamente. O segundo também deu aulas de filosofia da religião, em Berlim, as quais estão na origem de sua obra *Introdução à filosofia da religião*. Nesses autores culmina uma reflexão iniciada anteriormente e em ruptura com o pensamento clássico (antigo e medieval).

Na verdade, sempre houve, na história da filosofia, uma preocupação direta com o tema de Deus e da religião. Mas os autores modernos, principalmente a partir do Iluminismo, consagram uma diferença radical com o pensamento clássico. Para entender essa diferença, é preciso levar em conta dois elementos.

Em primeiro lugar, podemos dizer que a reflexão iluminista sobre Deus, como veremos adiante, dissocia-o da religião. Ao contrário, na Antiguidade Tardia e na

---

2   Cf. TALIAFERRO, Filosofia da religião, pp. 445-482; MORELAND; CRAIG, A existência de Deus, pp. 565-586.

3   Como, por exemplo: RICOEUR, *Leituras 3*; DERRIDA; VATTIMO, *A religião*; VAZ, *Escritos de filosofia 1*; CHESTERTON, *Ortodoxia*.

Filosofia da religião

Idade Média, por influência do judaísmo, do cristianismo e do islamismo, Deus foi visto, de maneira geral, como um ser transcendente ao universo, porém pessoal e providente. A religião, assim, era uma forma de cultivar a relação com ele. Entre os antigos gregos e romanos, com exceção dos autores judeus e cristãos dos séculos II-IV da nossa era, raramente se concebeu Deus como um ser capaz de estabelecer amizade ou uma relação de amor com os humanos. A divindade era vista, de modo geral, apenas como fonte da inteligibilidade do ser e de toda a racionalidade do universo. Nessa direção seguiram pensadores como Sócrates, Platão, Aristóteles e Plotino, para citar apenas os mais conhecidos.

Em outras palavras, a diferença entre esses pensadores antigos e os pensadores judeus, cristãos e muçulmanos estava no culto e na adoração pessoal de Deus, o que não cabia na cultura greco-romana. Isso não quer dizer que gregos e romanos não tivessem desenvolvido algo como uma piedade ou um respeito pelas coisas santas, mas a divindade e a santidade eram concebidas por eles de maneira distinta daquela cultivada pelos fiéis dos três monoteísmos. Para judeus, cristãos e muçulmanos, o ser divino fazia-se presente no íntimo da vida do ser humano, perscrutava seu coração e oferecia a cada indivíduo o dom de uma vida nova. Quando alguns filósofos converteram-se a essas três religiões, continuaram com suas elaborações filosóficas, alimentando-se da vida nova na qual acabavam de entrar. Assim, esses filósofos, ao terem seus horizontes de experiência ampliados, operavam naturalmente uma síntese filosófico-religiosa, pois refletiam a partir de suas experiências de fé (um caso ilustrativo foi Justino de Roma, que, formado no platonismo, converteu-se ao cristianismo). Essa postura de síntese filosófico-religiosa caracterizará o pensamento judaico, cristão e muçulmano até o final da Idade Média, e será justamente o alvo de boa parte dos pensadores iluministas, que procurarão dissociar experiência religiosa e atividade filosófica.

É por isso que, em segundo lugar, pode-se dizer que os iluministas, aos poucos, vão pôr em dúvida outra atitude filosófica cultivada desde os primeiros filósofos gregos até meados do século XV da nossa era: a afirmação de que a filosofia pode chegar à compreensão do ser de tudo o que existe. Assim, sobretudo a partir de Platão, a filosofia, justamente como um caminho para a prudência e a vida feliz, buscou entender aquilo que faz o universo ser como ele é; sua estrutura invisível, porém constatável a partir de seus efeitos; as condições gerais para que algo seja o que ele é. Em outras palavras, identificava-se, no ser humano, um desejo geral de conhecer que levava ao desejo específico de perscrutar a estrutura do universo. Esse desejo, visto de outra maneira, era sentido como um desejo de totalidade, de ordenamento dos diferentes dados que nossa experiência sensível põe diante de nós; um desejo que, guiado pela reflexão filosófica, chegava à contemplação de um ordenamento de toda a Natureza.[4] Esse ordenamento, portanto, era descoberto por um caminho racional que levava às essências das coisas. Conhecendo essas essências, podiam-se conhecer também os princípios da ação justa, rumo à felicidade.

Em síntese, o pensamento greco-romano era ontocêntrico, ou seja, tinha seu centro no ser, descoberto na Natureza. E a fonte da inteligibilidade do ser de todos os elementos da Natureza (aí incluído, evidentemente, o ser humano), era vista como divina, estável, garantia da regularidade dos acontecimentos, da possibilidade de compreendê-los e exprimi-los. Sobre o "ser" divino, entretanto, pouco se podia dizer, pois, embora ele fosse visto como condição para a existência dos seres da Natureza, ele mesmo, em sua natureza íntima, não podia ser investigado senão indiretamente, uma vez que estava acima da Natureza e de nossa experiência sensível. A razão humana, entretanto, podia chegar a pensar como devia ser a fonte divina que a sustentava.

Com a atividade de filósofos judeus, cristãos e muçulmanos, essa fonte divina passou a ser associada com o Deus de Abraão, Isaac e Jacó, com a Santíssima Trindade ou com Alá. Se os três monoteísmos professavam a fé na criação do mundo, e se, filosoficamente, era necessário afirmar uma fonte divina para todos os seres, então se dava uma identificação direta do "ser" divino, visto como fonte, e Deus, criador de tudo. Com os filósofos modernos, não apenas essa identificação passa a ser questionada, como a própria possibilidade de chegar à essência das coisas é posta em xeque.

Para avaliar a diferença entre o pensamento moderno e o pensamento clássico antigo e medieval, é preciso esclarecer, de início, que, entre os modernos (principalmente os chamados iluministas), o método e o sujeito do conhecimento são vistos de maneira distinta daqueles do pensamento antigo e medieval. O método moderno não insiste mais em um caminho para chegar à essência das coisas, mas em um conjunto de regras que permitem a construção do modelo matemático mais adequado para a explicação dos fenômenos da Natureza, visando a uma expressão (matemática) das leis do seu funcionamento.[5] O sujeito do conhecimento, por conseguinte, não será mais aquele *noûs* ou *intellectus* antigo-medieval que contempla a Natureza e busca as condições gerais do ser, mas serão o eu pensante (Descartes) ou o eu transcendental (Kant), dotados de uma atividade de conhecimento "construtora". Pode-se dizer que a razão moderna define-se como um conhecimento por hipóteses e deduções, fundadas na verificação experimental.[6]

Isso não quer dizer que os antigos e medievais não iniciassem suas reflexões pela experiência sensível e a observação do mundo, mas sua postura era a de "descobrir"

---

4   Cf. FRÈRE, *Les grecs et le désir de l'être*.

5   Os textos de G. GALILEI, *Il Saggiatore*, 1623, e R. DESCARTES, *Regulae ad directionem ingenii*, 1629, podem ser considerados os textos fundadores da razão moderna. Cf. VAZ, Ética e razão moderna, p. 67.

6   Cf. VAZ, Ética e razão moderna, pp. 62-78.

Filosofia da religião

as leis gerais do ser. Dessa perspectiva, nada os impedia de remontar da observação empírica à afirmação de uma origem eterna, divina, para essas leis. Os modernos, entretanto, passarão a considerar como racional apenas aquilo que podia ser verificado pela experiência empírica, razão pela qual, mais do que "descobridores", eles eram "construtores", pois produziram uma visão filosófica e uma ciência na qual o conhecimento é exercido metodicamente como uma operação capaz de construir o seu próprio objeto, instituindo, assim, uma dependência epistemológica entre aquele que conhece e o seu mundo de objetos.

De Descartes a Leibniz, ainda se procurou construir um saber metafísico (tipicamente antigo e medieval), segundo os novos paradigmas da racionalidade moderna.[7] Assim, Deus e a unidade do universo continuaram a ser objeto dessas tentativas filosóficas. Mas, após Kant, todo o projeto metafísico sofre um forte abalo, pois, no seu dizer, para que algo seja considerado fonte de verdade é necessário que se apresente à nossa estrutura cognitiva, passando pelas formas de nossa sensibilidade (nosso conhecimento sensível). Ora, como Deus e seus correlatos (inclusive a essência) não são captados por nossos sentidos, deixarão de ser vistos como objetos sobre os quais é possível falar de maneira científica. Esses objetos e esses saberes (Deus, o ser, a metafísica, a teologia, a religião etc.) ficarão, então, nas fronteiras do conhecimento verdadeiro sobre a realidade, e passarão a ser vistos mais como conteúdo de opinião.

O Deus dos filósofos religiosos medievais, por exemplo, vai sendo, aos poucos, relegado pelo pensamento moderno ao campo da opinião pessoal, e a fé passa a ser vista como um ato da vontade livre do indivíduo. Quando um medieval elaborava "provas da existência de Deus", sua intenção era mostrar que seu objeto de fé era racionalmente viável. Entre os modernos, quando se fala de "provas da existência de Deus", isso significa, geralmente, a prova de um arquiteto do universo, como uma peça posta num quebra-cabeça matemático, a fim de se completar o jogo. Trata-se de uma elaboração conceitual, típica, por exemplo, do deísmo de Voltaire, isto é, útil apenas para explicar a origem do universo, mas sem nenhum interesse religioso--espiritual. Tudo o que se refere à adoração religiosa e ao cultivo da fé passa a ser objeto de foro íntimo, sem vínculos com a pesquisa sobre a verdade.

Não podemos esquecer que houve reações a essas formas de pensamento moderno. Pascal, por exemplo, mesmo sendo um defensor da razão moderna e um exímio matemático, denunciava o deus dos filósofos, conceito marcado por uma frieza marmórea, e dizia que o verdadeiro Deus, na sua experiência, era o Deus vivo de Jesus Cristo. Alguns românticos alemães também criticavam a visão kantiana de Deus e da religião, pois, no dizer deles, Deus e a religião, assim como a arte, revelavam

---

7   Cf. VAZ, Metafísica: história e problema, pp. 383-395.

verdades sobre a experiência humana, e a filosofia seria caolha se não as tomasse como fontes de conhecimento.

Do lado religioso, na Modernidade, sobretudo católico e protestante, houve ainda outras reações ao pensamento moderno, mas muitas vezes seguindo a mesma metodologia racionalista. O melhor exemplo são os manuais de filosofia e teologia elaborados para usos em seminários, pois esses manuais, pretendendo estar à altura dos argumentos racionalistas e iluministas ao falar de Deus e da religião, elaboravam argumentos baseados em ideias aristotélicas, tomistas (via Suárez), cartesianas, leibnizianas etc., pondo mesmo sob suspeita, muitas vezes, a experiência mística.

Historicamente, do ponto de vista cristão, seja do lado católico romano (os orientais conseguiram manter suas raízes espirituais mais em evidência), seja do lado protestante, houve, em grande parte, uma formalização da prática religiosa, tomando-se por base as teses filosóficas e teológicas elaboradas à maneira racionalista, dando-se destaque à fé e à religião como práticas morais. A espiritualidade, nesse contexto (séculos XVII-XIX), também foi formalizada (por regras, preceitos, controles), e mesmo vista com desconfiança. O resultado foi um reforço da imagem de Deus e da religião como objeto da moral, conteúdos relacionados à vontade. Quando se pretendia falar do caráter cognitivo de ambos, caía-se novamente num certo racionalismo, com prejuízos incalculáveis para o cultivo da amizade com o ser divino.

Resumindo o que se disse até aqui, deve-se tomar a mudança de paradigma de conhecimento, na Modernidade, pela ênfase na construção do objeto e na verificação empírica. Do lado religioso, reações houve que, muitas vezes, acabaram também por assumir um caráter racionalista. A busca pelo ser, a identificação de sua fonte com Deus e a relação interpessoal com ele — herança antiga e medieval — foram, aos poucos, postas para fora do interesse filosófico. Essa herança passou a ser vista, de modo geral, como desprovida de conteúdo cognitivo.

3. Superação de preconceitos racionalistas

Se pensarmos no deus dos filósofos e mesmo no Deus da reação religiosa, ambos eivados de racionalismo (uma visão conceitual do ser divino e uma redução da prática religiosa a uma prática moral, divorciada da espiritualidade), não é difícil entender as críticas que pensadores mais recentes fizeram a Deus e à religião. Somando-se a isso o cristianismo burguês e hipócrita que caracterizou muitas regiões da Europa nos séculos XVIII e XIX, faz sentido não apenas a crítica de Kierkegaard, por exemplo, à religião institucional, como também as de Nietzsche e Freud, entre outros, que quiseram decretar a "morte de Deus". No entanto, nem sempre autores como Nietzsche e Freud se deram conta de que lutavam contra formas históricas da religião e da

Filosofia da religião

fé. Essas formas históricas não representavam necessariamente a totalidade do que se podia falar sobre Deus nem a totalidade da experiência religiosa.

Se hoje, da parte de muitos filósofos, há um interesse renovado por Deus, pela fé e pela religião, é justamente porque eles se dão conta de que é preciso transpor a barreira do racionalismo, para chegar ao Deus que se dirige ao coração e à inteligência humana. Nesse sentido, pronunciou-se de maneira muito instigante Henri de Lubac:

> Frequentemente é bem verdade: "Um deísta é um homem que ainda não teve tempo de tornar-se ateu". O Deus do deísmo, esse Deus de muitas "teodiceias" modernas, que o julgam e o controlam mais do que o defendem; esse Deus de quem não sabemos mais se ele pode dizer: "eu sou"; [...] esse Deus fechado "nos limites da razão", que não intervém mais no mundo, que, na realidade, não é mais do que a projeção do homem natural, que, ao mesmo tempo, tornou-se distante demais e perdeu seu mistério; Deus que se confunde com a "ordem moral do universo", tal qual o homem pode conceber; Deus que não se adora e do qual não nos servimos senão para o culto da moralidade [...]: esse Deus tornou-se o objeto de um ressentimento justificado. [...] "Convencer Voltaire a ser ateu não é talvez uma grande vitória sobre o pensamento cristão". Nem mostrar que o Deus de Fichte ou de Hegel transforma-se sem dificuldade no Homem de Feuerbach. "Que se conclua o que se quiser contra o deísmo", já dizia Pascal, profeticamente. Assistimos, nesses últimos séculos, à "evaporação racionalista de Deus". Mas era o Deus dos racionalistas. Soprai e dissipai essa névoa. Não seremos abalados. Respiraremos mais à vontade. O Deus verdadeiro, Aquele que não cessamos de adorar, está em outro lugar. Ele está em toda parte onde credes alcançá-lo. Ele está em toda parte onde não O alcançais.[8]

Infelizmente, mesmo em nossa prática latino-americana, muitas vezes fazemos o culto da moralidade, ao reduzir a prática religiosa a uma prática política. A dimensão da prática sobrepõe-se à da relação interpessoal com o Transcendente. São resquícios, ainda, de uma concepção deísta-racionalista de Deus. O interesse que Deus e a religião podem despertar para a filosofia deve superar, uma vez por todas, as projeções de nossos interesses subjetivos. Para aquilatar o que isso significa, devemos deixar Deus interpelar-nos, pois isso nos revelará a nós mesmos o que somos. É nesse sentido que muitos de nossos pensadores contemporâneos retomam a *questão de Deus* e a natureza positiva da religião.

Toda essa problemática só é pertinente se a experiência religiosa conseguir apresentar-se como uma forma coerente, nem racionalista nem antirracional, de dar sentido à vida humana.

---

8   LUBAC, *Sur les chemins de Dieu*, pp. 203-205.

Para não ser antirracional, a religião não pode contrariar os desenvolvimentos da razão humana (consubstanciados, fundamentalmente, nas ciências e na filosofia). Isso não quer dizer que ela não possa ter visões científicas e filosóficas destoantes das formas de saber praticadas por grupos hegemônicos, mas que, em seu universo de discurso, ela não pode dizer absurdos do ponto de vista racional. As controvérsias em torno da criação do mundo são um bom exemplo: apesar de muitos cientistas negarem a existência de um criador, as religiões não devem sentir-se constrangidas, pois elas podem apresentar razões para afirmar o contrário. Há, inclusive, muitos cientistas que afirmam a existência de um criador. Além disso, essa questão supera os limites das ciências; é uma questão filosófico-teológica, pois nunca a ciência poderá fazer afirmações sobre o "antes" ou o "porquê" dos dados observados no dinamismo do universo. Afinal, esse "antes" e esse "porquê" não são objeto de observação empírica (critério fundamental de uma afirmação científica). Se um cientista ultrapassa os limites da observação e afirma algo sobre o sentido do universo, assume uma posição filosófica, e, no limite, religiosa.[9]

Por outro lado, para não recair no racionalismo, as religiões devem fundamentar-se na experiência pessoal de seus fiéis como uma experiência de encontro pessoal com o Transcendente a que, em geral, denomina-se "Deus".[10] Se não houver esse fundamento experiencial, e se as religiões forem reduzidas a um código de conduta ou a um discurso racional sobre o mundo, elas não se distinguirão de uma ideologia política nem de uma filosofia prática. Todo o ramo conhecido atualmente como "filosofia da linguagem" — cuja característica principal está na ênfase aos procedimentos lógico-formais do pensamento e na descoberta das leis gerais do ato de pensar — distingue a especificidade das religiões como um tipo de saber diferente do saber científico (mas não anticientífico) e radicado na experiência pessoal. A religião, assim, não poderia pretender sobrepor-se aos conteúdos racionais, mas isso não significa que ela não contenha formas de verdade.

O risco de enfatizar que a religião é uma ordem "diferente" de saber é o de dizer que ela não tem nenhum conteúdo cognitivo. No mínimo, as religiões são um testemunho de dimensões presentes na subjetividade humana, as quais só podem ser desenvolvidas e satisfeitas por um encontro com o Transcendente. Portanto, também não se pode dizer que elas sejam desprovidas de conteúdo cognitivo. Elas revelam dados psicológicos, antropológicos, sociológicos, culturais etc. Isso é reconhecido mesmo por representantes da tradição psicanalítica, conhecida, em geral, por classificar como neurose a prática religiosa. Ora, autores que reinterpretaram a experiência humana, melhorando e mesmo superando o trabalho de Freud, reconhecem o papel afirmativo e salutar da religião no processo de amadurecimento, e, quando

---

9   Cf. RATZINGER, Cristianismo, pp. 33-44.

10   Cf. CATÃO, Religião e fé; Deus, pp. 23-61.

bem integrada às experiências afetivas e racionais, veem nela um fruto da criatividade mais autêntica e característica da vida humana. Entre outros autores, poder-se-iam mencionar, por exemplo, D. Winnicott e V. Frankl.[11]

4. A experiência religiosa como desafio paradoxal para a filosofia e as ciências

Uma filosofia, portanto, que se pretenda aberta a todas as experiências autenticamente humanas, não pode negligenciar a experiência religiosa. Já o reconhecera, por exemplo, o pensador francês Merleau-Ponty, para quem a filosofia pode e deve refazer o caminho significativo da religião, assim como o das artes ou mesmo o das ciências. Ela se integra a esses caminhos e toma corpo com seus procedimentos próprios, contribuindo para tornar inteligível o *lógos* de cada um. Assim, a filosofia far-se-ia plural, disseminada, estando em toda e em nenhuma parte.[12]

Mas, justamente para tornar inteligível a experiência religiosa, a filosofia deve aceitar o paradoxo de tratar de uma experiência suprarracional, impossível de ser delimitada nos limites da pura razão moderna. Os dois problemas que caracterizam essa experiência são a existência de um ser Transcendente e a noção mesma de experiência.

A existência de um ser Transcendente é equivalente à questão da criação, que, como dissemos acima, não pode ser resolvida em termos científicos. Se é assim, também um filósofo não pode pretender dar a última palavra no que diz respeito à existência de Deus, sob o risco de continuar com um discurso racionalista, distante da experiência humana concreta, afinal, nos termos da observação empírica, nada pode ser decidido quanto ao que a transcende. Nem as neurociências podem fazer isso, apesar de muitos de seus representantes pretenderem explicar a afirmação da existência de Deus e a fé religiosa como resultados de "arranjos cerebrais" cujo sentido poderia ser outro e não necessariamente algo de transcendente. Mas os neurocientistas nem sempre se dão conta de que não basta descrever o cérebro para explicar os conteúdos presentes nele. Não é porque meu cérebro se "rearranja", quando tenho fé, que posso afirmar ter fé porque houve um "rearranjo" cerebral. O cérebro faz movimentos análogos quando penso no fogo, por exemplo. Mas isso não quer dizer que penso no fogo apenas porque meu cérebro se "rearranjou". Parece ser justamente o contrário que se dá: meu cérebro se rearranja porque, antes, vivo uma experiência.[13]

---

11   Cf. WINNICOTT, *O brincar e a realidade*; *A natureza humana*; FRANKL, *Sede de sentido*; MORANO, *Orar depois de Freud*.

12   Cf. MERLEAU-PONTY, Em toda e em nenhuma parte, pp. 157-185.

13   Cf. HORGAN, *A mente desconhecida*; BEAUREGARD; O'LEARY, *O cérebro espiritual*.

Vemos aqui como todo discurso sobre Deus ou o Transcendente deve partir da experiência vivida no íntimo da pessoa humana (com seus aspectos fisiológicos, evidentemente, e também psicológicos). Mas como falar de "experiência" se o seu conteúdo (o Transcendente) não é palpável, nem se submete a experimentações, tal como os modelos atuais de ciência e filosofia exigem? Eis o núcleo do paradoxo religioso ao pensamento humano.

Antes de mais nada, é preciso aceitar que, para dar conta da experiência religiosa, as ciências e as filosofias devem ter a humildade de reconhecer seus limites explicativos e a necessidade de alargar a própria noção de experiência. Definitivamente, não é possível entender a fé e a experiência religiosa se continuarmos definindo "experiência" ao modo cientificista, que só considera cognoscível aquilo que pode ser observado empiricamente, mensurado e reproduzido. A experiência da fé pode ser "investigada empiricamente", a partir dos relatos e da prática dos fiéis. Mas o testemunho da fé é, sobretudo, o testemunho de um encontro, o encontro de uma Presença. Desse ponto de vista, se a "investigação empírica" quiser mensurar esse encontro, rapidamente constatará sua incapacidade. Diante dessa constatação, ou ela confia no testemunho da fé ou deriva para uma suspeita cujas causas, geralmente, são ideológicas (sobretudo políticas) ou mesmo de ordem psicológica (necessidade de recusar a fé; incapacidade de confiar no outro, sobretudo um Outro Transcendente etc.). Conserva grande atualidade a metáfora empregada por Santo Agostinho no prólogo do diálogo *A vida feliz*: os humanos, representados por navegantes, buscam o porto da felicidade, mas entre o porto e o mar há um rochedo que muitos consideram ser já o porto. Param, então, aí, e não querem avançar, mas não se rendem conta de que é um rochedo oco. Trata-se do rochedo do orgulho:

> Ora, que outro rochedo a razão indica como temível aos que se aproximam da filosofia do que este, da busca orgulhosa da vanglória? Pois esse rochedo é oco interiormente e sem consistência. Aos que se arriscam a caminhar sobre ele, abre-se o solo a tragá-los e a sorvê-los, submergindo-os em profundas trevas.[14]

Esse rochedo do orgulho representa bem o risco da recusa da fé com base em motivos ideológicos ou psicológicos. Na contrapartida, representa a necessidade de uma atitude ética de abertura à experiência da fé, não apenas para passar a crer, mas ao menos para investigá-la a sério. As verdades da fé ultrapassam, por definição, a capacidade do entendimento para elucidá-las totalmente, não apenas pelo grau de transcendência e de mistério que elas envolvem, mas, principalmente, porque se trata de questões que dizem respeito à alma inteira e não apenas ao intelecto. É por isso que a sabedoria das religiões (no caso de Santo Agostinho, a sabedoria cristã) exige renovação da alma e uma nova atitude, que supere o exclusivismo e a unilateralidade

---

14   AGOSTINHO, *Solilóquios e A vida feliz*.

Filosofia da religião

do entendimento. Do ponto de vista ético, essa nova atitude significa despojar-se do orgulho da razão e converter a alma a si própria para que ela possa dirigir-se a Deus. Nesse sentido, para investigar a experiência religiosa, um filósofo ou um homem de ciência precisa tomar a sério o testemunho da fé.

Quando, de maneira madura, alguém diz ter fé, isso quer dizer que teve a percepção da presença de um Ser na sua vida concreta, embora esse Ser não seja capturável pelos modelos explicativos das ciências empíricas. Essa percepção não poderia ser reduzida e comparada com nossas experiências particulares, pois ela deixaria de ser a percepção de algo transcendente. Quando pensamos sobre ela, fazemos recortes para compreendê-la e exprimi-la, mas a Presença divina é onipresente. Ela dá sentido a todas as vivências particulares, sem ser totalmente inexprimível ou inefável, pois, embora não a esgotemos e sempre precisemos interpretá-la segundo alguma tradição religiosa, podemos pensar nela enquanto Presença, e, mais ainda, podemos investigar a percepção relatada pelo crente.[15]

Como bem resumiu Yves Congar,[16] por "experiência" entendemos a percepção da realidade de Deus que vem até nós, age em nós e por intermédio de nós, atraindo-nos a uma amizade com ele. É o ser alguém para outro. Essa presença se verifica pelos efeitos de paz, alegria, certeza, consolação, iluminação e tudo o que acompanha o amor. Não se trata apenas das experiências relatadas por grandes místicos, mas da vivência cotidiana do gozo de uma presença transcendente na vida humana. É evidente que não tomamos consciência dessa presença e não a explicitamos a não ser com nossas expressões humanas. Por isso, sempre pintamos rostos de Deus de acordo com as cores de alguma religião. Porém, as provas de que isso não vem de nós mesmos, mas de Deus, são o contexto de toda a vida, o serviço efetivo na caridade, os chamados ou exigências que superam e sublimam as tendências cruas de nossa natureza física etc. E é curioso como essa experiência repete-se em diferentes tradições religiosas. A melhor explicação para esse fenômeno é a leitura psicológica e antropológica que identifica, na natureza humana, um desejo de realização passível de satisfazer-se apenas por uma experiência de transcendência total.[17]

A experiência religiosa, numa palavra, consiste em um dado de nossa consciência, e, como tal, pode, em toda a sua extensão, atrair o interesse das ciências e das filosofias, tendo muito a dizer-lhes sobre a natureza humana.[18]

---

15 Cf. VAZ, A linguagem da experiência de Deus, pp. 241-256.

16 Cf. CONGAR, Nota sobre "experiência".

17 Cf. OTTO, O Sagrado; SCHLEIERMACHER, Sobre a religião.

18 Cf. VERGOTE, La religion comme épreuve paradoxale pour la philosophie, pp. 21-35; VERGOTE, Modernidade e cristianismo.

5. Interpretação analítico-fenomenológica da experiência religiosa

Alguns filósofos pertencentes à tradição denominada "filosofia analítica" dedicaram-se a investigar se a expressão "experiência de Deus" tem ou não tem sentido racional.

Por exemplo, K. Yandell[19] e C. Taliaferro[20] enfrentaram, entre outros, os seguintes problemas implicados na expressão "experiência de Deus":

(1) Se toda e qualquer experiência é sensível; e se Deus é não físico, e, por isso, não sensível; como pode haver experiência de Deus?

(2) Se uma experiência aceitável é baseada em alguma evidência; e, se o que as pessoas chamam de experiência de Deus é algo subjetivo, algo que se "pensa" ter tido; como, então, aceitar racionalmente uma convicção pessoal, sem evidência?

(3) Se toda experiência religiosa é única (irrepetível e subjetiva); e se não temos meios para examinar o objeto da experiência subjetiva; como confiar nos relatos das experiências religiosas?

(4) A experiência de Deus não é impossível diante da enorme variedade de experiências religiosas? O testemunho de uma religião não anularia o de outra? E os ateus não poderiam dizer que sua experiência anula a dos crentes?

Ao primeiro problema, deve-se responder questionando a definição segundo a qual "toda e qualquer experiência é sensível". Assim, em termos lógicos, a frase *a* seria verdadeira ao mesmo tempo em que a frase *b*:

a: "algumas experiências são sensíveis";

b: "algumas experiências são não sensíveis".

Um exemplo de *a*: porque podemos captar o vermelho de algumas flores, dizemos ver o vermelho; e dizemos que esta é uma experiência sensível. Então, verificamos a frase *a*. Um exemplo de *b*: às vezes, sem ter nenhuma sensação física (experiências sensíveis), temos o sentimento de que alguém chegou a um lugar, ou de que já está presente no lugar aonde chegamos. Isso ocorre com grande frequência entre pais e filhos; sobretudo as mães percebem a chegada do filho, sem mesmo ter tido algum indício físico. Algumas pessoas também são capazes de perceber, diretamente, se os outros estão bem ou mal, felizes ou tristes, mesmo que nenhum sinal tenha sido

---

19   Cf. YANDELL, *The epistemology of religious experience.*

20   Cf. TALIAFERRO, *Consciousness and the mind of God*; TALIAFERRO, *An introduction to contemporary philosophy of religion.*

Filosofia da religião

dado por elas. Esses exemplos verificam a frase *b*. Assim, vemos que nem todas as nossas percepções vêm acompanhadas de sensação física.

Ora, a experiência de Deus ou a percepção de sua Presença seria um fenômeno que também exemplificaria a frase *b*. Falar de "experiência de Deus", então, é algo perfeitamente possível do ponto de vista racional. E tê-lo como objeto da percepção produz, inclusive, os efeitos sensíveis que mencionamos acima ao citar o pensamento de Yves Congar.

Ao segundo problema, deve-se responder corrigindo o pressuposto no qual ele se baseia, ou seja, o de que as pessoas "pensam" ter tido uma experiência de Deus, e isso não garantiria nenhuma evidência dessa experiência. A correção se baseia na existência inequívoca de relatos bem elaborados, nos quais as pessoas atestam o fato de terem tido a experiência de um Ser, e não de si mesmas. Essa experiência é de tal modo inefável e superior, que elas concluem tratar-se de uma experiência do divino. Esse tipo de experiência, justificado racionalmente pela solução dada ao problema 1, garante que o testemunho dessas pessoas não é o testemunho de apenas uma convicção (de algo que elas "pensam" ter vivido), mas é o testemunho de experiências que fundamentam uma convicção. Em última análise, a evidência é dada pelo testemunho dessas experiências, pois elas é que fornecem base para credibilidade, mais do que a interpretação.

Ao terceiro problema, deve-se responder esclarecendo o outro falso pressuposto de que ele parte: o problema é formulado como se a experiência subjetiva, em alguns casos, pudesse ser verificada por terceiros; então, apenas a experiência religiosa subjetiva não poderia ser verificada. Esse pressuposto é falso, porque, a rigor, nenhuma experiência subjetiva pode ser verificada nos termos insinuados pela formulação do problema. Assim, pode ser que mesmo nossa experiência do mundo exterior seja uma ilusão.

Um dos grandes debates da história da filosofia consiste justamente em saber se podemos ou não garantir a objetividade do que representamos em nossa mente. Em outros termos: podemos ter certeza de que nossos conteúdos mentais correspondem a alguma coisa fora da mente? Além disso, como saber se os conteúdos mentais do indivíduo x são os mesmos que os do indivíduo y? Essa dificuldade vale para todos os enunciados sobre o mundo, inclusive aqueles com aparência de infalíveis, como são os enunciados científicos. Assim, sempre que falamos qualquer coisa sobre o mundo, e em qualquer sentido, baseamo-nos, de alguma forma, naquilo que está em nossa mente e naquilo que cremos ter sido captado pelos sentidos. Há sempre um ato de confiança (uma forma de fé, portanto!) na origem de todas as nossas formas de conhecimento.

Retomando, então, o problema, devemos aceitar que não podemos sair da subjetividade (nos termos ilusórios defendidos pela formulação do problema) para justificar nossas crenças religiosas nem nossas crenças sensórias.

Quanto ao problema (4), é preciso dizer, antes de mais nada, que o fato de existir o ateísmo não significa provar que Deus não existe. Esse argumento fundamenta-se no pressuposto de que, se Deus existisse, todos teriam de experimentá-lo. Na verdade, os ateus não experimentam a "inexistência de Deus". É mais racional dizer simplesmente que eles "não experimentam Deus". Pois, como dissemos, o fato de não experimentar algo não dá base para dizer que algo não existe. O ateísmo só prova que, se Deus existe, ele deseja que a fé religiosa seja uma adesão consciente e livre.

No que se refere a diferenças religiosas, nem de longe elas constituem argumento contra as religiões, afinal, Deus pode ser um mesmo ser, experienciado diferentemente pelas diversas religiões. Isso não encaminharia para um relativismo, como ensina a lenda segundo a qual Deus seria como um grande elefante, e os religiosos, um grupo de cegos que tocam cada qual uma parte do elefante. O resultado é que, no final, todos tocariam o mesmo animal, mas cada um acharia que a sua parte é a verdadeira.

Não deixa de haver certa verdade nessa lenda, pois todas as religiões, como vimos, respondem ao desejo de sentido inscrito no coração humano, e respondem mostrando que só um sentido transcendente pode bastar. O equívoco estaria em pensar que é um erro comparar as religiões. As religiões, mesmo unidas pelo mesmo impulso vindo do desejo de sentido, não cansam de fazer comparações. Por exemplo, os judeus não aceitam que Cristo seja o Messias; os cristãos veem em Cristo a plenitude da Divindade; os muçulmanos têm simpatia por Cristo, mas falam de Maomé como o Profeta. E, destoando dessas concepções personalistas da divindade, o hinduísmo, por exemplo, afirmaria que a experiência de Deus como um ser pessoal é apenas um estágio na viagem da alma rumo à verdade, pois Brahma seria a mais alta verdade, transcendendo a pessoalidade. Algo análogo poderia ser dito do budismo e mesmo do kardecismo.

Isso mostra que o conteúdo das religiões pode, sim, ser comparado. E seriam razões culturais, psicológicas, intelectuais etc., que levariam à adesão ao Transcendente segundo uma ou outra tradição religiosa. Mas os testemunhos religiosos díspares não anulariam a autenticidade da experiência religiosa. Apenas confirmam que todos eles são resultado da busca de sentido e irmanam-se como testemunhos de um Sentido que também vem em busca das criaturas. Isso refuta, ainda, certo naturalismo antirreligioso que pretende se infiltrar pela comparação das próprias religiões.[21]

---

21   Cf. GUTTING, *Religious belief and religious skepticism*.

Filosofia da religião

Outros pensadores, pertencentes a uma tradição chamada fenomenológico-existencial (distinta do pensamento da tradição "analítica"), dedicaram-se a estudar a atividade de nossa consciência, para encontrar, aí, a dimensão na qual pode ocorrer a consciência da experiência de Deus.

Um exemplo desse esforço é o livro *Une foi exposée*, publicado em conjunto pelos franceses P. Jacquemont, J.-P. Jossua e B. Quelquejeu.[22] Trata-se do esforço de três homens de fé para explicar a seus amigos o que, para eles, significava crer e viver a partir da fé. Inspirando-nos nesse livro e no artigo de Henrique Claudio de Lima Vaz, citado,[23] levantamos dez aspectos que merecem destaque:

(1) emprega-se o termo "experiência" como uma categoria hermenêutica, ou seja, como o indicativo de um acontecimento ou conjunto de acontecimentos percebidos e interpretados como significantes para um ou mais sujeitos que neles estejam implicados;

(2) nesse sentido, o termo "experiência" não pode restringir-se à experiência da consciência sensível. O papel da consciência sensível é o de ser a mediadora indispensável entre a realidade percebida e o sujeito que a percebe, o que faz ver que ela é uma parte da consciência, não o seu todo;

(3) mas a experiência também não se pode reduzir à percepção dos estados de consciência (alegria, sofrimento, angústia, temor...). A percepção dos estados de consciência, na verdade, é um acompanhamento afetivo sempre presente a toda experiência humana, sem, contudo, confundir-se com ela;

(4) a partir dos três pontos anteriores, quatro características positivas permitem-nos propor uma definição do termo "experiência":

    (4.1) o fato de que toda experiência é uma relação (com nós mesmos, com os outros, com o mundo e com o Transcendente);

    (4.2) toda experiência supõe uma participação real no evento (participação física e atual ao acontecimento em sua singularidade, ainda que também seja possível falar de uma participação por aproximação cultural, por exemplo);

    (4.3) toda experiência requer tomada de consciência subjetiva, com o desdobramento e a distância que esta consciência implica;

    (4.4) toda experiência é sempre uma interpretação, ou seja, uma decifração inteligível do que é percebido e apreendido reflexivamente, o que lhe dá também um caráter englobante;

---

22   Cf. JACQUEMONT; JOSSUA; QUELQUEJEU, *Une foi exposée*.

23   Cf. VAZ, A linguagem da experiência de Deus.

(5) em uma palavra, a realidade experimentada diretamente pelo sujeito são os dados de sua consciência, isto é, não os fatos mesmos, mas sim as interpretações dos fatos;

(6) o contato que se tem com a realidade experimentada apresenta-se sempre como uma relação do sujeito com um polo (que pode ser ele mesmo, outrem ou o que ele chama de "mundo" ou de "Deus"), ainda que esse contato, no momento mesmo em que se dá, seja de uma natureza tal que os dois polos envolvidos não se distinguem com clareza;

(7) a consciência que se tem da experiência não pode ser encarada como um dado isolado ou absoluto, porque, em primeiro lugar, a experiência é sempre mais abrangente que a consciência, e, além disso, porque a consciência não pode ser vista como "pura", mas, sim, como condicionada por fatores vários. Entre eles, por exemplo, os sócio-político-econômicos, os psicológicos etc.;

(8) a interpretação é integrante da experiência humana porque essa experiência se dá em um espírito, ou seja, em algo que possui um dinamismo de compreensão que brota de si mesmo, um movimento que vem de seu próprio interior. Isso se deve ao fato de que a experiência é feita segundo a subjetividade do indivíduo, as suas estruturas internas, entre as quais encontra-se a faculdade da compreensão/interpretação. Assim, a realidade refratada na consciência tem algo de criatividade, da elaboração do próprio sujeito;

(9) entretanto, apesar dos inúmeros atos pelos quais se entra em contato com as realidades experimentadas, sempre se fala de "experiência" no singular, porque o termo adquire um caráter englobante, principalmente quando, pela interpretação, ele passa a designar uma percepção unificada e refletida da unidade da vida e da história;

(10) a experiência dita "de Deus" (tomando-o como o conteúdo da experiência) é uma experiência articulada por uma fé, pois cada crente sente-se implicado pessoalmente numa experiência em que ele percebe uma realidade e já lhe atribui uma primeira qualificação interpretativa a partir da fé. A rigor, não se pode falar de uma única experiência, mas, sim, de vários atos que compõem a experiência. Esses atos justamente compõem uma unidade, porque a fé descobre coerência nessas experiências, ou dá coerência a elas. Essa fé, por sua vez, não é puramente individual, mas comum a muitos, o que nos faz pensar em uma comunidade de partilha da experiência. Dessa perspectiva, a experiência cristã é muito inspiradora para compreender o que os três monoteísmos chamam de experiência de Deus: a pessoalidade, a unidade e a comunidade da experiência são articuladas no momento interpretativo composto pela fé.

Filosofia da religião

As duas abordagens da experiência de fé, seja aquela analítica como essa fenomenológico-existencial, mostram o seu sentido. Embora suprarracional, ela não é irracional nem antirracional. Nossa experiência e nossa consciência não se restringem à experiência e consciência sensíveis, inclusive porque o que se chama de experiência e consciência sensíveis certamente não são acontecimentos "objetivos", no sentido de serem uma representação fiel do mundo exterior, como se alguns dados fossem transportados do mundo físico para dentro de nossa mente, por meio de nossos cinco sentidos. Toda percepção é uma certa interpretação, com maior ou menor grau de objetividade. O maior desafio é fundamentar uma comunidade de percepções em experiências pessoais, mas é essa comunidade de percepções que determina o grau dos conteúdos mentais. As duas abordagens feitas visavam justamente levantar elementos para afirmar a possibilidade de uma experiência de Deus, experiência religiosa, e tratá-la como algo dotado de objetividade.

6. A questão de Deus

Para concluir nossa reflexão, a melhor maneira é retomar a raiz de toda a problemática filosófica em torno da religião: Deus. É nele que se origina e termina não apenas a reflexão filosófica sobre a religião, mas, principalmente, a experiência da fé.

Debater sobre sua existência iria muito longe.[24] Propomos, então, uma investigação breve sobre a possibilidade de não crer em Deus ou de não tomar a sério a possibilidade de sua existência. Antes de tudo, é preciso aceitar que dizer "não" a Deus é uma prova da dignidade humana, pois, no limite, resulta de um exercício da liberdade: só pode dizer "sim" quem também pode dizer "não".

Mas, quando alguém diz "não" a Deus, nem sempre está praticando uma forma de ateísmo. "Ateísmo" é um termo que designa fenômenos muito diversos: uma negação gratuita de Deus; indiferença com Deus; a revolta contra o mal no mundo; a negação consciente e filosófica de Deus; a rejeição do Deus fabricado pela própria imaginação dos ateus etc. Desses fenômenos, o verdadeiro ateísmo é aquele que procura conscientemente extirpar Deus de qualquer explicação do universo e da experiência humana. Os melhores exemplos dessa postura são o existencialismo materialista e o marxismo. São explicações que pretendem recusar qualquer sentido divino para a existência, apelando para o "absurdo" da mesma e a necessidade de suportar esse absurdo, procurando a felicidade na pura imanência da vida material.

Mas outros fenômenos também chamados de "ateísmo" muitas vezes não passam de uma negação "prática" de Deus (indiferença, ética relativista, vida sem religião etc.). Mesmo a vida dos crentes pode despertar essas formas de "ateísmo prático",

---

24 Sugerimos a leitura de MORELAND; CRAIG, *Filosofia e cosmovisão cristã*, pp. 565-695.

quando dão contratestemunhos ou apresentam um Deus demasiado castrador e pouco acolhedor. Como diz acertadamente o documento católico *Gaudium et Spes*, "considerado, pois, no seu conjunto, [esse] ateísmo não é um mal de raiz, mas uma consequência de causas muito adversas, inclusive a reação crítica, até certo ponto justificável, contra a religião".[25] Entretanto, essas pessoas que apresentam um "ateísmo prático", geralmente mantêm-se fiéis a Deus (o Absoluto), mesmo sem ter consciência disso (de maneira pré-crítica), pois, ao desejarem o Bem, o Amor, o Belo, a Justiça, a Paz etc., seguem uma lei inscrita no fundo de suas consciências, mas não inventada por eles mesmos. Ao desejar esses ideais absolutos, confirmam o Ser Absoluto como fundamento da existência cósmica e humana, e realizam aquela abertura para a transcendência, componente da estrutura humana e manifestada pelo desejo de uma felicidade duradoura, como dissemos.[26]

Dessa perspectiva, vê-se que o "ateísmo prático" nem sempre é, de fato, ateísmo. E vê-se também a dimensão radical, maléfica (porque anti-humana), das formas voluntárias e refletidas da recusa de Deus. Essas formas não pretendem abolir apenas Deus como fundamento do ser, mas também mutilar a estrutura humana, negando sua abertura para o Transcendente.

Irmanando, portanto, crentes e não crentes, está Deus, o Absoluto, inclusive porque, se ele não existisse, de onde teríamos tirado a sua ideia, uma vez que não somos absolutos, mas relativos? Por uma ampliação do homem, como pretendia Feuerbach, ou da figura paterna, como queria Freud? Pouco provável, porque a ampliação do relativo só pode resultar em um relativo maior. Mas o que a experiência religiosa testemunha é um conteúdo não relativo, e, sim, Absoluto. Uma contraprova disso é que mesmo as filosofias materialistas, existencialistas-materialistas e ateias acabam por entronizar, no lugar do Absoluto, outras noções que funcionam como "absolutos": o materialismo, o niilismo, a sociedade igualitária, a História, o Estado, o inconsciente, o absurdo, o biologismo, a fisiologia cerebral etc.[27] São todas noções que dão um sentido englobante às experiências particulares, análogo ao sentido religioso dado pelo Transcendente, como também vimos.

Aplicam-se bem, aqui, duas fórmulas breves, uma teológica e outra antropológica, elaboradas por Karl Rahner, para exprimir o sentido com que o Transcendente, ou Deus, fecunda a vida humana:

---

25 *Gaudium et Spes,* p. 483.

26 Cf. RAHNER, *Curso fundamental da fé,* pp. 60-113 ; RAHNER, A doutrina do Vaticano II sobre o ateísmo.

27 Cf. VAZ, A linguagem da experiência de Deus, p. 79-88.

Filosofia da religião

> O Aonde inabrangível da transcendência humana, que se realiza existencial e originariamente — não só de maneira teórica e meramente conceitual — chama-se Deus e comunica-se existencial e historicamente ao homem, como sua própria realização consumada em amor indulgente. [...] O homem chega realmente a si mesmo, em genuína autorrealização, somente quando ousa colocar-se radicalmente em favor dos outros. Ao fazê-lo, acolhe (atemática ou refletidamente) o que se entende por Deus como horizonte; garante a radicalidade deste amor, o qual, em autocomunicação (existencial e historicamente), se faz o espaço da possibilidade desse amor.[28]

Concluindo, numa palavra, "Deus" é o atributo de uma experiência: é o nome com o qual designamos a percepção de uma Presença Transcendente, por uma experiência pessoal, num alargamento dos limites da razão e, geralmente, em continuidade com alguma tradição religiosa. Seus frutos dão-se a conhecer: paz interior, alegria, amor, unidade interna. Essa experiência, na qual Deus age e a pessoa humana se realiza, não deixará nunca de ser um desafio para a filosofia e as ciências.

7. Referências bibliográficas

AGOSTINHO, Santo. *Solilóquios* e *A vida feliz*. Trad. de Nair de Oliveira. São Paulo: Paulus: 1998.

BEAUREGARD, M.; O'LEARY, D. *O cérebro espiritual*; uma explicação neurocientífica para a existência da alma. Trad. de Alda Porto. Rio de Janeiro: Best Seller, 2010.

CATÃO, Francisco. *Falar de Deus*. São Paulo: Paulinas, 2001.

CHESTERTON, G. K. *Ortodoxia*. Trad. bras. de Almiro Pisetta. São Paulo: Mundo Cristão, 2008.

CONGAR, Yves. *Creio no Espírito Santo*. São Paulo: Paulinas, 2005. 3 v.

LUBAC, Henry. *Sur les chemins de Dieu*. Paris: Aubier, 1956.

DERRIDA, J.; VATTIMO, G. *A religião*. Trad. bras. São Paulo: Estação Liberdade, 2000.

FRANKL, V. *Sede de sentido*. São Paulo: Quadrante, 1989.

FRÈRE, J. *Les grecs et le désir de l'être*; des préplatoniciens à Aristote. Paris: Belles Lettres, 1981.

GUTTING, G. *Religious Belief and Religious Skepticism*. Notre Dame: University of Notre Dame Press, 1982.

HORGAN, J. *A mente desconhecida*; por que a ciência não consegue replicar, medicar e explicar o cérebro humano. São Paulo: Companhia das Letras, 2002.

JACQUEMONT, P.; JOSSUA, J.-P.; QUELQUEJEU, B. *Une foi exposée*. Paris: Du Cerf, 1983.

---

28   RAHNER, *Curso fundamental da fé*, pp. 524 e 527.

MERLEAU-PONTY, M. Em toda e em nenhuma parte. In: *Textos selecionados*. São Paulo: Nova Cultural, 1989. pp. 157-185. (Coleção "Os Pensadores").

MORANO, C. D. *Orar depois de Freud*. São Paulo: Loyola, 1998.

MORELAND, J. P.; CRAIG, W. L. *Filosofia e cosmovisão cristã*. São Paulo: Vida Nova, 2005.

OTTO, R. *O Sagrado*; os aspectos irracionais na noção do divino e sua relação com o irracional. São Leopoldo/Rio de Janeiro: EST/ Sinodal/Vozes, 2007.

RAHNER, K. *Curso fundamental da fé*. Trad. de Alberto Costa. São Paulo: Paulinas, 1989.

_____. A doutrina do Vaticano II sobre o ateísmo. Tentativa de uma interpretação. *Revista Concilium*, n. 3, 1967.

RATZINGER, J. Cristianismo. A vitória da inteligência sobre o mundo das religiões. *Revista 30 Dias*, ano 2000, n.1, pp. 33-44.

RICOEUR, P. *Leituras 3*; nas fronteiras da filosofia. Trad. de Nicolás N. Campanário. São Paulo: Loyola, 1996.

SCHLEIERMACHER, F. *Sobre a religião*. São Paulo: Novo Século, 2000.

TALIAFERRO, C. Filosofia da religião. In: BUNNIN, N.; TSUI-JAMES, E. P. *Compêndio de filosofia*. Trad. bras. de Luís Paulo Rouanet. São Paulo: Loyola, 2002, pp. 445-482.

_____. *Consciousness and the mind of God*. Cambridge: Cambridge University Press, 1994.

_____. An introduction to contemporary philosophy of religion. Oxford: Blackwell, 1999.

VATICANO II. *Gaudium et Spes. Mensagens, discursos, documentos*. Trad. de Francisco Catão. São Paulo: Paulinas, 1998.

VAZ, H. C. L. *Escritos de filosofia 1*; problemas de fronteira. São Paulo: Loyola, 1986.

_____. A linguagem da experiência de Deus. In: *Escritos de filosofia I*; problemas de fronteira, pp. 241-256.

_____. Ética e razão moderna. In: MARCILIO, M. L.; RAMOS, E. L. *Ética na virada do milênio*; busca do sentido da vida. São Paulo: LTr, 1999.

_____. Metafísica: história e problema. *Síntese — Revista de Filosofia*, n. 66, Belo Horizonte, 1994, pp. 383-395.

VERGOTE, A. La religion comme épreuve paradoxale pour la philosophie. In: CASTELLI, E. (org.). *La philosophie de la religion*; l'herméneutique de la philosophie de la religion. Paris: Aubier, 1977. pp. 21-35.

_____. *Modernidade e cristianismo*. São Paulo: Loyola, 2002.

WINNICOTT, W. *O brincar e a realidade*. Rio de Janeiro: Imago, 1975.

_____. *A natureza humana*. Rio de Janeiro: Imago, 1990.

YANDELL, K. *The epistemology of religious experience*. Cambridge: Cambridge University Press, 1993.

8. Sugestões de leitura

BEAUREGARD, M.; O'LEARY, D. *O cérebro espiritual*; uma explicação neurocientífica para a existência da alma. Trad. de Alda Porto. Rio de Janeiro: Best Seller, 2010.

CATÃO, Francisco. *Falar de Deus.* São Paulo: Paulinas, 2001.

LIMA VAZ, H. C. Ética e razão moderna. In: MARCILIO, M. L.; RAMOS, E. L. *Ética na virada do milênio*; busca do sentido da vida. São Paulo: LTr, 1999.

MORELAND, J. P.; CRAIG, W. L. *Filosofia e cosmovisão cristã.* Trad. bras. São Paulo: Vida Nova, 2005.

TALIAFERRO, C. Filosofia da religião. In: BUNNIN, N.; TSUI-JAMES, E. P. *Compêndio de filosofia.* Trad. bras. de Luís Paulo Rouanet. São Paulo: Loyola, 2002. pp. 445-482.

5. Sugestões de leitura

PARTE II

A ciência moderna: seu fazer e seu conhecimento

CAPÍTULO V

A interação da atividade científica, visões de mundo e perspectivas de valores[1]

Hugh Lacey

A atividade científica — suas formas, trajetórias e prioridades — tende a refletir visões de mundo particulares e suas perspectivas de valores associadas, e por vezes resultados científicos possuem implicações para visões de mundo e premissas para perspectivas de valores. Entretanto, argumentarei que a atividade científica por si própria nem pressupõe nem fornece bases racionais sólidas para aceitar nenhuma visão de mundo ou perspectiva de valor; e que, ao refletir apropriadamente uma variedade adequada de visões de mundo, incluindo as religiosas, a ciência se torna mais capaz de atingir seus objetivos.

---

[1] Neste capítulo foram incluídas poucas referências em favor de minhas perspectivas e meus argumentos sobre tópicos que elaborei em trabalhos anteriores. O leitor poderá encontrá-las em grande número em alguns livros meus publicados em português. Ver LACEY, *Valores e atividade científica 1* e *Valores e atividade científica 2* para os seguintes tópicos: atividades científicas, os objetivos da ciência, critérios para avaliar teorias, abordagens metodológicas, estratégias, a abordagem descontextualizada, pluralismo metodológico, valores e visões de valores, agência humana, nexos entre a abordagem descontextualizada e os valores do progresso tecnológico e suas pressuposições. Para temas referentes aos transgênicos e à agroecologia, ver LACEY, *A controvérsia sobre os transgênicos*. Outras referências a respeito de vários pontos específicos podem ser encontradas em meu artigo The interplay of scientific activity, worldviews and value outlooks. *Science & Education* 18, 2009, pp. 839-860. O presente capítulo é uma versão abreviada e adaptada deste artigo, e foi traduzido por Eduardo R. da Cruz.

1. A atividade científica, visões de mundo e perspectivas de valor

a) A atividade científica

Os cientistas devem fazer julgamentos de vários tipos que digam respeito a diferentes componentes de suas atividades, sendo mais importantes os seguintes:

1. Escolher uma abordagem metodológica geral: esta inclui critérios para avaliar teorias e conhecimento científicos, e adotar uma estratégia (ver seção 2.a) para a condução da pesquisa.

2. A conduta de pesquisa: determinação de prioridades; inovação, elaboração e crítica teórica; desenvolvimento de modelos matemáticos e computacionais; construção de instrumentos para a medida ou intervenção, e o aparato experimental; atividade experimental/observacional; análise de dados; condições e restrições éticas.

3. Aceitar/rejeitar teorias e avaliar propostas para o conhecimento científico.

4. Aplicar o conhecimento científico estabelecido em práticas tecnológicas e sociais.

5. Avaliar a legitimidade de aplicações particulares e conduzir pesquisas várias que isto possa requerer — por exemplo, sobre efeitos colaterais (riscos) e alternativas.

Inevitavelmente julgamentos de todos esses tipos refletirão algum conceito sobre os objetivos da ciência. Eu proponho que a ciência é investigação empírica sistemática que tem como objetivo gerar e consolidar teorias que:

i. Expressem conhecimento e entendimento de fenômenos, baseados em dados empíricos e bem confirmados;

ii. Permitam a descoberta de novos fenômenos e meios para gerar fenômenos;

iii. Possuam âmbitos gradativamente maiores de fenômenos, incluindo os fenômenos que emergem (ou que são procurados) no curso de operações experimentais e de medida (com frequência para o propósito de testar teorias ou para o desenvolvimento de aplicações tecnológicas),

iv. Sejam tais que *não* haja fenômenos com significado na experiência humana ou na prática da vida social — e geralmente nenhuma proposição sobre fenômenos — passíveis (em princípio) de exclusão da perspectiva da investigação científica;

v. Tenham frequentemente em vista aplicações tecnológicas ou outro uso prático do conhecimento e descobertas representadas nelas.

A interação da atividade científica, visões de mundo e perspectivas de valores

Essas formulações podem ser facilmente combinadas com uma variedade de objetivos que cientistas individuais possam ter, por exemplo, que priorizem (i)-(v) de diferentes maneiras ao colocarem maior ou menor ênfase no entendimento ou na utilidade, ou mesmo subordinar os objetivos da ciência a outros interesses próprios (pessoais, metafísicos, militares, corporativos ou financeiros).

Os objetivos da ciência ficam embutidos na atitude científica, que inclui:

- Aceitar teorias científicas e colocar hipóteses no conjunto de conhecimentos científicos objetivos e consensuais, apenas se eles forem bem confirmados à luz dos dados empíricos disponíveis (e adequados); assim, apenas se respostas adequadas tiveram sido dadas a todas as críticas razoáveis levantadas contra eles;

- Rejeitar uma hipótese ou teoria apenas se ela contradisser resultados adequadamente aceitos;

- E de modo mais geral suspender julgamentos de aceitação ou rejeição, enquanto pesquisa adicional ainda for demandada.

b) Visões de mundo

Uma visão de mundo é uma abordagem compreensiva da natureza dos vários tipos de objetos que compõem o mundo, de como eles estão estruturados e relacionados, e de como eles interagem uns com os outros, suas origens, possibilidades e (em algumas visões de mundo) destinos. Ela inclui uma narrativa da natureza humana: (1) do que é distintivo sobre os seres humanos; (2) de onde parte o nosso senso de sermos agentes morais e portadores de valores; (3) de quais são suas origens históricas, e de como a agência humana é expressa em um meio ambiente que possui dimensões físicas, ecológicas e sociais, por meio de movimentos corporais; (4) e também de quais são as possibilidades abertas à vida humana, incluindo (em algumas visões de mundo) quais são as possibilidades de florescimento humano e os meios de realizá-las, ou o que é significativo para a vida humana.

c) Perspectivas de valores

Uma pessoa possui valores de vários tipos (pessoais, éticos, sociais etc.), de modo que eles tendem a reforçar-se mutuamente, e assim constituírem uma totalidade mais ou menos coerente, a perspectiva de valores de uma pessoa. Possuir um valor não é simplesmente afirmar a adesão de alguém a ele. Também envolve um compromisso em manter ou desenvolver o seu papel na própria vida, como refletido, por exemplo, em seu papel em explicar os objetivos que se escolhem para configurar a própria ação e os padrões que se apresentam para avaliar as ações de si próprio e de outros, assim como para julgar instituições sociais e suas políticas e programas.

Pode-se explicar a adoção de uma perspectiva de valor pela referência à sua incorporação profunda em um grupo social do qual se faz parte, talvez com alguma adição a partir de hipóteses da psicologia evolutiva. Na medida em que explicação não é a mesma coisa que justificação racional, a perspectiva de valor pode se tornar coerente, ordenada e racionalmente digna de ser mantida (assim como explicada) a partir de certas pressuposições sobre a natureza humana (e da natureza), e sobre o que está ao alcance das possibilidades humanas.

Uma visão de mundo geralmente acompanha uma perspectiva de valor, de tal modo que as duas tendem a ser adotadas em conjunto. A relação pode variar de caso para caso. Ela pode envolver a subordinação às propostas de uma visão de mundo da perspectiva de valor que se possui, daí, por exemplo, embasarem-se valores na metafísica ou no *fiat* divino; ou aceitar uma visão de mundo precisamente porque ela subscreve uma perspectiva de valor que é considerada como incontestável. Sugiro, de modo geral, a defesa racional de uma perspectiva de valor que repousa sobre premissas — sobre a natureza humana e as possibilidades abertas a ela, à natureza e à sociedade — que pertencem à visão de mundo associada à perspectiva, e que são abertas em alguma medida à investigação empírica. Assim os avanços científicos (de modo apropriadamente racionais) têm impacto tanto nas visões de mundo como nas premissas das perspectivas de valores, e consequentemente nessas próprias perspectivas.

2. A visão científica do mundo e os valores do progresso tecnológico

Lideranças científicas e filósofos da ciência comumente associam a ciência moderna a uma visão de mundo particular, "materialismo científico" ou simplesmente "materialismo", e mesmo as consideram a visão de mundo científica, pressuposta por práticas científicas e/ou endossadas por resultados científicos estabelecidos. O materialismo não é uma visão estática. Desenvolve-se ao longo do tempo à medida que muitos de seus detalhes concretos são extrapolados a partir de teorias contemporâneas mais bem confirmadas. Diz-se que ele proveria uma descrição do mundo assim como ele realmente é, e não uma que reflita experiências humanas particulares e interesses ou pressuposições culturais; e diz-se de atividades científicas que elas nos dariam acesso aos detalhes deste mundo. Trata-se de uma descrição do mundo que supostamente dissocia-se de particularidades da experiência, de valor e da cultura. Apresentarei aqui um apanhado da visão de mundo materialista, depois de introduzir primeiro algumas observações sobre a metodologia científica.

a) Metodologia científica — estratégias da abordagem descontextualizada (DA)

Os objetivos da ciência por si próprios fornecem pouco em termos de orientação metodológica: eles não fornecem nenhuma direção no que diz respeito a quais fenômenos e possibilidades devem ser priorizados e, para quaisquer domínio de fenômenos, nenhuma especificação (1) de quais são os tipos relevantes de dados empíricos a serem procurados e (2) das categorias descritivas a serem usadas para fazer registros observacionais, e (3) de que tipos de teorias deveriam ser utilizadas de tal forma a serem colocadas em contato com os dados.

Argumentei em outra ocasião que agir de modo a desenvolver os objetivos da ciência requer que a pesquisa (empírica e sistemática) científica seja conduzida por uma estratégia, que tem dois constituintes principais: um conjunto de delimitações sobre os tipos de teorias e hipóteses que podem ser consideradas em um projeto de pesquisa, e critérios para selecionar os tipos de dados empíricos a que teorias aceitáveis deveriam se conformar. Tais delimitações incluem prescrições para as categorias que podem ser usadas ao formular teorias, e especificações (em termos gerais) dos tipos de possibilidades que podem ser explorados. Os critérios de seleção de dados especificam quais são os dados empíricos relevantes que se deve tentar procurar, e as categorias descritivas apropriadas a serem usadas para fazer registros observacionais, como também dos fenômenos, e aspectos deles, que devem ser observados, medidos e passíveis de experimentação.

Ainda que a busca dos objetivos da ciência requeira adotar uma estratégia, tais alvos dão margem a que eles possam, e talvez devam, ser perseguidos sob uma variedade de estratégias incomensuráveis, mas complementares. Entretanto, a ciência moderna tem de fato adotado quase que exclusivamente uma abordagem metodológica particular. Essa incorpora estratégias sob as quais teorias potencialmente admissíveis acabam sendo restringidas àquelas que podem representar e explicar fenômenos, e encapsular as possibilidades destes em termos que mostrem seu acordo a leis. Isso é feito usualmente em termos desses fenômenos sendo gerados ou geráveis a partir de sua estrutura subjacente e respectivos componentes, seus processos, interações, e as leis (expressas em geral matematicamente) que os governam.

Historicamente, uma considerável variedade de estratégias deste tipo tem sido utilizada, desde por exemplo a abordagem mecânica do século XVII até o ápice da abordagem matemática da mecânica racional, a abordagem molecular da química moderna, a admissibilidade das leis probabilísticas fundamentais em mecânica quântica, e o uso de modelos neurofisiológicos e computacionais no estudo da mente. Representar os fenômenos deste modo os descontextualiza, pois são dissociados de qualquer lugar que possam ter em ralação a arranjos sociais, vidas e experiências humanas, de qualquer laço com valores[2] e de quaisquer possibilidades que eles possam vir a apresentar em virtude de seus lugares em contextos sociais, humanos e ecológicos particulares. Eu digo assim que tais estratégias se encaixam na abordagem descontextualizada (DA). Complementando tais restrições sobre a admissibilidade de teorias, dados empíricos são selecionados, buscados — normalmente sujeitos a atender condições de intersubjetividade e replicabilidade — e descritos utilizando categorias que são geralmente quantitativas e aplicáveis em virtude de operações de medida, instrumentais e experimentais.

b) A visão de mundo materialista

Parto da premissa de que a visão de mundo materialista afirma ser o mundo — a totalidade de coisas e fenômenos, e as possibilidades que estes permitem — representável por teorias que são, ou podem se tornar, confirmadas por pesquisas conduzidas com estratégias (correntes ou outras ainda não concebidas) que se encaixam na DA. Também a interpreto como dizendo que este mundo pode ser entendido totalmente em termos de princípios expressos nestas teorias. Ao afirmar o materialismo desta forma, admito também que esta é uma visão de mundo em desenvolvimento. Ela não implica fisicalismo, ou alguma forma de reducionismo ou determinismo. Seu conteúdo concreto também não é fixo, mas sim aberto para ser preenchido e modificado à medida que (1) a pesquisa científica se desenvolve; (2) novas e inesperadas variedades de estratégias que se encaixam na DA são introduzidas e vistas como frutíferas.

Caracterizado dessa forma, o materialismo é inseparável de uma abordagem particular da metodologia científica, ainda que seja uma considerada exemplar por muitos (e para alguns, a única autêntica), qual seja, a DA. Seus prospectos de consolidação dependem de resultados que a investigação científica, conduzida de dentro da DA, tem produzido e continuará a produzir.

Não há dúvida de que a pesquisa conduzida dentro dos parâmetros da DA tem sido extraordinariamente frutífera, tendo produzido a compreensão de um número de fenômenos cada vez maior e variado, e conhecimento bem confirmado que por sua vez tem sido empregado em um sem-número de inovações tecnológicas. A DA é também bastante versátil, pois dentro dela novas variedades de estratégias, introduzidas para lidar com fenômenos até aqui recalcitrantes, têm sido criadas à medida que a pesquisa é conduzida. Não há muita dúvida de que sua expansão deve continuar; e assim esperamos que outras inovações tecnológicas continuem a ocorrer em um número maior de domínios e dimensões da vida humana.

---

2   Assim sendo, as teorias não utilizariam categorias teleológicas, intencionais, éticas, valorativas ou sensoriais.

A interação da atividade científica, visões de mundo e perspectivas de valores

Esta expansão notável pode inspirar confiança, e mesmo quase uma certeza que — fora as barreiras impostas pelos humanos e por limites tecnológicos — será apenas uma questão de tempo até que todos os fenômenos recaiam dentro do âmbito da DA, fornecendo assim um forte suporte para o materialismo. Certamente, dada a versatilidade da DA e a introdução ocasional de estratégias ainda não concebidas (por exemplo, aquelas da mecânica quântica, que permitiram leis com um caráter probabilístico), nenhum limite pode ser imposto a respeito de até onde a expansão pode conduzir. Entretanto, o âmbito da DA pode ser ilimitado, mas não abrangente. Ele pode ser estendido até incorporar mais e mais tipos de fenômenos, mas isso não impede que outros tipos de fenômenos possam continuar a estar fora do alcance da DA. Ser ilimitado não torna evidente a abrangência.

c) O materialismo está bem fundamentado em resultados da pesquisa científica?

O materialismo estaria bem fundamentado apenas se houvesse uma boa razão para acreditar que o âmbito da DA fosse não apenas sem limite como também abrangente. Esta não é apenas uma questão lógica. Com frequência, no discurso ordinário e em disciplinas humanísticas, os fenômenos são caracterizados de um modo tal que são colocados como parte integrante de um contexto. Torna-se necessário um argumento forte para que esses fenômenos possam ser entendidos dentro da DA (a abordagem descontextualizada); ou seja, de que, quando os descrevemos utilizando apenas categorias permitidas na DA, poderíamos encapsular todas as possibilidades significativas que eles admitem. Estes fenômenos incluem:

a) Ações humanas que ordinariamente são descritas e explicadas utilizando categorias de intencionalidade, em que tais explicações não podem ser parafraseadas de modo a apresentar as ações como sujeitas a leis.

b) Objetos em um sistema ecológico que são explicados (e as possibilidades abertas ao sistema antecipadas) em termos de suas relações com todos os componentes do sistema, considerado como um todo aproximadamente sustentável, e não apenas em termos de uma ordem subjacente regida por leis de tais objetos.

c) Fenômenos religiosos, nos quais os fiéis entendem que as possibilidades humanas mais enriquecedoras derivam do relacionamento deles para com Deus.

Não conheço um argumento convincente em favor de que, em princípio, a DA não pudesse abranger fenômenos destes tipos, mas até o presente momento isto não teria sido feito adequadamente. Isto não significa, entretanto, que nós não tenhamos, ou não devamos ter algum entendimento científico (empírico, sistemático) deles, porque aprendemos muito bem vários deles pela via da pesquisa que emprega categorias que não são redutíveis àquelas empregadas na DA, e o conhecimento deles obtido é confirmado utilizando critérios-padrão para teorias e avaliação de conhecimento.

Considerem-se, por exemplo, os fenômenos da agência humana que rotineiramente descrevemos utilizando categorias intencionais (ou por vezes de valor), e os expliquemos com referência não a leis mas sim a crenças e objetivos de um agente. Estes por sua vez são explicados em última instância no seio de uma narrativa que incorpora os valores mantidos por um agente. De fato, muito do que se sustenta sobre a ação humana entendida desta forma é pressuposto na condução da pesquisa científica (independentemente das estratégias com as quais isto é feito): ao planejar e desenvolver projetos de pesquisa; avaliar reivindicações de conhecimento científico; compor-se histórias da ciência; e mostrar confiança que o âmbito da DA continuará a se expandir. As categorias intencionais utilizadas para apreender a agência humana — crença, objetivo, valores etc. — são aqui indispensáveis para o entendimento de nossas práticas sociais (incluindo as científicas), e, geralmente, de como interagimos com o mundo (outros seres humanos, objetos materiais e qualquer outra coisa que possa haver). Esse entendimento, por sua vez, pode ser refinado e expandido no decurso de uma pesquisa científica sistemática. Tais categorias também são indispensáveis para que entendamos a nós mesmos como agentes morais e pessoas capazes de se engajar em um discurso ético racional. Nego-me a pensar que estas categorias talvez não fossem necessárias para entender os seres humanos assim como eles realmente são: agentes morais de fato, e qualquer visão de mundo deve reconhecer isso.

É claro que este não é um argumento decisivo contra a ideia de que alguma variedade de programa teórico-experimental (ciência cognitiva, neurociência, psicologia evolutiva, behaviorismo, racionalismo econômico), visando a produzir entendimento dos fenômenos de agência moral no âmbito da DA, não viria a ser bem-sucedida em um futuro próximo. Mas entusiasmo (e abundância de recursos) com estes programas não deve ser confundido com confirmação científica da reivindicação de que estes fenômenos possam ser entendidos em teorias desenvolvidas no seio da DA. De fato, tais programas apenas expressam visões de mundo, esboços para uma estratégia de pesquisa dentro da DA, e antecipações sem rumo do que esta pesquisa possa produzir. Eles não mostram que — em apresentações de como o mundo realmente é — poderíamos dispensar categorias intencionais, ou que não haveria boas razões para assim proceder em pesquisas conduzidas com estratégias outras que não a da DA.

> Tese 1: A visão de mundo materialista não está bem fundamentada, neste momento, em resultados estabelecidos pela investigação científica.

A interação da atividade científica, visões de mundo e perspectivas de valores

Ainda que poucos neguem a Tese 1, muitas pessoas pensam que está escrito nas estrelas que com o tempo a visão de mundo materialista fique bem estabelecida, pois (assim julgam eles) não haveria sérios competidores. Um preconceito que se encontra por detrás desta convicção é que apenas os resultados obtidos dentro da DA atingem padrões satisfatórios de inteligibilidade — como se categorias intencionais fossem incuravelmente vagas. Um segundo preconceito repousa no fato de que: os seres humanos são parte do mesmo mundo que os objetos materiais; eles interagem com o mundo em virtude de suas corporeidades; os poderes "mentais" deles são claramente ligados a fenômenos do cérebro; nós nos originamos como espécie pelo caminho da evolução dos objetos materiais. À luz destes fatos, os seres humanos deveriam ser considerados como objetos materiais, explicáveis em tese com os mesmos tipos de princípios (sem dúvida de tipo mais complexo) com que outros objetos materiais são explicados. Apenas desta maneira uma abordagem unificada do mundo seria possível. Estes dois preconceitos sobre inteligibilidade e unificação têm um apelo óbvio, mas não sobrepujam o critério da abrangência explanatória, o escopo de fenômenos para os quais um entendimento adequado deve ser fornecido. Não vemos como obviamente verdadeiro que a abrangência explanatória seja compatível com o prover uma visão unificada do mundo. A unificação é irrelevante como um suporte para o materialismo, a menos que a abrangência explanatória fosse em princípio factível dentro da DA.

Talvez os fenômenos sejam tão variados que uma abordagem unificada deles não seja possível. Talvez apenas abordagens múltiplas e complementares — abordagens derivadas de pesquisas conduzidas com uma pluralidade de estratégias incomensuráveis mas complementares — possam fornecer abrangência. A agência humana, por exemplo, pode ser tal que as possibilidades abertas a ela não possam ser encapsuladas em apenas um tipo de estratégia. Defendemos que estratégias podem ser necessárias para que forneçam categorias irredutivelmente intencionais, e outras que permitam a agentes serem representados como seres sociais, em adição àquelas que se encaixam na DA. Pode-se requerer a proposta de que, para apreender os seres humanos como agentes corpóreos e sociais, as possibilidades abertas a agentes humanos possam ser apreendidas apenas com o uso de estratégias múltiplas e complementares. De qualquer forma, não há conflito algum em sugerir que o mundo possa não estar aberto a uma abordagem unificada, e que uma pluralidade de metodologias seja necessária, quando se levam em conta os resultados científicos bem estabelecidos ou a atitude científica.

d) Será o materialismo uma pressuposição para a pesquisa científica?

O pluralismo metodológico, concedendo um lugar para estratégias que não se encaixem na DA, tende a não ser levado a sério no grosso das instituições científicas, onde há uma tendência de tratar como suspeitas as credenciais de pesquisa que utilizem estratégias não DA, como algo "menos do que ciência plena". Nesse sentido, há a insinuação de que a ciência genuína, confiável, seria conduzida apenas dentro da DA.

Por que a DA é assim privilegiada, quase ao ponto da exclusividade, na ciência moderna? Isto pode ser explicado pelo fato de que o materialismo tem sido com frequência pressuposto dentro da tradição científica moderna, e que a adesão a ele tem, até certo ponto, dado suporte à visão de que realmente não haveria estratégias alternativas significativas que pudessem ser adotadas na pesquisa científica. Mas tomar o dado histórico-sociológico como justificativa para tal atitude entraria em conflito com a própria atitude científica. Isto faria com que as atividades científicas ficassem subordinadas a uma reivindicação que não é bem fundada pela evidência empírica (Tese 1), qual seja, a uma restrição metafísica para a qual, também, não há argumentos *a priori* significativos.

Não é necessário pressupor o materialismo, entretanto, para explicar este privilégio. Uma explicação melhor repousa na maneira como o moderno conhecimento científico, em termos de aplicações, tem servido muito bem a certa concepção utilitária, interpretada em termos de controle (dominação) da natureza ou do progresso tecnológico.

Os valores do progresso tecnológico (V_{TP})

O conhecimento científico consolidado no seio da DA tende a servir especialmente bem aos interesses práticos que refletem perspectivas de valores que incorporam o que chamo de valores do progresso tecnológico (V_{TP}). Nessa perspectiva, dá-se um alto valor ético e social à expansão do escopo da capacidade humana de exercer controle sobre objetos naturais, especialmente como incorporados em inovações tecnocientíficas. Estas inovações ampliam a penetração de tecnologias (objetos, sistemas, soluções de problemas) de modo mais e mais intrusivo em domínios mais amplos de nossas vidas cotidianas, experiências e instituições, e na definição de problemas em termos que permitam soluções tecnocientíficas. Esta perspectiva também envolve a não subordinação sistemática do valor de controle de objetos naturais a outros valores éticos e sociais, mas, ao contrário, a concessão de legitimidade *prima facie* à implementação de inovações tecnocientíficas, mesmo tolerando uma considerável quantidade de problemas ecológicos por conta disso.

A interação da atividade científica, visões de mundo e perspectivas de valores

Há relações complexas que se reforçam mutuamente entre adotar a DA e sustentar os V_{TP}. Resultados obtidos dentro da DA e suas aplicações muito contribuíram à incorporação dos V_{TP} em instituições econômicas e políticas hegemônicas, e isto continua a acontecer em ritmo acelerado, demonstrando a utilidade prática que se segue da notável fecundidade e versatilidade da DA. Ao mesmo tempo, o desenvolvimento continuado deste tipo de ciência depende não apenas do suporte financeiro direto ou indireto destas instituições, mas também da criação de instrumentos e equipamentos sofisticados. Estes próprios são produtos de aplicações de resultados científicos obtidos dentro da DA, para atividades essenciais em laboratórios vinculadas a experimentos, medida e análise de dados.

Podemos agora explicar o privilégio concedido à DA em termos da existência destas relações que se reforçam mutuamente. Podemos explicar também o fato de que os V_{TP} são mantidos por um grande número de pessoas nas sociedades contemporâneas, e são altamente incorporados em instituições econômicas e políticas econômicas. Os V_{TP} são parte integrante da autocompreensão de nossa época, e suas pressuposições são amplamente assumidas como óbvias. Como consequência, instituições que incorporem os valores do capital e do mercado são as principais portadoras de V_{TP}. Esta explicação não possuiria o defeito de comprometer a atitude científica, ao subordinar a atividade científica a uma restrição metafísica. Por outro lado, ela associa a atividade científica a uma perspectiva de valores em particular. Isso não afeta as credenciais epistêmicas de itens assegurados da pesquisa científica, mas abre para contestação o valor social e de significação entre aquelas pessoas que questionam a manutenção dos V_{TP}. Assim, não se constitui como justificação racional para o privilégio: não fica estabelecido que apenas a pesquisa conduzida dentro da DA constitui uma resposta satisfatória (ou a melhor disponível) para os objetivos da ciência, pois não se consegue refutar que a pesquisa conduzida com estratégias que não se encaixem na DA possa também ser frutífera e de grande importância para aqueles que não subscrevam os V_{TP}.

Pressuposições dos valores de progresso tecnológico

Se houvesse razões suficientemente fortes para sustentar os V_{TP}, seria justificável então conceder um privilégio à DA. Tais razões seriam encontradas se as seguintes reivindicações, frequentemente mantidas, fossem aceitas de modo generalizado:

a) Inovações tecnocientíficas em andamento expandem o potencial humano e fornecem benefícios que podem vir a estar disponíveis para todos os seres humanos.

b) Soluções tecnocientíficas podem ser encontradas para virtualmente todos os problemas (em medicina, agricultura, comunicações, transportes, provisão de energia etc.), incluindo aqueles ocasionados pelos efeitos colaterais das próprias soluções tecnocientíficas.

c) Para a maioria desses problemas apenas as soluções tecnocientíficas estão disponíveis.

d) Os valores do progresso tecnológico representam um conjunto de valores universais, que devem fazer parte de quaisquer perspectivas de valores viáveis hoje — não haveria outra alternativa viável.

Essas afirmações constituem-se em premissas para manter os V_{TP}. Seria inconsistente na prática sustentar os V_{TP} e ao mesmo tempo negar o grosso destas afirmações.

Os itens de "a-d" estão abertos à investigação empírica — não no seio da DA, mas nas ciências sócio-históricas —, ainda que aqueles que os citem não tendam a fazê-lo com base nestas investigações. Em vez disso, por considerarem tais afirmações demonstradas de modo tão óbvio pelo registro histórico, eles com frequência expressam uma notável certeza sobre tais afirmações, a despeito de reconhecerem que a investigação científica não pode produzir certeza. Com isso, tais defensores da DA desconsideram aqueles que os questionam como sendo "anticiência", "antiprogresso", ou portadores de alguma agenda ética suspeita, Isto não é congruente com a atitude científica. Mas certamente há um dilema genuíno aqui, e fingir certeza pode ser um meio de evitar confronto com este dilema. A justificação proposta para adotar quase que exclusivamente a DA depende de haver razões fortes para se manter os V_{TP} que, por sua vez, dependem da aceitação dos quatro itens citados. Mas a evidência a favor ou contra tais itens pode vir apenas pela investigação com estratégias que não são limitadas àquelas da DA. A contradição que aqui se revela pode ser evitada apenas caso seja negado que a adoção da DA de modo quase exclusivo na pesquisa científica possa ser racionalmente justificável. Entretanto, é fácil ignorar este diagnóstico, à luz das atitudes que prevalecem em instituições científicas. Nestas, a combinação, de um lado, da certeza sobre as credenciais epistêmicas únicas e do valor social da ciência conduzida dentro da DA, e de outro da forte lealdade aos V_{TP}, tende a ser vista como mais forte do que qualquer discurso racional em favor destes. Tal combinação é aparentemente tão convincente que uma pré-condição de qualquer discurso racional é que ele reconheça sua justificação — não haveria assim nenhuma necessidade para investigar os itens "a-d" para o propósito de obter justificativa para a adoção quase que exclusiva da DA. Assim, aqueles que questionam os V_{TP} e suas premissas podem ser peremptoriamente desacreditados sem que sejam ouvidos previamente. Por detrás desta postura há forças sociais poderosas e acesso a fontes de financiamento, mas ela não se conforma à atitude científica autêntica.

Materialismo e os valores do progresso tecnológico

A visão de mundo materialista pode também cumprir um papel secundário aqui. De acordo com ela, os objetos de pesquisa não são por si mesmos objetos de valor, pois eles poderiam ser inteiramente entendidos em termos de categorias admissíveis

A interação da atividade científica, visões de mundo e perspectivas de valores

em estratégias que se conformam à DA, que não incluem categorias de valores. Então, quando exercemos controle sobre estes objetos, informados por resultados de pesquisa seguros e conduzidos no âmbito da DA, estaríamos lidando com eles "como eles são realmente". Fica subentendido que é por isso que a adesão aos V_{TP} tem conduzido a um sucesso notável, e também porque podemos estar seguros, como afirmado no item (b), que todos os riscos podem ser minimizados com mais pesquisa sendo conduzida no mesmo âmbito. Portanto, falando minimamente, o materialismo removeria potenciais objeções aos V_{TP}.

Olhando para a direção contrária, agir de modo a favorecer a manifestação dos V_{TP} serve para fornecer um contexto social no qual o argumento empírico em favor do materialismo pode ocorrer com mais força. Isso porque o favorecimento bem--sucedido destes valores produz a gradual propagação de objetos tecnocientíficos por toda a vida cotidiana e instituições sociais, de modo que a investigação empírica destes espaços mostraria uma multiplicidade de objetos que podem ser captados de dentro da DA. Na medida em que estes objetos são tomados como características desses espaços, o domínio da experiência vivida se encaixaria harmoniosamente na visão de mundo materialista. A ação que reflete os V_{TP} produz um mundo cujos objetos em destaque seriam como o materialismo mantém que todos os objetos sejam.

Assim sendo, seguem juntos o aceitar a visão materialista do mundo e o subscrever aos V_{TP}. Juntos — ou separados — eles assumem privilegiar a adoção da DA, ao ponto da exclusividade. Porém, como não há suporte empírico para as pressuposições dos V_{TP} e para a abrangência potencial da pesquisa conduzida no âmbito da DA, o materialismo e os V_{TP} em conjunto nada mais são que uma adesão a entender o mundo nos limites do materialismo, e agir de acordo com isto, de modo a favorecer a manifestação dos V_{TP}. Eles nada mais são, portanto, que o fundamento de um modo de vida particular, cujos partidários supõem terem demonstrado constituir, através dos sucessos obtidos até agora, a promessa para gerar ainda mais confirmações e para apresentar seu valor à medida que se desenvolve a prática. Muitos de seus produtos têm sido aclamados como sendo de valor ético e social extraordinário, e muitas forças sociais são aliadas disso.

> Tese 2. A visão de mundo materialista não é uma pressuposição da pesquisa científica. Nem ela, nem quaisquer papéis cumpridos pelos valores do progresso tecnológico são suficientes para que se justifique racionalmente a adoção da abordagem descontextualizada, de modo a quase excluir a condução de pesquisas sob outras estratégias alternativas. No entanto, não são os objetivos da ciência, mas sim a aceitação da visão de mundo materialista e a adoção de valores de progresso tecnológico (e o seguimento do modelo de vida do qual eles são o fundamento) que servem juntos para explicar o privilégio que a abordagem descontextualizada tem recebido na ciência moderna.

3. O custo de privilegiar a abordagem descontextualizada

Tanto o vincular-se à percepção do mundo sob os limites do materialismo, como o agir de modo a fomentar a manifestação dos V_{TP}, não são requeridos pelos objetivos da ciência. Mas isto certamente forneceu a motivação e a convicção que têm permitido que estes objetivos sejam perseguidos com sucesso, com respeito a muitos conjuntos de fenômenos. Esses sucessos, entretanto, têm vindo à tona com alguns sérios custos.

a) Ignorando as premissas dos valores do progresso tecnológico

Um primeiro custo já foi mencionado (na seção 2.d). O modo de vida estabelecido sobre este vínculo desestimula a notar e a pesquisar as premissas de sua justificação, quais sejam, aquelas ligadas aos V_{TP}. Isso ocorre reduzindo-se o significado e as credenciais epistêmicas da pesquisa (por exemplo, nas ciências sociais), que é conduzida sob estratégias que não se encaixam na DA.

b) Subordinando a condução da atividade científica aos interesses de uma visão de valores particular

Um segundo custo também foi mencionado brevemente: muitos dos resultados confirmados, obtidos pela pesquisa científica conduzida no seio deste modo de vida, são aplicáveis apenas em projetos que incorporem os V_{TP} (e aqueles do capital e do mercado), e não diretamente em projetos nutridos por valores alternativos. Respondendo particularmente bem aos interesses que refletem os V_{TP}, as aplicações deles são comumente feitas a expensas de interesses de visões de valor alternativas. Este é um custo de considerável importância social, especialmente em partes menos favorecidas do planeta.

Já ilustrei em outro lugar as implicações deste custo, mostrando como a introdução dos transgênicos na agricultura serve quase que exclusivamente a projetos que incorporam os V_{TP}, e que foram implementados por conta de interesses corporativos e de mercado. Eles têm pouca aplicabilidade nos projetos de muitos movimentos rurais de base de povos empobrecidos, que mantêm os valores de sustentabilidade e de compartilhamento de poder (V_{SCP}). Estes incluem a obtenção de um equilíbrio da produtividade, sustentabilidade ecológica, preservação e utilização da biodiversidade, saúde coletiva, fortalecimento do poder de ação de comunidades locais, o que inclui a participação delas no processo de desenvolvimento, e o respeito por seus

A interação da atividade científica, visões de mundo e perspectivas de valores

valores culturais e tradicionais. Aqueles que aderem aos V_{SCP}, diga-se de passagem, sustentam que a inovação tecnocientífica deve ser regulada pelo princípio de precaução, e avaliada em termos de sua contribuição ao fomento dos V_{SCP}. Os projetos que refletem V_{SCP}, entretanto, podem muito bem ser servidos pelo conhecimento científico que, por exemplo, informa as práticas de agroecologia que são favorecidas por muitos que sustentam estes valores. Este conhecimento é obtido, por exemplo, usando-se estratégias "agroecológicas", nas quais os objetos de investigação não são descontextualizados, e a investigação é conduzida, com todas suas possibilidades exploradas, enquanto componente de sistemas agroecológicos, que possuem dimensões essencialmente humanas, sociais e valorativas. A não ser que este tipo de pesquisa seja assim desenvolvida, as atividades científicas permanecerão subordinadas aos interesses de uma visão de valor particular, ligada aos V_{TP}. O item 4 dos objetivos da ciência (seção 1.a) seria desenvolvido inadequadamente, e o 5 interpretado exclusivamente à luz dos V_{TP}.

c) Avaliação de riscos

Um terceiro custo tem a ver com a avaliação de riscos. Inovações tecnocientíficas necessitam ser avaliadas, não apenas pela eficiência delas, mas também pela legitimidade de implementá-las em práticas sociais. Julgamentos de legitimidade dependem de considerações sobre benefícios, riscos e alternativas. Os riscos podem surgir, tanto em curto como em longo prazo, por conta de mecanismos físico/biológicos ou socioeconômicos (os transgênicos, por exemplo, são entidades biológicas, mas também bens econômicos — ambos são relevantes para avaliação de riscos). A abordagem DA é com frequência suficiente para investigar os riscos com mecanismos físico-biológicos, mas não aqueles com mecanismos socioeconômicos. Assim sendo, utilizando o exemplo dos transgênicos/agroecologia, ela é incapaz de fazer face aos riscos sociais potenciais, por exemplo, o monopólio do suprimento alimentar mundial, com a consequente desvalorização de outras formas de plantio, e o empobrecimento e deslocamento de pequenos agricultores. A abordagem DA não é suficiente para avaliar adequadamente os riscos e inovações tecnocientíficas.

d) Os objetivos da ciência e as visões de mundo religiosas

Um quarto custo é que a aceitação de uma ampla gama de visões de mundo, incluindo as religiosas, passa a ser considerada como em conflito com a busca apaixonada dos fins da ciência e a adesão à postura científica. Certamente as visões de mundo religiosas estão em conflito com o materialismo, mas isso não é o mesmo que considerá-las todas em conflito com resultados científicos estabelecidos. E, é claro, que aderir a algumas visões de mundo religiosas, como a contestação dos V_{TP} que estão associados à crítica ao materialismo, não necessita envolver discórdia com a postura científica, e pode até motivar uma adesão mais forte a esta.

Assim como os fenômenos da agência humana e da agroecologia, há muitos fenômenos religiosos que não podem (pelo menos não agora) ser adequadamente entendidos utilizando-se as categorias e estratégias aceitáveis de dentro da DA. Isto tem sido objeto de controvérsia. Vários livros de grande vendagem têm surgido,[3] argumentando que os fenômenos religiosos são totalmente explicáveis sob estratégias — "naturalistas" — orientadas à evolução biológica ou cultural. Tais argumentos não são convincentes, pois, na raiz, apresentam um problema fundamental: não dispõem de uma fenomenologia adequada da fé e das práticas religiosas.

As generalizações excessivas que constituem parte destes argumentos tendem a desconsiderar diferenças entre as religiões, e especialmente entre versões "autênticas" e "inautênticas" de uma religião específica. Por exemplo, na tradição judaico--cristã, diferenças entre o louvor ao "Deus único e verdadeiro" e práticas idolátricas e blasfemas. Eles ignoram as histórias concretas das religiões, e não investigam as vidas de figuras religiosas exemplares (históricas e contemporâneas), de modo a testar a credibilidade de seus testemunhos da experiência religiosa, e a explorar o que eles dizem da fé em Deus e de como a fé está essencialmente vinculada com outros valores, por exemplo, amor e justiça.

Estes são fenômenos religiosos centrais. Um sintoma do fracasso destes argumentos em lidar com (ou mesmo estarem conscientes de) tais fenômenos é que nenhum deles discute, ou mesmo lista em suas bibliografias, reflexões teológicas clássicas ou recentes nas quais as visões de mundo religiosas são elaboradas e desenvolvidas, em parte como respostas a desenvolvimentos científicos modernos. Tampouco discutem competentes filósofos contemporâneos, bastante conscientes dos desenvolvimentos científicos atuais, que têm explicado e defendido a fé e as práticas religiosas de vários pontos de vista.[4] Em suma, tais autores oferecem explicações especulativas das generalizações que fazem a respeito da religião, sem se dedicar a uma investigação que se preocupe em verificar a adequação delas aos fenômenos religiosos.

Os argumentos (de Dawkins e outros) não são convincentes porque eles não oferecem explicações adequadas de incontáveis fenômenos religiosos cruciais, e suas estratégias não possuem os recursos conceituais que possam caracterizar estes fenômenos de tal modo que venham a ser reconhecidos pelos fiéis religiosos. A crítica aqui não é de que os argumentos de algum modo não atingem os critérios religiosos de aceitabilidade, ou de que a fé possa se colocar acima de resultados científicos

---

3   De modo especial Dawkins, *Deus, um delírio*.

4   Por exemplo, ARCHER; COLLIER; PORPORA, *Transcendence, critical realism and God*; COTTINGHAM, *A dimensão espiritual*; e TAYLOR, *Varieties of religious experience*.

A interação da atividade científica, visões de mundo e perspectivas de valores

estabelecidos e de argumentos corretamente desenvolvidos. Em vez disso, ela surge a partir da atitude científica: as explicações que são oferecidas para o porquê das visões de mundo são mantidas, não são bem estabelecidas pela evidência disponível, e não poderão sê-lo, na medida em que os autores falham por não utilizarem uma fenomenologia religiosa adequada. Os limites da DA não dão lugar para cultivar a sensibilidade necessária para descrever e explicar adequadamente fenômenos religiosos centrais. E isto pouco muda se abordagens "naturalistas" são utilizadas para incorporar algumas estratégias que não se encaixam bem no seio da DA (por exemplo, aquelas do materialismo dialético e da psicanálise). Existe uma longa linhagem de tentativas de produzir descrições naturalistas bem fundamentadas de fenômenos religiosos, que são alimentadas pela convicção de que uma descrição convincente nestes termos poderia servir para solapar as reivindicações da fé religiosa. Mas uma descrição convincente precisa refletir uma fenomenologia adequada, porém não a encontramos nos argumentos destes. Em vez disso, assim como os interpreto, o materialismo é aqui pressuposto, e sua implicação, de que os fenômenos religiosos (de fato, todos os fenômenos) poderiam ser explicados no âmbito da DA, é assumida como válida. Para eles, que assumem poder existir apenas explicações materialistas de fenômenos religiosos, estas explicações assim oferecidas são veiculadas como se fossem as melhores disponíveis hoje.

A adesão ao materialismo certamente fornece motivação para buscar explicações naturalistas dos fenômenos religiosos, mas isso não significa que a atitude científica requeira que se assuma esta postura. Admito que nada de meu argumento até aqui prova que o programa redutivo, associado com o materialismo, não vá eventualmente ser bem-sucedido em lidar com os fenômenos religiosos (e também todos aqueles ligados à agência humana, à agroecologia etc.). Entretanto, para que sejam bem-sucedidos, os programas redutivos teriam que oferecer explicações "melhores" — julgadas à luz de critérios-padrão para avaliar o conhecimento científico — do que aquelas produzidas sob estratégias que são hoje apropriadas para investigar fenômenos religiosos e outros. Assim sendo, a motivação fornecida pelo materialismo para desenvolver explicações naturalistas nestes domínios não elimina a necessidade de desenvolver investigações sob estratégias que não sejam as da DA. O materialismo não fornece uma razão empiricamente fundamentada para excluir das deliberações relevantes, ou explicações desenvolvidas por estratégias concorrentes, ou descrições de fenômenos experimentados que articulem categorias que não têm lugar na DA.

Uma vez que os fenômenos encontrados no mundo vivido variam muito de acordo com as práticas nas quais são gestados ou experienciados, a investigação empírica deste mundo requer que uma variedade de estratégias seja adotada em benefício da busca honesta dos objetivos da ciência. Mas obviamente nós não podemos investigar todos os fenômenos. Inevitavelmente o que é investigado reflete interesses humanos, que são moldados por compromissos ligados a visões de mundo e/ou de valor. A presença social elevada dos V_{TP} explica o fascínio em adotar a DA virtualmente se excluindo quaisquer outras estratégias.[5] Em conjunto com esta elevada presença social, a sua fertilidade e versatilidade, assim como o prestígio nas principais instituições científicas, fornecem um incentivo forte para adotar a DA. Assim sendo, a argumentação de que a DA provavelmente não produzirá uma abordagem compreensiva não pode ela própria servir para gerar interesses em fenômenos que não podem agora ser captados dentro da DA, e para adotar estratégias sob as quais a compreensão deles possa ser gerada e confirmada. Este interesse, penso eu, torna-se vital principalmente quando há pessoas que mantêm valores que contestem os V_{TP}, e cujos projetos podem ser fortalecidos pela compreensão de alguns destes fenômenos. Os V_{SCP} (seção 3.2), por exemplo, fornecem uma razão para se adotar estratégias agroecológicas; os valores incorporados no princípio de precaução[6] dão margem à expansão do escopo de estratégias empregadas na avaliação de risco. E os valores ligados à dignidade e direitos humanos nos dão razão em empregar estratégias com categorias de intenção (e valor) para investigar a agência humana.

Assim como o sustentar os V_{TP} pode ser amplificado pela adesão à visão materialista do mundo, assim também manter valores que competem com os anteriores pode ser amplificado pela adesão a visões de mundo que são incompatíveis com o materialismo. Em muitas partes da América Latina, por exemplo, a visão de mundo cristã, que é parte integrante da Teologia da Libertação, reforça os V_{SCP}. Note-se que manter os V_{SCP} supõe premissas, incluindo a negação qualificada daquelas dos V_{TP}, que são abertas à investigação científica. Que também haja uma motivação religiosa (entre outras) para buscar trazer à baila alternativas para o futuro é algo empiricamente relevante para avaliar, por exemplo, a premissa (d) dos V_{TP}. Entretanto, a consistência com a visão de mundo da Teologia da Libertação não é um critério para avaliar, nem as credenciais científicas de resultados gerados sob estratégias agroecológicas, ou as pressuposições da V_{SCP}. Aderir à visão de mundo serve para reforçar a adoção de estratégias agroecológicas — e assim ela contribui para testar os limites da DA, desenvolvendo por consequência os objetivos da ciência. O quarto custo, portanto, afeta negativamente a ciência também, e não apenas, por exemplo, práticas religiosas.

4. A interação entre visões de mundo e ciência

Os próprios objetivos da ciência são cerceados quando se mantém que todas as visões de mundo que sejam incompatíveis com o materialismo se colocam contra a

---

5   Isso não significa que a adoção da DA seja sempre explicada por referência aos V_{TP}; alguns fenômenos, por causa do tipo que são, podem apenas ser investigados dentro da DA, e o interesse em investigá-los pouco tem a ver com o exercício de controle.

6   COMEST — World Commission on the Ethics of Science and Technology, *The Precautionary Principle*.

A interação da atividade científica, visões de mundo e perspectivas de valores

postura científica. Isto não significa negar que algumas visões de mundo religiosas de fato entram em conflito com resultados bem estabelecidos da ciência, e isto constitui razão suficiente para rejeitá-las. De fato, uma longa tradição de racionalidade teológica e interpretação bíblica mantém que existem, em adição àquelas baseadas na ciência, razões teológicas convincentes para rejeitar tais visões de mundo religiosas.

> Tese 3. Não há uma linha bem definida entre visões de mundo e resultados científicos. Visões de mundo — incluindo aquelas religiosas e também o materialismo "científico" — estão sujeitas a modificações, desenvolvimentos (ou rejeição), e melhorias à medida que interagem com os resultados científicos.

Uma visão de mundo postula os tipos de objetos que se encontram no mundo e as possibilidades que estão abertas a eles, e ela especifica as categorias que podem cumprir um papel na descrição de ações e interações humanas e seus efeitos. Além disso, refletindo a Tese 3, ela torna possível incluir propostas mais específicas, que são importantes para avaliar se a visão de mundo empresta sentido à experiência de modo adequado, e que (sob estratégias de investigação apropriadas) são encaixadas em teorias que podem ser testadas empiricamente.

Isto se torna mais claro no caso do materialismo, pois, em minha caracterização, responde diretamente a desenvolvimentos feitos dentro da DA. Mas não aí apenas! Uma teologia cristã bem fundamentada que articula a visão de mundo cristã reivindica, por exemplo, que: o egoísmo pode ser superado; as faltas podem ser sempre perdoadas; o pecado representa uma diminuição dos seres humanos; Deus criou o mundo; Jesus Cristo é simultaneamente Deus e Homem. Ainda que as três primeiras afirmações sejam formuladas com o uso de categorias morais e teológicas, isto não significa que elas não possam ser parte de teorias desenvolvidas para fazer sentido do comportamento humano e suas possibilidades, e portanto aberta à avaliação empírica apropriada. Estas três afirmações podem certamente ficar vulneráveis a resultados de dados empíricos — por exemplo, se a psicologia evolutiva fosse desenvolvida a ponto de fornecer uma explicação dos fenômenos descritos em tais afirmações, terminando por mostrar que a descrição teológica não se sustenta. Não é inevitável que isto venha a acontecer, pois tudo depende de como o produto da ciência conduzida sob uma variedade de estratégias venha a surgir.

> Tese 4. Assumindo-se que uma variedade de estratégias é permitida na pesquisa científica, e que as estratégias escolhidas são apropriadas, dado o fenômeno particular de investigação, nenhum fenômeno em princípio encontra-se fora do âmbito da pesquisa científica.

A Tese 4 não implica que compromissos religiosos racionais não possam ser feitos na ausência de estudos científicos dos fenômenos como os mencionados no parágrafo anterior. Tampouco implica que a investigação científica por si só possa fornecer suporte adequado a eles, mesmo se os meios para conduzir as investigações científicas relevantes estivessem disponíveis. Por outro lado, há, sim, a implicação de que não se podem sustentar argumentos tradicionais — como o famoso argumento de Galileu sobre os "dois livros", aquele da natureza e o da revelação — de que não possa haver contradição entre as perspectivas religiosas e os resultados científicos. Entretanto, não se segue necessariamente que mais e mais contradições vão emergir, com a perspectiva de que as asserções religiosas iriam assim sendo reduzidas à medida que o escopo da ciência aumenta. Ao contrário, a Tese 4 é consistente com o manter que, quando a devida atenção é dada às asserções religiosas, classes de fenômenos podem ser investigadas sob estratégias que seriam de outro modo ignoradas. É também consistente com o mostrar que categorias teológicas tais como "pecado", "graça" e "idolatria", são inteiramente satisfatórias para articular e explicar importantes verdades da experiência humana.

> Tese 5. Não apenas a aceitação de algumas visões de mundo religiosas é compatível com a postura científica, mas o fato de elas serem assumidas por muitos cientistas pode servir para o fortalecimento da busca dos fins da ciência.

Não estou dizendo que a adesão à visão de mundo materialista seja incompatível com a manutenção da postura científica, ou que a aceitação de uma visão de mundo religiosa seja um requisito para uma condução segura da pesquisa científica. De fato, tirei duas conclusões: primeiro, que a atitude científica não está ligada a nenhuma visão de mundo particular, seja a materialista, a religiosa, ou de outra sorte. Segundo, cultivar um pluralismo saudável (tanto de visões de mundo como de perspectivas de valores) pode beneficiar o desenvolvimento dos objetivos da ciência entre os praticantes dela. A busca dos objetivos da ciência é enfraquecida quando uma visão de mundo (e/ou uma perspectiva de valores), mesmo o materialismo (ou V_{TP}), venha a assumir um predomínio sem questionamentos.

5. Referências bibliográficas

ARCHER, M.; COLLIER, A.; PORPORA, D. *Transcendence, critical realism and God.* London: Routledge, 2004.

COMEST — World Commission on the Ethics of Science and Technology. *The precautionary principle.* Paris: Unesco, 2005.

COTTINGHAM, John. *A dimensão espiritual*; religião, filosofia e valor humano. São Paulo: Loyola, 2008.

DAWKINS, Richard. *Deus, um delírio.* São Paulo: Companhia das Letras, 2007.

LACEY, Hugh. *A controvérsia sobre os transgênicos*; questões científicas e éticas. São Paulo: Ideias e Letras, 2006.

_____. *Valores e atividade científica 1*. São Paulo: Associação Scientiae Studia/Editora 34, 2008.

_____. *Valores e atividade científica 2*. São Paulo: Associação Scientiae Studia/Editora 34, 2010.

TAYLOR, Charles. *Varieties of religious experience*; varieties of religion today. Cambridge: Harvard U.P., 2002.

6. Sugestões de leitura

LACEY, Hugh. O lugar da ciência no mundo dos valores e da experiência humana, *Scientiae Studia*, 7, 4, 2009, pp. 681-701.

MARICONDA, Pablo; LACEY, Hugh. A águia e os estorninhos: Galileu sobre a autonomia da ciência. *Tempo Social*, 13, 2001, pp. 49-65.

OLIVEIRA, Marcos B. Neutralidade da ciência, desencantamento do mundo e controle da natureza. *Scientiae Studia*, 6, 1, 2008, pp. 97-116.

SANTOS, Boaventura S. (org.) *Conhecimento prudente para uma vida decente*; um discurso sobre as ciências revisitado. São Paulo: Cortez, 2004.

TAYLOR, Charles. *Uma era secular*. São Leopoldo: Unisinos, 2010.

CAPÍTULO VI

"Religiosidades científicas" hoje: entre o secular e o religioso

Marcelo Camurça

A dimensão do sagrado e da religiosidade encontra-se muitas vezes presente nas esferas laica e profana, cumprindo nelas uma função simbólica e de significação. Por seu lado, as ciências sociais veem com cautela o uso desta constatação como método para a compreensão desta outra faceta dos fenômenos científicos, políticos e sociais, no que se convencionou chamar de "religiosidades seculares" ou "sacralidade laica".[1] No entanto, julgamos que esta perspectiva pode esclarecer uma outra faceta destas realidades consideradas como não religiosas, revelando — para além de sua autor-referência, de seus aspectos evidentes e de seus reducionismos — dimensões de um imaginário e de produção de sentido também constitutivas destas realidades.

Dentro de uma abordagem funcionalista, à maneira do sagrado social de Durkheim, podemos, através da chave dos rituais, desvelar em espaços laicos procedimentos que engendram um sentido gregário, uma "efervescência coletiva" que conduz o indivíduo a um sentimento de identificação e pertença a um coletivo, a uma instituição.[2] Avançando nesta perspectiva de um sagrado em sentido alargado, pode-se, através do que Albert Piette chamou de "analogia de funcionamento",[3] identificar em domínios leigos processos simbólicos similares aos que ocorrem no meio "religioso", como: a sacralização do mercado, do dinheiro e da mercadoria, ou ainda da ciência, o ritual de uma defesa de tese acadêmica, de uma sessão parlamen-

---

1   HERVIEU-LÉGER, *La religion pour mémoire* (*La sociologie contre la religion? e Religion: mode de croire*). Nestes capítulos, o autor destaca as controvérsias em torno da definição do conceito de religião (definições nominalistas e essencialistas) e da possibilidade de estender o termo religião para outras realidades. LAZAR, *Rigueur et passion*, retoma essa questão, reproduzindo o debate sobre a pertinência das ideias de "analogia" e "função" servirem como forma de alargar a ideia de religião para as chamadas "religiões seculares" ou "políticas" e correntes do movimento comunista.

2   RIVIÈRE, *Os ritos profanos.*

3   PIETTE, *Les religiosités séculières*, p. 80.

"Religiosidades científicas" hoje: entre o secular e o religioso

tar; a participação em atividades esportivas como uma "religião", com seus rituais, suas pertenças e sua "mística"; a natureza esotérica dos diagnósticos médicos com seus profissionais vistos como sacerdotes, paramentados como tal e exercendo uma autoridade deste tipo.

Também podemos utilizar a "analogia de funcionamento" para exercer uma crítica a dimensões encobertas de práticas seculares, e, através dela, revelar uma faceta irracional ou dogmática de uma atividade que se pretende regida por uma lógica neutra e racional, como o discurso e a prática da política, economia ou ciência.

Mas, para além do *approach* funcionalista e da analogia, pode-se analisar um outro tipo, que são as apropriações que determinadas visões de mundo ditas laicas/ científicas fazem do sagrado, numa composição intencional entre transcendência e ciência, com o objetivo de legitimar esta nova articulação. Isto Piette designou como construção de elemento de transcendência a partir de um *locus* secular. Ou seja, a estratégia da parte de um discurso que se reivindica científico de "gravar sobre um conteúdo tradicionalmente religioso (alma, reencarnação) uma forma técnico--científica, começando assim uma nova relação sincrética entre atividade secular (no caso, a ciência) e a religião".[4]

Como fio condutor deste capítulo, seguiremos a reflexão de Albert Piette, entremeando-a com aportes vindos de análises de outros autores que focalizaram o fenômeno que ele chama de "religiosidades científicas" como um "fato social" presente nas sociedades modernas, na sua singularidade e diversidade (estudos sobre: paraciências, física gnóstica, crença em discos voadores, nas experiências de quase morte, na materialização de espíritos etc.).

1. Aspectos cognitivos e socioculturais do fenômeno da "religião científica"

Albert Piette vê esta apropriação da linguagem religiosa por um domínio presumivelmente científico em duas modalidades, que chama respectivamente de "construção cognitiva do transcendente" e "construção sociocultural do transcendente".[5]

a) Construção cognitiva do transcendente

A primeira modalidade, dita "cognitiva", diz respeito aos recursos da ciência (teoria e método) empregados para "provar" a existência de uma realidade transcendente. O estatuto de legitimidade dado a esse empreendimento viria pelo fato de se

---

4   Ibid., p. 82.

5   Ibid., p. 83.

acharem entre cientistas, físicos e outros provenientes do meio das *hard sciences*, muitos dos que defendem esse ponto de vista.[6] Como exemplos destas pesquisas e teorias, temos, de um lado, a associação entre física quântica e tradições místicas orientais, como nos trabalhos de Fritjof Capra sobre *O Tao da física* e o *Ponto de Mutação*, e, de outro, a definição de fenômenos paranormais, "estados alterados de consciência" do tipo clarividência, telepatia, precognição, psicocinese e materializações como objetos legítimos da pesquisa científica.

Otávio Velho, em um comentário sobre o papel das "ciências duras", "exatas" no exame das formas de "consciência", impressionou-se "com a radicalidade de nossos 'hard scientists', nacionais e estrangeiros" [...] de "áreas, aparentemente mais ortodoxas, segundo um modelo genérico de ciência", que "sentem-se mais à vontade para se permitirem ousadias" que seus congêneres das ciências sociais. Para Velho, estes experimentos em torno das "ciências duras" centram-se na "ideia de que a ciência experimental, devido ao behaviorismo, atrasou-se no estudo dos estados de consciência e deveria apelar para os conhecimentos advindos de outras tradições, como por exemplo o budismo e o xamanismo [...] chegando[-se] a discutir seriamente a necessidade de uma 'ciência estado-específica', na qual se propõe que um estado de consciência só pode ser conhecido em profundidade quando o observador encontra--se no mesmo estado de consciência".[7]

Retornando a Piette, na sua formulação da "construção cognitiva do transcendente" para entender o fenômeno de "cientificização" do inefável, ele detecta duas formas de labor "cognitivo do transcendente", que nomeia de "misticismo" e "animismo". Dentro do modelo do misticismo[8] estariam as transposições de níveis de análise da teoria quântica válida apenas para a escala das partículas para um nível macroscópico das realidades físicas e humanas. Por esta via operam um deslizamento da linguagem da não separabilidade quântica para a ideia da interdependência de elementos que comporiam a totalidade cósmica/mística. Outro exemplo é a hipótese aceita no nível quântico das partículas de lograr captar ondas avançadas provindas de um evento futuro, com isso ultrapassando-se distâncias espaçotemporais transpostas para o nível macro das experiências de ação humana à distância, como vidência, premonição e psicocinese. Já o modelo animista[9] contempla o uso do discurso científico para evidenciar a ação de seres "espirituais" por trás de fenômenos como objetos moventes ou materialização de formas. Estamos no domínio do espiritismo (kardecista e seus derivados). Aqui, um leque que cobre desde as experiências do físico inglês William Crookes no século XIX sobre a materialização de "espíritos"

---

6   Ibid., p. 86.

7   VELHO, O que a religião pode fazer pelas ciências sociais?, p. 11.

8   PIETTE, *Les religiosités séculières*, pp. 87-88.

9   Ibid., pp. 89-92.

"Religiosidades científicas" hoje: entre o secular e o religioso

através da ação de um "fluido mediúnico" até o uso de uma parafernália tecnológica de gravadores, televisões para captação de vozes e imagens dos espíritos. Ainda dentro do campo animista — embora não na busca de detecção de autoria espiritual de fenômenos materiais —, temos o campo de pesquisa sobre as "experiências de quase morte" (NDE — Near Death Experience).

Na análise de Piette, tanto as teorias quânticas associadas a cosmologias e místicas (orientais) quanto as experimentações empiricistas do transcendente, ou ainda as estatísticas das "experiências de quase morte" partem de uma experiência científica, mas só obtêm um grau de eficácia no que tange ao convencimento ao se respaldarem no discurso religioso ou no de uma crença religiosa *a priori* da existência de tais realidades.[10] Argumento que nos evoca singularmente os de Marcel Mauss no seu "Esboço de uma Teoria Geral da Magia", quando diz que "a crença na magia é sempre apriorística. Na magia a fé precede a experiência [...]; só se executa uma receita porque se confia [...]; a experiência contrária não abala a crença [...]; até fatos desfavoráveis a favorecem, pois pensa-se sempre que são o efeito de uma contra-magia, de falhas rituais, e [...] das condições necessárias às práticas não terem sido observadas".[11]

Portanto, a "construção cognitiva do transcendente" para o autor trata-se, de fato, de um "sincretismo científico-religioso" que é formado no nível sociocultural.

b) Construção sociocultural do transcendente

Para Piette, a configuração sociocultural das "religiões científicas" encontra adesão nas camadas médias — jovens empregados nas chamadas "novas profissões" — possuidoras de certa cultura e abertas a ideias não convencionais. São os chamados "sem religião", mas sensíveis a uma espiritualidade. Através da contracultura abraçada, embutem uma forte crítica à ciência oficial, todavia sem abrir mão do emprego de sua linguagem e método. Os agentes promotores deste arranjo sociocultural religioso-científico divulgam-no através de editoras, livrarias e revistas onde veiculam artigos midiáticos e vulgatas das teorias em voga. Também fundam associações e grupos que visam difundir esses temas em palestras, conferências envolvendo médiuns, parapsicólogos, parafísicos, atividades psicoterapêuticas (orientais, massagens, aprendizagem sensoriais, astrologia, meditação) e através de testemunhos destas experiências incomuns na mídia e na televisão. Estas iniciativas redundam em um debate público entre partidários e contraditores do fenômeno, onde os adversários enfatizam o caráter de irracionalidade, mistificação e erro científico das

---

10   Ibid., p. 95.

11   MAUSS, Esboço de uma teoria geral da magia, p. 123.

"religiões científicas" e os seus partidários chamam atenção para os reducionismos do racionalismo científico.[12]

A partir dos contextos socioculturais, Piette identifica duas ciências mobilizadas para estes sincretismos científico-religiosos, que segundo ele são a física e a psicologia.

De um lado, a "física espiritual", também conhecida como "física neognóstica" de J. Charon, postula a indissociabilidade entre matéria e espírito, a existência de uma dimensão espaço-tempo desconhecida, assim como uma presença do espírito no interior das partículas elementares dos corpos físicos, que sobrevive à morte destes, quando se reagregam e retornam ao transcendente. Esta "física neognóstica" frequentemente faz recurso às ideias tanto de um cientista como Einstein quanto de um teólogo como Teilhard de Chardin.

Ainda nesse campo, Piette relaciona a "gnose de Princeton", conjunto de ideias em voga na década de 1970 no meio científico a partir dos Estados Unidos. Grosso modo, recusam a oposição espírito-matéria e defendem a unidade entre os elementos que compõem o universo (animais, minerais, vegetais). Para estes, o sagrado seria a totalidade do universo, articulado num "grande todo ordenador".

De outro, a "psicologia transpessoal", que engendra um sincretismo entre a psicologia e as tradições místicas orientais. Através destas práticas "psi-místicas" busca-se alcançar estados alterados de consciência e modos de percepção não ordinários. Ou seja, ultrapassar a dicotomia entre eu e não eu, condição para a iluminação ou libertação como forma de acesso à verdadeira "consciência cósmica", uma consciência total e sem conteúdo, conhecida como "tao" ou "bramam" nas tradições orientais. Para Piette, a psicologia, mais que a física (que se restringe ao modelo laboratorial dos testes e contraprovas), engendra um conjunto de práticas e técnicas rituais visando alcançar o que chamam estados privilegiados de consciência.

Este conjunto de ideias e práticas psicoespirituais se encontra associado ao que se convencionou chamar de movimento "Nova Era" ou "Era de Aquário". São movimentos que combinam a perspectiva individualista/subjetiva do "bem-estar pessoal" com uma perspectiva holista de integração a instâncias englobantes e totalizantes do transcendente.

De um lado, valorizam a experiência pessoal como forma de acesso ao divino/sagrado através de diferentes vias: meditação, visualização, exercícios de respiração e relaxamento, experiências de extracorporalidade, regressão psicológica a vida anteriores, uso de plantas psicoativas. De outro, possuem uma concepção monista/panteísta do universo de inspiração oriental: o universo visto como um todo orgânico

---

12   PIETTE, *Les religiosités séculières*, pp. 96-98.

"Religiosidades científicas" hoje: entre o secular e o religioso

com suas partes (homens, animais, plantas, astros) interdependentes e atravessados por uma "energia vital" que as articula.

Formam grupos, comunidades, centros holísticos e redes com rótulos. Ora pendem mais para o "místico-comunitário", quando visam desenvolver uma "consciência" para a chegada da Era de Aquário, experimentando um modo de vida marcado pela afeição, troca, convivialidade, e também pelo crescimento pessoal. Noutras vezes, tendem mais para o "místico-profissional" através de círculos de palestras, cursos, workshops, terapias, voltados para o desenvolvimento das potencialidades "internas" do indivíduo. Leila Amaral chama esta primeira tendência de "polo contracultural: ênfase na realidade interna amor-sabedoria" e a segunda de "polo da prosperidade: ênfase na realidade interna poder-energia".[13]

Enquanto para a autora a primeira tendência expressa a "ênfase no desenvolvimento das relações pessoais, à vida comunitária e em harmonia com a natureza",[14] a segunda tendência propugna a "identificação do *self* com [o Divino] confer[indo] ao homem-indivíduo um poder tamanho que pode influenciar sobremaneira o mundo externo".[15] Segundo Amaral, no segundo caso, as "organizações 'Nova Era' oferecem serviços e programas para o treinamento de gerentes, executivos de grandes empresas capitalistas, cuja finalidade é o despertar da própria criatividade e a visualização dos poderes ocultos do indivíduo".[16]

No conjunto de suas tendências, sustentam uma visão para além da lógica produtivista, consumista e burocrática, buscando harmonizar micro e macro, corporal e mental, indivíduo e grupo. Para uma compreensão destes movimentos na realidade brasileira, ver os trabalhos de Amaral,[17] Tavares[18] e Magnani.[19]

Outro ramo desta "nebulosa místico-esotérica" — fórmula consagrada de Françoise Champion[20] — é o que podemos chamar de "movimento extraterrestre", que compreende pesquisas ufológicas e testemunhos dos que creem nos contatos de outros mundos mais evoluídos com nosso planeta, visando transmitir-nos ensinamentos. Este movimento se expressa através de grupos como o "Raeliano" de conteúdo doutrinário e práticas rituais. Para Piette, o sincretismo científico-religioso nesses grupos se dá pela incorporação do léxico científico da fórmula matemática e do vocabulário astrofísico conjugado com a utilização de um aparato pseudotecnológico:

---

13   AMARAL, *Nova Era*, pp. 25-29.

14   Ibid., p. 26.

15   Ibid., p. 27.

16   Ibid., p. 27.

17   AMARAL, *Carnaval da alma*.

18   TAVARES, *Alquimias da cura*.

19   MAGNANI, *Mystica Urbe*.

20   CHAMPION, Les sociologues de la postmodernité et la nébuleuse mystique-ésotérique, pp. 155-169.

pirâmides de energia solar, máquinas para captar ondas eletromagnéticas de outros planetas,[21] tudo isso articulado com o emprego de uma visão apocalíptica ou messiânica da vinda dos extraterrestres depois de uma hecatombe catastrofista na terra para recuperar, dentre sua população, os "eleitos",[22] ou ainda uma releitura da Bíblia e outros textos sagrados na perspectiva de *Eram os Deuses astronautas?*, ou seja, uma análise dos mitos religiosos como produto de contatos havidos no passado entre extraterrestres e populações do planeta. Praticam ainda rituais para captação de "energia" enviada de outros sistemas solares e realizam "peregrinações" a locais ermos e incomuns para o contato com discos voadores.

O movimento espírita constitui-se como outro domínio arrolado por Piette deste grande conjunto sociocultural, por reivindicar uma compreensão filosófico-científica da dimensão espiritual-transcendente. O *Livro dos Espíritos*, base da doutrina Espírita, tem no seu estilo muito do "*ethos*" pedagógico-científico em que estava inserido seu fundador, o educador Leon Hipolyte Rivail, conhecido como Allan Kardec. Este vai estabelecer sua doutrina espiritual baseado na evidência empírica (o método indutivo) fundamentada em mil e dezoito perguntas e respostas formuladas aos "espíritos", através de dezenas de médiuns diferentes e de testes de acerto-erro sucessivos. O livro fundante do espiritismo reivindica, assim, articular transcendência e ciência. De um lado, trata-se de uma revelação provinda dos "espíritos esclarecidos", expressa num texto canônico; e, de outro lado, é marcado pelo rigor das técnicas de verificação, culminância de uma pesquisa movida por hipóteses e com um resultado fundamentado. Rivail/Kardec foi solicitado como pesquisador a estudar o fenômeno das "mesas girantes" que fazia sucesso na Paris da *bèlle époque* e apresentar uma conclusão sobre ele. No curso de sua investigação e através de "observações sistemáticas, chegou a leis que regulam o mundo espiritual" (*Reformador* 31/13/1883). Por esse processo experimental, convenceu-se da veracidade da origem e finalidade dos fenômenos espirituais observados e sistematizados no livro que intitulou "dos espíritos".[23]

Combinando reflexão sistematizada, experimentações "científicas" e misticismo na tríade "filosofia, ciência e religião", o espiritismo se mostrou extremamente atrativo para as classes médias letradas e setores médios intelectualizados da população. O espiritismo se propagou enquanto um movimento de ideias, como uma explicação cosmológica racionalizada sobre o destino do homem e da vida, sua parte "filosófica" articulada à parte "experimental" das práticas mediúnicas das "sessões de mesa" e da comunicação com os "espíritos", através do recebimento de suas mensagens.[24]

---

21   PIETTE, *Les religiosités séculières*, p. 114.

22   Ibid., p. 115.

23   CAMURÇA, "*Le livre des Esprits*" na Manchester Mineira, p. 200.

24   GIUMBELLI, *O cuidado dos mortos*, p. 64.

"Religiosidades científicas" hoje: entre o secular e o religioso

Estas manifestações trouxeram de volta ao ambiente moderno e secularizado uma dimensão *encantada* e *mágica* — no sentido weberiano —, na qual o extraordinário e o supranatural se revelavam de forma explícita. Contudo, o aparente sobrenatural desses fenômenos espirituais era desvelado mediante um método experimental e um controle moral. Por essa via, os "espíritos" perdem sua aura de sobrenaturalidade, perdem também sua dimensão ameaçadora, terrificante e incontrolável para se converterem em dado de realidade. Os "elementos mágicos" da crença espírita, "em vez de se oporem aos elementos racionalizantes (tal como no modelo weberiano), se articulam com estes", formando assim um "reencantamento racionalizado" onde "o contato com os espíritos" se dá "de forma regulada e condicionada [...] por uma racionalização ética do mundo".[25]

Dessa forma o espiritismo operou um "desencantamento" no "encantamento" inicial que promoveu. "Racionalização do encantamento" significa, então, demonstrar a *cientificidade* da presença e manifestação dos "espíritos"; assim como os fins morais de sua atividade.

Um último braço deste conglomerado New Age que Piette coloca no rol das "religiões científicas" de configuração psicológica é a astrologia,[26] entendida como sistema que vincula a regularidade dos deslocamentos dos astros e o curso do sol ao destino humano, explorando uma capacidade de predição do futuro como produto do conhecimento destas "leis do movimento dos astros". Os conhecimentos "esotéricos" dos astrólogos colocam-nos como "sacerdotes" e conselheiros do cotidiano e do futuro das pessoas comuns. Uma análise aprofundada sobre a cosmovisão e a prática da astrologia de uma forma geral e sua presença no Brasil é a que fez Luiz Vilhena.[27]

2. Tendências desses fenômenos nas sociedades modernas

A partir de alguns estudos da sociologia francesa sobre o papel e as tendências desse fenômeno que articula argumento científico para secundar uma prática espiritualizada, buscamos colocar mais elementos na reflexão que ora desenvolvemos.

Gérard Chevalier centra o foco nos "procedimentos de legitimação" das chamadas paraciências diante do saber científico hegemônico. Ele toma como paraciências um conjunto compósito de práticas e doutrinas rejeitadas pela ciência estabelecida, como astrologia, parapsicologia, radiestesia, geobiologia etc., que expressam

---

25   D'ANDREA, A "Nova Era" no Brasil, pp. 199-200.

26   PIETTE, *Les religiosités séculières*, p. 120.

27   VILHENA, *O mundo da astrologia*.

Marcelo Camurça

"uma zona imprecisa entre saber e crença".[28] Analisa os dispositivos promocionais de transmissão destas formas de "vulgarização científica", como escolas, estágios de formação, consultas e prestações de serviço ao grande público. Mostra como a ciência funciona como "polo magnético" em torno do qual se orientam todas essas iniciativas, e quais os procedimentos dos profissionais destas paraciências para atenuar a exclusão de suas disciplinas das esferas de conhecimento institucionalmente estabelecidas e para se apropriar da legitimidade destas.

No entanto, esse estudo aponta nestes adeptos das paraciências "um descompasso entre sua disposição em reconhecer os signos de legitimidade cultural e a capacidade de dominar esses signos".[29] Para o autor é esse descompasso entre "aspirações" e "competências",[30] essa separação entre "reconhecimento" e "conhecimento" que vai gerar os "erros" recorrentes destas crenças/práticas.

O autor registra uma "fascinação universitária" como a tônica das práticas paracientíficas que fazem recurso a instrumentos de certificação similares aos das instituições universitárias como cursos, diplomas, títulos etc. Organizam "academias" intituladas "Escola Superior de Astrologia", "Faculdade de Parapsicologia", "Alta Escola de Pesquisa", alugam os anfiteatros de universidades como a Sorbonne, mimetizando o modelo universitário como que para provocar um efeito de verdade na sua clientela.[31]

A astrologia aparece como a mais empregada nesta "reprodução" do sistema escolar oficial: na referência às disciplinas científicas, na forma e duração dos cursos oferecidos, nos fins pedagógicos reivindicados e no estatuto conferido ao diploma ou certificado atestando os cursos realizados. Combinam saberes consagrados como a psicanálise com a astrologia, tendo como resultante uma "astropsicanálise", em que a psicanálise ocupa de fato um lugar secundário, apresentada de uma forma "dramatizada e metafórica". De fato, a disciplina compósita "astropsicanálise" parece mais uma "astrologia alimentada de mitologia grega", do como aparece nos "títulos espetaculares" das sessões dos cursos: "A lua e seu papel na central psíquica: o reino da noite, a selva dos instintos"; "O mundo dos sonhos, o eclodir das emoções" ou "Os surdos destroços do recalcamento do lago negro das neuroses: do recalcamento à perversão, quando Satan conduz o baile".[32] Os cursos se concluem com exames, e "defesas de tese" são realizadas quando se atribuem títulos de "mestre em ciências

---

28   CHEVALIER, Parasciences et procédés de légitimation, p. 205.

29   Ibid.

30   Ibid., p. 207.

31   Ibid., p. 215.

32   Ibid., p. 216.

astrológicas" aos que obtiveram êxito. Tudo isso conferindo ao empreendimento uma "legitimidade de fachada" nos dizeres do autor.[33]

No entanto, as paraciências não realizam apenas a imitação das ciências estabelecidas enquanto "fato social" e enquanto fenômeno que produz transformações nas formas sociais, elas também colocam em questão a ciência oficial. Ao se colocarem sob a "dominação" do "saber legítimo", "de seu uso e de sua linguagem de funcionamento", engendram também uma "resistência a este", estabelecendo-se como "concorrentes" do sistema dominante. Isto pode ser exemplificado no papel de "psicologia de substituição" que a "psicoastrologia" desempenha.[34]

Chevalier conclui da seguinte forma: se os parapsicólogos se passam por cientistas, os curadores por médicos e os astrólogos por psicanalistas, "não é somente para tirar benefício da imitação [...], mas também neste objetivo difuso e necessário para certos grupos sociais" — acrescentamos: subalternos — "[significa] transmutar progressivamente em profissões organizadas as atividades de substituição".[35]

Guy Michelat e Daniel Boy, dando seguimento à ideia de que o "impulso das paraciências no seio de nossas sociedades parece constituir um fato social indiscutível",[36] procuram, através de sua pesquisa, "medir certos aspectos destes fenômenos a partir de uma sondagem de opinião ocupando-se principalmente das atitudes dos franceses a respeito das [para]ciências".[37] Através de métodos quantitativos, estes autores estabelecem duas "escalas de crença" que são: uma, os fenômenos paranormais, compreendendo crenças nas "mesas espíritas", na telepatia, no magnetismo e em discos voadores; e outra, a astrologia, crença no horóscopo e suas predições e explicação do perfil e características dos indivíduos através dos signos astrológicos.[38]

A pesquisa revela que a crença nos fenômenos paranormais é quantitativamente importante entre os franceses. Em uma distribuição estatística na década de 1980, temos à frente a crença em efeitos de magnetismo entre 60% e 40%, seguida da crença na telepatia em torno de 40% e com menor frequência as crenças mais tradicionais, 18% para a crença no feitiço e 5% em fantasmas. A astrologia também ocupa "um longo capital de confiança" entre os franceses, metade dos entrevistados crendo em sua "natureza científica", 1/3 deles, na explicação dos tipos de personalidade pelos signos e 1/4 na capacidade preditiva da astrologia.[39]

---

33 Ibid., p. 217.

34 Ibid., pp. 218-219.

35 Ibid., p. 219.

36 MICHELAT; BOY, Croyances aux parasciences: dimensions sociales et culturelles, p. 175.

37 Ibid., p. 175.

38 Ibid., pp. 175-177.

39 Ibid., p. 178.

Marcelo Camurça

Levando em conta a agregação das crenças nas duas escalas propostas pelos autores — fenômenos paranormais e astrologia —, tem-se que entre os jovens e as mulheres elas são muito elevadas. Entre os primeiros ficam mais evidentes as crenças paranormais, enquanto entre as mulheres sobressai a astrologia.[40]

No que diz respeito aos jovens, está-se diante "de um modo cultural que tocaria mais comodamente aqueles cuja idade (e nível cultural) torna-os mais disponíveis à novidade; de outra parte a adesão a esses sistemas de pensamento tem valor de refúgio ou de substituto ideológico para classes de idade em que a integração social não se concluiu (estatuto conjugal, profissional, social)".[41]

Para o caso da crença no fenômeno paranormal, esta aumenta com o nível cultural dos indivíduos (isto só não é válido para o extrato superior científico), enquanto para a crença na astrologia há uma constância indicando uma distribuição igual em diferentes camadas da população.[42]

No que tange às categorias profissionais, os grupos assalariados de classe média (professores de ensino médio e assalariados em geral) aderem às duas crenças. A crença na astrologia é mais frequente no pessoal do setor de serviços (onde o número de mulheres é expressivo) e nos operários especializados. Quanto aos professores do ensino superior e executivos, estes se encontram mais reticentes em relação à astrologia e relativamente crentes quanto ao fenômeno paranormal.[43]

Em grandes traços, as clientelas dos dois tipos de paraciências se definem assim: camadas médias e superiores com dominância intelectual aderem às crenças nos fenômenos paranormais e camadas médias e populares à crença na astrologia. Os professores de ensino médio estão presentes nas duas crenças.[44]

Estes resultados poderiam apontar para um "paradoxo" (particularmente na crença do paranormal) em relação ao modelo modernizante secularizador, que veria o "irracionalismo" subsistindo apenas em camadas sociais excluídas da formação do ensino contínuo ou entre pessoas idosas ligadas culturalmente a um modo tradicional de vida. Porém a adesão de parte das camadas médias letradas às crenças no paranormal deve ser considerada como participação "em uma representação social que responde a certas expectativas e necessidades culturais e ideológicas".[45] São camadas sociais que se formaram na segunda metade do século XX em torno de uma série

---

40   Ibid., p. 181.

41   Ibid., pp. 181-182.

42   Ibid., p. 178.

43   Ibid., p. 183.

44   Ibid., p. 183.

45   Ibid., p. 185.

de movimentos "ideológicos" e de "atitudes novas", como ecologismos, movimento comunitário, liberalismo cultural e ideologias consumistas.[46]

Os mesmos mecanismos sociais que estariam na base destes movimentos e atitudes informariam também as novas modalidades de crenças.

Numa perspectiva bourdieana, estas crenças tidas como "pseudossaberes" seriam adotadas por aqueles desprovidos da "cultura legítima". Por não dominar o "autêntico saber", privilégio das frações da alta burguesia, a pequena burguesia se contentaria com um tipo de "imitação cultural" que poderia ser chamada de "cultura de substituição".[47]

Por outro lado, estas crenças funcionariam também em "situações de incerteza ou frustração", como um tipo de consolo, "uma outra maneira de imaginar o mundo e de esquecer sua própria situação".[48] Nesse sentido, crenças na paranormalidade e astrologia forneceriam tanto um tipo de conhecimento a que se consegue ter acesso quanto um sistema de explicação que atribui "causas" a destinos individuais e sociais.[49]

Enquanto sociólogos "*hard*", os autores não se sentem autorizados a ir além do que os dados de sua pesquisa apontam. Ficam, porém, no ar duas ideias: uma mais ligada às próprias possibilidades da ciência, na sua busca de soluções sempre parciais e acumulativas, que sugere que esses sistemas de crenças na paranormalidade e astrologia se constroem sobre "uma tentativa de descompartimentação, de abertura do conhecimento científico a outros modos de reflexão mais globais, mais intuitivos e mais próximos da revelação".[50] Outra ligada ao domínio da religião, quando sublinham que se vive em um tempo "do fim da religião e do retorno do religioso".[51]

Outras abordagens mais etnológicas e contemplando "estudos de caso" sobre os fenômenos das paraciências foram empreendidas também no seio das ciências sociais francesas contemporâneas. Etnografias sobre as experiências de quase morte,[52] sobre experiências com discos voadores,[53] sobre atividades de médiuns espíritas.[54] Elas são mencionadas aqui como registro para futuras pesquisas.

---

46   Ibid., p. 175.

47   Ibid., p. 186.

48   Ibid., p. 186.

49   Ibid., p. 186.

50   Ibid., p. 201.

51   Ibid., p. 201.

52   POUCHELLE, Transports hospitaliers, extra-vagances de l'âme, pp. 247-299.

53   MEHEUST, Apocalipses médico-expérimentales: notes sur les enlèvements soucoupiques aux Etats-Unis, pp. 301-328; LAGRANDE, Enquêtes sur les soucoupes volantes, pp. 92-112.

54   CHARUTY, De la preuve a l'epreuve, pp. 47-59.

3. Conclusão

Segundo Piette, as "religiosidades científicas" são liminares, "em situação intervalar", ou seja, situadas entre a atividade religiosa e secular. Estão sempre "em processo de oscilação permanente entre referências religiosas e seculares".[55] Isso não significa que sejam um arremedo de religião em relação às ditas verdadeiras. Também não são apenas "implícitas", pois são dotadas de uma codificação; não são "invisíveis" ou "privadas", pois possuem um grau de institucionalidade e não são unicamente "difusas", pois podem se fixar em crenças e práticas determinadas.[56] Não apenas tomam emprestado das religiões tradicionais ou as imitam, mas funcionam *em relação* com estas. Relação que se expressa em diferentes tipos: complementação, competição ou substituição, mas, sobretudo, relações de *interdependência*.[57] Em suma, o particular e inovador deste "sincretismo científico-religioso" é que, através dele, as religiões *tout court* são extraídas de seu campo privilegiado e inseridas num registro secular, mantidas e transformadas no seu sentido inicial.

4. Referências bibliográficas

AMARAL, Leila. Nova Era: um movimento de caminhos cruzados. *Nova Era*; um desafio para os cristãos. São Paulo: Paulinas, 1994, pp. 11-50.

_____. *Carnaval da alma*; comunidade, essência e sincretismo na Nova Era. Petrópolis: Vozes, 2000.

CAMURÇA, Marcelo Ayres. "Le livre des Esprits" na Manchester Mineira. A modernidade do Espiritismo face ao conservadorismo católico nas primeiras décadas do século em Juiz de Fora. *Rhema. Revista de Filosofia e Teologia do Instituto Teológico Arquidiocesano Santo Antônio*, Juiz de Fora, n. 16, vol. 4, 1998, pp.199-223.

CHAMPION, Françoise. Les sociologues de la postmodernité et la nébuleuse mystique-ésotérique. *Archives des sciences sociales des religions*, 67/1, 1989, pp. 155-169.

CHARUTY, Giordana. De la preuve a l'epreuve. *Terrain*, mars, 1990, pp. 47-59.

CHEVALIER, Gérard. Parasciences et procédés de légitimation. *Revue Française de Sociologie*, 27/2, 1986, pp. 205-219.

D'ANDREA, Anthony. A "Nova Era" no Brasil: New Age, Espiritismo e Cultura Psicológica. *O self perfeito e a Nova Era*; individualismo e reflexividade em religiosidades pós-tradicionais. Dissertação de Mestrado. Rio de Janeiro: IUPERJ, 1996, pp. 187-200.

---

55   PIETTE, *Les religiosités séculières,* p. 122.

56   Ibid., pp. 122-123.

57   Ibid., p. 124.

"Religiosidades científicas" hoje: entre o secular e o religioso

GIUMBELLI, Emerson. *O cuidado dos mortos*; uma história da condenação e legitimação do espiritismo. Rio de Janeiro: Arquivo Nacional, 1997.

HERVIEU-LÉGER, Danièle. *La religion pour mémoire*. Paris : Cerf, 1993.

LAGRANDE, P. Enquêtes sur les soucoupes volantes. *Terrain*, mars, 1990, pp. 92-112.

LAZAR, Marc. Communisme et religion. In : *Rigueur et passion*; mélanges offerts en hommage à Annie Kriegel. Paris: Cerf, 1994. pp. 139-173.

MAGNANI, José Guilherme. *Mystica Urbe*; um estudo antropológico sobre o circuito neoesotérico na metrópole. São Paulo: Studio Nobel, 1999.

MAUSS, Marcel. Esboço de uma teoria geral da magia. In: *Sociologia e antropologia*. São Paulo: EPU/Edusp, 1974. v. 1.

MEHEUST, Bertrand. Apocalipses médico-expérimentales: notes sur les enlèvements soucoupiques aux Etats-Unis. *Gestions religieuses de la santé*, Editions L'Harmattan, 1995, pp. 301-328.

MICHELAT, Guy; BOY, Daniel. Croyances aux parasciences: dimensions sociales et culturelles. *Revue Française de Sociologie*, 27/2, 1986, pp. 17-204.

PIETTE, Albert. *Les religiosités séculières*. Paris: PUF, 1993.

POUCHELLE, Marie-Christine. Transports hospitaliers, extra-vagances de l'âme. *Gestions religieuses de la santé*, Editions L'Harmattan, 1995, pp. 247-299.

RIVIÈRE, Claude. *Os ritos profanos*. Petrópolis: Vozes, 1997.

TAVARES, Fátima Regime Gomes. *Alquimias da cura*; um estudo sobre a rede alternativa no Rio de Janeiro. Tese de Doutoramento. Rio de Janeiro: PPGSA/IFCS/UFRJ, 1998.

VELHO, Otávio. O que a religião pode fazer pelas ciências sociais? *Religião e Sociedade*, 19/1, 1998, pp. 9-17.

VILHENA, Luís Rodolfo. *O mundo da astrologia*; estudo antropológico. Rio de Janeiro: Jorge Zahar Editor, 1990.

5. Sugestões de leitura

AMARAL, Leila. *Carnaval da alma*; comunidade, essência e sincretismo na Nova Era. Petrópolis: Vozes, 2000.

FELINTO, Erick. *A religião das máquinas*; ensaios sobre o imaginário da cibercultura. Porto Alegre: Sulinas, 2005.

LIBANIO, João B. *A religião no início do milênio*. São Paulo: Loyola, 2002.

RIVIÈRE, Claude. *Os ritos profanos*. Petrópolis: Vozes, 1997.

CAPÍTULO VII

Cosmologia, uma ciência especial? Algumas considerações sobre as relações entre cosmologia moderna, filosofia e teologia[1]

Marcelo Byrro Ribeiro e Antonio Augusto Passos Videira[2]

1. Introdução

Durante aproximadamente quatro séculos, ou seja, desde os tempos de Copérnico até o início do século XX, a ciência moderna rotulou como não científicas as questões que indagavam pela origem de tudo, pela história e pelo desenvolvimento dos objetos e estruturas celestes.[3] Por não possuir as ferramentas necessárias para lidar com essas questões, ou seja, leis e teorias científicas acopladas aos essenciais dados astronômicos, a ciência moderna assustava-se, criticando negativamente a facilidade com que filósofos e teólogos propunham respostas para esse tipo de pergunta, respostas essas proclamadas em tom peremptório e quase sempre enunciadas pelos seus proponentes como sendo definitivas. Coerentemente com o seu objetivo de distinguir-se radicalmente seja da filosofia, seja da teologia — afinal, era preciso conquistar a sua autonomia, quando não a sua independência com relação às suas

---

1   Este trabalho incorpora ideias e formulações apresentadas em artigos anteriores. Cf. RIBEIRO; VIDEIRA, O problema da criação na cosmologia moderna (1999) e Dogmatism and theoretical pluralism in modern Cosmology (1998).

2   Agradeço [Augusto Videira] o apoio financeiro do CNPq através de uma bolsa de produtividade.

3   Algumas leituras úteis sobre a história da cosmologia são as seguintes: HETHERINGTON, *Cosmology*; KERSZBERG, *The invented universe*; KRAGH, *Cosmology and controversy* (1996) e *Conceptions of cosmos* (2007); MERLEAU-PONTY, *Cosmologie du vintième siècle*; NORTH, *The Norton history of astronomy and cosmology*; VIDEIRA, A gênese do *big bang*.

antigas "parentas" —, a ciência moderna não se preocupou com as questões cosmológicas. A bem da verdade, ela sentia-se incompetente e incapaz para investigá-las.

Apesar de todos os seus feitos e conquistas acerca do comportamento dos fenômenos naturais, alguns deles tão impressionantes que poderiam fazer com que os cientistas se deixassem levar, como que inebriados, pelos seus sucessos, a ciência moderna *como um todo* optou por uma atitude mais prudente. Essa opção pode ser explicada por dois motivos. Primeiro, faltavam a ela os conceitos científicos e as equações físicas para poder trabalhar as ideias do todo e origem segundo os seus próprios critérios. Segundo, quando ela é analisada a partir de um viés epistemológico, ao menos para aqueles que consideravam importante compreendê-la à luz da filosofia, o resultado dessa análise não conseguiu, e isso é válido até os dias de hoje, tornar-se consensual.

Ainda hoje, a ciência moderna não sabe responder categoricamente à questão se as suas teorias explicam ou descrevem a natureza. Aliás, é possível que esse debate nunca venha a ser resolvido. No que diz respeito à cosmologia, a necessidade de preocuparmo-nos com o estatuto epistemológico de leis, teorias e modelos cosmológicos é ainda mais relevante. Para nós, não é possível, neste caso, evitar a sugestão de uma resposta para a questão sobre a natureza das teorias científicas. Parece-nos que a própria natureza das questões cosmológicas impõe a necessidade de optarmos por uma das possibilidades existentes: descrição ou explicação.[4]

Talvez uma das poucas lições perenes que podemos colher do desenvolvimento da cosmologia nos últimos cem anos é que esta é inseparável da especulação e da ousadia. Esta declaração pode parecer algo deslocada, o que procuraremos refutar indiretamente com este artigo, mas pode-se afirmar que o estudo da cosmologia é para aqueles que não têm medo de errar. O importante é ousar, afirmar e, sempre que necessário, reconhecer o erro cometido. Em cosmologia, ciência com particularidades muito próprias, uma das melhores maneiras de aprender é com os erros.[5] No entanto, nem sempre é evidente em cosmologia como determinar com exatidão a natureza do erro cometido. As diferentes e sempre presentes dimensões teórica, observacional e epistemológica, em suas eternas capacidades de se influenciarem, tornam muitas vezes difícil que compreendamos onde e como os erros foram cometidos.

Dessa forma, como dito acima, durante muito tempo a ciência moderna não se sentiu suficientemente madura para se aventurar na busca de respostas para aquele conjunto de questões, as quais têm atormentado seres racionais desde que existem sobre a superfície da Terra. Uma vez mais: de onde viemos? Para onde vamos? Qual

---

4   VIDEIRA, Cosmologia e filosofia da ciência.

5   Para uma análise detida de algumas das particularidades da cosmologia enquanto ciência, sugerimos VIDEIRA, Algumas observações sobre a questão da cosmologia, pp. 43-609, e Boltzmann, física teórica e representação, pp. 269-280.

é a origem de tudo aquilo que nos cerca? Qual é a nossa origem? Qual será o nosso fim? A maturidade da ciência, nunca alcançada facilmente, inclui teorias *sólidas*, experimentos *reprodutíveis* e observações *confiáveis*.[6] No domínio da cosmologia, esses resultados foram obtidos somente no século XX. A rigor, o mais correto seria afirmar que essa maturidade *ainda* está sendo conquistada. Apesar de termos avançado bastante em nosso caminho em busca das respostas cosmológicas, certos assuntos ainda permanecem em aberto como, por exemplo, aquela que parece ser a mais importante questão dentre todas que podemos formular em cosmologia: como foi o início de tudo? Contudo, podemos, nos dias de hoje, imputar essa(s) questão(ões) à ciência sem medo de sermos qualificados de anticientíficos ou mesmo de inimigos da razão! É certo, pois, que algo foi conquistado.

Como é usual no domínio do conhecimento humano, um avanço alcançado significa que alguma coisa passou a estar *relativamente* imune à possibilidade da dúvida, não para toda eternidade, a qual *definitivamente* não existe para a ciência, mas para certo conjunto de objetos naturais. Em outras palavras, mesmo não podendo assegurar que as respostas dadas pela ciência permanecerão as mesmas para sempre, visto que o futuro da ciência é, *em larga escala*, imprevisível, quando consideramos alguns dos fenômenos e processos existentes na natureza, é lícito sentirmos segurança. Assim, uma das mais significativas conquistas da cosmologia do século XX diz respeito ao fato de que *o Universo evolui*, ou seja, que ele tem uma *história*. Todos sabemos que a ideia de evolução ganhou foros de cientificidade em um domínio estranho à cosmologia e em uma época em que ela ainda não integrava o domínio das disciplinas científicas estritas. Elaborada por Darwin e Wallace na segunda metade do século XIX, a ideia de evolução penetrou na cosmologia após esta ter se tornado uma realidade. Mesmo já integrando diferentes áreas do saber humano, como a biologia, a história e a antropologia, para receber a sua *interpretação* em termos cosmológicos a ideia de evolução teve que superar resistências iniciais, algumas destas formuladas por um dos principais responsáveis pela transformação da cosmologia em ciência: Albert Einstein (1879-1955). Contrariando as equações da sua então recentemente proposta *Teoria da Relatividade Geral* (TRG), apresentada formalmente ao público acadêmico no final do ano de 1915, mas publicada em 1916, Einstein, seguindo as suas ideias científicas daquele momento, introduziu um termo *ad hoc*, a constante cosmológica Λ, de modo a obter como solução um universo estático.[7] Anos mais tarde, e tendo se convencido, a partir dos trabalhos daqueles poucos que se aventuraram em buscar e propor soluções para as suas equações do

---

6   Cf. VIDEIRA, Antonio Luciano Leite, O estado da cosmologia como parte integrante legítima da ciência, reforçado pela emergência de novas questões e desafios, pp. 24-53.

7   KERSZBERG, *The invented universe*.

Cosmologia, uma ciência especial?

campo gravitacional, Einstein abandonou a solução do universo estático, afirmando que aquele havia sido o maior erro científico que cometera em toda a sua carreira.[8]

Não há como negar a evidência de que as questões da cosmologia não lhe pertencem inteira ou unicamente. Não somos nós que o afirmamos, outros já o fizeram anteriormente, mas a relevância das perguntas cosmológicas é tão assombrosa que outros cientistas, acompanhados de personagens nem sempre desejadas e bem-vindas (referimo-nos aos filósofos e teólogos), podem, e sem precisar justificar essa pretensão, desejar respondê-las. Outra evidência que se impõe é que o diálogo certamente fica mais rico e interessante quando é reconhecida a importância de ouvirmos aqueles que não "habitam" um mesmo domínio científico-epistemológico. Se, de fato, a ciência moderna sente-se suficientemente segura e madura para, com as suas próprias pernas, aventurar-se nesse sedutor domínio da cosmologia, por que haveria ela, então, de sentir receio de dialogar com a religião e a teologia? A maturidade e a confiança, muitas vezes afirmadas de forma arrogante, deveriam se traduzir em vontade e coragem de conversar com outrem.

Ao longo de sua história, a ciência moderna repetiu, por diversas vezes, que as respostas que propõe são parciais, simplificadas e substituíveis. Para muitos, dentre os quais nos incluímos, essas características das respostas, ou seja, das teorias científicas, significam que estas são representações da natureza. Ao afirmamos que as teorias científicas são representações, defendemos, entre outras ideias, que a ciência não pode conhecer as essências ou, o que é o mesmo, porque o mundo é tal como ele é realmente. Se não podemos conhecer o mundo tal como ele é realmente, não seria ambíguo e contraditório procurar uma resposta para a questão do início do Universo? Além disso, como compreender a definição de cosmologia como sendo o estudo do Universo, sendo que esse objeto, o Universo, pode ser definido como se segue? "O Universo é a totalidade daquilo que o homem pode observar, daquilo que ele não pode observar, e mesmo daquilo que ele jamais poderá observar". Quais são as interpretações, ou talvez fosse mais acertado dizer quais são as definições, que os cosmólogos dão para termos e conceitos como totalidade, início, criação, evolução, entre outros? Essas são questões que ainda constituem tópicos para a discussão entre os cosmólogos.[9]

Mesmo podendo haver disputa sobre se seria adequado tentar definir o vocabulário da cosmologia, parece que, após o surgimento da TRG, essa tarefa impõe-se. Ela é inescapável. Uma das mais impressionantes conquistas da TRG é que, com ela, o Universo tornou-se uma estrutura submetida principalmente à ação da força gravitacional. Se a TRG faz sentido, e são muitas as suas confirmações experimentais, ela nos obriga a considerar seriamente que podemos responder, ainda que provisória

---

8   PAIS, *"Subtle is the Lord..."*; PATY, *Einstein philosophe*.

9   ELLIS, The different nature of cosmology, pp. 20-23.

e parcialmente, às questões que estão neste trabalho. Se é natural ao ser humano indagar pela sua origem e pelo seu futuro, por que, então, evitar, ainda mais quando já dispomos de uma base segura, essa nossa inclinação? Não seria antinatural e, portanto, de antemão condenada ao fracasso, toda tentativa de fugir àquelas questões que, vindo do nosso próprio interior, talvez constituam a nossa especificidade enquanto espécie biológica? Finalmente, em que ocasião seremos mais humanos do que naquela em que nos perguntamos pela nossa origem e pelo nosso destino?

Nesse trabalho, procuraremos apresentar a cosmologia sobre seus ângulos científico e epistemológico. Iniciaremos com uma discussão sobre as relações entre ciência e religião de forma a apresentarmos nossa perspectiva epistemológica, a qual, adiantamos, é a de que teorias científicas são representações da natureza. A partir daí faremos um "mapa" da cosmologia moderna, apresentando seus principais resultados e conclusões à luz de nossa perspectiva epistemológica. Finalmente, discutiremos a questão da ciência e fé à luz do problema da criação do universo.

2. Ciência e religião

Poucos são os temas que mais dão margens ao surgimento de polêmicas, aparentemente infindáveis e inúteis, do que aquele que aborda as relações entre ciência e religião. Desde o momento em que a ciência moderna começou a surgir, em meados do século XVI, com os trabalhos em astronomia do cônego polonês Nicolau Copérnico (1473-1543), que as relações entre as duas nunca mais foram as mesmas. Um dos pontos culminantes das disputas entre a religião, aqui representada pela Igreja Católica, e a ciência, representada pelo projeto de física-matemática, ocorreu com a condenação, em 1633, do astrônomo, matemático e filósofo natural Galileu Galilei (1564-1642). Normalmente atribuída à incapacidade da Igreja Católica em aceitar as novidades introduzidas pela astronomia copernicana (esta colocava o Sol no centro do universo, e suas consequências para a descrição dos movimentos dos corpos na vizinhança da superfície terrestre e mesmo para além dessa região), a condenação de Galileu foi, durante muito tempo, considerado como um ato de profundo obscurantismo, além de injusto, cometido pela Igreja de Roma (vide capítulo VIII deste livro). Em boa parte a fama de Galileu — considerado por muitos como sendo, sem exagero, um dos maiores ícones da civilização ocidental moderna, justamente devido ao fato de ter sido perseguido pelos teólogos e padres — é fruto dessa condenação, a qual não foi desejada por ele mesmo. A condenação é por muitos compreendida como um atentado à liberdade de pensamento. No entanto, nem sempre é observado que Galileu nunca procurou desobedecer às regras do catolicismo. Ao contrário, uma vez que era católico praticante, Galileu tentou encontrar um equilíbrio entre a

Cosmologia, uma ciência especial?

ciência e a religião, sem que houvesse perdas para ambas.[10] Uma carta, hoje famosa, escrita em 1615 à Duquesa Cristina de Lorena, nos apresenta como ele procurou mostrar que as verdades da fé não são incompatíveis com as verdades da razão.[11] Seu lema era: a fé ensina como ir para o céu; a ciência como vai o céu.[12] Talvez tenha sido o fato de nunca ter procurado desobedecer à Igreja Católica que levou Galileu a aceitar, ao menos para o mundo externo, a pena de prisão domiciliar perpétua.[13]

Um dos principais responsáveis por essa interpretação da condenação de Galileu foi o Iluminismo francês, movimento político-intelectual muito forte e presente em toda a Europa durante a segunda metade do século XVIII. Para personagens como Voltaire (1694-1778), Diderot (1713-1794) e d'Alembert (1717-1783), entre outros, Galileu deveria ser considerado como um dos principais fundadores da ciência e do pensamento modernos. Sua luta em defesa da astronomia copernicana e da sua própria física relativística é emblemática do poder da razão e da criatividade humanas. O ser humano é capaz de descobrir as verdades do mundo externo sem precisar recorrer a Deus. Bastava-lhe, para isso, usar adequadamente sua razão e confiar naquilo que lhe era apresentado pelos seus sentidos ordinários. Em outras palavras, o ser humano era autônomo na busca pela verdade acerca da natureza. Essa autonomia resultava da conjunção da razão com a observação. Mas havia outro ponto, igualmente importante e bastante sensível nas relações entre a teologia e a ciência: como fundamentar a certeza de que o homem conhecia verdadeiramente a natureza? Para os defensores das ideias filosófico-científicas da modernidade e posteriores ao século XVII, a fundamentação epistemológica da ciência deveria passar por outros caminhos, diferentes daquele trilhado, por exemplo, por Descartes. O principal erro cometido pelo filósofo francês, segundo o verbete que lhe foi dedicado na *Encyclopédie*, foi o de ser temente a Deus. Descartes, nas *Meditações metafísicas*, ao procurar provar que o conhecimento humano é verdadeiro, lançou mão da existência de Deus.[14] Sem esta, acreditava ele, não seria possível conhecer verdadeiramente a realidade externa. No século das Luzes, o recurso a Deus passou a ser condenado.

Os efeitos do Iluminismo francês no plano intelectual foram avassaladores. A partir daquela época, passou-se a considerar como sendo sinônimas as palavras teologia (ou religião) e atraso. Na sua primeira fase, Auguste Comte (1798-1857), filósofo francês e fundador do movimento positivista, desprezou completamente a religião, que deveria ser compreendida como efeito de uma época atrasada e a ser

---

10   FESTA, *Galileo*.

11   GALILEI, Carta à Senhora Cristina de Lorena, Grã-Duquesa da Toscana.

12   Esta frase é muitas vezes atribuída a ele, mas na verdade foi proferida anos antes pelo Cardeal Barônio.

13   VIDEIRA, *As descobertas astronômicas de Galileu Galilei*.

14   VIDEIRA, Que papel atribuir à metafísica?

obrigatoriamente superada.[15] A época em que Comte desenvolveu seu pensamento filosófico, a primeira metade do século XIX, coincidiu com a expansão da crença na ciência e nos produtos tecnológicos que decorriam de seu uso. Já por aquele tempo, a vida humana era bastante influenciada pela ciência e pela técnica. De certo modo, a expansão do conhecimento científico está associada à laicização do pensamento e da ética humanos. Para alguns, como é o caso de J. W. Draper (1811-1882), também em meados do século XIX, e partidário da tese de que haveria um conflito permanente entre ciência e teologia, dever-se-ia extinguir todo e qualquer resquício da religião nas atividades intelectuais humanas.

Apesar de alguns cientistas de renome, como Max Planck (1858-1947) e Albert Einstein, terem posteriormente externado opiniões favoráveis à religião — Einstein chegou a afirmar que o sentimento que anima o cientista é o mesmo que existe no religioso —, a primeira metade do século XX testemunhou um recuo da capacidade da religião de fornecer conhecimento. No entanto, no último quartel da segunda metade do século passado, ocorreu um fenômeno curioso e mesmo inesperado: os cientistas, principalmente os físicos, começaram de novo a falar em Deus. Alguns deles, como o físico inglês Stephen W. Hawking (1942-), creem mesmo que os desenvolvimentos da ciência, em particular da cosmologia quântica, tornarão possível que os cientistas conheçam a mente de Deus.[16] Normalmente, essas afirmações são feitas de modo rápido, o que não acontecia no século XVII, sem que sejam apresentadas devidamente as razões para acreditarmos que a ciência, e não mais a religião, poderá conhecer os planos que Deus usou para criar a natureza.

Mas, ao mesmo tempo em que surgiam afirmações como a de Hawking, que logo ganharam repercussão mundial, influenciando nos rumos das ideias e dos debates que se seguiram, começaram a aparecer algumas obras, escritas por filósofos, teólogos e mesmo por cientistas, que analisam as relações entre a ciência e a religião de um modo um pouco mais cauteloso. Com isso, queremos dizer que, nesses trabalhos, não existe a preocupação de verificar se a ciência pode, ou não, descobrir os planos traçados por Deus. Não existe igualmente a preocupação de criticar a religião em nome da ciência ou vice-versa. Tomando como ponto de partida, resultados científicos e filosóficos, entre os quais se sobressai a tese de que as teorias científicas são representações, os partidários da retomada da análise das relações entre ciência e filosofia afirmam que é preciso deixar para trás os tempos de beligerância.

Algumas dessas análises e discussões, como a realizada por William Stoeger (1943-), têm o objetivo de encontrar espaço para cada uma das partes envolvidas.[17] Segundo Stoeger, não existe razão *a priori* para acreditarmos que a ciência

---

15   Isso não o impediu de desenvolver uma "religião positivista".

16   HAWKING, *Uma breve história do tempo.*

17   STOEGER, *As leis da natureza.*

Cosmologia, uma ciência especial?

ocupou todos os espaços disponíveis para a vida humana. A ciência não deve ser compreendida como um substituto para a religião ou para a filosofia. Por outro lado, a filosofia e a religião devem prestar atenção àquilo que ocorre na ciência; caso contrário, suas análises poderão não ter valor.

Como dito anteriormente, uma tese epistemológica que encontra considerável respaldo na comunidade científica, e na dos filósofos, afirma que as teorias científicas nada mais são do que representações, ou descrições da Natureza. Se uma teoria científica descreve, ou representa a Natureza, não podemos então confundir a representação com o objeto representado, pois eles são entidades diferentes. Se os confundirmos, estaríamos fazendo o mesmo que, por exemplo, identificarmos o desenho de uma maçã com a fruta, o que é, obviamente, um erro. O que uma teoria científica procura capturar são os aspectos mais básicos, ou importantes, de um fenômeno, da mesma forma que um desenho de uma maçã procura descrever a fruta da melhor forma possível, representando sua cor, sua forma e, conforme a qualidade do desenho, sua textura etc. Portanto, da mesma forma que o desenho da maçã tem uma relação com a própria maçã, e representa algumas características reais da fruta, as teorias científicas representam fenômenos e processos que realmente ocorrem na Natureza. Em outras palavras, as teorias científicas representam o real, e são, portanto, realistas.[18] Compreendida em sentido estrito, essa tese quer dizer que as teorias científicas não podem conhecer as essências dos fenômenos naturais. Em outros termos, conhecer as causas últimas, outra denominação usual para essências, é impossível. Além disso, da mesma forma que um desenhista escolhe como, e com que estilo, irá desenhar as características que ele vê como mais marcantes em uma maçã, essa tese admite implicitamente que os aspectos considerados básicos de uma teoria ou modelo científicos são definidos por *escolha*.

Se nossas teorias científicas são descrições da Natureza, uma consequência importante dessa tese é a de que é necessário aceitar que nossas teorias e modelos possuem limitações intrínsecas e inevitáveis. Por mais elaborada e detalhada que sejam, nossas teorias ou modelos jamais serão capazes de representar todas as características da Natureza, da mesma forma que o desenho de uma maçã jamais poderá capturar todos os aspectos da fruta. Por exemplo, como um desenho é feito em uma folha plana de papel, ele não pode ser "virado" para podermos olhar do outro lado do desenho da fruta. Além disso, um desenho é feito a partir de um ponto de vista, de uma perspectiva, da fruta, a qual pode mudar se, por exemplo, ao virarmos a maçã descobrirmos um bicho-das-frutas no lado oposto, o qual não estava representado no desenho original. O outro lado da fruta pode ser representado, mas por *outro* desenho. Em suma, uma teoria científica, assim como um desenho, não pode representar todas as características da Natureza e é, portanto, limitada e incompleta. Então,

---

18   Para uma discussão do realismo, ver também capítulo XIV deste livro.

169

existirão sempre novos aspectos a serem incluídos nas teorias, os quais podem não somente complementar os aspectos já representados, refinando-os, como também podem inclusive modificar radicalmente a imagem que temos da Natureza. Isto da mesma forma que um desenho muito detalhado baseado em um olhar atento, mas limitado de, digamos, uma parte da casca da maçã, pode revelar, no próprio desenho, características da fruta as quais, até aquele momento, eram insuspeitas, como por exemplo, variações na cor e textura da casca da fruta.

A tese de que as teorias científicas são representações da Natureza permite extrair outra consequência importante: um mesmo fenômeno natural pode ser representado por mais de uma teoria ou modelo. Em outras palavras, há um *pluralismo teórico*. Seguindo nossa analogia com a maçã, como pode haver várias maneiras de desenhar esta fruta, em um estilo, digamos, impressionista, ou um estilo que mais se assemelhe a uma fotografia, a Natureza pode ser representada de mais de uma maneira. Nenhum desses dois estilos é absoluto, no sentido de ser "o" verdadeiro, sendo ambos representações fidedignas e, em geral, complementares, da maçã real, nunca esgotando, porém, a verdadeira essência da maçã. Desta forma, essa "verdadeira" essência é, em sua totalidade, incognoscível. Sendo assim, a tarefa do processo científico é a de ser uma eterna busca por melhores, mais adequadas, representações da Natureza, sem jamais ser capaz de esgotá-las.

Como é usual acontecer no domínio da filosofia, a tese em questão não é nova, tendo sido apresentada e defendida em outras ocasiões. Filósofos e cientistas, ou melhor, filósofos-cientistas como d'Alembert,[19] Kant, Hertz e Boltzmann[20] foram seus partidários. No entanto, é triste notar que esta rica tradição sofreu uma descontinuidade durante o século XX. Talvez isso tenha ocorrido por um descuido ocasionado por certa negligência do papel da filosofia como elemento mediador, tese a qual Stoeger defende firmemente, em particular sobre o papel da teologia no mundo moderno e a sua necessidade de conviver, sem negar, com os avanços trazidos pela ciência. Talvez agora seja o momento oportuno de resgatar essa tradição e divulgá-la amplamente, de forma que se inicie um efetivo e frutífero diálogo entre as diversas formas de conhecimento.

Dentre os nomes que mencionamos acima — todos eles merecedores de serem considerados individualmente —, gostaríamos de chamar a atenção para o de Ludwig Boltzmann (1844-1906), pois, em suas mãos, a ideia de que as teorias científicas são representações possui uma implicação pouco usual: ela pode combater o dogmatismo, na medida em que, como dito acima, favorece uma postura pluralista.[21] Ou seja, os mesmos fenômenos naturais podem ser descritos e explicados de maneiras

---

19 PATY. *D'Alembert.*

20 VIDEIRA, Boltzmann, física teórica e representação, pp. 269-280.

21 RIBEIRO; VIDEIRA, Dogmatism and theoretical pluralism in modern cosmology.

Cosmologia, uma ciência especial?

diferentes. Diante de uma situação na qual se torna impossível escolher uma teoria a partir de critérios estritamente científicos, devem os cientistas apelar para outros, situados além dos domínios da ciência. Ao final de sua vida, Boltzmann chegou mesmo a afirmar que a escolha por uma teoria científica poderia ser também determinada por critérios pessoais.

3. Cosmologia: a física do universo

O que é cosmologia como uma disciplina científica? Como podemos, através das leis físicas conhecidas, estudar o Universo? Que conclusões podemos retirar deste estudo? Como podemos saber se este estudo e as conclusões obtidas fazem sentido e têm confirmação experimental ou astronômica? Estas são perguntas típicas formuladas pela cosmologia moderna e cujas respostas nos ajudam a definir o próprio objeto da cosmologia, isto é, a parte da Natureza que a cosmologia procura estudar e explicar.

Podemos afirmar que 1917 foi o ano do nascimento da *cosmologia moderna*, pois foi quando Einstein publicou um artigo no qual as suas recém-propostas equações do campo gravitacional eram usadas para estudar a física do Universo. Os resultados contidos neste artigo são hoje conhecidos como o *modelo cosmológico de Einstein*, e as equações do campo gravitacional utilizadas neste modelo foram as mesmas que deram origem à TRG. Nesse trabalho, o físico alemão assumiu que *o Universo pode ser tratado como um objeto único*, uma entidade física única, e que o estudo do *Universo como um todo* é possível de ser feito por meio das leis da física. Além disso, Einstein estabeleceu o problema, apresentando as duas perguntas básicas que norteiam a pesquisa em cosmologia até os dias de hoje. Assim, *o objetivo da cosmologia moderna é o de obter a estrutura geométrica e a distribuição de matéria do universo*. Como veremos a seguir, as respostas dadas por Einstein a essas duas perguntas em seu artigo de 1917 foram inteiramente insatisfatórias e hoje são consideradas ultrapassadas. No entanto, embora as respostas atuais sejam bastante diferentes, as perguntas ainda são essencialmente as mesmas que as formuladas originalmente por Einstein.

Além de formular as perguntas básicas, Einstein fez outra contribuição fundamental à cosmologia, pois somente foi possível a Einstein iniciar, e a seus sucessores continuar, este estudo porque foram formuladas, implícita ou explicitamente, várias hipóteses fundamentais as quais permitem, e até certo ponto definem, o escopo da cosmologia. Na história da cosmologia moderna, a existência destas hipóteses foi frequentemente objeto de grande controvérsia e debate, na medida em que algumas têm um caráter mais filosófico do que físico, com uma difícil comprovação observacional.[22] No entanto, tais hipóteses são absolutamente essenciais, e sem elas não é

---

22   Cf. DINGLE, Aristotelismo moderno; VIDEIRA, Herbert Dingle e as relações entre ciência e filosofia no alvorecer da cosmologia moderna.

171

possível sequer o início do estudo sobre a física do Universo. Vamos discutir a seguir essas hipóteses fundamentais da cosmologia.

a) As hipóteses cosmológicas

A *primeira* hipótese básica em cosmologia assume que as leis físicas localmente verificáveis, isto é, verificáveis dentro dos limites do sistema solar, são igualmente válidas em regiões muitos mais distantes, ou seja, em regiões onde a sua validade não foi verificada ou onde não podemos testá-las com os meios tecnológicos atuais. Assim, pode-se dizer que a cosmologia científica moderna consiste no estudo de todos os objetos e grupos de objetos físicos, incluindo o mais remoto, nos quais as nossas leis físicas têm significado e podem ser aplicadas de maneira consistente e bem-sucedida. A justificativa desta hipótese deve ser observacional, ou seja, a astronomia e astrofísica devem nos fornecer dados que possam justificar esta premissa. Como veremos, dados observacionais obtidos por meio da cuidadosa, paciente e sistemática observação dos céus feita por gerações de pesquisadores por meio de telescópios e, mais recentemente, satélites artificiais, nos permitem validar esta hipótese em termos gerais, mas não de forma completamente satisfatória e adequada.

A *segunda* premissa básica em cosmologia é a de que os objetos cosmológicos interagem gravitacionalmente. Isto é consequência da constatação de que das quatro forças fundamentais conhecidas pela física, a saber, as forças gravitacional, eletromagnética e nucleares forte e fraca, somente a gravidade e a força eletromagnética têm longo alcance, mas considerando a evidência empírica de que os objetos celestes são eletricamente neutros, a gravidade é, portanto, a interação física mais importante entre os objetos cosmológicos. A teoria gravitacional mais utilizada é a TRG, que é uma generalização da teoria da relatividade especial proposta por Einstein em 1905. Dito isso, não é coincidência o fato de que a cosmologia efetivamente nasce como disciplina científica somente *após* o aparecimento da TRG, a qual permitiu Einstein pensar o Universo em termos físicos e usar grandezas físicas típicas como energia e densidade para descrever o Universo.

A *terceira* hipótese cosmológica não se restringe apenas a uma única. Na verdade, ela abarca um conjunto de *pressuposições físico-matemáticas*, que na prática tem o objetivo de simplificar matematicamente o problema a ser resolvido, embora raramente isso seja claramente exposto. Assim, em vez de algumas delas serem simplesmente colocadas como sendo uma escolha simplificadora, alguns autores recorrem a justificativas baseadas em argumentos de razoabilidade, onde esta última tem frequentemente um caráter subjetivo e expressa opiniões filosóficas subjacentes. Por isso algumas destas pressuposições são motivo frequente de controvérsia, pois não há uma validação observacional direta, mas, na melhor das hipóteses, indireta. No entanto, elas são essenciais, pois sem elas não seria possível obter soluções das

Cosmologia, uma ciência especial?

equações do campo gravitacional fornecidas pela teoria gravitacional subjacente. Isso ocorre porque as equações da TRG são bastante complexas e de difícil solução, necessitando, portanto, de serem simplificadas matematicamente.

A primeira destas pressuposições matemáticas, e de longe a mais controversa no sentido discutido acima, consiste na adoção de algum tipo de *princípio de simetria*, necessário na prática para simplificar matematicamente as equações, princípios os quais são frequentemente justificados *a posteriori* como "razoáveis" transcrições matemáticas do *princípio Copernicano*, o qual afirma que não existem observadores privilegiados no Universo. Aqui a palavra simetria deve ser entendida no sentido matemático. Por exemplo: uma bola possui simetria esférica porque ela pode girar ao longo de qualquer dos três eixos espaciais sem que nós notemos mudanças em seu formato. Da mesma maneira, um tubo que gira ao redor de seu eixo principal tem simetria cilíndrica neste eixo.

A mais popular destas transcrições matemáticas do princípio Copernicano é o *princípio cosmológico*, o qual, na prática, consiste em uma justificativa da *escolha* da geometria do universo como sendo a de Friedmann-Lemaître-Robertson-Walker, mais conhecida pelas suas iniciais FLRW.[23] Em outras palavras, o princípio cosmológico consiste basicamente na *escolha* de uma determinada geometria, a qual pressupõe todos os pontos como sendo matematicamente equivalentes. A geometria FLRW implica: (a) simetria esférica ao redor de infinitos pontos; (b) que a matéria constituinte do universo seja distribuída homogênea e isotropicamente ao redor de todos os pontos dessa geometria.[24] Deve-se enfatizar que o princípio cosmológico

---

23 Alexander A. Friedmann (1888-1925) foi o matemático russo que primeiro propôs, em 1922 e 1924, soluções das equações da TRG nas quais o Universo não era considerado estático, como Einstein fez em seu modelo original, mas em expansão. Estas *soluções de Friedmann* mostraram que não era necessário utilizar um termo cosmológico Λ na TRG para poder estudar o Universo, como Einstein fez em seu artigo de 1917. Curiosamente, Einstein reagiu de forma tão desfavorável à sugestão de Friedmann de que o Universo poderia se expandir que publicou um artigo afirmando que se tratava de uma solução espúria, pois conteria cálculos incorretos. No entanto, mais surpreendentemente ainda, foi o próprio Einstein quem cometeu erros de cálculo em sua análise do trabalho de Friedmann, tendo se retratado por escrito alguns meses depois. Friedmann, no entanto, não chegou a saber que seu trabalho se tornaria um dos pilares da cosmologia moderna, pois morreu de febre tifóide, logo após a publicação de seu segundo artigo sobre cosmologia, em um surto epidêmico ocorrido na caótica situação vivida pela Rússia após a revolução de 1917 e subsequente guerra civil. O mesmo tipo de solução contendo expansão foi independentemente proposta pelo físico, matemático e padre belga Georges E. Lemaître (1894-1966) em 1927 e 1929. Ao contrário de Friedmann, Lemaître não se restringiu apenas em obter uma solução matemática, mas analisou suas implicações físicas e chegou à conclusão de que poderia ter existido um *átomo primordial* a partir do qual o Universo teria se expandido. Finalmente, em 1935 o matemático norte-americano Howard P. Robertson (1903-1961) e o matemático inglês Arthur G. Walker (1909-2001) demonstraram independentemente que as soluções de Friedmann e Lemaître eram as mais gerais compatíveis com as ideias de homogeneidade e isotropia.

24 Por *isotropia* entende-se a inexistência de alguma direção privilegiada. Ou seja, para qualquer direção que venhamos a observar veremos uma distribuição de pontos equivalente às outras direções. A simetria esférica é isotrópica, pois para qualquer eixo que, por exemplo, uma bola gire o formato visto é idêntico. Já a simetria cilíndrica é *anisotrópica*, pois o formato visto a partir do eixo principal ao longo do cilindro é diferente do formato visto por um eixo que "corte" o cilindro ao meio. Por *homogeneidade* entende-se uma distribuição cuja densidade não varie de ponto a ponto, ou seja, é constante.

é *apenas uma* entre as várias possíveis transcrições matemáticas do princípio Copernicano e que, portanto, esses dois princípios não devem ser confundidos, como frequentemente ocorre. Todas as cosmologias virtualmente assumem algum tipo de simetria e a maioria procura seguir o princípio Copernicano, mas somente os modelos FLRW seguem o princípio cosmológico. Por exemplo, a cosmologia do *estado estacionário*, muito em voga nos anos 1950 e 1960, se baseia no *princípio cosmológico perfeito*, que interpreta o princípio Copernicano de maneira distinta, transcrevendo matematicamente as suas simetrias para uma geometria diferente da FLRW. A razão para a proeminência atual do princípio cosmológico decorre do fato de que os modelos FLRW são os que mais se aproximam dos dados obtidos astronomicamente, o que faz com que eles sejam os modelos mais estudados e aceitos atualmente.

A segunda destas pressuposições é de natureza mais física e assume que o Universo pode ser modelado como um fluido, com as galáxias sendo seus elementos constituidores, isto é, elas são as "moléculas" desse fluido. A partir desta hipótese, pode-se, portanto, descrever esse *fluido cosmológico* por meio de grandezas físicas típicas como densidade, pressão e temperatura. Em casos mais complexos, considera-se um fluido com efeitos de viscosidade ou fluxo de calor entre as moléculas constituidoras deste fluido, isto é, entre as galáxias.

Os modelos FLRW seguem o princípio cosmológico e a aproximação de fluido. Como existe um grande corpo de evidências astronômicas associadas, eles são certamente os modelos mais conhecidos em cosmologia a ponto de serem chamados genericamente de *modelo cosmológico padrão*. A cosmologia-padrão é hoje em dia tão bem-sucedida teórica e observacionalmente que é inclusive comum se confundir cosmologia com o modelo-padrão, o que, como vimos acima, é injustificável. A TRG, os mais variados princípios de simetria e a aproximação de fluido nos permitem obter um número muito maior de modelos cosmológicos diferentes da geometria FLRW, onde esta última passa a ser conhecida como sendo um caso particular. Todavia, os modelos-padrão dão, de certa forma, o "tom" em cosmologia moderna, no sentido de que seus resultados são os mais bem estudados e aceitos. Em geral, outras cosmologias usam os modelos FLRW como referência. A seguir discutiremos os principais resultados da cosmologia-padrão e suas evidências observacionais.

b) Características dos modelos FLRW

Como vimos, os modelos FLRW implicam isotropia e homogeneidade da distribuição de matéria no universo. Como eles assumem a aproximação de fluido, segue-se daí que as galáxias estão distribuídas de maneira homogênea e isotrópica. Enquanto, como veremos a seguir, há muitas evidências para a isotropia da distribuição da matéria, a sua homogeneidade é mais incerta, pois o que o modelo prevê é que, em cada momento, o espaço tridimensional seja uniforme e tal previsão é de difícil validação empírica.

Outra característica do modelo-padrão é a de que o Universo encontra-se em expansão, ou seja, é *dinâmico* e seu conteúdo material muda com o tempo. Em outras palavras, o modelo evolui. A dinâmica do universo pode ser determinada por três submodelos:

1. *submodelo aberto*: o universo encontra-se em expansão eterna;

2. *submodelo plano*: o universo também se expande eternamente, mas somente com a energia mínima necessária para tal, enquanto no caso acima a energia para manter a expansão eterna é acima da mínima;

3. *submodelo fechado*: a expansão do universo vai decrescendo até que ele atinge um máximo. A partir daí o universo inicia uma contração.

O que distingue os três casos é a quantidade de matéria existente no universo. É a partir destes três submodelos que se define o conceito de *massa crítica*, acima da qual o universo vai finalmente paralisar sua expansão e iniciar um processo de contração, e abaixo da qual o universo se expande eternamente. O caso intermediário, denominado de universo plano, define a massa crítica: se o universo tiver massa inferior ao do modelo plano, então é aberto. Se for superior, é fechado. Uma vigorosa área de pesquisa em cosmologia tem sido a tentativa de determinar qual dos três tipos mais se aproxima ao universo observado. Até o fim da década de 1990 os dados tendiam a favorecer o modelo aberto, embora argumentos teóricos sustentassem que o universo deveria ser plano. A chamada *cosmologia inflacionária* sustenta que o universo deve ser plano. Tal modelo se baseia em argumentos provenientes da física de partículas elementares e prevê que em um passado remoto o processo de expansão teria sido extremamente rápido, porém ocorrido em um período muito pequeno de tempo, ou seja, teria havido uma rápida "inflação" do universo, de onde o termo se originou. Uma das escolas atuais em cosmologia sustenta que modelos do tipo inflacionário (há vários submodelos dependendo do tipo específico de equações com que se iniciam os cálculos, todos porém contendo uma expansão rápida em um período remoto) são a melhor maneira de estudar a física do universo. Se assumirmos, por argumentos teóricos, que o universo é plano e, ao mesmo tempo, observamos matéria compatível somente com o modelo aberto, uma maneira de resolver esta contradição é supormos que existe matéria invisível, que não emite luz. Em outras palavras, neste cenário existiria *matéria escura*. Proponentes de modelos inflacionários argumentam que mais de 90% da matéria do Universo seria escura.

Recentemente, mais precisamente na última década do século XX, observações astronômicas precisas de explosões estelares que ocorrem em galáxias distantes, conhecidas como supernovas Ia, levaram à conclusão de que o universo pode estar se *acelerando*, ou seja, a matéria estaria se afastando mais rapidamente entre si do que o previsto no submodelo aberto. Para que isso ocorra foi necessário hipotetizar a existência de uma força de expansão proveniente de algum tipo de matéria não detectável diretamente e de natureza desconhecida. Essa matéria interagiria gravitacionalmente, gerando uma energia de aceleração proveniente desse material ainda não detectado. Tal energia foi batizada de *energia escura*. Uma vigorosa pesquisa teórica e observacional, envolvendo vários telescópios espalhados pelo mundo e o lançamento de satélites artificiais, se iniciou na primeira década do século XXI com o objetivo de procurar rastrear a natureza e composição dessa possível energia escura.

Uma conclusão imediata que emerge da constatação da existência da expansão é que o universo deve ter estado "concentrado" no passado, tendo, por motivos não esclarecidos, se iniciado um processo de expansão em determinada época. Este é o átomo primordial sugerido por Lemaître. Deve-se enfatizar que o átomo primordial não necessariamente implica um ponto ou uma "origem", pois o universo poderia ter estado em estado estático, sem contração ou expansão, até que algum evento tenha dado início a uma expansão. No entanto, cálculos posteriores mostraram que os três submodelos FLRW, apresentados, implicam que esta concentração de matéria teria ocorrido em um tempo finito do passado, onde toda a matéria do universo estaria nesse ponto, o qual teria densidade e temperaturas infinitas. Desta constatação matemática nasce o conceito do *big bang*, que é interpretado por muitos como sendo a *criação do Universo*.[25] No caso dos modelos fechados, se em algum momento o universo parar a expansão e iniciar um processo de contração, então quando o universo estiver todo contraído de volta a um ponto haveria então uma "grande implosão", ou *big crunch*.

É importante observar que o *big bang* e o *big crunch* são noções *matemáticas*. O modelo teórico prevê estes estados como sendo casos-limite, isto é, se o processo de evolução do Universo continuasse, e isto sob o implacável ponto de vista da lógica. Porém, a teoria não é capaz de dizer nada sobre o que eles significam ou como e por que eles podem ter aparecido. A própria física não pode ser feita *no big bang*, pois não se conhece nenhum sistema físico que tenha densidade e pressão infinitos. Associar ao *big bang* uma ideia de "criação" é, na verdade, uma interpretação que tem bases, ou raízes, filosóficas. Não se "faz" física no *big bang*, mas *após* o *big bang*, mesmo que em um instante de tempo extremamente pequeno. Deve-se, no entanto, observar que teorias baseadas na física quântica aplicadas à cosmologia, a chamada *cosmologia quântica*, tentam superar essas limitações. No entanto, até o momento esta abordagem não produziu resultados satisfatórios.

---

25   Apesar de a expressão *big bang* ter por "grande explosão" o seu equivalente em português, a forma em inglês tornou-se hoje tão notória e autoexplicativa que nos parece apropriado manter o termo original.

c) Evidências observacionais do modelo cosmológico padrão

Como discutido, a primeira grande conclusão do modelo-padrão estabelece que *o Universo está em expansão*. Certos cálculos feitos a partir da geometria FLRW permitem obter uma relação entre a distância e a frequência da luz emitida pelas galáxias, a qual pode ser transformada em velocidade. Isso nos leva à famosa relação entre velocidade de recessão e distância, comprovada empiricamente pelos trabalhos do astrônomo norte-americano Edwin P. Hubble (1889-1953), ao final da década de 1920. A descoberta da expansão do universo liquidou de vez com a credibilidade do modelo estático proposto por Einstein em 1917, o primeiro modelo cosmológico, que tem hoje apenas valor histórico e didático.

A segunda conclusão importante refere-se à *evolução do Universo*. A própria expansão sugere essa conclusão. No entanto, expansão não necessariamente implica evolução, pois o modelo cosmológico *tipo* estado estacionário, mencionado, também prevê expansão. Nesse modelo, porém, o universo não evolui. Foi a observação de galáxias distantes que emitem na frequência do rádio que mostrou que quanto mais distante a fonte, maior a sua densidade, um resultado consistente com a cosmologia-padrão, mas não com o modelo do estado estacionário.

Os dados também nos mostram que *o Universo é isotrópico*. Isotropia significa igualdade em todas as direções, ou seja, não existe diferença observacional ou teórica entre duas direções. A contagem de galáxias em diferentes regiões do céu nos mostra empiricamente que não existe nenhuma direção privilegiada e o fato de existir uma radiação de fundo na frequência das micro-ondas, associada aos estágios iniciais do universo, a qual é detectada isotropicamente, fornece uma segunda evidência para a isotropia do universo.

Dois grupos de evidências astronômicas também indicam que *o Universo passou por uma fase densa e quente*. A primeira evidência é a própria radiação de fundo mencionada, a qual tem como sua melhor explicação a sua origem cosmológica (outras tentativas falharam até o momento) e indica que esta teve uma temperatura mais alta no passado e, portanto, o universo foi mais quente. De acordo com o modelo FLRW, temperaturas mais altas estão vinculadas a maiores densidades, devido ao efeito reverso da expansão, isto é, no passado, o universo estaria mais concentrado. A segunda fonte de evidência é a composição química da Terra, dos meteoritos, do sistema solar, das estrelas distantes e, com menos precisão, das galáxias. Esta composição é bem explicada pela existência de fusões nucleares em uma bola de fogo primordial, as quais produzem genericamente as abundâncias químicas observadas. Assim, a composição química observada seria resultado do processamento nuclear da matéria em uma época densa e quente. Por meio desse resultado pode-se estabelecer a *história térmica do universo* em que os resultados provenientes da física de partículas elementares permitem descrever as diversas fases de expansão e resfriamento. Estas provêm do cenário que permite a ocorrência de vários tipos de interações físicas entre as partículas elementares e a luz, levando à formação dos elementos leves, como hidrogênio e hélio, e à finalização da forte interação entre luz e matéria, o chamado *desacoplamento*.

Há, finalmente, alguma evidência de que *o Universo é homogêneo*. Deve-se dizer, contudo, que atualmente não existe uma unanimidade entre os cosmólogos a respeito desse ponto. Uma corrente de pesquisadores argumenta que as evidências empíricas apontam para o contrário, isto é, que *o Universo teria uma distribuição não homogênea da matéria*. Alguns físicos vão ainda mais longe e afirmam que, além de ser não homogênea, a distribuição seria *fractal*. A fonte desta controvérsia encontra-se na dificuldade em analisar os dados astronômicos. É muito mais fácil e menos ambíguo discutir a isotropia, que implica um estudo de projeções, do que homogeneidade, já que seria necessário conhecer em detalhes a distribuição da matéria nas regiões remotas do Universo. O problema é que, quanto mais distante nós observamos, mais incertos são os dados obtidos e, como veremos a seguir, o que observamos e como interpretamos os dados obtidos observacionalmente depende da teoria utilizada. Levando-se em consideração as objeções mencionadas, uma parte da comunidade argumenta que, como a geometria FLRW já implica matematicamente homogeneidade, não podemos usar esta própria geometria para verificar a homogeneidade, pois neste caso estamos argumentando de forma circular.

Mesmo assim, e como todas as evidências acima apontam no sentido de validar a geometria FLRW e esta implica homogeneidade, é comum acreditar que isso constitui suficiente evidência *teórica* em favor da homogeneidade. Sem dúvida nenhuma, há argumentos convincentes neste sentido, e a própria relação descoberta por Hubble entre a distância e a luz emitida pelas galáxias, a *lei de Hubble*, somente parece ser verdadeira, caso a matéria seja homogeneamente distribuída. No entanto, a descoberta da aceleração do universo fez diminuir a força dos argumentos em favor da homogeneidade, visto que modelos não homogêneos podem explicar os dados obtidos pela observação de supernovas sem recorrer à hipótese da aceleração. Isso fez reacender o interesse por modelos inomogêneos, gerando um vigoroso surto de investigação desses modelos, processo esse ainda em andamento. A conclusão mais segura que podemos hoje em dia formular é que o tema da homogeneidade encontra-se em debate e não há consenso entre os diferentes pontos de vista.

4. Fundamentos conceituais da cosmologia

Afirmamos que a *cosmologia moderna* nasceu em 1917, pois nesse ano Einstein empregou as recentemente propostas equações do campo gravitacional para estudar a física do Universo. Nesse trabalho (Einstein 1917), o físico alemão assumiu que o Universo poderia ser tratado como um objeto único. Assim, em um período de aproximadamente dois anos, Einstein não só estabeleceu através de ideias e métodos geométricos uma nova teoria física para o tratamento de fenômenos gravitacionais, a TRG, como também estabeleceu as bases de uma nova disciplina científica: a *cosmologia*. Unicidade e totalidade passam a integrar o vocabulário da física.

Esse artigo significou um marco histórico, pois foi a primeira vez em que a ideia de *totalidade*, presente até aquele momento apenas nas cosmologias mitológicas e filosóficas, ganhou uma consistente e coerente interpretação físico-matemática. A partir do trabalho de Einstein em 1917, o Universo transformou-se em um objeto físico, passível de ser descrito e estudado por meio de grandezas físicas típicas como energia, pressão, densidade, temperatura, entre outras, e conceitos e métodos matemáticos e geométricos, como equações diferenciais, tensores e curvatura.

A cosmologia moderna nasce somente após o aparecimento da TRG. Isto ocorreu não porque antes de Einstein não tivesse havido tentativas de tornar a cosmologia uma disciplina científica, mas porque das quatro forças fundamentais conhecidas pela física, a saber, as forças gravitacional, eletromagnética e nucleares forte e fraca, somente a gravidade e a força eletromagnética têm longo alcance, como visto. Da mesma forma, vimos que os objetos celestes são, até onde podemos observar astronomicamente, eletricamente neutros, e assim a gravidade é a única interação física assumida preponderante entre os objetos astronômicos fundamentais: as galáxias. No entanto, para pensar o universo físico, o qual, por definição, é infinito, como sendo regido basicamente por interações gravitacionais, a teoria da gravitação universal, proposta por Isaac Newton (1642-1727) cerca de duzentos e cinquenta anos antes de Einstein, não é suficiente, pois ela é notoriamente problemática ao lidar com sistemas infinitos, o que não ocorre com a TRG. Assim, é o aparecimento desta última que finalmente permite que a interpretação física de ideias como "Universo" e "totalidade" sejam colocadas em bases físicas seguras, na medida em que, pela própria natureza geométrica global das equações de campo de Einstein, a cosmologia torna-se intrínseca à própria geometria que compõe a TRG.

a) Universo e totalidade

Vimos na seção anterior que a cosmologia moderna entende o conceito de totalidade como sendo o Universo, isto é, como o conjunto de todos os objetos que nos cercam e se influenciam mutuamente. Esse conjunto é *como* uma entidade física única, a qual pode ser descrita através de conceitos e métodos da geometria diferencial, cujos fundamentos foram estabelecidos por Georg F. B. Riemann (1826-1866), e variáveis físicas típicas, tais como densidade, energia e pressão. Essas últimas têm seu comportamento regido pelas soluções das equações diferenciais do campo gravitacional oriundas, em sua maioria, da TRG. A conceituação desse universo físico se desdobra, portanto, em dois pilares conceituais fundamentais, os quais, ao mesmo tempo em que o definem, o descrevem e também o sustentam. O primeiro é o *empírico/observacional*, isto é, aquilo que relaciona o universo físico com a natureza. O segundo é o *representativo*, onde se encontram a matemática e as teorias físicas subjacentes. Mais especificamente, podemos dizer que o universo físico da cosmologia moderna apoia-se sobre as seguintes bases:

- Aquilo que podemos observar astronomicamente nos céus e relacionar experimentalmente com a física conhecida e descrita nos laboratórios terrestres. Por exemplo, quando captamos e estudamos por meio de instrumentos especiais a luz das galáxias distantes podemos concluir se existe ou não algum elemento conhecido na Terra, como o cálcio ou o lítio, apenas comparando as propriedades da luz emitidas por estes mesmos elementos em laboratórios terrestres.

- Aquilo que podemos concluir quando usamos as teorias físicas conhecidas, em particular a TRG, e a sua subjacente expressão em linguagem e conceitos matemáticos. Por exemplo, ao usarmos a *geometria Riemanniana*, a qual define e descreve matematicamente o conceito de curvatura, junto à hipótese relativística de que o espaço e o tempo são indissociáveis, obtemos uma descrição geométrica do espaço-tempo como tendo quatro dimensões (uma temporal e três espaciais) onde podemos falar de uma curvatura neste mesmo espaço-tempo. É esta curvatura quadridimensional que define gravidade na TRG.

Estes dois aspectos acima são fundamentais, intrínsecos e indissociáveis na cosmologia moderna. A geometria Riemanniana contribui com a sua capacidade de formular e descrever precisamente conceitos como o de espaço infinito, porém limitado,[26] e a TRG relaciona os conceitos matemáticos da geometria Riemanniana com a física, isto é, com cálculos e resultados que podem ser medidos em experiências laboratoriais ou observações astronômicas. É importante mencionar que o sucesso da TRG foi não somente o de dar um caráter físico a ideias que até então eram consideradas pura matemática, como prever efeitos que foram posteriormente observados, como o avanço do periélio do planeta Mercúrio e a curvatura da luz das estrelas nas proximidades do Sol. É esta formulação da física em bases geométricas

---

26 Uma maneira simples de entender esta ideia é a de pensarmos em uma formiga caminhando sobre a superfície de uma laranja. O "espaço" em que a formiga pode caminhar, a superfície da laranja, é infinito, pois ela pode andar eternamente dando voltas sobre esta superfície, mas ao mesmo tempo limitado, pois a formiga não pode sair da superfície da laranja.

(a chamada *geometrização da física*, iniciada em 1908 pelo matemático alemão Hermann Minkowski [1864-1909], e que exprime a relatividade especial de Einstein em bases geométricas e efetivamente abre caminho para a TRG), que permitiu a Einstein poder, nove anos depois, superar os problemas encontrados por seus antecessores, os quais tentarem construir uma cosmologia baseada na física de Newton, e aplicar a TRG ao Universo, concebendo assim o primeiro modelo da *cosmologia relativística*.

Com relação à parte observacional, o Universo natural mais amplo possível deve ser incluído no universo físico, e por mais amplo possível deve-se entender o mais *distante* possível. Deve-se notar aqui que o termo "distância" deve ser entendido no seu sentido relativístico, ou seja, distância espacial e "distância" temporal. Isso significa que tanto os objetos situados longe de nós quanto os do nosso passado remoto fazem parte da totalidade cosmológica.

Daquilo que expusemos podemos concluir que não é possível haver uma distinção clara entre os conceitos físicos e os correspondentes *modelos de universo*. Os conceitos físicos, particularmente os providos pela TRG, são necessários para conceber e entender o universo físico. As teorias físicas tornam-se então irremediavelmente mescladas com as suas correspondentes aplicações, o que implica que no caso da cosmologia aquilo que entendemos por *universo observável* não pode existir independente de uma construção teórica. Anteriormente afirmamos que antes do aparecimento da TRG não havia cosmologia, isto é, não havia uma disciplina científica que discutia *a física do Universo*. Embora o Universo exista independentemente de nós, só se tornou possível sondá-lo e estudá-lo por meio de um aparato teórico, isto é, por meio da interpretação teórica. Assim, em cosmologia, como em toda e qualquer ciência, é a teoria que determina o que é observacional, ou mesmo o que é observável. Ao mesmo tempo, a *cosmologia observacional* sugere que partes da teoria necessitam de atualização e revisão. Portanto, em cosmologia, teoria e observação interagem em mão dupla, uma modificando, concebendo e limitando a outra. O conceito de horizonte, que será discutido a seguir, mostra de forma enfática como em cosmologia se faz presente esta vinculação de definição e limitação entre teoria e observação.

b) Horizontes e universo observável

Um dos postulados básicos da TRG afirma que a velocidade da luz é constante. Todos os observadores, parados ou se movendo em velocidade constante, que estiverem realizando experimentos físicos para medir a velocidade da luz, obterão o mesmo resultado. Este postulado foi enunciado por Einstein em 1905, quando ele publicou os primeiros resultados das suas pesquisas teóricas que deram origem à sua teoria da relatividade especial. Essa teoria é amplamente verificada experimentalmente, não restando dúvidas na comunidade científica acerca da sua validade. A velocidade da luz, embora muito alta, não é infinita. Assim, a transmissão de um sinal deve ocorrer em um tempo finito, para todos os observadores, pois todos medem o mesmo valor para esta velocidade.

Este postulado tem outra consequência importante. Suponhamos que uma estrela distante, por exemplo, na outra extremidade de nossa Galáxia, exploda em forma de uma supernova. Como a velocidade da luz é finita e a distância envolvida é imensa, a luz proveniente desta explosão demorará algum tempo para nos atingir. Este tempo dependerá da distância e pode ser equivalente a centenas de anos. Isto significa que por centenas de anos nós aqui na Terra não teremos nenhuma *informação*, a qual é "carregada" pela luz, acerca deste evento explosivo. Em outras palavras, algo terá ocorrido do outro lado de nossa Galáxia o qual demorará o tempo, talvez centenas de anos, que a luz percorre até nós para podermos tomar conhecimento da existência deste fenômeno. No jargão técnico da relatividade, diz-se que no momento (local) da explosão esta estrela estava fora de nosso *horizonte*.

Os horizontes são uma consequência da finitude da velocidade da luz, e implicam que nós não temos conhecimento imediato de tudo o que ocorre no Universo. Só saberemos da existência de determinados fenômenos em nosso futuro. Esta é uma limitação *teórica* intrínseca à relatividade. Se, no entanto, a cosmologia concebe o Universo como um todo, a totalidade, e ao mesmo tempo concebe a existência de horizontes, é inescapável a conclusão de que, ao abordar regiões infinitamente distantes de nós, a cosmologia nos obriga a concluir que só saberemos algo sobre estas regiões em nosso futuro, já que atualmente elas estão fora de nosso horizonte. Este conceito, levado ao seu limite, diz que, se uma determinada região do universo enviar um sinal que demore, digamos, um tempo superior ao da existência de nosso sistema solar, isto é, se o sinal só chegar à Terra quando o Sol e seus planetas não mais existirem, teremos então que aceitar a ideia de que podem existir regiões do universo suficientemente distantes sobre as quais nós *nunca* obteremos qualquer informação, pelo menos aquelas que viajam à velocidade da luz.[27] Os horizontes implicam, portanto, regiões que somente tornar-se-ão conhecidas futuramente, ou

---

27 Desde o aparecimento da teoria da relatividade que se especula sobre a possível existência de partículas que viajariam a velocidades maiores que a da luz, os *táquions*. No entanto, até hoje não há qualquer evidência experimental que traga suporte à existência destas partículas. Mas, mesmo que elas existam, isso não eliminaria os horizontes, pois tais partículas não carregariam informação. Mais recentemente, indícios teóricos sugerem que a TRG não impede que objetos materiais viagem, sob certas condições, com velocidades superluminais, ou seja, maiores do que a velocidade da luz. Tal é a situação das chamadas geometrias com *dobra espacial* (tradução livre do termo original *warp drive*), termo este emprestado da literatura de ficção científica. Para a surpresa de muitos, a TRG não parece impedir a possibilidade de que possa ser criada uma distorção espaço-temporal artificial, ou seja, uma dobra espacial, localizada em região limitada do espaço--tempo e que se move nele com velocidade superluminal. Para isso, no entanto, parece ser necessária a existência de matéria a que os físicos chamam de "exótica", isto é, com massa negativa. A teoria quântica de campos advinda da física de partículas elementares sugere que densidade de matéria negativa pode existir no chamado *efeito Casimir*. Se tal matéria de fato existe, é algo ainda inteiramente incerto.

mesmo em regiões que permanecerão para sempre incognoscíveis. Sendo assim, o que chamamos de universo observável é apenas uma *parte* da totalidade universal. Em outras palavras, somente aquela região do Universo cuja luz *hoje* nos alcança ou nos alcançou no passado.

c) *Singularidades e o* big bang

Como vimos, o conceito de horizonte é intrínseco à cosmologia e, portanto, a teoria indica algumas de suas próprias limitações. No entanto, os horizontes não são os únicos conceitos em que, pode-se assim dizer, a teoria se autolimita. As singularidades, isto é, regiões do espaço-tempo onde as grandezas físicas deixam de ser definíveis, também são limitações da teoria. Exemplos de singularidades são os objetos conhecidos como *buracos negros* e o próprio *big bang*. Ambos aparecem como resultados de aplicações específicas da TRG. Sendo assim, a seguinte questão se coloca: será possível evitar as singularidades da TRG através de alguma hipótese teórica, manipulação matemática, ou outra hipótese qualquer? Ou serão as singularidades intrínsecas à relatividade, não podendo ser eliminadas? Nesse segundo caso então as singularidades serão intrínsecas à cosmologia.

Procurando responder a esta questão, Stephen W. Hawking (1942-) e Roger Penrose (1931-) obtiveram um conjunto de teoremas, conhecidos como *teoremas de singularidades de Hawking-Penrose*, os quais demonstram que as singularidades *não* podem ser removidas das teorias gravitacionais geométricas. Portanto, dentro da física que conhecemos, não há como evitar que modelos cosmológicos tenham um *big bang* e/ou um *big crunch*. À luz destes teoremas, não nos resta outra opção senão aceitar as singularidades e procurar interpretá-las no contexto das aplicações teóricas da TRG.

Por exemplo, os buracos negros são considerados um estágio evolutivo de estrelas supermassivas, onde sua massa é tão grande que a atração gravitacional faz com que toda a estrela colapse sobre si mesma e se concentre em um ponto, o centro da estrela. Esse ponto é uma singularidade na medida em que o volume é zero e, portanto, a densidade deste objeto torna-se infinita. O mais bizarro é que a TRG, quando aplicada a estes objetos, prevê que esta singularidade ficará envolvida por um horizonte. Por isso qualquer coisa, matéria ou luz que caia em um buraco negro irá desaparecer. A matéria que um buraco negro pode conter torna-se infinita e, por estar envolvido por um horizonte, o buraco negro não nos fornece nenhuma informação acerca do que ocorre no seu interior. Desenvolvimentos mais recentes apontam para a possibilidade de que possam existir singularidades fora de horizontes, ou seja, essas singularidades seriam *nuas*. A conjectura de *censura cósmica*, formulada por Roger Penrose, afirma que singularidades nuas que não o *big bang* não seriam possíveis. O assunto ainda encontra-se em debate.

No caso do *big bang*, ele é uma singularidade que aparece no limite de olhar ao reverso o processo de expansão do universo. Sua interpretação, porém, é controversa. Se usarmos a teoria clássica, isto é, aquela na qual não é necessário levar em consideração os efeitos quânticos (que aparecem à escala atômica e subatômica), nada podemos afirmar acerca da física do *big bang*, mas apenas na física *após* o *big bang*. Mas, como o universo diminui quando nos aproximamos do *big bang*, é possível supor que, em tamanhos extremamente pequenos, considerações quânticas sejam relevantes. De fato, o uso da física quântica foi capaz de levar as considerações físicas a tempos extremamente próximos ao *big bang*, mas nunca *no big bang*. Existem, no entanto, físicos que supõem que a física quântica é a única capaz de discutir o que é de fato o *big bang*. Mas, até o momento, isto é muito mais um desejo do que uma realidade, pois a *cosmologia quântica*, nome dado a essa possível teoria, ainda encontra-se restrita à física após o *big bang*. Alguns físicos são da opinião de que a cosmologia quântica é o caminho a ser seguido para tentar uma unificação entre as duas grandes teorias físicas do século XX: a física quântica e a TRG. Tal unificação viria por meio da formulação de uma nova teoria, chamada de *gravitação quântica*, e o primeiro passo seria com a elucidação da física do *big bang*, a ser feita pela cosmologia quântica. No entanto, tais teorias não foram ainda formuladas e existem físicos que afirmam que uma gravitação quântica nunca poderá ser formulada, pois, argumenta-se, a física quântica e a relatividade seriam intrinsecamente incompatíveis.

A controversa interpretação do *big bang* decorre das diferentes perspectivas epistemológicas adotadas pelos pesquisadores devido a duas possíveis maneiras de entendermos o que são teorias físicas. Se teorias físicas *correspondem diretamente* à natureza, temos, então, uma identificação entre teoria e objeto. Neste caso, se estamos seguros de que há uma expansão e de que vários dados relacionados são consistentes com esta ideia, então o *big bang deve* corresponder a algum efeito físico. Resta, portanto, desenvolver a física necessária para finalmente podermos entendê-lo. Se, por outro lado, assumirmos que teorias físicas são *representações* da natureza, então o *big bang* é o local onde a física conhecida encontra os seus limites de validade, isto é, ela é intrinsecamente incapaz de discutir o *big bang*. Nada então podemos afirmar, a não ser que a nossa teoria não é conclusiva. Em outras palavras, concluiríamos que nada podemos concluir. Veremos a seguir que não é possível discutir a natureza do *big bang* sem assumir uma ou outra posição epistemológica. Acreditamos que a melhor maneira de entendermos teorias físicas é supondo-as serem representações.

5. Epistemologia e cosmologia

Nesta seção, fundamentaremos a nossa opção epistemológica apresentada anteriormente. Uma das principais ideias discutidas no início desse capítulo diz respeito à maturidade da ciência. Defendemos a tese de que essa maturidade pode ser avaliada pelo fato de que a ciência só se sente em condições de fazer afirmações em certos domínios de validade. Em outras palavras, as leis e as teorias científicas referem-se, quando analisadas uma a uma, a setores específicos do real, sendo, portanto, *representações dos fenômenos naturais*. Não de todos, mas somente daqueles que interessam à física, ciência sobre a qual nos sentimos em condições de discutir.

A tese de que as teorias científicas são representações é antiga, remontando aos tempos da Grécia Clássica. No entanto, estaremos aqui circunscritos ao período da ciência moderna, isto é, analisaremos apenas o período que se inicia com a chamada Revolução Copernicana. Mesmo assim, não é nosso interesse, e nem poderia sê-lo, estudar detalhadamente toda essa época. Dentre as muitas possibilidades disponíveis nesse período, decidimo-nos restringir a quatro nomes: Galileu Galilei, Ludwig Boltzmann, Albert Einstein e William Stoeger. Esses quatro cientistas-filósofos nos são importantes porque eles, além de discutirem as ideias que compõem o escopo do presente artigo, o fizeram de uma maneira tal que torna possível a realização de nosso principal objetivo, a saber: contribuir para o diálogo entre ciência e teologia, tomando a filosofia como *o elemento de ligação* entre as duas. Queremos enfatizar que a filosofia é a responsável pela existência do diálogo. É da própria natureza da filosofia o estabelecimento deste tipo de diálogo. Basta relembrar o exemplo de Sócrates, Platão e do próprio Galileu para tornar claro aquilo que estamos afirmando; todos eles empregaram a forma do diálogo para exporem as suas ideias e convicções. Foi por meio do diálogo que eles seduziram os seus oponentes, tornando-os adeptos de suas teorias.

Mais especificamente, à filosofia cabe ainda outra função: mostrar inequivocamente que as teorias científicas são representações do real. No escopo delimitado pela ciência moderna, não há espaço para uma concepção de realismo como o aristotélico, isto é, essencialista. As essências, aquilo que faz com que o mundo seja o que ele é, não podem ser conhecidas por meio dos procedimentos característicos da ciência moderna. No entanto, nem por isso, a ciência moderna se afirma como incapaz de conhecer o real. A ciência moderna nunca abrirá mão de sua pretensão em conhecer o real. Ela é realista: o real (ou natureza ou mundo externo) existe independentemente do sujeito cognoscente. Além dessa existência, independe também da inteligibilidade do mundo. Essas duas teses constituem o núcleo central do "credo" realista.

a) Galileu Galilei

Um texto galileano muito claro sobre a opção realista do físico italiano é a famosa carta que ele redigiu em 1615 para a Grã-Duquesa da Toscana, Cristina de Lorena (1589-1637), já citada. Vejamos quais foram as palavras que Galileu escolheu para transmitir essas ideias. Com relação à existência independente do real, temos, por exemplo, o seguinte trecho, que se encontra logo no início da carta:

> Como bem sabe Vossa Alteza Seleníssima, *descobri* há poucos anos muitas particularidades no céu, que tinham permanecido invisíveis até esta época. Seja por sua novidade, seja por algumas consequências que delas decorrem, e que contrariam algumas proposições acerca da Natureza comumente aceitas pelas escolas dos filósofos, essas descobertas excitam contra mim um bom número de seus professores; *quase como se eu, com minha própria mão, tivesse colocado tais coisas no céu*, para transtornar a Natureza e as ciências.[28]

No trecho acima, Galileu defende-se da acusação de ter inventado as novas descobertas astronômicas. Ele não as inventou e nem as construiu. A sua mão e o seu intelecto eram insuficientes para tanto. Para o pensador italiano, Deus era o criador do universo. Sobre esse ponto específico, não pode permanecer dúvida alguma. Galileu sempre foi um católico respeitoso da importância da Igreja e nunca pretendeu colocar em xeque a sua autoridade no que diz respeito a assuntos religiosos.

Na carta em questão, Galileu, e esta é uma das razões que o transformaram em um dos chamados pais da ciência moderna, defende a necessidade de estabelecermos limites entre as investigações dos teólogos e aquela outra realizada pelos astrônomos e filósofos naturais (como eram denominados os cientistas em seu tempo). Ele vai mais além, afirmando a necessidade de estabelecer uma inversão na ordem do estudo da natureza. Até a sua época, a religião e a teologia detinham uma primazia (ou preferência) com relação à astronomia e à filosofia natural — as suas conclusões tinham que ser levadas em consideração quando o tema era a natureza. Agora, a partir das descobertas que ele, Galileu, realizou, é claro que, confirmando muitas das verdades do sistema copernicano, não deveria haver a possibilidade de que "nas discussões de problemas concernentes à Natureza, não se deveria começar com a autoridade de passagens das Escrituras, mas com as experiências sensíveis e com as demonstrações necessárias?".[29]

Galileu continua em sua *profissão de fé* realista e em prol da autonomia entre as diferentes áreas do conhecimento. Assim, um pouco mais abaixo encontramos a seguinte declaração:

> Sendo a Natureza inexorável e imutável e jamais ultrapassando os limites das leis a ela impostas, como aquela que em nada se preocupa se suas recônditas razões e modos de operar estão ou não estão ao alcance da capacidade dos homens; parece, quanto aos efeitos naturais, que aquilo que deles a experiência sensível nos coloca

---

28   GALILEI, Carta à Senhora Cristina de Lorena, Grã-Duquesa da Toscana, p. 98 (grifos nossos).

29   Ibid., p. 103.

Cosmologia, uma ciência especial?

diante dos olhos, ou as demonstrações necessárias [as conclusões obtidas através do raciocínio matemático] nos fazem concluir, não deve de modo nenhum ser colocado em dúvida, menos ainda condenado, através de passagens da Escritura que tivessem aparência distinta nas palavras.[30]

Ao afirmar que a natureza, ou real, é imutável e inexorável, conclui Galileu que nós, os seres humanos, não temos como modificá-la no âmbito de suas essências e muito menos criá-la. O comportamento da natureza é sempre o mesmo. Empregando um termo contemporâneo: o comportamento da natureza é regular. E é precisamente essa regularidade que funda sua inteligibilidade, permitindo ao homem conhecê-la verdadeiramente. A independência da natureza é reforçada quando Galileu diz que ela não se preocupa se somos, ou não, capazes de compreendê-la. Será por nossa própria conta e risco que conseguiremos, ou não, conhecê-la. Mas, para que isso possa se tornar uma realidade, temos que modificar a nossa atitude cognoscente; precisamos ser ativos e reconhecer que somos responsáveis, em parte, pelo conhecimento que alcançamos da natureza. É necessário, pois, aliar experimentação à matemática.

A posição de Galileu a respeito da necessidade de distinguir filosofia natural e teologia é admiravelmente sintetizada por ele no trecho em que lemos as seguintes palavras: "A intenção do Espírito Santo é ensinar-nos como se vai para o céu e não como vai o céu" (como já visto, emprestadas do Cardeal Barônio).

Após Galileu, tornou-se "evidente" que a ciência e a religião trilhavam caminhos diferentes e mesmo opostos e antagônicos. É frequente encontrarmos referências à rivalidade entre as duas; rivalidade que, em alguns momentos, foi compreendida como uma verdadeira guerra.

b) Ludwig Boltzmann

Atemorizado de que as teses energeticistas pudessem ganhar força suficiente entre os cientistas a ponto de excluir o atomismo do cenário científico, Boltzmann escreve, em 1896, um artigo reafirmando a sua crença, já conhecida por todos, de que o atomismo é inevitável nas ciências naturais.[31] Esse trabalho de Boltzmann foi explicitamente escrito para refutar algumas das principais ideias de Ostwald, que era o seu mais importante adversário energeticista. Além disso, esse mesmo texto significava a continuação de um debate público acontecido um ano antes por ocasião da reunião anual dos cientistas naturais alemães. Uma das principais razões que motivaram Boltzmann a defender o atomismo era o seu temor de que a consagração do energeticismo, ou seja, o seu acolhimento por grande parte dos cientistas,

---

30   Ibid., p. 103 (grifos nossos).
31   VIDEIRA, *A concepção atomista de Ludwig Boltzmann*.

187

acarretasse necessariamente a marginalização do atomismo. Caso isso acontecesse, Boltzmann acreditava que um clima dogmático inevitavelmente instalar-se-ia na ciência, o que, sem sombra de dúvida, implicaria a extinção de toda e qualquer possibilidade de progresso científico. Isto porque, tal como no mundo natural, no mundo das teorias científicas, caberia à competição entre teorias desempenhar o papel fomentador do progresso (evolução). É a tentativa de mostrar que uma representação é melhor, ou mais adequada, do que outra que faz com que o cientista a aperfeiçoe.

A principal tese epistemológica adotada por Boltzmann afirmava que *toda teoria científica é uma representação da natureza.*[32] No nosso caso, ela é importante porque, para Boltzmann, significava que as teorias científicas são desprovidas de conteúdo ontológico, aqui compreendido em sentido forte. Em outras palavras, aquilo que constitui real e verdadeiramente a natureza é, e permanece para sempre, incognoscível para os cientistas. Além disso, Boltzmann defendia a ideia de que as representações são livres criações dos cientistas, o que o colocava em um campo oposto ao de, por exemplo, Ernst Mach (1838-1916), que acreditava que seria possível formular descrições diretas daquilo que é percebido com o uso dos órgãos sensoriais. Ao afirmar que as teorias científicas são criações livres dos cientistas, Boltzmann enfatiza que é impossível o trabalho científico sem o recurso a conceitos teóricos, os quais devem a sua origem ao fato de que é impossível a elaboração de toda e qualquer teoria científica a partir da mera observação dos fatos naturais. Por exemplo, o conceito de atração gravitacional, na física de Newton, resulta da liberdade que os cientistas possuem para representar a natureza, pois pela mera observação da queda dos corpos não é possível elaborar um conceito como este.

Tal como era afirmado pelo próprio Boltzmann essa tese não era nova. Antes dele, Immanuel Kant (1724-1804) e James Clerk Maxwell (1831-1879) haviam afirmado o mesmo. Alguns contemporâneos de Boltzmann, tais com Heinrich Rudolf Hertz (1857-1894) e Hermann von Helmholtz (1821-1894), também compartilhavam, em termos bastante próximos, dessa mesma ideia.

A principal conclusão a ser retirada dessa tese é de que não pode haver, no plano da ciência, nenhuma teoria que seja eternamente verdadeira. *A verdade científica é provisória.* Sendo assim, ela pode ser "alcançada" de diversas maneiras, ou seja, através de teorias diferentes. Melhor dizendo, Boltzmann acreditava que um mesmo conjunto de fenômenos naturais poderia ser explicado a partir da adoção de perspectivas não só distintas, mas até mesmo excludentes. A escolha de uma teoria dependeria de vários fatores, inclusive de preferência epistemológica. Essa tese é comumente denominada de *pluralismo teórico.*

---

32 VIDEIRA, Boltzmann e o conceito de representação, pp. 99-120.

No contexto da cosmologia moderna, trata-se, então, de, em primeiro lugar, procurar distinguir aquilo que verdadeiramente constitui a natureza de nossas teorias, isto é, de nossas representações. Assim, adotamos a seguinte diferença para os termos "Universo" e "universo". O primeiro termo, com "U" maiúsculo, refere-se ao aspecto da natureza a partir do qual a nossa interação gera uma base empírica sobre a qual os diferentes modelos (teóricos) são construídos, enquanto o segundo, com "u" minúsculo, refere-se ao modelo propriamente dito. Por meio dessa distinção, podemos afirmar que, tendo as teses de Boltzmann em mente, os diferentes modelos teóricos mencionados são então *modelos de universo*, isto é, *modelos cosmológicos*, ou simplesmente *cosmologias*. Consequentemente, o pluralismo teórico simplesmente nos diz que existem diversas cosmologias, onde cada uma adota uma representação do Universo, sendo que a verdadeira natureza desse último é incognoscível. Quando falamos de universo, estaremos sempre fazendo-o no contexto de uma determinada teoria ou modelo que, por definição, não terá nenhum conteúdo ontológico definitivo e excludente. Em outras palavras, como existem diversas cosmologias, temos diversas representações do Universo, ou seja, diversos universos.

As diversas cosmologias devem estar em competição entre si, e como nenhuma pode ser confundida com o Universo, nenhuma cosmologia é derradeira, mas apenas provisoriamente a melhor. É a nossa interação (observacional, experimental) com o Universo que fornece a base empírica, sobre a qual as cosmologias são criadas. Sendo essa nossa interação essencialmente sensorial e tecnológica, a própria evolução tecnológica modifica essa base empírica relacionada ao Universo, gerando, por conseguinte, as condições para a transformação, parcial ou completa, dos modelos cosmológicos. Da mesma forma, a própria diversidade tecnológica disponível produz diferentes interações e, consequentemente, diferentes bases empíricas, que levam a diferentes representações do Universo. É por isso que o simples lançamento de satélites artificiais como o COBE ou o WMAP, destinados a mapear a radiação fóssil cósmica de fundo proveniente da fase inicial quente do Universo, podem ter efeitos dramáticos em cosmologia.

Do exposto acima, podemos concluir que o melhor antídoto contra o dogmatismo em qualquer ramo científico encontra-se na mudança de atitude que deve ser adotada pelos pesquisadores, mudança esta que se dá através da adoção do pluralismo teórico como estrutura epistemológica da pesquisa científica. Por meio desta tese é possível evitar a crença enraizada e injustificada em ideias cuja razão de ser reduz-se a crenças pessoais. Essas últimas são, conforme Boltzmann, necessárias, e talvez imprescindíveis, na elaboração das diferentes representações da natureza, pois essa elaboração é consequência da livre criação dos cientistas. Porém, por definição, as crenças pessoais estarão restritas aos modelos teóricos e, na melhor das hipóteses, elas poderão apenas gerar melhores (ou piores) representações da natureza, jamais podendo ser confundidas com a "verdadeira" Natureza, já que sua verdadeira essência é, por definição, incognoscível.

Uma vez que nenhuma teoria científica pode atingir os níveis dos porquês e dos constituintes últimos dos fenômenos naturais, segue-se que nenhuma teoria científica pode afirmar conhecer verdades imutáveis. Empregando a nossa própria terminologia, quanto maior o número de teorias à disposição dos cientistas, maiores são as chances de eles obterem melhores representações dos fenômenos naturais.

O conhecimento científico é mais bem caracterizado por uma busca incessante e sem fim por melhores, mas nunca definitivas, representações dos fenômenos naturais. A substituição de uma teoria científica por outra, característica principal da ciência moderna, obra permanentemente em aberto, só pode acontecer caso assegure-se que nenhuma teoria científica pode alcançar o estágio de definitivamente verdadeira. Em outras palavras, uma teoria científica pode ser melhor do que outra e nada mais do que isso.

No caso específico da cosmologia, cremos que seria fundamental que os cosmólogos reconhecessem explicitamente que suas teorias e modelos sobre o Universo nada mais são do que representações. Essa situação significa que os objetos do discurso desses mesmos modelos e teorias constituem, na verdade, universos. Essa distinção é muito importante, pois é ela que assegura à cosmologia a certeza de que as suas representações não são definitivas. Finalmente, é reconhecendo que o Universo é diferente de universo que pode a cosmologia escapar das mazelas do dogmatismo, beneficiando-se do pluralismo teórico.

c) Albert Einstein

Einstein não é, em nossa opinião, importante apenas porque, com a sua TRG, tornou possível, em termos científicos, a investigação de temas e questões cosmológicas. Físico de primeiríssima qualidade, ele foi igualmente um pensador sutil e perspicaz. Após uma aproximação com o Positivismo de Ernst Mach em sua primeira fase científica, Einstein, e devido ao seu trabalho com a elaboração da TRG, não apenas abandonou o pensamento Machiano, mas o renegou publicamente:

> Em geral, os físicos da época [séculos XVIII e XIX] acreditavam de bom grado que os conceitos e as leis fundamentais da física não constituem, no sentido lógico, criações espontâneas do espírito humano, mas antes que se pode deduzi-los por abstração, portanto por um recurso da lógica. Na verdade, somente a teoria da relatividade geral [TRG] reconheceu claramente o erro dessa concepção.[33]

---

33   EINSTEIN. *Como vejo o mundo*, p. 149.

Cosmologia, uma ciência especial?

Einstein recusava-se a submeter a razão inteiramente aos ditames da observação, pois, segundo ele, os princípios, que constituem o arcabouço das teorias científicas, não são alcançados por meio da observação dos fenômenos naturais. Antes pelo contrário. Não existe método pronto e acabado para chegar à formulação dos princípios: "Porque não existe método que se possa aprender ou sistematicamente aplicar para alcançar um objetivo".[34] Segundo o criador da TRG, não é a razão isoladamente ou a experiência também em separado da primeira que determinam as verdades a respeito da natureza. Galileu é, para Einstein, com justiça, o pai da física moderna porque se bateu em favor da união da experiência com a lógica ou raciocínio dedutivo. Mesmo tendo que prestar o devido respeito à experiência, pois afinal "o pensamento lógico, por si mesmo, não pode oferecer nenhum conhecimento tirado do mundo da experiência", o homem, em particular o físico teórico, pode "formar, de qualquer maneira, mas segundo a sua própria lógica, uma *imagem* simples e clara do mundo".[35]

d) William Stoeger

Em nossos dias, uma figura merecedora de todo o interesse é o físico, cosmólogo e teólogo jesuíta William R. Stoeger. Para nós, Stoeger, mesmo talvez sem o pretender explicitamente, pode ser compreendido como um *herdeiro* de Galileu, Boltzmann e Einstein, na medida em que as suas preocupações e, acima de tudo, as suas posições são semelhantes em relação à distinção dos domínios de conhecimento da ciência e da teologia. As posições e reflexões de Stoeger sobre o tema que estamos ora desenvolvendo são equilibradas e fecundas, já que ele respeita as particularidades de cada uma das partes envolvidas, e sem esse respeito nada poderá ser alcançado em relação a uma justa apreciação do que cabe à ciência e à filosofia.

Stoeger parte da constatação de que, sendo uma teoria científica uma representação da natureza, a ciência não pode afirmar como esta é de fato (ou realmente). Ao repetir teses já conhecidas por Galileu, Boltzmann e Einstein, mesmo sem citá-los explicitamente, o cientista e teólogo norte-americano procura dar outro alcance a essa tese, na medida em que ela possibilita a compreensão de que a ciência não conseguirá explicar jamais, ou simplesmente descrever, os fenômenos vinculados à espiritualidade. Esta última "atua" em um domínio diferente da ciência.

> O interesse da espiritualidade é muito diferente [daquele da ciência] — é conhecer e responder pessoal e comunalmente a Deus da maneira mais plena possível.[36]

---

34 Ibid., p. 142.

35 Ibid., p. 147 e p. 138 (grifo nosso).

36 STOEGER, *As leis da natureza*, p. 90.

O fato de os domínios da teologia (o espiritual) e da ciência (o natural) serem diferentes, é igualmente objeto das preocupações de Stoeger. Aliás, não constitui exagero afirmar que o estabelecimento dessa distinção é a sua primeira preocupação e, o que é uma hipótese nossa, ele crê que essa é a principal contribuição que ele dá para o estabelecimento de um diálogo entre ciência e teologia. Assim, o primeiro tópico discutido por Stoeger é o seguinte:

> Vou examinar as leis da natureza — em especial sua posição ontológica — que acredito ser uma questão fundamental que precisa ser solucionada para haver progresso autêntico rumo à integração e para uma rearticulação fecunda da ação divina contra o pano de fundo de nossa descrição científica da natureza e seus processos.[37]

Estabelecido que os objetos das ciências naturais não podem ser confundidos com os da religião — qualquer tentativa atentaria contra o autêntico espírito da ciência moderna —, Stoeger preocupa-se em esclarecer qual é o domínio de atuação da espiritualidade:

> Estritamente falando, o conhecimento que se origina da espiritualidade não é tão especializado quanto o que se origina das ciências e é muito mais diretamente pessoal e social em sua origem, em sua relevância e em seu entrosamento (consequências). A espiritualidade diz respeito à nossa experiência e nossa resposta a esses elementos que funcionam como absolutos em nossas vidas conscientes, ou revelam o absoluto e dão sentido e orientação fundamentais à maneira como vivemos, como indivíduos e como comunidades.[38]

Apesar de estabelecer diferenças irredutíveis entre a ciência, a teologia e a religião, Stoeger adverte que essas duas últimas não podem dar as costas aos desenvolvimentos e aos resultados obtidos pela primeira. Como já havia sido afirmado por Galileu no início do século XVII, o religioso e cosmólogo norte-americano estabelece o mesmo tipo de vínculo entre essas disciplinas:

> A maneira como interpretamos a Escritura, a filosofia e a teologia hoje indiretamente depende bastante dos avanços em muitas outras disciplinas, até mesmo nas ciências naturais e humanas.[39]

A frase que se segue imediatamente é bastante esclarecedora das propostas de Stoeger, e, sob este aspecto, ele se aproxima bastante de Boltzmann. Ao contrário do que se pode pensar, o poder da ciência decorre do fato de que as suas afirmações

---

37   Ibid., p. 21.

38   Ibid., p. 88.

39   Ibid., p. 86.

só são verdadeiras se elas estiverem relacionadas com os seus domínios de validade. Essa limitação, que é intrínseca à ciência e a toda e qualquer outra forma de conhecimento humano, mostra que, para poder integrar todas as áreas em que pode exercer alguma influência, é missão, ou tarefa, do ser humano estabelecer um diálogo entre elas. A base para o diálogo, o que evita que ele seja um diálogo de surdos, está no fato de que, em toda e qualquer época, todas as áreas do conhecimento humano se influenciam, já que participam de uma visão de mundo comum:

> Os limites de uma área específica — e o enfoque e as bases evidentes a ela apropriados — só são descobertos por meio da interação com outras áreas. Todas as áreas de conhecimento compartilham pelo menos um campo cultural comum e se influenciam mutuamente de diversas formas.[40]

A filosofia deve ser compreendida como o principal instrumento para possibilitar e fortalecer o diálogo entre ciência e teologia. Aliás, na determinação dessa função para a filosofia, Stoeger aproxima-se de uma corrente atual de pensamento a qual assume explicitamente que não é possível conhecer o que quer que seja sem a participação da razão humana. Mas não apenas da razão humana: valores, conhecimentos prévios, experiências pessoais e privadas, todos esses fatores integram o arsenal de instrumentos à disposição do homem para elaborar e validar o conhecimento:

> É ilusão acreditar que essas representações incrivelmente ricas dos fenômenos são isomorfismos não construídos que meramente descobrimos no mundo real. Ao contrário, são construídos — meticulosamente — e não há indícios de que sejam isomórficos com estruturas no mundo como este é em si.[41]

Voltemos, todavia, ao papel a ser cumprido pela filosofia na intermediação entre a ciência e a teologia. Como já o afirmamos anteriormente, a filosofia é, aos olhos de Stoeger, a responsável por este mesmo diálogo, o qual poderá ser difícil já que, por serem relativamente próximas, ainda que independentes e complementares, apresentam afirmações que se sobrepõem. O conflito resultante, espera-se, será criativo, o que significa o desdobramento de novos modos de interação e cooperação entre a ciência e a teologia.

Outra tarefa relevante da filosofia, a qual, inclusive, possibilitará que se avalie a sua "eficiência", é a de respeitar a complementaridade entre a ciência e a religião, mais especificamente a cosmologia e a teologia. Elas são complementares porque ambas nos fornecem diferentes perspectivas da mesma realidade experimentada. A filosofia pode realizar esse papel porque

---

40   Ibid., p. 86.

41   Ibid., p. 36.

Marcelo Byrro Ribeiro e Antonio Augusto Passos Videira

nesse diálogo — e de fato em qualquer reflexão sobre o que ou a cosmologia ou a teologia está fazendo ou é capaz de fazer — a filosofia será um intermediário crucial, tanto ao nível da análise da linguagem comum como ao nível da epistemologia e metafísica. Isto decorre de que aqueles que estão envolvidos na pesquisa em cosmologia e aqueles envolvidos em teologia assumem importantes, embora normalmente inarticuladas, premissas acerca da realidade e nosso conhecimento dela, e ambos usam uma linguagem que reflete essas premissas mais profundas que são assumidas. Todos nós temos uma filosofia implícita. Para que o diálogo entre as duas comunidades seja frutífero, ele precisa abordar bem frequentemente a compatibilidade e aceitabilidade dessas premissas mais básicas do ponto de vista de ambas as disciplinas. Elas precisam ser submetidas a uma crítica permanente.[42]

Resumindo, a totalidade do universo só se tornará compreensível caso o ser humano mostre-se capaz de reunificar, *religando-as*, as suas duas dimensões mais fundamentais e conhecidas: a intelectual e a espiritual.

6. Conclusão

Como vimos ao longo do presente capítulo, assumir que "discutir a origem física do Universo é o mesmo que investigar a sua criação" consiste em um uso indevido das teses e dos conceitos do modelo padrão da cosmologia moderna. À medida que "se aproxima" dos instantes imediatamente próximos ao momento da grande explosão, a física subjacente ao modelo padrão deixa de ser válida. Em outras palavras, e indiretamente ao ponto que aqui nos interessa, a física atualmente conhecida não pode explicar o que ocasionou o *big bang*. Apesar de ser um resultado científico, e como tal passível de ser revisto e mesmo abandonado, ele passa com frequência despercebido, o que faz com que os físicos confundam os seus modelos de universo com o Universo. Uma possibilidade de evitar esse erro situa-se na tese de que todas e qualquer teoria científica é uma representação da Natureza.

A filosofia desempenha, nesses casos, um papel preponderante porque mostra aos cientistas que eles estão ultrapassando os limites de validade de suas teorias. Em outros termos, nesses casos estão os cientistas descaracterizando as identidades científico-epistemológicas de suas teorias e consequentemente da ciência. Uma vez mais, a filosofia pode desempenhar papel importante, pois é ela que, segundo Galileu, Boltzmann, Einstein e Stoeger, pode manter viva a ideia de que as teorias científicas só fazem sentido no interior de certos domínios.

---

42   STOEGER, What contemporary cosmology and theology have to say to one another, p. 2 (Tradução nossa).

7. Referências bibliográficas

DINGLE, Herbert. Aristotelismo Moderno (tradução e notas de Helena Wergles Ramos, Mário Raoni, Rommel Luz F. Barbosa e Taís Pereira, Revisão de Antonio Augusto Passos Videira), *Scientiae Studia*, vol. 3, n. 2, 2005, pp. 249-254.

EINSTEIN, Albert. Considerações Cosmológicas sobre a Teoria da Relatividade Geral [1917]. In: *O Princípio da Relatividade*. 3. ed. Coleção de artigos originais sobre as teorias da relatividade especial e geral (traduzido por Mário José Saraiva). Porto: Fundação Calouste Gulbenkian, 1983. pp. 225-241.

_____. *Como vejo o mundo* (tradução de H. P. de Andrade). Rio de Janeiro: Nova Fronteira, 1981.

ELLIS, George F. R. The different nature of cosmology. *Astronomy & Geophysics*, vol. 40, August 1999, pp. 20-23.

FESTA, Egidio. *Galileo*; la lotta per la scienza. Bari: Editori Laterza, 2007.

GALILEI, Galileu. Carta à Senhora Cristina de Lorena, Grã-Duquesa da Toscana (tradução e introdução de Carlos Arthur Ribeiro do Nascimento). *Cadernos de História e Filosofia da Ciência*, n. 5, 1983, pp. 91-123.

HAWKING, Stephen. *Uma breve história do tempo*; do *big bang* aos buracos negros. Rio de Janeiro: Rocco, 1988.

HETHERINGTON, Noriss S. *Cosmology*; historical, literary, philosophical, religious, and scientific perspectives. Nova York/Londres: Garland Publishing Inc, 1993.

KERSZBERG, Pierre. *The invented universe*; the Einstein-De Sitter controversy (1916-17) and the rise of the relativistic cosmology. Oxford: Clarendon Press, 1989.

KRAGH, Helge S. *Conceptions of cosmos*; from myths to the accelerating universe; a history of cosmology. New York: Oxford University Press, 2007.

_____. *Cosmology and controversy*; the historical development of two theories of the universe. Princeton (NJ): Princeton University Press, 1996.

MERLEAU-PONTY, Jacques. *Cosmologie du vintième siècle*. Paris: Gallimard, 1965.

NORTH, John. *The Norton history of astronomy and cosmology*. Nova York/Londres: W. W. Norton Co., 1994.

PAIS, Abraham. *"Subtle is the Lord..."*; the science and the life of Albert Einstein. Oxford: Oxford University Press, 1982.

PATY, Michel. *D'Alembert* (tradução de Flávia Nascimento e revisão de José Oscar Marques). São Paulo: Estação Liberdade, 2005.

_____. *Einstein philosophe*. Paris: Presses Universitaires de France, 1993.

RIBEIRO, Marcelo B.; VIDEIRA, Antonio Augusto Passos. Apresentação — As relações entre ciência e religião. In: STOEGER, *As leis da natureza*, pp. 9-19.

_____. O problema da criação na cosmologia moderna. In: SUSIN, Luiz Carlos (org.). *Mysterium Creationis*; um olhar interdisciplinar sobre o Universo. São Paulo: Paulinas, 1999. pp. 45-83.

_____. Dogmatism and theoretical pluralism in modern cosmology. *Apeíron*, vol. 5, 1998, pp. 227-234.

STOEGER, William R. What contemporary cosmology and theology have to say to one another, *CNTS Bulletin*, 9, number 2, spring 1989, pp. 1-15.

_____. *As leis da natureza*; conhecimento humano e ação divina (tradução de Bárbara Theoto Lambert, Revisão de Marcelo Byrro Ribeiro e Antonio Augusto Passos Videira). São Paulo: Paulinas, 2002.

VIDEIRA, Antonio Augusto Passos. A concepção atomista de Ludwig Boltzmann, *Cadernos de História e Filosofia da Ciência*, série 3, vol. 7, n. 1, jan-jun 1997, pp. 53-79.

_____. Que papel atribuir à metafísica? Breves reflexões sobre os pensamentos de Descartes e Newton à luz de sua recepção pelo Iluminismo francês. In: *Seminário sobre o cartesianismo*. Évora: Centro de Investigação da U.E., 2000. n. 4, pp. 75-103.

_____. Algumas observações sobre a questão da cosmologia: metafísica ou ciência? In: OLIVEIRA, Eduardo Chagas (org.). *Epistemologia, lógica e filosofia da linguagem*. Feira de Santana: Universidade Estadual de Feira de Santana, 2001. pp. 43-60.

_____. Herbert Dingle e as relações entre ciência e filosofia no alvorecer da cosmologia moderna. *Scientiae Studia*, vol. 3, n. 2, 2005, pp. 243-248.

_____. Boltzmann e o conceito de representação. *Representaciones*, vol. 1, n. 1, 2005, pp. 99-120.

_____. Cosmologia e filosofia da ciência. In: REGNER, Anna Carolina; ROHDEN, Luiz (orgs.). *A filosofia e a ciência redesenham horizontes*. São Leopoldo: Unisinos, 2005. pp. 209-224.

_____. Boltzmann, física teórica e representação. *Revista Brasileira de Ensino de Física*, vol. 28, n. 3, 2006, pp. 269-280.

_____. Princípios em cosmologia. In MARTINS, Roberto A.; BOIDO, Guillermo; RODRÍGUEZ, Victor (orgs.). *Física: estudos filosóficos e históricos*. Campinas: Associação de Filosofia e História da Ciência do Cone Sul (AFHIC), 2006. pp. 1-18.

_____. A gênese do *big bang*. In: IVANISSEVICH, Alicia; VIDEIRA, Antonio Augusto Passos (orgs.). *Memória hoje*; volume 2: ciências exatas. Rio de Janeiro: Instituto Ciência Hoje, 2009. pp. 208-216.

_____. *As descobertas astronômicas de Galileu Galilei*. Rio de Janeiro: Vieira & Lent, 2009.

VIDEIRA, Antonio Luciano Leite. O estado da cosmologia como parte integrante legítima da ciência, reforçado pela emergência de novas questões e desafios. In: CHEDIAK, Karla; VIDEIRA, Antonio Augusto P. (orgs.). *Temas de filosofia da natureza*. Rio de Janeiro: UERJ, 2004. pp. 24-53.

8. Sugestões de leitura

ABDALLA, Maria Cristina B.; VILLELA NETO, Thyrson. *Novas janelas para o universo*. São Paulo: Unesp, 2005.

STOEGER, William. *As leis da natureza*; conhecimento humano e ação. São Paulo: Paulinas, 2002.

SUSIN, Luiz Carlos (org.). *Mysterium Creationis*; um olhar interdisciplinar sobre o Universo. São Paulo: Paulinas, 1999. pp. 45-83.

VIDEIRA, Antônio A. P. Cosmologia e filosofia da ciência. In: REGNER, Anna Carolina; ROHDEN, Luiz (orgs.). *A filosofia e a ciência redesenham horizontes*. São Leopoldo: Unisinos, 2005. pp. 209-224.

CAPÍTULO VIII

Mitos e verdades em ciência e religião: uma perspectiva histórica[1]

Ronald Numbers

Quando o tema é "Mitos e verdades na ciência e na religião", é lamentável o fato de que após anos, décadas de pesquisas realizadas por historiadores na história da ciência e da religião, os mesmos mitos antigos que temos corrigido repetidamente continuam a ter vida própria e a ser amplamente conhecidos pelo público em geral. Um dos maiores desafios, eu creio, para retificar a compreensão do público acerca da ciência e da religião atualmente é esclarecer os mitos que ainda persistem desde o passado. O público leigo, na medida em que pensa de alguma maneira a respeito dos problemas relacionados à ciência e à religião, tem a certeza de que a religião institucionalizada sempre se opôs ao progresso científico; testemunhas disso são Copérnico, Galileu, Darwin, Freud, John Thomas Scopes. Eles sabem que a ascensão do cristianismo exterminou a antiga ciência, que a Igreja Cristã Medieval suprimiu o crescimento da filosofia natural, que os cristãos medievais ensinavam que a terra era plana, que a Igreja proibiu autópsias e dissecações durante a Idade Média e o Renascimento.

Por outro lado, os religiosos sabem que a ciência teve papel preponderante na corrosão da fé por intermédio do naturalismo e do antibiblicismo. Se quisermos que o público passe a ter uma visão renovada no que concerne ao relacionamento entre

---

[1] Este artigo é baseado numa conferência proferida em 11 de maio de 2006 no Howard Building do Downing College na Universidade de Cambridge, Reino Unido. Faz parte das atividades do Faraday Institute for Science and Religion da mesma universidade. O texto original encontra-se na página www.st-edmunds. cam.ac.uk/faraday/Lectures.php. Os tópicos abordados no presente artigo são desenvolvidos de modo mais completo no livro editado pelo prof. Ronald L. Numbers, que é tema de resenha na edição da *Revista de Psiquiatria Clínica*: Galileo goes to jail and other myths about science and religion. NUMBERS, Ronald L. (org.). Harvard University Press, 2009. Tradução, autorizada pelo autor, feita por Alexandre Sech Junior e Cristiane Schumann Silva, e revisada por Alexander Moreira-Almeida. A tradução foi inicialmente publicada na *Revista de Psiquiatria Clínica*, vol. 36, n. 6, 2009, pp. 246-251. A reprodução neste livro foi gentilmente autorizada pelo autor, e pelo Dr. Wagner Gattaz, editor-chefe da revista.

Mitos e verdades em ciência e religião

ciência e religião, acredito que devamos dissipar os antigos mitos que continuam a passar por verdades históricas. E aqui devo deixar claro que me refiro a "mitos" no seu bom e antigo sentido original, como ficção ou meia-verdade, não no sentido dos complexos estudos antropológicos e religiosos; assim, deixemos isso já definido.

A comunidade acadêmica vem debatendo amplamente a melhor forma de caracterizar a relação histórica entre ciência e religião, e nenhuma generalização tem sido mais sedutora do que a do conflito. De fato, os dois livros mais lidos sobre a história da ciência e o cristianismo têm em seus títulos as palavras "conflito" ou "guerra". O primeiro dos livros a ser lançado foi o de John William Draper: *The History of the Conflict between Religion and Science* (*A história do conflito entre a religião e a ciência*). Lançado em meados da década de 1870, longe de ser uma história desapaixonada, constituiu-se num longo discurso contra os católicos romanos e o que estes fizeram para inibir o progresso científico.

Draper argumentou que a antipatia do Vaticano pela ciência deixou suas mãos impregnadas de sangue. Pode parecer estranho o porquê de alguém — sendo um proeminente químico, fundador e primeiro Presidente da Sociedade Americana de Química, muito ativo no desenvolvimento da fotografia nos Estados Unidos — ter passado tanto tempo escrevendo um livro inteiro acusando os católicos. Draper tinha um filho pequeno que adoeceu gravemente e que possuía um livro favorito. A irmã de Draper, que era freira católica, vivia com eles e, antes que o menino viesse a falecer, tirou o livro dele porque ela não o achava suficientemente edificante. Pouco depois da morte, ela colocou o livro no lugar onde o menino sentava-se à mesa de jantar e Draper nunca a perdoou por isso. Essa parece ter sido, em grande parte, a fonte de sua animosidade contra o catolicismo.

Draper ignorou ou depreciou as contribuições científicas de muitos devotos católicos, de Copérnico e Galileu a Galvani e Pasteur. Apenas recentemente tivemos uma pesquisa de muito boa qualidade acerca do catolicismo e a ciência moderna em seus primórdios realizada por John Heilbron, cujo trabalho premiado *The Sun in The Church: Cathedrals as Solar Observatories* (*O sol na Igreja: as catedrais como observatórios solares*) argumenta que a Igreja Católica Romana deu mais financiamento e apoio social ao estudo da astronomia por mais de seis séculos, desde a recuperação do conhecimento tradicional no final da Idade Média até o Iluminismo, do que qualquer instituição — e, provavelmente, mais do que todas as outras juntas. O que teríamos feito sem a Igreja Católica?

A razão pela qual a Igreja inicialmente se interessou tanto pelos observatórios foi para estabelecer a data para a Páscoa, mas no final das contas esses observatórios foram utilizados para estudar a geometria do sistema solar, bem como outros assuntos de interesse geral da astronomia. Além disso, hoje sabemos que a escola médica papal San Viansa, atualmente a Universidade de Roma, foi durante anos, décadas e até mesmo séculos, no início do período moderno, a pioneira em estudos de anatomia e fisiologia.

Andrew Dickson White, um historiador e o primeiro reitor da Universidade de Cornell em Nova York, escreveu o segundo livro, um tratado monumental sobre *História da guerra da ciência com a teologia na cristandade* (*History of the Warfare of Science with Theology in Christendom*). Ele começou a proferir conferências sobre esse assunto no final da década de 1860, publicou um pequeno folheto antes de Draper, seguiu escrevendo capítulos durante anos e finalmente, em 1896, publicou essa obra-prima em dois volumes. Ele descreveu o conflito entre o cristianismo e a ciência como uma série de batalhas travadas entre teólogos dogmáticos e de visão limitada e homens de ciência em busca da verdade. Tudo começou quando ele tentou obter financiamento público que o Congresso havia conferido a vários estados a fim de financiar o ensino de técnicas agrícolas e mecânicas. White estava determinado em Cornell a montar um refúgio para a ciência e não se curvar de forma alguma a quaisquer interesses religiosos. Ele foi bem-sucedido na competição contra muitos líderes de instituições religiosas, o que os tornou de algum modo críticos de Andrew Dickson White, por isso seu interesse na luta permanente entre a ciência e a religião. Segundo sua descrição: "Era um conflito antigo, uma guerra que perdurou mais do que as batalhas mais violentas, com ações mais persistentes, com estratégias mais vigorosas do que quaisquer dos relativamente insignificantes conflitos armados de Alexandre, César ou Napoleão".

White acreditava que algumas das batalhas mais sangrentas foram travadas entre os séculos XVI e XVII durante o período da chamada Revolução Científica, quando poderosos líderes da Igreja repetidamente tentaram silenciar os pioneiros da ciência moderna. Copérnico, ele disse, que havia ousado localizar o sol no centro do sistema solar, arriscou sua própria vida para publicar suas concepções heréticas e escapou às perseguições apenas por causa de sua morte. Muitos de seus discípulos tiveram um destino menos feliz. Giordano Bruno foi queimado vivo como um monstro da impiedade; Galileu foi torturado e humilhado como o pior dos incrédulos; Kepler foi caçado igualmente por protestantes e católicos. Andreas Vesalius, o médico do século XVI que estabeleceu os fundamentos da anatomia moderna ao insistir em cuidadosas dissecações diretas no corpo humano, pagou por sua temeridade, tendo sido caçado até a morte. A última vítima nessa duradoura guerra contra a ciência, disse White, foi essa instituição, a Universidade de Cornell, e seu arrogante reitor, Andrew Dickson White.

A despeito dos numerosos livros e artigos questionando a interpretação de White, sobretudo a elegante refutação de Jim Moore publicada no fim dos anos 1970,* o

---

* O autor se refere aqui à obra de James Moore, *The post-Darwinian controversies*: a study of the Protestant struggle to come to terms with Darwin in Great-Britain and America, 1870-1900 (Cambridge: Cambridge University Press, 1979) (*NE*).

Mitos e verdades em ciência e religião

conflito metafórico mantém-se popular, não apenas entre o público em geral, mas igualmente nas comunidades científica e religiosa. Segundo o meu conhecimento ou de meus colegas que trabalham com a história da Revolução Científica, nenhum cientista perdeu sua vida por causa de suas concepções científicas. Muito embora a Inquisição italiana, de fato, tenha incinerado o copernicano do século XVI Giordano Bruno, porém, em razão de suas concepções heréticas em relação à divindade ou não divindade de Cristo e não porque ele acreditasse na infinitude do universo ou por ele ser copernicano. Ele defendia a ideia de que Cristo não possuía um corpo humano e de que sua morte na cruz foi mera ilusão, o que fez com que algumas autoridades eclesiásticas ficassem um pouco desgostosas com ele. Ele também tinha outras ideias heréticas.

Contrariamente às histórias frequentemente contadas sobre a tortura e a prisão de Galileu, sabemos hoje que aparentemente ele nunca foi fisicamente torturado — ele pode ter vivido um sofrimento mental considerável, mas nunca fisicamente torturado. Ele deixou a cidade de Florença e foi para Roma em 1633. Quando lá chegou — para seu julgamento —, permaneceu inicialmente na Embaixada da Toscana e não em uma prisão ou gabinetes da Inquisição. Os poucos dias que passou dentro do Vaticano durante seu julgamento não foram dentro de uma cela, mas em um apartamento especial com três cômodos disponibilizado para ele como convidado de honra de um dos padres que faziam parte da Inquisição. Para tornar sua estada o mais agradável possível, permitiram que suas refeições fossem preparadas pelo cozinheiro-chefe na Embaixada Italiana e trazidas a essa "não cela".

Após sua condenação, ele não foi encarcerado, mas ficou detido em regime de prisão domiciliar, primeiramente na Villa Medici em Roma, depois no Palácio do Arcebispo em Siena, onde ele permaneceu por um longo período e, então, finalmente em sua própria casa de campo nos arredores de Florença. Não acredito que nenhum de nós gostaria de ficar detido em prisão domiciliar durante qualquer período de tempo, embora esse tenha sido um destino bastante diferente daquele atribuído a ele de acordo com tantos estudos populares sobre a vida de Galileu. Também sabemos, por intermédio de Andrew Dickson White e muitos outros, que ao longo da Idade Média a Igreja ensinava que a Terra era plana e que devemos ao bravo e heroico Cristóvão Colombo a prova empírica de que o mundo era na realidade esférico, ao navegar até a América. Infelizmente, uma das pessoas responsáveis por essa concepção foi um ilustre intelectual do século XIX, daqui da Universidade de Cambridge, William Whewell, que popularizou essa visão em sua história das ciências indutivas.

Mas, mesmo alguns anos antes de Whewell, como demonstrado pelo historiador Geoffrey Russell, um escritor estadunidense chamado Washington Irving em um tipo de biografa ficcional de Colombo falava da Terra como sendo plana. Portanto, foi somente a partir do século XIX que as pessoas passaram a acreditar que na Idade

201

Média todos pensavam que a Terra fosse plana. Na verdade, se retrocedermos até Aristóteles e de lá avançarmos até o século XVI, quase ninguém pensava que a Terra fosse plana; ela era quase que universalmente descrita por pessoas instruídas como uma esfera, mas houve duas pessoas na Idade Média que defendiam a não esfericidade da Terra. Eles, é claro, foram aqueles citados por Whewell na primeira metade do século XIX e que continuam a ser os representantes da concepção errônea que se estende ao futuro.

No início do século XIX, o psicólogo Sigmund Freud observou que a ciência já tinha infligido três grandes ataques contra o ingênuo amor próprio da humanidade. O primeiro foi associado ao astrônomo do século XVI Nicolau Copérnico, quando foi constatado que a Terra não era o centro do universo, mas apenas uma pequena partícula em um sistema de mundo de uma magnitude dificilmente concebível.

O segundo, de acordo com Freud, foi associado a Charles Darwin, assim que sua pesquisa biológica roubou do homem seu peculiar privilégio de ter sido especialmente criado e o relegou a um descendente do mundo animal.

De maneira vaidosa, Freud observou que o desejo do homem pela grandiosidade está sofrendo agora o terceiro e mais amargo golpe, desta vez pelas mãos dos psicanalistas, como ele mesmo, que estavam demonstrando que os seres humanos se comportam sob a influência de necessidades inconscientes. No entanto, Freud não precisava ter se preocupado tanto com o sofrimento psíquico causado pela ciência moderna. O copernicanismo tinha efetivamente desalojado os seres humanos do centro do cosmo, mas esse foi um deslocamento positivo. De acordo com a cosmologia aceita naquela época, o centro do universo era o pior lugar para se estar e, se procurarmos na literatura, raramente encontramos pessoas reclamando por terem sido desalojadas desse terrível centro do universo. Elas tinham muitas outras objeções, talvez bíblicas, vivenciais também, mas a preocupação de ter sido desalojado é apenas outra ficção que começou a ser propagada.

A psicanálise nunca alcançou a proeminência que seu fundador sonhou, dessa forma nunca causou o trauma que ele antecipara dentre a maioria das pessoas. Mas e o darwinismo? E seus efeitos? Quanto desgaste emocional causou a revelação de que primatas geraram os humanos? Ora, temos aqui algumas declarações muito interessantes a respeito do impacto, das quais duas quero ler para vocês.

O historiador Peter J. Bowler disse que "o maior triunfo do darwinismo era que ele em pouco tempo estabeleceu uma ruptura total entre ciência e religião". Interessante, mas bastante modesto, quando comparado com o que o falecido Ernst Mayr disse em um de seus últimos livros antes de sua morte, *What Evolution is* (*O que é a evolução*), no qual ele diz: "Não é de estranhar que a *Origem* (*das espécies*) tenha causado tamanho tumulto. Ele [o livro] quase que sozinho efetivou a secularização da ciência".

Mitos e verdades em ciência e religião

Mas isso levanta uma questão interessante: a que ponto a ciência tem estado envolvida em algo chamado secularização? De volta às décadas de 1960 e 1970, um grande número de sociólogos particularmente, e também alguns historiadores, discutiram acerca da história da secularização e previram que muito em breve o mundo se tornaria completamente secular. Um dos mais distintos antropólogos nos Estados Unidos, Anthony Wallis, escreveu em um livro no ano de 1966 que "o futuro evolucionário da religião é a extinção, isso com bases em pesquisas empíricas, tenho certeza. A crença em seres e forças sobrenaturais que afetam a natureza sem obedecer às leis da natureza será desgastada e se tornará apenas uma memória histórica interessante". E, na maioria das teorias da secularização que se popularizaram após a Segunda Guerra Mundial, a ciência desempenhou o papel-chave em minar as convicções religiosas. É interessante hoje, quando lemos os sociólogos, que agora estão tentando explicar por que a crença religiosa é tão vigorosa em todo o mundo e não apenas a crença religiosa, mas mesmo a crença religiosa fundamentalista. Seja na Índia, no Oriente Médio ou na América do Norte, a religião tem demonstrado ser bastante resiliente e parece estar crescendo, mesmo em suas mais conservadoras e inaceitáveis versões. Portanto, temos um problema muito diferente a explicar daquele que explicamos há apenas algumas décadas.

Há alguns estudos tentando avaliar o impacto da ciência e particularmente do darwinismo sobre a perda da fé no século XIX, e claramente algumas pessoas abandonaram suas crenças por conta do darwinismo, porém, Charles Darwin não o fez. Novamente, como Jim Moore mostrou há anos, em um dos mais comoventes ensaios que li na história da ciência e que honestamente me levou às lágrimas, ele conta a história de como Darwin perdeu sua fé. Primeiro ele perde seu pai, que era um médico maravilhoso, e de acordo com a teologia cristã, por seu pai não ser um crente, ele queimaria para sempre no inferno. Como um Deus justo poderia fazer uma coisa dessas? Em seguida, seu irmão morre. O golpe final em suas crenças religiosas foi quando, aos dez anos de idade, sua filha Annie adoeceu. A Sra. Darwin estava grávida, assim Charles Darwin levou a filha para a hidroterapia, da qual ele já havia se beneficiado, e permaneceu junto à filha até que ela sucumbiu e faleceu. Ele ficou tão desconsolado que não pôde sequer estar presente no funeral. Darwin acreditava que, se houvesse um Deus onisciente, um Deus onipotente que pudesse ter salvado a vida de Annie, por que não o faria? Portanto, foram essas experiências muito pessoais pelas quais ele passou, e não a doutrina da seleção natural, que o impeliram a abandonar o cristianismo.

Há alguns anos, uma socióloga britânica chamada Susan Budd estudou as biografias de cento e cinquenta secularistas e livre-pensadores britânicos que viveram entre 1850 e 1950.[2] Um dos problemas no estudo da secularização é o de aprender o

---

2   BUDD, Susan. The loss of faith: reasons for unbelief among members of the secular movement in England, 1850-1950. *Past and Present*, 36, 1967, pp. 106-125.

bastante sobre os indivíduos para contar o que aconteceu. Porém, na literatura dos livre-pensadores, muitas vezes seus obituários contêm as histórias de como eles perderam a fé, o que era uma coisa interessante de registrar. Dessa forma, ela tinha uma base de dados raramente disponível para as pessoas que tentam encontrar respostas para tais questões. Ela descobriu que apenas dois dos seus sujeitos mencionaram ter lido Darwin ou Huxley antes de perder a fé. A maioria dessas pessoas perdeu a fé por razões muito semelhantes àquelas que tinham destruído a fé de Darwin no cristianismo, por razões muito pessoais, questionando sobre a origem e a natureza do pecado, do castigo eterno e questões desse tipo.

Não é de surpreender que muitos cristãos e outros religiosos tenham ficado ofendidos pelas caracterizações negativas e, em grande parte injustificadas, que retratavam o cristianismo como o grande inimigo do progresso científico. Eles chamaram a atenção para o fato de que a Europa cristã deu origem à ciência moderna e de que uma grande maioria daqueles que contribuíram para a ciência era cristã declarada. Alguns apologistas cristãos (não vou nomeá-los agora) foram longe na tentativa de reformular a relação histórica entre a ciência e o cristianismo como um compromisso essencialmente harmonioso, argumentando que a ciência poderia somente ter se desenvolvido em uma cultura como a cristã, em que a crença em um cosmo ordenado, criado e regulamentado por um ser divino era amplamente difundida. E não se precisa ir muito longe para encontrar numerosos exemplos desta tese, de que não apenas pessoas como Draper e White estavam erradas em suas descrições históricas, mas também estariam diametralmente opostas à tese que seria correta, a de que a ciência não existiria hoje não fosse pelos cristãos e sua teologia, que permitiram à ciência crescer no início da era moderna.

Pouquíssimos historiadores da ciência apoiariam essa explicação e uma das razões é bastante óbvia — para sustentá-la, é preciso excluir todas as realizações dos gregos, muçulmanos e judeus, no período anterior à Revolução Científica ou mesmo durante, e afirmar que o que eles estavam fazendo não era ciência. Andrew Cunningham tem exercido influência marcante na historiografia da ciência nas últimas décadas, mostrando que a ciência na verdade era inexistente até os séculos XVIII ou XIX. Antes disso, tivemos a filosofia natural, a história natural e a medicina: essas foram as formas de investigação da natureza. A ciência como nós a conhecemos, significando o estudo da natureza, exclusivamente o estudo do mundo natural, não surgiu até bem mais tarde. Talvez essa seja uma questão discutível, quanto aos gregos e aos muçulmanos terem feito uma ciência genuína, porque é anacrônico falar dessa maneira, mas eles estavam fazendo muito daquilo que mais tarde os filósofos cristãos e os historiadores naturais fizeram. Ainda que os cristãos, como já assinalei, muitas vezes contribuíram fundamentalmente para o crescimento da ciência nos séculos XVI, XVII e assim por diante, creio que seja presunçoso da parte dos cristãos

Mitos e verdades em ciência e religião

alegarem que somente o cristianismo poderia ter produzido a ciência como a conhecemos hoje.

Como muitos sabem, provavelmente eu tenha trabalhado muito mais do que uma pessoa de bom senso deveria na história dos antievolucionistas que dos [*sic*] criacionistas, e gostaria de compartilhar alguns dos mitos que decorrem dessa área da minha pesquisa.

O filme *O vento será tua herança* (*Inherit the Wind*, 1960) é um admirável filme premiado com o Oscar que retrata, usando nomes fictícios, o importante e infame julgamento de Scopes, em Dayton no Tennessee, em 1925. Este é um dos eventos históricos mais conhecidos nos Estados Unidos, em parte porque todos os livros didáticos do ensino médio e superior, que não contêm mais que uns poucos parágrafos sobre ciência nas suas 500 páginas, dedicam um parágrafo ou dois para o julgamento de Scopes; isso é padrão.

Ao longo dos anos, centenas de milhares, se não forem milhões de pessoas, assistiram à peça ou ao filme *O vento será tua herança*. Ele passou a ter a reputação de um retrato fiel do que historicamente aconteceu há alguns anos. Um grupo de historiadores financiado pelo governo federal propôs normas nacionais para o ensino de história dos Estados Unidos e, na década de 1920, esse grupo de eminentes historiadores sugeriu que os professores do ensino médio mostrassem esse filme para que os estudantes pudessem entender a mentalidade dos fundamentalistas que se opuseram à evolução no início do século XX.

Isso seria adequado se o filme *O vento será sua herança* exibisse alguma semelhança ao evento histórico em Dayton, em 1925. Como vocês provavelmente sabem, o anti-herói foi William Jennings Bryan, um político norte-americano muito popular que tinha sido o candidato democrata à presidência em três ocasiões distintas e foi um dos mais conhecidos e queridos políticos dos Estados Unidos (não querido o suficiente para ganhar as eleições, mas querido em alguns círculos). Ao contrário do que mostra o filme, e que a maioria dos americanos acredita hoje, Bryan, que participou do julgamento, não era um criacionista no sentido em que agora conhecemos.

Desde meados do século, conseguimos mais ou menos identificar os criacionistas como pessoas que acreditam em uma história da Terra jovem, sem que nada tenha acontecido há mais de 6 ou 7 mil, talvez 10 mil anos atrás. E essa é a forma como Bryan é descrito; ele insiste na criação do mundo no ano de 4004 a.C., no dia 22 de outubro, creio eu. Um dos diálogos importantes do filme acontece quando Clarence Darrow, o famoso advogado agnóstico que estava questionando Bryan no banco das testemunhas, perguntou-lhe se ele poderia ser preciso e parece-me que Bryan disse (a Terra foi criada) às 9 horas; Darrow retruca: "No horário padrão do leste ou no das Montanhas Rochosas?"; é claro que isso sempre causa gargalhadas.

205

A transcrição do julgamento de Scopes está disponível desde o final de 1925 em uma versão barata, portanto prontamente disponível para qualquer historiador. Se você levar em conta o interrogatório de Bryan feito por Darrow, quem se surpreendeu foi Darrow. Ele achava que Bryan acreditava em uma criação especial recente e Bryan continuava repetindo: "Não, não acreditamos", e em dado momento, exaltado ele diz: "Não nos importamos se a semana da criação durou 6 mil anos, 600 mil anos ou 600 milhões de anos, isso não tem importância". E ele estava certo. Os fundamentalistas que se opuseram à evolução nos anos 1920 — pelo menos aqueles que escreveram e expressaram suas opiniões acerca do tema — quase todos aceitavam a evidência da geologia histórica em relação à antiguidade da vida na Terra.

Apenas após os anos 1960 é que esse movimento criacionista da Terra jovem parece ter sido aceito pela maioria dos criacionistas. Bryan foi convidado a Dayton pelo líder da Associação Mundial dos Fundamentalistas Cristãos, um pastor Batista chamado William B. Riley. Riley viajou pelo país pregando a mesma mensagem que Bryan estava transmitindo no banco das testemunhas, de que os dias do Gênesis obviamente simbolizam longos períodos geológicos e de que não havia problema algum para os fundamentalistas cristãos aceitarem isso. Onde eles estabeleceram o limite — Riley, Bryan e outros líderes fundamentalistas — foi no ponto concernente à evolução humana e sobretudo por causa das suas implicações morais. Apesar de tudo, dizer aos jovens que eles descendem dos animais e que não deveriam ficar tão surpresos quando se comportassem como eles; e (Deus sabe!) na década de 1920 os jovens americanos estavam se comportando de forma muito semelhante aos animais (mas apenas nos anos 1920!).

Não consigo resistir a fazer outro aparte neste momento sobre os criacionistas e suas concepções, porque continuo ouvindo isso pelo menos uma vez por semana e lendo a respeito disso pelo menos a cada duas semanas. Há uma percepção estranha em outros países de que os criacionistas defendem a ideia de que Deus criou todas as espécies. Bem, eles podem tê-la defendido em dado momento, mas dificilmente encontraremos algum criacionista que defenda isso nos últimos cinquenta anos. Percebo aqui alguns colegas das ciências biológicas dizendo: cara, se eu pudesse conversar com algumas dessas pessoas e mostrar a elas o que temos descoberto em campo, ou no laboratório, que demonstram o desenvolvimento até de uma nova espécie, isso certamente os convenceria a abandonar suas crenças. O problema é que eles não *acreditam* nisso. Eles abandonaram essa concepção há pelo menos meio século e por uma razão muito boa. À medida que mais e mais fundamentalistas e criacionistas aceitavam a perspectiva da criação da Terra jovem, eles tinham de encontrar uma maneira de explicar uma enorme quantidade de dados geológicos. Então os criacionistas da Terra jovem recorreram ao Dilúvio de Noé, que durou cerca de um ano, de

Mitos e verdades em ciência e religião

forma que eles comprimem toda a coluna geológica a aproximadamente um ano de história da Terra.

O Dilúvio ocorreu há cerca de 4.350 anos. Infelizmente, a Bíblia informa as dimensões da Arca de Noé. Portanto, podemos determinar sua capacidade máxima e, mesmo que façamos todos os animais hibernarem, para que não seja necessário estocar comida na Arca, não conseguiríamos colocar representantes dos milhões de espécies que esses zoólogos hiperativos criaram. Assim, desde aproximadamente o final dos anos 1940 e início dos 1950, os criacionistas tendem a dar ênfase cada vez maior na Bíblia, que afirma que Deus criou tipos e não espécies. E o que é um tipo? Um tipo é o que Deus criou no Éden e o que salvou na Arca de Noé. Dessa maneira, você não é obrigado a ter tantos representantes, mas o que você deve ter é uma grande quantidade de especiações desde o Dilúvio, porque provavelmente havia apenas um casal de canídeos na Arca e em 4.300 anos, apenas 4.300 anos, eles geraram todas as espécies de raposas, coiotes, lobos e cães domésticos com os quais convivemos. Os criacionistas da Terra jovem consideram o processo evolutivo em velocidade acelerada.

Não há zoólogo no mundo, que não seja criacionista, que conceba a evolução agindo tão rápido. Ele chama essa microevolução — qualquer coisa que ocorra em um período de tempo originariamente criado ou preservado pelo tempo na Arca é a microevolução em oposição à macroevolução. Assim, não há evidência alguma de que os zoólogos encontrarão mudanças relativamente pequenas no mundo orgânico que convencerão um criacionista da Terra jovem a abandonar suas concepções. Eu sei que é uma notícia triste, mas tenho de compartilhá-la!

Finalmente, quero dizer algumas palavras sobre a globalização do movimento da criação. Enquanto estava vivo, o paleontólogo americano Stephen Jay Gould viajou ao redor do mundo em diversas ocasiões e frequentemente era indagado sobre esse fenômeno americano conhecido por criacionismo. Quando Gould, até mesmo na hora de sua morte, assegurava a essas plateias estrangeiras que não tinham com o que se preocupar, porque essa era uma bizarrice americana única (termo dele para isso) e que não haveria nenhuma possibilidade no mundo de ela se espalhar para fora dos Estados Unidos. Infelizmente isso aconteceu; sou um historiador e não deveria ser arbitrário naquilo que digo; ela se espalhou para fora dos Estados Unidos.

Deixem-me mostrar alguns dos exemplos mais interessantes; alguns de vocês devem saber que a Austrália, principalmente na costa do Pacífico, tornou-se uma autoridade no movimento antievolucionista desde 1980, e um dos fundadores do movimento australiano estabeleceu residência há alguns anos nos Estados Unidos, próximo a Cincinnati, Ohio, e criou um gigantesco império lá e está prestes a inaugurar um museu criacionista que custou 25 milhões de dólares. Seu nome é Ken Ham — alguns de vocês podem tê-lo escutado falar quando viajou pela Grã-Bretanha em

207

2004 e, pelo que sei, atraiu um número significativo de expectadores aqui. A Coreia do Sul possui um movimento criacionista surpreendentemente amplo e ativo e, nos últimos anos, começou a enviar missionários criacionistas a outros países, incluindo a costa oeste da América do Norte e também a Indonésia.

Uma das mais surpreendentes áreas a acolher calorosamente o criacionismo foi a Rússia. Com a queda da União Soviética, representantes do Ministério da Educação russo iniciaram o contato com os criacionistas americanos convidando-os a escrever livros didáticos e a visitá-los, a fim de aconselhá-los a como ensinar o criacionismo nas escolas russas, pois eles tinham uma justificativa histórica bastante interessante. Eles viveram nos dias em que o lysenkoismo* foi imposto à biologia russa e agora queriam liberdade acadêmica e que não apenas o neodarwinismo fosse ensinado aos jovens russos; assim, convidaram a raposa para que entrasse no galinheiro. Contando só os últimos três ou quatro anos, os ministros da educação da Holanda, da Itália e de dois países da Europa Oriental, excluindo a Rússia, vêm defendendo o ensino do criacionismo ou Desenho Inteligente (*Intelligent Design*). A Ministra da Educação da Holanda, há um ano ou dois, mostrou-se favorável ao ensino do Desenho Inteligente porque, como ela própria disse, esta é uma concepção que poderia unir cristãos, muçulmanos e judeus.

Certamente, ninguém esperava que essa bizarrice americana se difundisse em culturas não cristãs. Mais uma vez, um dos movimentos antievolucionistas mais ativos e bem-sucedidos hoje no mundo está localizado em Istambul, na Turquia. Ele se chama Instituto de Pesquisas Científicas, ou BAV, que é presidido pelo carismático membro da comunidade científica religiosa, chamado Harun Yahya; seu nome verdadeiro é Adnan Oktar, mas ele adotou o pseudônimo Harun Yahya. Ele está ativo desde 1990. Sua formação inicial foi em *design* de interiores e, posteriormente, filosofia, mas nunca permitiram que ele se graduasse na universidade que frequentava, mas é certamente bastante brilhante e carismático. Ele decidiu, segundo ele, diferentemente da maioria das pessoas no mundo muçulmano, tentar harmonizar os ensinamentos islâmicos, os ensinamentos do Corão, com a ciência moderna.

A maioria dos seus colegas, diz ele, não dispensa nenhuma atenção para a ciência moderna, mas ele pelo menos quer integrá-la e no mínimo mostrar como eles deveriam interagir. Ele já escreveu mais de uma centena de livros e nos primeiros ele frequentemente negava o Holocausto. Mais recentemente, sobretudo desde os ataques aéreos de 11 de setembro, ele tem feito uma distinção entre a oposição ao Sionismo e a oposição a Israel, de modo que agora ele é um antissionista e não um antissemita. Ele escreveu uma série de livros contra a evolução que, segundo ele, é um ponto de vista materialista e ateu. Seus livros, sendo o mais popular *A fraude da evolução* (*The Evolution Deceit*), foi traduzido para várias línguas e distribuído ao redor do mundo

---

*   De Trofim Lysenko (1898-1976) (*NE*).

aos milhões, milhões de exemplares que agora circulam. Durante algum tempo, o *Discovery Institute*, o lar do movimento do Desenho Inteligente, tem disponibilizado em seu *website* o *site* de Harun Yahya como o *site* islâmico do Desenho Inteligente, mesmo após Harun Yahya ter denunciado o Desenho Inteligente em seu *site*, por este não reconhecer o trabalho de Alá.

Ora, certamente, o Reino Unido será poupado dessa bizarrice americana porque não existem cristãos suficientes lá para sucumbir aos truques do criacionismo e certamente essa parece ter sido a percepção até recentemente, mas tem havido certa atividade nos últimos anos, no campo criacionista. John Polkinghorne, Colin Russell e outros têm feito oposição a essa ameaça, mas fiquei bastante surpreso ao ver os resultados publicados no *The Guardian*, não faz muito tempo, de uma enquete com o povo britânico. As enquetes nos Estados Unidos, dependendo de quais são, apontam que pouco mais de 50% dos americanos acreditam que os primeiros seres humanos foram criados há não mais de 10 mil anos (esse número vem crescendo nos últimos anos); dois terços dos americanos acreditam que o criacionismo deveria ser ensinado nas escolas públicas e apenas cerca de 10% dos americanos não se identificam de alguma maneira como teístas. Mas, e no Reino Unido? Esse levantamento, publicado no *The Guardian*, mostrou que uma minoria de cidadãos britânicos acreditava na evolução formal, 21%, se bem me lembro, acreditavam na evolução teísta e 20% dos britânicos disseram ser criacionistas. Para alguém como eu, parece que a cada dia o Reino Unido está se tornando mais e mais parecido com os Estados Unidos.

Sugestões de leitura

BROOKE, John H. *Ciência e religião*; algumas perspectivas históricas. Porto: Porto Editora, 2005.

GOULD, Stephen J. *Pilares do tempo*; religião e ciência na plenitude do tempo. Rio de Janeiro: Rocco, 2002.

CAPÍTULO IX

Teologia e evolução: uma hermenêutica da aliança

Erico João Hammes

Na época em que Charles Darwin refletia sobre as suas descobertas quanto à origem da diversidade das espécies, em seu ambiente intelectual existiam basicamente duas correntes explicativas para o fenômeno: adaptação progressiva de algumas espécies e criação imediata da variedade. Em busca da sua explicação, precisava dar conta, por um lado, das observações feitas em suas viagens e, por outro, das consequências filosóficas e teológicas implicadas. O princípio de causalidade não poderia ser descartado sem mais, e a questão de Deus, na Inglaterra vitoriana, igualmente deveria ser respeitada. Embora não se possa dizer que Darwin fosse um homem piedoso, também seria leviandade ignorar suas perguntas mais profundas no tocante a Deus. Ao menos segundo uma boa parte de autores, de fato, ele mesmo se reconheceria como um agnóstico.[1] Desde a publicação de sua obra, em 1859, as discussões no âmbito religioso e teológico a respeito das consequências do seu pensamento não cessaram.

Dentre as principais questões teológicas levantadas destacam-se: o ateísmo, a providência, o sentido da especificidade humana, a questão da alma e o pecado.

Para as discussões relativas à criação e evolução, é necessário abrir o próprio tema em seus significados. Preliminarmente, pode-se aceitar uma distinção entre os conceitos de natureza e de criação. Sob uma perspectiva darwiniana, falar de natureza não remete a nada além de si. A natureza está simplesmente aí e tem sua própria grandeza. Essa é a compreensão geral das ciências. O termo criação, por sua vez, é determinável como uma relacionalidade entre alguém e o universo ou cosmo com tudo o que nele existe. Esse modo de falar da natureza como criação foge, obviamente, do significado tradicional dado a esse conceito. O ato de fazer ou causar

---

1   Ver DIXON, *Science and religion*, p. 63.

Teologia e evolução

algo a partir do nada, como é o sentido mais comum do criar, está incluído na forma de uma relação. Assim, falar em criação, a rigor, é possível apenas se além dos seres, entes e elementos acessíveis à experiência sensível e científica, ainda existir uma realidade distinta, relacionada de algum modo com aquilo que é acessível à constatação científica. Falar em criação implica, então, também falar em criador.

Quanto à palavra evolução, diz respeito imediatamente à natureza; é um fenômeno natural, explicativo, constatável e verificável da passagem da indiferenciação à diferenciação na natureza. Entendida dessa maneira, pode-se estender do início do universo, em termos de "evolução cósmica", ao estágio atual dos seres conhecidos, aí incluído o ser humano.[2]

Do que precede é possível estabelecer uma diferenciação clara entre criação e criacionismo,[3] por um lado, e evolução e evolucionismo, por outro. Falar da natureza como criação exprime sua abertura ao transcendente; falar de criacionismo significa negar a evolução como mecanismo ou força suficiente de diferenciação na natureza e na criação; o evolucionismo naturalista, a seu turno, consistiria na afirmação da evolução sem abertura à transcendência, enquanto a evolução é a realidade cientificamente constatável da origem das espécies.[4] Assim postos os dois termos, teoricamente são viáveis as seguintes possibilidades: (1) falar de criação torna inviável falar de evolução; (2) a criação fundamenta a evolução; (3) a criação entra nos momentos cruciais; (4) falar de evolução implica negar a criação; (5) a evolução é possível porque há uma potencialidade fundada na criação. No entanto, o verdadeiro antagonismo aparece apenas entre criacionismo e evolucionismo, enquanto evolução e criação podem, a princípio, ser pensadas conjuntamente.

A questão central a respeito da qual se quer refletir aqui é a interrogação levantada sobre o Mistério divino em sua relação com um mundo, cuja configuração se dá por evolução. É inegável que na experiência subjetiva e na fenomenologia religiosa, assim como usualmente é apresentada, o divino e a transcendência parecem associados imediatamente à causalidade do universo e da natureza. A tradição filosófica e grande parte da teologia recorrente até o século XIX seguiram esse caminho: a razão do crer está na explicação do universo. Ora, no momento em que a natureza é explicada por si mesma e pelas próprias forças, o recurso a uma causalidade externa torna-se supérfluo. Como, então, ainda pensar a Transcendência ou um Deus pessoal?

Associada à pergunta sobre Deus está a interrogação sobre o ser humano. Em sua autocompreensão ao longo da história, especialmente a ocidental, o ser humano se entende como salto qualitativo absoluto na natureza se comparado aos outros seres.

---

2   Cf., nesse sentido, HAUGHT, *Deus após Darwin*, p. 55; STOEGER, Sem a evolução cósmica não haveria evolução biológica.

3   Aqui, o criacionismo científico — ver capítulo X deste livro.

4   A propósito ver KESSLER, *Evolution und Schöpfung in neuer Sicht*.

No momento em que é entendido como parte dessa mesma natureza e como um dos seus momentos, como poderá ele ainda se sustentar? Pode-se falar ainda em dignidade humana? Em ser responsável sobre o resto da natureza?

Na exposição a seguir recuperam-se, inicialmente, alguns momentos históricos, seguindo-se uma resenha das principais posições atuais para, num terceiro momento, propor-se uma visão sintetizadora.

1. Os principais momentos históricos

Na tradição teológica, ao menos a partir da Escolástica, Deus foi pensado sempre em correlação com o princípio, dentre outros, da causalidade última e final. As descobertas físicas de Copérnico e Kepler, Galileu e Newton, já representaram uma transformação nessa maneira de compreender a Transcendência, na medida em que foi preciso dar um lugar maior às chamadas causas segundas: a natureza aparecia com leis que explicavam muitos fenômenos até aí atribuídos a Deus. Além disso, revelava-se um universo completamente distinto daquele anteriormente imaginado. A teoria da evolução trouxe essa revolução para o mundo da vida. Porém, o impacto tornou-se maior porque passou a afetar tanto a vida e o ser humano em sua própria imagem, quanto a Deus, pela maneira como era proposta a nova história do universo e da vida.

As principais reações podem ser sumarizadas nas seguintes posições: do lado das ciências, uma independência diante da questão de Deus na forma de agnosticismo ou ateísmo; do lado da fé, uma tentativa inicial de negar a consistência da teoria, reduzindo-a a simples hipótese; numa segunda fase, busca-se uma harmonia entre as tradições religiosas da criação e da evolução, ou uma atitude paralela de diferenciação das linguagens. Pode-se ainda identificar uma terceira fase em que se confrontam as posições científicas de puro acaso, de um lado, e de uma teleologia, na forma de projeto, de outro. Na teologia, as mesmas posições podem ser adotadas como pontos de partida para uma relação com as ciências naturais.

a) A independência diante da questão de Deus na forma de agnosticismo e ateísmo

Conforme foi mencionado, Darwin não pode ser qualificado como ateu. Enquanto cientista, sua posição é antes a de um agnóstico, segundo suas próprias palavras. Talvez sua atitude religiosa pessoal fosse ainda mais a de um fiel, ao menos enquanto faz referência a uma leitura do livro da natureza.[5] Nas discussões atuais, frequentemente a teoria da evolução é apresentada como uma contradição em relação à

---

5   Ver MILLER, *Finding Darwin's God.*

Teologia e evolução

existência de Deus, na medida em que o divino seria desnecessário, quando não condizente com a evolução. Alguns dos chamados "novos ateísmos" assim justificam sua negação da existência de Deus.[6] Na realidade o que se pode afirmar é a suficiência dessa teoria para explicar a origem das espécies. Nessas condições, um juízo a respeito da existência divina, baseado na complexidade e variação dos seres vivos, certamente perderia seu valor de asserção científica. No entanto, compreender os mecanismos ou as forças que determinam ou possibilitam a diversidade não implica a negação de uma realidade externa e diferente. Sob essa perspectiva está correta a fórmula de H. Kessler segundo a qual "o conhecimento das ciências naturais não *obriga* nem ao teísmo e nem ao ateísmo. Ambos os conceitos, teísmo e ateísmo, são [...] opções e autoafirmações de cosmovisões alternativas".[7]

b) A reação das comunidades de fé

Além da tradição pessoal de uma fé criacional, Darwin teve de enfrentar as resistências à teoria da evolução em sua própria casa, onde sua esposa lhe oferecia os contrapontos da fé, na comunidade anglicana e nos demais setores religiosos do seu tempo, não por último a teologia natural (teodiceia). Fora da Inglaterra, a Igreja Católica e depois os grupos fundamentalistas combateram suas ideias por décadas a fio.

Ao recordar alguns dos episódios, aparecem também as principais questões e a mudança crescente de atitude.[8] Assim, mencione-se o Concílio provincial de Colônia (1860), no qual se declarava a total incompatibilidade entre origem evolutiva do corpo humano e os relatos escriturísticos. Aliás, a questão da leitura e interpretação da Bíblia foi desde o começo uma das de mais difícil tratamento, e na consciência geral ainda continua sendo.

Ao mesmo tempo, contudo, como registra Jacques Arnould,[9] desde o começo houve quem igualmente se preocupasse com uma aproximação entre Darwin e a permanência da fé, numa tentativa de conjugar as duas narrativas. Essa também parece ter sido a atitude de John Henry Newman, dando a entender que não só a cor-

---

6   Ver HOFF, *Die neuen Atheismen.*

7   KESSLER, *Evolution und Schöpfung,* p. 187. No mesmo sentido manifesta-se também boa parte da comunidade científica, mesmo quando se trata de quem pessoalmente adere ao ateísmo ou agnosticismo: "Mesmo que essa não seja a minha posição, respeito os que creem. A ciência não tem uma agenda contra a religião" (GLEISER, Sobre a crença e a ciência).

8   Para as notícias a seguir ver, dentre outros, ALSZEGHY, O evolucionismo e o magistério eclesiástico; ARNOULD, *Darwin, Teilhard de Chardin e Cia.,* pp. 19-38; CRUZ, Cientistas como teólogos e teólogos como cientistas; KUMMER, *Der Fall Darwin.* Menos abrangente é o texto de HEWLETT, A evolução biológica na ciência e na teologia. Embora não fique muito claro, dá a impressão de se inclinar ao Design Inteligente como forma de solução para o diálogo entre fé e ciência.

9   ARNOULD, *Darwin, Teilhard de Chardin e Cia.,* pp. 23-39.

poreidade, mas também a própria alma do ser humano, surgiria por evolução.[10] São particularmente notáveis os esforços de cientistas católicos, leigos e clérigos, conhecedores dos métodos de pesquisa positiva, que produzem estudos e tentam mostrar às autoridades romanas a não contradição com a fé e um possível "evolucionismo teísta". O maior argumento é a interpretação da evolução como uma forma de atuação divina por causas segundas.

Assim mesmo as autoridades romanas da Igreja Católica só muito lentamente abriram espaço às descobertas científicas e suas implicações teológicas. A encíclica *Pascendi Dominici Gregis*, de 8 de dezembro de 1907, e o documento da Comissão Bíblica, de 1909, sobre o caráter histórico dos primeiros capítulos do livro do *Gênesis*, insistem no lugar especial do ser humano à parte dos processos evolutivos. Ainda em 1936, falava-se do caráter errôneo do transformismo e tomavam-se medidas disciplinares contra intelectuais cristãos favoráveis a uma reconsideração da literalidade bíblica.[11] Um primeiro sinal claro de mudança veio com a encíclica *Divino afflante Spiritu*, de Pio XII, em 1943. Ainda que dois anos antes, esse Papa tivesse se manifestado contrário à comprovação da evolução, nesse documento encoraja as pesquisas bíblicas e abre espaço à reconsideração do conceito de historicidade dos textos. Em direção oposta move-se a encíclica *Humani Generis*, de 1950. Sobre o tema aqui tratado, interessa especialmente a relativização da teoria da evolução, entendida como uma hipótese ainda não suficientemente comprovada. E mesmo que se admita a origem do corpo humano a partir de matéria orgânica anterior, não se pode, a juízo do Papa Pio XII, aqui, abandonar a afirmação do monogenismo, a origem de todo gênero humano a partir de um só casal. E o argumento: o dogma do pecado original, um pecado real cometido pelo primeiro casal humano e transmitido por herança a toda humanidade (cf. *DH* 3897).[12]

No desenvolvimento da relação fé cristã e evolução é preciso, evidentemente, lembrar o esforço de Pierre Teilhard de Chardin (1881-1955). Suas pesquisas arqueológicas e seus estudos sobre a teoria da evolução o levaram a repensar a fé cristã sob a luz do estágio das ciências naturais de seu tempo.

---

10   Carta de 22 de maio de 1868. *Interdisciplinary documentation on religion and science*. Disponível em <http://www.disf.org/en/documentation/Newman_Walker_eng.asp.>. Acesso em 14 de junho de 2010. Ver também a respeito a referência de KESSLER, *Evolution und Schöpfung in neuer Sicht*, p. 77.

11   ARNOULD, *Darwin, Teilhard e Cia*. Kummer lembra o caso do jesuíta F. Rüschkamp, professor de biologia na Escola de Filosofia e Teologia dos jesuítas em Frankfurt, e que em 1939 foi proibido de lecionar por ensinar a origem do ser humano por evolução. Ninguém menos do que o diretor do Pontifício Instituto Bíblico de Roma, o futuro Cardeal Bea, contrargumenta com a formação "do corpo humano por intervenção imediata de Deus diretamente da matéria inorgânica" (KUMMER, *Der Fall Darwin*, p. 213).

12   O juízo de Z. Alszeghy a respeito de *Humani Generis* é mais favorável. Segundo esse autor, a encíclica "constitui um novo passo para uma conciliação entre o evolucionismo e o ensinamento da Igreja" (ver ALSZEGHY, O evolucionismo e o magistério eclesiástico, p. 28).

O Concílio Vaticano II representou um passo à frente na aceitação geral da teoria evolutiva, na medida em que integra o diálogo com o mundo moderno e as ciências. Paulo VI, num discurso em 1966, dirigido a um simpósio sobre o pecado original, mesmo insistindo na criação particular da alma humana e na descendência de todos os seres humanos de um casal único, usa a palavra "teoria" ao mencionar a evolução, mas o tom é claramente contrário.[13] Apesar de tudo, pode-se concordar em geral com o juízo de Z. Alszeghy à época, de que os argumentos do evolucionismo, aliados ao reconhecimento do caráter literário "sapiencial" dos textos iniciais do *Gênesis* e uma interpretação dinâmica da ação criadora divina, facilitaram o diálogo da fé cristã com a teoria da evolução.[14]

Trinta anos depois de Paulo VI, João Paulo II, em 22 de outubro de 1996, ao falar à Pontifícia Academia de Ciências, afirmou que "novos conhecimentos levam a não considerar mais a teoria da evolução mera hipótese" e que as pesquisas e seus resultados convergentes constituem "argumento significativo a favor dessa teoria".[15] Ainda assim, o *Catecismo da Igreja Católica*, de 1993 (cf. n. 302; 310; 400s), mesmo falando de uma criação "em estado de caminhada" (n. 310), na opinião de alguns comentaristas, fica muito aquém do que as ciências hoje apresentam.[16] A resistência clara do Magistério da Igreja se dá justamente na questão do primeiro casal, do pecado original e da criação da alma humana.

Qual é resposta da teologia? Duas posições negativas: se por um lado existem posições de paralelismo, em que não se levam em consideração as pesquisas científicas atuais, de outra parte verificam-se também duvidosos concordismos em que tanto cientistas como teólogos incursionam em campos alheios, com ou sem a competência respectiva e com prejuízos para ambas as partes. A saída não consiste nem na primeira, nem na segunda posição, mas, seguindo E. Cruz, em "valorizar e reconhecer [...] a presença do Espírito que cria e instila em nossos corações o conhecimento adequado de Deus e de sua criação".[17]

---

13 Cf. Allocution de S. S. Paul VI aux participants au symposium sur le péché originel (11 jul. 1966). *Documentation Catholique*, vol. 63, fasc. 1476, 1966, col. 1345-1352. Diz Paulo VI: "A teoria da evolução não vos parecerá aceitável porque não concorda claramente com a criação imediata de todas e cada uma das almas humanas por Deus e não considera como decisiva a importância que teve para os destinos da humanidade a desobediência de Adão, o primeiro pai universal" (cf. Conc. De Trento, sess. V, can. 2) (col. 1350). Ainda que a alocução do Papa dê a impressão de ser muito restritiva, os debates puderam desenvolver-se de forma bastante livre. Um exemplo pode ser visto na colocação de RAHNER, Erbsünde und Monogenismus, pp. 652-688.

14 Cf. ALSZEGHY, O evolucionismo e o magistério eclesiástico, pp. 30-31.

15 Ver texto em JOÃO PAULO II, Intervento del Santo Padre Giovanni Paolo II sull'evoluzione.

16 Ver, p. ex., HÄRING, A teoria da evolução como megateoria do pensamento ocidental, p. 26. ARNOULD, *A teologia depois de Darwin*, pp. 98-104, dá a entender que se trata de uma confusão entre conceitos teológicos e as afirmações da evolução. É preciso deixar à teoria da evolução sua própria compreensão da realidade e redescobrir o sentido das convicções tradicionais.

17 CRUZ, Cientistas como teólogos e teólogos como cientistas, p. 203.

Existem várias obras abordando específica e positivamente essa questão do ponto de vista da evolução. A título de exemplo, sejam mencionadas aqui Haught, *Deus após Darwin*; Haught, *Cristianismo e ciência*; Arnould, *A teologia depois de Darwin*; Kessler, *Evolution und Schöpfung in neuer Sicht*. Na primeira obra aqui mencionada, John Haught distingue entre oposição, separatismo e engajamento. Na segunda, propõe os modelos da fusão, do conflito, do contraste, do contato e da confirmação.[18] A questão no fundo é a da maneira como a teologia pode lidar com os dados das ciências positivas. É uma situação nova, já que tradicionalmente as perguntas eram colocadas mais pela filosofia. Seguindo a segunda obra de Haught, é possível distinguir as opções em jogo e propor um modelo básico de relação.

O modelo da fusão, que também poderia ser de confusão, usa tanto os textos religiosos como os científicos, no mesmo nível de informação. A Bíblia é vista como falando das mesmas coisas e sob o mesmo ponto de vista. Ficam estabelecidas, então, a contradição e a exclusão recíproca: ou a versão científica é verdadeira, e nesse caso a bíblica é falsa; ou a versão bíblica é verdadeira, e nesse caso a científica está equivocada. A atitude pode ser reconhecida tanto em criacionistas fundamentalistas quanto em naturalistas reducionistas. A segunda alternativa consiste no conflito, de certo modo uma consequência do tratamento de fusão entre o texto bíblico e o científico. Assim, os ataques à Bíblia seguem da presunção científica de monopólio da verdade em todas as dimensões da realidade. Ignora-se a possibilidade de a Bíblia falar também de outra dimensão, diferenciada da lógica das ciências. Mais sutil que as duas anteriores, a posição de contraste evita o conflito mediante a separação dos campos. Seu argumento é "que a teologia e a ciência tratam de conjuntos de problemas radicalmente díspares, de sorte que qualquer conflito real entre elas é impossível".[19] As ciências se preocupariam com o modo de as coisas acontecerem, e a teologia com a razão última. As ciências lidariam com problemas, e a teologia com o mistério.

A quarta posição consiste no contato, sem confusão, para uma relação saudável e frutífera entre ambos os campos do saber. As ciências obrigam a teologia a pensar a criação e o Criador de maneira diferente. A atitude de confirmação, a quinta possível, consiste no apoio da teologia à pesquisa científica, no sentido de a defender internamente. A teologia não pode presumir-se superior às demais ciências, mas é chamada a se aproximar das mesmas como forma de conhecimento da realidade, e ser capaz de repensar sua própria interpretação do universo com recursos melhores do que uma compreensão não científica do mundo. Certamente essa é uma abordagem que permite uma aprendizagem melhor da teologia e uma relação honesta e respeitosa com as ciências.

---

18   Ver em *Cristianismo e ciência*, pp. 167-188.

19   Ibid., p. 171.

2. As principais posições atuais

Por ser difícil olhar a origem da vida humana sem a origem do universo e porque o ser humano faz parte da natureza, é preciso olhar inicialmente o conceito de criação em relacionamento com a teoria da evolução.[20] Do ponto de vista teológico, podem distinguir-se cinco posições principais diante da teoria da evolução:[21] criacionismo literalista sem evolução, que implica a criação imediata e recente do universo por Deus; criacionismo moderado que afirma criação direta, mas remota; criação progressiva ou evolutiva; uma quarta posição aceita a evolução, mas postula um *design* inteligente; e quinta, a emergência do universo e da vida no espaço do divino.[22]

A primeira posição consiste na rejeição da teoria da evolução por motivação religiosa, com base em uma hermenêutica acrítica de texto. Geralmente essa posição é classificada como fundamentalista ou criacionista. Pretende-se basear na leitura literal e verbal dos textos sagrados, especialmente bíblicos. Na realidade, trata-se de uma forma de interpretar os textos que não leva em consideração sua própria natureza. Ou seja: não se pergunta a respeito de suas intenções e nem de seu horizonte cultural. Defende uma criação recente do universo, de acordo com o que os textos bíblicos permitiriam dizer, ou seja, menos de 10 mil anos desde o início até hoje.

A segunda posição diverge apenas no tocante ao tempo. Aceita a idade geral dos fósseis como verdadeira, mas procura harmonizar as descobertas científicas com o texto bíblico, mediante a interpretação dos dias como eras ou grandes fases da origem do universo e da variação das espécies.

Uma criação progressiva, a partir da energia e dinâmica presentes na realidade, é a terceira posição. O representante máximo dessa forma de leitura é Teilhard de Chardin, já mencionado. Seria muito difícil resumir toda força de seus argumentos. De maneira apenas indicativa, pode-se dizer que, com base em suas pesquisas arqueológicas e sua consciência de fé, entendeu o universo como um grande espaço de presença da força divina que tudo conduz desde o início em direção ao final, sob a direção do princípio crístico.[23] Mais importante do que os detalhes de seu pensamento é a direção interpretativa dada por suas obras. Com sua própria experiência científica, ele procurou reatar o diálogo interrompido com a teoria da evolução, em razão da radicalização de posições: de um lado, cientistas usando a teoria de Darwin

---

20   Nas justas palavras de J. Haught: "Após Darwin, Einstein e a Física Quântica, o sujeito humano já não pode ser facilmente separado do universo [...]. Somos uma parte muito importante do universo, mas não somos toda a história" (ibid., p. 181; cf. HAUGHT, *Deus após Darwin*, p. 55).

21   Para uma visão mais elaborada e fundamentada, embora não coincidente, conferir todo o artigo de Steven Engler, capítulo X dessa obra.

22   Ver MCCALL, Kenosis and emergence.

23   Dentre as obras aqui citadas podem ver-se ARNOULD, *Darwin, Teilhard de Chardin e Cia.*; KUMMER, *Der Fall Darwin*; HAUGHT, *Cristianismo e ciência*.

como argumento contra o teísmo e, de outro, teístas e fiéis negando a evolução por causa da tradição religiosa.

O método proposto por Teilhard de Chardin, mesmo combatido de ambos os lados, é o da revisão teológica baseado em uma nova apreensão da realidade e uma correção metodológica das ciências, mantendo sua não incompatibilidade com a transcendência. A teologia e a fé não podem insistir em cosmovisões superadas pelas ciências, e as ciências tampouco podem ler os textos bíblicos como se o seu conteúdo se reduzisse ao científico, menos ainda negar seu valor relacional à transcendência com base na falta de comprovação científica.

A pergunta pela lógica e compreensibilidade dos processos evolutivos em direção ao ser humano faz surgir uma quarta posição, com bastante audiência: o *intelligent design*, traduzido ao português como "desígnio ou projeto inteligente". Recorrendo ao argumento da "complexidade irredutível", quer-se demonstrar a necessidade, a partir da natureza, de uma inteligência que governe a evolução e intervenha finalisticamente. Apesar da abundante literatura e da grande influência exercida sobre um público religioso, o tema aqui não pode ser aprofundado. Na comunidade científica, embora se encontrem alguns representantes favoráveis, geralmente não se aceitam as conclusões preconcebidas de um projeto que, empiricamente, não se deixa comprovar por falta de evidências. Do ponto de vista teológico, o finalismo não vem de verificações de continuidade e sim de uma convicção de sentido a ser dado, onde "o começo pode ser promessa ou ilusão; o fim, cumprimento ou falência".[24]

Finalmente, por ora, a quinta posição é formulada como "hipótese emergentista" e pode ser entendida como a reflexão baseada na aparição de novas qualidades na matéria (partículas elementares, átomos, substâncias) ou na vida (sensibilidade, consciência), sem que sejam dedutíveis das partes anteriores.[25] Para Philip Clayton, ante o dilema entre fisicalismo (tudo é explicável por leis, partículas e energias) e dualismo (além da realidade física há outra, não física, em determinados seres como os humanos), a hipótese da emergência "representa a terceira opção no debate, e é preferível às outras duas".[26] Do ponto de vista teológico seria possível pensar uma aparição do divino nessas passagens. O risco, no entanto, parece ser um salto epistemológico: precipitar a transcendência em um emaranhado explicativo desnecessário. A emergência ou surgimento de outras qualidades em um modelo material determinado, a rigor, no máximo é uma interrogação, mas ainda não uma resposta.[27]

---

24   ARNOULD, *A teologia depois de Darwin*, p. 230.

25   Para o que segue foram consultados CLAYTON, *Mind and emergence*; CLAYTON, Emergence from physics to theology toward a panoramic view; CLAYTON; DAVIES, *The re-emergence of emergence*; MCCALL, Kenosis and emergence.

26   CLAYTON, *Mind and emergence*, p. v.

27   Como se verá, Haught (*Cristianismo e ciência*, pp. 184ss) propõe justamente o encontro entre teologia da criação e o fenômeno da "emergência" para lhe dar um horizonte de sentido.

Teologia e evolução

Do que precede, é possível identificar as principais questões para a teologia. A mais radical de todas, certamente, é a da possibilidade de Deus e seu significado numa concepção evolutiva do mundo. Implicada nessa, está a autocompreensão do ser humano e sua realidade ontológica: sua "alma", a condição pecadora ou não, e seu destino.

3. Tentativa de reinterpretação

A tentativa de reinterpretação aqui apresentada considera, por um lado, a evolução como uma realidade cientificamente comprovada pela confluência dos resultados da arqueologia, da genética e da geologia. Por outro lado, quer fugir de uma afirmação do divino que de algum modo seja dependente da natureza. Não se quer, portanto, postular Deus seja a partir de eventuais "lacunas" fósseis ou explicativas, e menos ainda com base em uma comprovação científica de ordem ou hierarquia dos seres. Mais radicalmente, entende-se que mesmo uma explicação última não pode ser invocada como espaço da afirmação do divino. De modo semelhante, entende--se que a compreensão do ser humano precisa ser revista baseada em dados estabelecidos e não por subterfúgios explicativos de qualidades até agora inexplicáveis. Defende-se a opinião de que a teologia precisa não apenas aprender das ciências naturais (cosmologia e biociências), mas também dialogar para contribuir com sua especialidade.

Sem cair na tentação de uma "teoria da complexidade" ou a pretensão de uma explicação holística, entende-se que a realidade permite muitas explicações verdadeiras e simultâneas. É o que J. Haught chama de "explicação estratificada" (*laeyred explanation*), exemplificando com uma chaleira de água fervente. A explicação pode ser o fogo, pode ser o movimento das moléculas de oxigênio, ou, simplesmente, a intenção de fazer um chá.[28] O fato de se poderem distinguir causas físicas, sentido e finalidade não impede sua suficiência própria.

a) O Deus bíblico, um Deus narrativo

Falar do Deus bíblico é falar da qualidade do texto bíblico, um dos motivos de conflito entre evolução e fé. Afirmar o valor histórico dos textos iniciais não implica uma compreensão historicista. O caráter de Gn 1–11 é de autocompreensão da comunidade. Ao contrário do que a teologia fez por longo tempo, a tradição bíblica

---

28 Ver HAUGHT, *Cristianismo e ciência*, pp. 200-201. Há uma divergência na tradução brasileira que, à exceção da primeira referência à p. 21, fala sempre em "explicação escalonada", o que não parece coerente com o sentido inglês e nem com o contexto. As explicações são simplesmente diferentes de acordo com a expectativa de resposta, e não estão escalonadas; são antes como as camadas de um bolo que não representam uma escada. KESSLER, *Evolution und Schöpfung in neuer Sicht* (cf. p. 84 e nota 34) usa esse mesmo exemplo com intenção semelhante.

apenas circunstancialmente se ocupa da causalidade abstrata de Deus. O mistério divino aparece muito mais como narrativa. É por essa razão que o Concílio Vaticano II fala da "autocomunicação" divina em vez de "verdades". Desse modo, a forma de relação permanece aberta e pode ser entendida como livro a ser lido enquanto lugar de encontro com a transcendência e menos como definição a ser apreendida.

Embora seja óbvio, do ponto de vista hermenêutico, é preciso lembrar sempre a condição histórica e o mundo próprio da textualidade bíblica. Sua cosmovisão, a exemplo do que acontece com qualquer outro texto, reflete a experiência da realidade vivida pelos seus autores e não pode ser extrapolada para outros níveis. O fato de ser considerada infalível como livro de revelação, nunca pode ser aplicado a sua compreensão científica, histórica ou até moral e comportamental. A importância do texto sagrado não está na sua materialidade formal, e sim no que se poderia designar a "testemunhalidade", ou, seguindo Paulo, não na "letra", mas no "espírito". Por testemunhalidade aqui se entende o fato de os livros bíblicos serem recebidos como "palavra" divina em história e caminho. Enquanto espaço onde os seres humanos narram sua própria memória e constroem sua autocompreensão diante do mundo, os textos dependem logicamente da percepção desse mesmo mundo, mas não lhe precisam ser devedores. Novas percepções podem continuar a narrativa na direção apontada e como expressão da presença divina na vida do seu povo.[29]

A tese que se propõe, por conseguinte, é de uma relacionalidade gratuita entre Criador e natureza em evolução, entendida como criação.[30] Para falar de um Criador, é necessário falar de uma criatura; de modo simétrico, falar em criação implica um Criador.

No entanto, no mundo das ciências naturais, é possível compreender a natureza sem um Criador. A pergunta por que algo existe não se impõe necessariamente num horizonte científico positivo, assim como da não necessidade também não segue forçosamente a negação metafísica de uma alteridade para além da positividade. O fato de a natureza ser explicável em sua existência e diversidade, por si mesma, num determinado horizonte, ainda não elimina a existência de um criador que possa estar em sua origem, mesmo não sendo necessário. E essa parece ser uma questão teológica: pensar o criador sem percorrer forçosamente o caminho da natureza para além dela por dedução, mas admitir sua possibilidade ao lado da natureza para compreendê-la como alteridade relacionada gratuitamente.

Qual é a razão dessa forma de pensar? O problema da razão suficiente implícita na dedução do criador a partir da natureza, subentendida como criatura ou criação, é a insuficiência da insuficiência. Explique-se. É muito frequente usar o argumento

---

29   "O livro é testamento e testemunho de uma aliança" (ARNOULD, *A teologia depois de Darwin*, p. 228).

30   A ideia de relacionalidade entre Deus e o mundo pode ser encontrada em HAUGHT, *Cristianismo e ciência*, p. 239.

Teologia e evolução

da excelência de um evento para deduzir a necessidade de um artífice ou de um criador. A beleza do pôr do sol, o fascínio da gestação, o brilho da mente humana seriam sinais de que alguém está atrás de tudo isso e é seu Criador. É o argumento que vai da obra ao artista, ou do relógio ao relojoeiro, o famoso argumento de William Paley, no tempo de Darwin.* Mas o que acontece quando a obra de arte ou o relógio, contra a expectativa anterior, é explicado de outra maneira com as provas correspondentes? Eliminam-se o artista e o relojoeiro! Não parece contraditório fazer dependerem o artista e o relojoeiro das suas obras? E não é exatamente isso que se faz quando se quer defender o Criador a partir da natureza? Não seria melhor pensar antes o relojoeiro e o artista, e depois pensar que poderiam estar no relógio e na obra de arte? E que poderia haver relógios sem relojoeiro e obras de arte sem artistas? Desse modo, caso algum dia aparecesse um relógio que não tivesse sido feito por um relojoeiro, ou um *Hamlet*, não escrito por Shakespeare, nem um nem outro deixariam de existir.[31] O relojoeiro não depende do relógio para existir; Shakespeare não depende de *Hamlet*; e a existência do Divino não precisa do universo para ser. No entanto, se o relojoeiro existe, pode, em sua liberdade, fazer um relógio, assim como Shakespeare pode escrever *Hamlet* e Deus pode em sua liberdade e amor criar um universo, ou, então, aceitar esse universo como realidade presente a si.

Os lugares mais comuns da experiência imediata do encontro com a transcendência não podem ser confundidos com a causalidade primeira dessa mesma realidade ao estilo de "quem fez isso foi Deus". A presença divina é de outra ordem: imersão contemplativa e misericordiosa, no sentido da compaixão. O ser humano é o lugar onde a natureza se compreende como criação, isto é, como alteridade de alteridade, como emergência da busca e da espera de um "Tu" a quem agradecer a existência e com quem se reconhecer na e diante da natureza. Em vez de iniciar a explicação do universo com base na fé no Criador, em vez de considerar o Criador como a explicação da origem do universo, pode-se dizer com Kessler que, para a fé bíblica, "a existência de Deus é *pressuposta*" e dessa maneira é capaz de compreender a evolução em termos de finalidade.[32] Caberá à teologia, então, ser o momento dessa releitura, ou dessa hermenêutica da realidade.

---

*   Para a metáfora do Relógio e do Relojoeiro, ver capítulo III.

31   É nessa direção que parece ir também HAUGHT, *Cristianismo e ciência*, quando se refere às tentativas de associar a teoria de uma explosão inicial como início do universo, à criação, pois "deixaria a teologia em uma incômoda situação quando a teoria do *big bang* estiver fora do mercado" (p. 177).

32   Ver KESSLER, *Evolution und Schöpfung in neuer Sicht*, p. 169.

b) Questões hermenêuticas —
o conflito das interpretações

O título da obra de Paul Ricoeur sobre hermenêutica[33] pode ajudar a situar, de modo adequado, os problemas da relação entre teologia e biociências para o caso da evolução. O conflito de hermenêuticas acontece tanto na leitura do texto bíblico quanto na interpretação dos resultados das observações da natureza. No texto bíblico, o conflito se dá, especialmente, na leitura dos primeiros capítulos do livro do *Gênesis* e nos textos dele dependentes ou surgidos do mesmo contexto cultural. Na natureza, o conflito se dá pelo que se poderia chamar de contraposição das leituras, quando se insiste em contrapor aos dados a falta de dados, por exemplo, a respeito da história do universo ou mesmo da origem do ser humano; ou também quando se quer, a partir de um determinado nível de explicação, como é o caso da origem da vida e das espécies por evolução, inferir a (provável) inexistência de Deus ou a constituição monista e materialista do ser humano. As biociências têm seu próprio modo de ler e interpretar os dados da realidade e têm sua perspectiva específica. Não têm e não podem ter a preocupação de pensar a transcendência ou o significado último dos eventos constatados. A fé e a teologia, por seu turno, afirmam o criador, mas não têm como descrever e demonstrar a aparição dos eventos.

Poder-se-ia aplicar, então, a fórmula do "conflito de hermenêuticas"[34] à metáfora tradicional dos dois livros, o da palavra de Deus e o da natureza, e em um segundo momento, propor exatamente o caminho hermenêutico para explicitar a forma do lugar da transcendência no mundo. "Descobrir" a Deus no mundo explicado pela evolução é possível somente como interpretação desse mesmo mundo com as regras da hermenêutica.

É verdade que o Magistério da Igreja Católica, ao lado de algumas correntes cristãs, insiste numa leitura aparentemente literal-verbal do texto. No entanto, a exegese e os estudos bíblicos, assim como a tradição teológica, falam em sentido espiritual, em metáfora e em gênero mitológico, dentre outros, a respeito do início da Bíblia.[35] É evidente que o valor histórico dos textos iniciais não implica uma compreensão historicista. Pode-se afirmar de forma sintética que Gn 1–11 é um texto de autocompreensão da comunidade testemunhal e não pode ser usado como contraposição a realidades estabelecidas no mundo das ciências. Seria um erro teológico abdicar da Escritura porque sua cosmovisão é questionada pelos resultados da observação da natureza. Mas seria igualmente errado negar a ciência por causa de um texto bíblico. O fato de um texto ser normativo para a fé significa que tem um potencial — em

---

33 RICOEUR, *Le conflit des interprétations*.

34 Ibid., p. 23.

35 Cf. as considerações de Steven Engler nesta obra.

Teologia e evolução

termos de P. Ricoeur, "um excesso de sentido" — que obriga a uma compreensão sempre mais profunda ou diferente ante a perguntas novas ou diferentes. O conflito se dá exatamente porque não se faz a distinção hermenêutica necessária para validar o sentido do texto. O fato de os mitos gregos, por exemplo, não serem históricos não lhes tira sua capacidade interpretativa da alma humana, como o próprio Freud mostrou ao aplicá-los a realidades psicanalíticas. Assim também o texto bíblico pode ter um significado religioso independente da sua consistência científica positiva.

Quanto à natureza e ao universo, para a ciência são apenas uma realidade a ser pesquisada e compreendida em si mesma, sem ultrapassar seus próprios dados. Teologicamente, no entanto, seguindo uma longa tradição judaico-cristã, o universo pode ser considerado um livro a ser compreendido e apreendido, isto é, interpretado.[36] O próprio Darwin, na primeira edição de *On the Origin of Species*, toma como uma das epígrafes uma citação de F. Bacon, usando a metáfora do livro da palavra de Deus e o livro das obras de Deus.[37] Deve-se lembrar que a finalidade dessa leitura, na interpretação de F. Bacon, seguindo 1Cor 13, é a caridade e não a vaidade ou ostentação. Como essa referência não aparece na epígrafe darwiniana, fica evidente que interessava o tema dos dois livros. O ser humano recebe o livro para ler, "quase como um livro de vida", diz J. Arnould, indicando outra metáfora ao lado da palavra e das obras (natureza). Para Ch. Kummer, uma das razões para o diálogo entre teologia e biologia é a leitura no livro da natureza, não porque aí se encontre o Autor — assim como também não se fala de Schiller em sua peça *Wallenstein* —, mas porque da obra se podem receber ilações para o autor, por meio das afinidades com o leitor. A natureza, porém, não é um livro como uma figura com imagem escondida ou um romance policial onde se encontrem as soluções, mas "muito mais um romance em muitas camadas", para o qual sempre se pode voltar descobrindo novas dimensões e provocações.[38]

---

36 A metáfora da criação como um livro é tradicional no cristianismo e pode ser encontrada, em alusões, no Antigo e Novo Testamento e na teologia posterior, com mais acento na Patrística e na Idade Média. Para uma breve introdução, ver HESS, Two Books; ver também *Preamble*, no livro de PEDERSEN, *The Two Books*, pp. XV-XIX. Contudo, diferentemente dos outros autores, Pedersen (p. 311) se mostra pessimista a respeito do futuro de cooperação.

37 O texto de Darwin tomado de F. Bacon: "Para concluir, que ninguém, por falsa sobriedade ou moderação mal-entendida, pense ou afirme que um homem pode avançar ou ser muito entendido no livro da palavra de Deus, ou no livro das obras de Deus, em teologia ou filosofia, mas sim deixe que os homens possam buscar um progresso infinito ou competência em ambos" ("*To conclude, therefore, let no man upon a weak conceit of sobriety or an ill-applied moderation think or maintain that a man can search too far, or be too well studied in the book of God's word, or in the book of God's works, divinity or philosophy; but rather let men endeavour an endless progress or proficience in both.*" [Sic] *The Advancement of Learning*, I,3, disponível em: <http://ebooks.adelaide.edu.au/b/bacon/francis/b12a/chapter1.html>, acesso: 20/06/2009. Infelizmente, Arnould (*A teologia depois de Darwin*, p. 226), ao mencionar essa passagem, ao menos na tradução brasileira, omitiu as duas referências ao termo "livro" (da palavra de Deus e das obras de Deus).

38 Ver KUMMER, *Der Fall Darwin*, pp. 285-287.

Antes de prosseguir, convém olhar mais de perto o alcance da metáfora e da possibilidade de falar em ler a natureza, seguindo um breve artigo de F. Clingerman.[39]

O autor inicia questionando sobre a possibilidade da metáfora para nosso tempo. Como recorrer ao livro da natureza, uma vez que esta se tornou estranha à fé? Será necessário recuperar "uma habilidade" para a "leitura" do livro da natureza?[40] Na Idade Média e no início da Modernidade, o estudo da natureza era entendido como segundo livro da criação, sendo mencionado ainda por Galileu, a partir de quem, no entanto, a leitura exigia o conhecimento de sua linguagem específica: a matemática e geometria. O desenvolvimento posterior das ciências e o isolamento da teologia fizeram com que se perdesse a capacidade de leitura da natureza. Dada a moderna fragmentação nas pesquisas da natureza, Clingerman sugere ser necessário "uma compreensão hermenêutica" dela. Uma tal aproximação torna possível uma "visão mais polivalente da natureza, sem ser reducionista nem materialista", com sua "multiplicidade de narrativas". O livro da natureza não coincide com a própria natureza porque esta não pode ser pensada exaustivamente em sua totalidade. Sempre haverá mais do que seja possível apreender. A vantagem de considerar a natureza como livro oferece a possibilidade de reunir metáforas e modelos, e encontrar um sentido nas contradições e limitações que nela se podem identificar. Seguindo essa ideia de Clingerman a natureza poderia ser entendida como um drama ou uma narrativa em que os personagens aparecem e desaparecem, vencem ou sofrem.

Assim como em um livro em sentido próprio, na natureza podem-se distinguir o texto e a textualidade, respectivamente, o significado e a expressão material. É claro que devido às múltiplas leituras da natureza, hoje possíveis, a sua significação teológica não pode ser a única; assim como alguém pode ver os vestígios de Deus, outro pode ver os "vestígios" da ausência divina! Se por um lado, a explicação científica aborda a natureza pelo "distanciamento e manipulação, sem recurso a qualquer sinalização de textualidade", por outro, "admitindo a textualidade dos textos, podemos supor um sentido na e em intimidade com a natureza", não pronto, como se nos fosse imposto, mas como sentido que precisa ser construído na interação com a pessoa que interpreta a natureza. O "sentido é criado conjuntamente pela natureza e seus leitores",[41] de tal forma que a leitura é autoimplicante: o ser humano está na natureza da qual ele é o leitor, e como leitor produz um significado ou, melhor, colhe e acolhe o excesso de sentido da natureza, podendo percebê-la como criação.[42]

---

39   CLINGERMAN, Reading the book of nature, pp. 72-91.

40   Ibid., aqui, p. 73.

41   Ibid., pp. 81-82.

42   Ver BUITENDAG, Nature as creation from an eco-hermeneutical perspective, p. 7. Assim como alguém no barulho de uma festa é capaz de dar-se conta quando seu nome é mencionado, assim também "na rede complexa de natureza, cultura e personalidade, a pessoa sensível ouve a revelação trazida pelo som da voz de Deus".

Abordar a natureza como livro significa, então, colocar-se em escuta, em atitude de receber e dar um significado de revelação, de autocomunicação divina e de constituição de alteridade a ser recebida em sua diferença. Em outros termos: a criação fala de Deus para quem, no ato de sua própria liberdade, lhe fala d'Ele.

À ideia de livro segue a de narrativa: a natureza é uma narrativa.

Ao lado do autor francês também se coloca, de maneira mais elaborada, J. Haught para identificar o caráter narrativo da natureza. Inicia este por lembrar Carl Friedrich von Weizsäcker, para falar do universo como "uma narrativa [*story*] em desenvolvimento". Com a intenção de ilustrar as dimensões do que representam os 13,7 bilhões de anos dessa narrativa, refere à imagem de uma obra de 30 grandes volumes de 450 páginas cada, sendo que apenas "no rodapé da última página" do último volume aparece a atual espécie humana. "Toda história da inteligência humana [...] ocupa apenas as últimas poucas linhas da última página do derradeiro volume".[43] Da mesma forma a vida e a vida humana são captadas em sua "objetividade" para si no cosmo como parte dessa narrativa. Assim como existem, podem ser ultrapassadas ou descartadas em favor da realidade astronômica maior. Em particular, formas específicas de vida, como a humana, deixam de ser indispensáveis, diante da riqueza bem maior da variedade das outras espécies, quando não acontece exatamente o contrário, e a vida humana é de tal forma isolada que se torna a única a ser legitimada.

c) O mistério divino em teologia da evolução

Do ponto de vista da teologia, a pergunta fundamental é a respeito do lugar do divino numa concepção evolutiva do mundo. Não resta dúvida de que a teoria da evolução exige uma transformação da teologia, em seu modo de falar de Deus e da natureza.[44] Admitindo ser a teoria da evolução, com a ajuda da astrofísica e de outras ciências, capaz não apenas de explicar a origem das espécies, mas da própria vida e do cosmo, como fica o poder criador de Deus?

A religião e a teologia, quando querem descobrir um criador e um princípio criacional na natureza, operam uma intervenção de sentido e de transcendência. Formulam uma razão de ser da realidade. Agindo assim, na realidade falam de si e de sua maneira de ver a natureza, mas podem não falar a partir do que a natureza lhes diz através da linguagem científica. Os exemplos mais primitivos poderiam estar na confusão entre a ira divina e o raio ou o terremoto; bem mais sofisticada é a

---

43 HAUGHT, *Cristianismo e ciência*, pp. 7-9.

44 Como diz W. Bröker, "a relação entre cosmo e homem, homem e cosmo tornou-se problemática", o que obriga a "a não iludir com as suas afirmações à problemática da imagem do mundo do homem hodierno para o qual a evolução é simultaneamente um fato e um motivo universal de pensamento" (BRÖKER, Aspectos da evolução, p. 22).

afirmação de um deus que inicia tudo, como criador, e, de um modo ou outro, mantém tudo na existência, como providente.

Já foi mencionada a "hipótese emergentista",[45] segundo a qual por diversos mecanismos desconhecidos aparecem saltos na evolução. De acordo com Kessler, o fato de as ciências naturais poderem apenas constatar o fenômeno da passagem de um a outro estágio de ser (de inanimado para animado, de vida sensitiva a racional etc.) deixa à teologia um espaço aberto, embora não substitutivo. Assim como diante de outros fenômenos, a teologia faz a sua leitura, coerente com o discurso da fé, mas sem se sobrepor às demais ciências.

Tradicionalmente existiam três modelos básicos de compreensão teológica dos saltos na natureza: ocasionalismo, condicionalismo e autotranscendência.[46] Segundo o modelo ocasionalista, próprio do neotomismo, Deus age normalmente segundo a própria natureza e suas leis (as causas segundas). No entanto, as passagens de um a outro estágio testemunham intervenções ocasionais diretas. Para o modelo do condicionalismo, as coisas criadas representam apenas a ocasião para que a causalidade divina possa fazer surgir as novas realidades. Ambas as formas de explicar os saltos são criticadas por envolverem Deus na própria natureza. A terceira posição, a de autotranscendência, é rahneriana.[47] A própria natureza recebe, enquanto criada, de Deus a capacidade para se ultrapassar ou mudar de forma não contínua, por "emergência". Tanto Rahner quanto Kessler, aqui, pensam em termos de criação como presença divina, atuando como realidade última interna da realidade, como expressão última de sua dependência.[48]

Talvez seria possível ir mais longe. O próprio Rahner, embora defenda a ideia de criação como realidade interna explicativa e sustentadora do existente, insiste na diferenciação entre uma e outra realidade: "O conceito de criação, na teologia, não significa inicialmente um procedimento no mundo, também não o primeiro momento da evolução". Mais adiante, explicita que a afirmação de o mundo ser sustentado pelo Deus criador "não é uma consequência das ciências naturais, nem o coroamento ideológico final de resultados de pesquisas, mas [...] lhes é anterior como condição de sua possibilidade".[49] A partir dessa formulação, seria pensável falar em criação como uma pré-compreensão da realidade e não necessariamente como o princípio explicativo ontológico. Seguindo, além disso, a sugestão do mesmo Rahner de que

---

45 Ver p. 218.

46 Ver KESSLER, *Evolution und Schöpfung in neuer Sicht*, pp. 156-158.

47 O texto de Rahner (Naturwissenchaft und vernünftiger Glaube, p. 24-62, esp. p. 52) ao qual Kessler (p. 158) se refere expressa o que aquele autor diz em vários outros lugares, especialmente os reunidos no vol. 15 das obras completas (RAHNER, *Sämtliche Werke*, Bd. 15).

48 Como ele dizia já em 1962, em Thesen der Theologie zum Schöpfungsglaube (ibid., p. 190): "O momento da criação é desde o começo eficaz nos saltos".

49 Ibid., p. 186.

Teologia e evolução

"o teólogo tem metodologicamente o direito de pressupor circunstancialmente as posições mais extremas de um pensamento evolutivo [...] e se perguntar se poderia conviver com isso".[50] Daí — para além de Rahner, Arnould, Kessler e outros, inclusive de John Haught, embora menos — a sugestão de pensar a criação como aliança entre o divino e o não divino.

Em analogia com outras narrativas bíblicas, Deus escolhe pessoas e faz alianças, a ponto de a encarnação de Jesus expressar a entrada mais radical nos limites de toda história cultural, política e social da Palestina do ano 30 AD. Tradicionalmente esse acondicionamento histórico foi interpretado como um ato de liberdade divina ajustada aos limites do humano. De modo análogo não seria possível imaginar o princípio mais radical da relação do divino com o não divino em termos de escolha e acolhida? Assim como aconteceu a escolha do povo de Israel, de Maria, dos discípulos, bem como dos tempos e dos lugares, não seria possível imaginar a criação como ato de escolha e acolhida do não divino para dentro do divino? Nessa forma de interpretar o ato criador, a perspectiva mais fundamental não seria o "fazer algo do nada", mas tornar o "nada" o princípio de surgimento de algo e de alguém. Portanto, Deus não seria o fundamento necessário capaz de explicar por que "algo existe e não o nada", mas a realidade que para além do cientificamente comprovado, ainda assim pode fazer-se presente no ato de sua liberdade. "Criador de todas as coisas" significará, então, "aquele que está aí" (cf. Ex 3,14) com, para e na natureza-criatura, admirando ("viu que tudo era bom"), sofrendo e amando ("tanto amou o mundo que enviou o seu próprio Filho").

4. Conclusões

O recurso a uma complexidade irredutível, para afirmar um *design* inteligente, embora mais elaborado, também não deixa de ser um artifício da inteligência para abreviar o caminho da pergunta realmente mais distante. Quando se chega muito rapidamente a Deus, corre-se o risco de um deus muito pequeno. A antropologia cultural, a fenomenologia e a história das religiões mostram que muitas vezes a transcendência se faz presente através de intermediações, responsáveis pelo governo das coisas de cada dia, enquanto o princípio último do divino quase desaparece. De fato, o mito funciona muitas vezes como um álibi ou uma desculpa para não entrar na natureza como se apresenta.

A fé em Deus, segundo a reflexão teológica, não depende do princípio de causalidade e sim da autocomunicação livre e gratuita do próprio Deus. Na origem da fé está uma experiência do Transcendente que se faz presente e encontra o mundo do ser humano, em certo sentido, sua *Lebenswelt*, de cuja interpretação e leitura se torna

---

50 Ver RAHNER, *Schriften zur Theologie*, Bd. 15, p. 41.

participante. De outro lado está o universo, com sua própria história, acessível pela experiência e experimentação científica. Ao aceitar a autocomunicação divina, o ser humano se vê em dois mundos, em princípio, novos entre si. É natural que busque uma articulação capaz de fazer sentido. O risco dessa aventura, contudo, consiste na produção de uma dependência mútua: o Transcendente explica o imanente, a natureza, como criação, no sentido de um fazer, de ser o mentor, a energia universal; ou então, a natureza exige uma explicação que está em um Deus anterior. Essa operação é arriscada porque, se falhar uma das premissas, necessariamente cai um dos mundos: ou Deus ou a evidência dos dados. Em outros termos, se para as ciências Deus não aparecer no horizonte da experiência e experimentação, a tendência é que seja negado, por "falta de evidências".[51] Por outro lado, se a fé em Deus parecer contrária às evidências, estas serão sacrificadas em favor da presumida infalibilidade superior. Esta é, por exemplo, a razão do criacionismo, entendido como afirmação da intervenção divina com a harmonização em favor dos relatos bíblicos.

Quanto ao ser humano, um dos argumentos tradicionais em favor de sua origem especial, por criação divina, é a imortalidade e espiritualidade da alma. O problema está na concepção dualista ou monista do ser humano. A questão de o ser humano ser um composto de dois princípios é amplamente discutida na filosofia atual, também porque ao lado da biologia evolutiva as neurociências defendem uma só realidade, ainda que não necessariamente mecanicista.

Por fim, a questão do pecado original deve ser pensada simultaneamente com o surgimento da liberdade e como ato da mesma, que de fato atinge a todo o ser humano posterior. Contudo, talvez não se devesse pensar tanto em termos de herança física e cronológica e, sim, condição antropológica de seres condicionados à liberdade alheia. A história de cada pessoa transfere consequências de sua liberdade não apenas aos contemporâneos, mas também às gerações seguintes. Como a própria experiência mostra, há atos de liberdade de efeitos irreversíveis mais ou menos fundamentais, também no campo das relações interpessoais. Daqui ser possível entender a afirmação do pecado original como uma contaminação da liberdade original e que pode, inclusive, ser agravada por qualquer ato livre, pessoal ou coletivo, de uma geração inteira, por exemplo, para gerações futuras.

5. Referências bibliográficas

ALSZEGHY, Z. O evolucionismo e o magistério eclesiástico. *Concilium* [S.I.], 1967, pp. 25-31.

ARNOULD, J. *Darwin, Teilhard de Chardin e Cia*. São Paulo: Paulinas, 1999.

---

51 Como respondeu Richard Dawkins, ao ser interpelado sobre o que diria caso encontrasse Deus depois da morte: "Desculpe, Deus, não havia provas suficientes" (*Isto é*, 13 de julho 2009).

_____. *A teologia depois de Darwin*; elementos para uma teologia da criação numa perspectiva evolucionista. São Paulo: Loyola, 2001.

BRÖKER, W. Aspectos da evolução. *Concilium* [S.I.], 1967, pp. 8-24.

BUITENDAG, J. Nature as creation from an eco-hermeneutical perspective: from a "natural theology" to a "theology of nature". *Hets Teologiese Studies-Theological Studies* [S.I.], v. 65, n. 1, 2009.

CLAYTON, P. Emergence from physics to theology toward a panoramic view. *Zygon: Journal of Religion and Science* [S.I.], v. 41, 2006a, pp. 675-688.

_____. *Mind and emergence*; from quantum to consciousness. Oxford: Oxford University Press, 2006b.

CLAYTON, P.; DAVIES, P. *The re-emergence of emergence*; the emergentist hypothesis from science to religion. Oxford: Oxford University Press, 2008.

CLINGERMAN, F. Reading the book of nature: a hermeneutical account of nature for philosophical theology. *Worldviews: Global Religions, Culture, and Ecology* [S.I.], v. 13, n. 1, 2009, pp. 72-91.

CRUZ, E. R. Cientistas como teólogos e teólogos como cientistas. In: SOARES, A. M. L.; PASSOS, J. D. (orgs.). *Teologia e ciência*; diálogos acadêmicos em busca do saber. São Paulo: Paulinas/Educ, 2008. pp. 175-211.

DIXON, T. *Science and religion*; a very short introduction (very short introductions). Oxford: OUP Oxford, 2008.

GLEISER, M. Sobre a crença e a ciência. *Folha de S.Paulo*. Caderno Mais. 28/03/2010.

HÄRING, H. A teoria da evolução como megateoria do pensamento ocidental. *Concilium*, 2000, pp. 26-40.

HAUGHT, J. F. *Deus após Darwin*; uma teologia evolucionista. Rio de Janeiro: José Olympio, 2002.

_____. *Cristianismo e ciência*; para uma teologia da natureza. São Paulo: Paulinas, 2010.

HESS, P. M. J. Two Books. In: ABRUZZI, R.; MCGANDY, M. J. E. (eds.). *Encyclopedia of science and religion*. s.l.: MacmillanThomson Gale, 2003. Disponível em: http://www.enotes.com/science-religion-encyclopedia/ two-books. Acesso: 20 de jun, 2010.

HEWLETT, M. J. A evolução biológica na ciência e na teologia. In: PETERS, T.; BENNETT, G. (orgs.). *Construindo pontes entre a ciência e a religião*. São Paulo: Loyola/Unesp, 2003. pp. 105-115.

HOFF, G. M. *Die neuen Atheismen*; eine notwendige Provokation. Kevelaer: Topos Plus, 2009.

JOÃO PAULO II. Intervento del Santo Padre Giovanni Paolo II sull'evoluzione. *Assemblea della Pontificia Accademia delle Scienze*. Città del Vaticano, 1996.

KESSLER, H. *Evolution und Schöpfung in neuer Sicht*. 3. ed. Kevelaer: Butzon & Bercker, 2010.

KUMMER, C. *Der Fall Darwin*; Evolutionstheorie contra Schöpfungsglaube. München: Pattloch, 2009.

MCCALL, B. Kenosis and emergence: a theological synthesis. *Zygon* [S.I.], v. 45, n. 1, 2010, pp. 149-164.

MILLER, K. R. *Finding Darwin's God*; a scientist's search for common ground between God and Evolution. New York: Harper Perennial, 2002.

PEDERSEN, O. *The two books*; historial notes on some interactions between natural science and theology. Vatican City: Vatican Observatory FND/NDUP, 2007.

RAHNER, K. Erbsünde und Monogenismus. In: *Sämtliche Werke*; Verantwortung der Theologie; im Dialog mit Naturwissenschaften und Gesellschaftstheorie. Bd. 15. Freiburg: Verlag Herder, 2002.

_____. Naturwissenchaft und vernünftiger Glaube. In: *Schriften zur Theologie*, Bd. 15. Zürich/Einsiedeln/Köln: Benziger, 1983. pp. 24-62.

RICOEUR, P. *Le conflit des interprétations*; essais d'herméneutique. Paris: Du Seuil, 1969.

STOEGER, W. Sem a evolução cósmica não haveria evolução biológica. *Revista IHU Online* [S.I.], 2009.

6. Sugestões de leitura

ARNOULD, J. *A teologia depois de Darwin*; elementos para uma teologia da criação numa perspectiva evolucionista. São Paulo: Loyola, 2001.

COLLINS, F. *A linguagem de Deus*. São Paulo: Gente, 2007.

HAUGHT, J. *Deus após Darwin*; uma teologia evolucionista. Rio de Janeiro: José Olympio, 2000.

_____. *Cristianismo e ciência*; para uma teologia da natureza. São Paulo: Paulinas, 2010.

PETERS, T.; BENNETT, G. (orgs.). *Construindo pontes entre a ciência e a religião*. São Paulo: Loyola/Unesp, 2003.

ZILLES, U. *Criação ou evolução?* Porto Alegre: EDIPUC-RS, 1995.

CAPÍTULO X

O criacionismo

Steven Engler

Existe uma vasta literatura sobre as tensões entre o criacionismo e o evolucionismo, principalmente nos Estados Unidos. O conceito vigente de "criacionismo" na maior parte desta discussão refere-se à crença cristã de que Deus criou o mundo e todos os seres vivos como descrito no livro de Gênesis. Porém, a proeminência desta definição limitada de "criacionismo" traz três problemas: abrange somente uma parte do espectro mais amplo de conceitos pertinentes à ideia da criação; oculta a grande variação de criacionismos cristãos e dificulta a tarefa de estudar os vários criacionismos não cristãos que surgiram recentemente ao redor do mundo. Dessa forma, uma discussão sobre o tema em relação aos conceitos de fundamentalismo e cientificismo sugere uma maneira mais efetiva de enquadrar o assunto. Assim, levaremos aqui em conta não apenas o conteúdo das crenças criacionistas, mas também sua oposição a outras crenças específicas dentro de determinados contextos históricos, religiosos e nacionais. Neste capítulo, portanto, o criacionismo será apresentado dentro deste quadro mais amplo, primeiro discutindo as características centrais do seu enraizamento na teologia fundamentalista cristã, com devida atenção a seu desenvolvimento histórico, e depois apresentando uma visão mais ampla, que abrangerá um espectro maior de criacionismos.

1. O que é o criacionismo?

Para começar a mapear este terreno, é útil distinguir entre mitos da criação, teorias filosóficas da criação, doutrinas da criação e criacionismos. A ideia de *mitos da criação* é a mais geral. (Lembramos que "mito" não quer dizer "falso". Um mito é uma tentativa de contar a verdade em linguagem religiosa, quer dizer, em geral, usando linguagem simbólica.) Estes mitos são as crenças — encontradas nas escrituras sagradas e nas tradições orais da maioria das culturas religiosas — de que o mundo, parte do mundo, e/ou os seres vivos são produtos de um ou mais atos criativos de um ou mais seres transcendentais. Os grandes exemplos monoteístas são as versões da criação na *Tanakh*, a bíblia hebraica e seu desdobramento cristão (Gênesis 1 e 2) e no *Alcorão*, a escritura sagrada islâmica (por ex., 6, 96-100; 10, 3-6; 13, 3; 31, 10; 57, 2-6; e 71, 15-20). Outros exemplos são os mitos de criação de várias culturas indígenas: por exemplo, o mito Iorubá de Olurun (Olurun teria enviado Obatala do céu para criar do caos a terra), o mito japonês dos deuses Izanagi e Izanami (que teriam mexido no oceano com uma lança para fazer uma pequena ilha de sal coagulado) e os vários mitos dos mergulhadores de terra entre os povos indígenas norte-americanos.

As *teorias filosóficas da criação*, como os mitos, podem ser analisadas somente pelas características intelectuais. O filósofo Anthony Kenny distingue sete teorias filosóficas da criação na filosofia ocidental (platônica, mosaica [hebraica], agostiniana, aviceniana, tomística, escotista [de Duns Scoto] e cartesiana).[1] Outras são possíveis. Estas sete teorias filosóficas da criação se diferenciam pelas respostas a seis perguntas oriundas de uma análise do *Timeu* de Platão: (1) Qual é a natureza do criador?; (2) O que, se algo, havia antes da atividade do criador?; (3) O que, se algo, foi o pré-projeto para a criação?; (4) Quais entidades foram criadas?; (5) Por que motivo o criador criou?; e (6) E quando foi que a criação se realizou? Estas perguntas poderiam servir como base para uma análise bem ampla de criacionismos.

Em terceiro lugar, chamamos atenção para a ideia de *doutrina da criação*. Trata-se da abordagem mais específica entre as aqui mencionadas e leva em conta não somente as crenças em si, mas sua institucionalização como versões oficiais. Quando falamos em doutrinas da criação, tratamos não somente de crenças, mas de crenças enraizadas em um contexto social específico, por exemplo, em certa Igreja ou denominação cristã. Desta perspectiva, enquanto a história da criação na Bíblia, em si, seria um mito da criação, as interpretações deste mito nas várias Igrejas cristãs seriam doutrinas da criação.[2] Nesse ponto começamos a perceber a importância de outras dimensões além das características intelectuais, como a redação, a pedagogia, a distinção entre ortodoxia e heterodoxia e a distinção entre a teologia das elites e as crenças populares. Desta perspectiva, uma doutrina da criação seria um mito ou uma filosofia da criação enraizada em um contexto institucional específico, como, por exemplo, a teologia de uma determinada Igreja cristã.

Muitas vezes, o termo "criacionismo" é usado como sinônimo de "doutrina cristã da criação", mas essa não é uma definição precisa, por dois motivos. O primeiro

---

1 KENNY, Seven concepts of creation.

2 Devemos notar, mais uma vez, que a categorização da história bíblica da criação como "mito" não nega nem afirma sua veracidade; tal classificação simplesmente salienta que esta tentativa de contar uma verdade lança mão de linguagem religiosa. A crença de certos grupos cristãos de que a linguagem da criação bíblica seja literal ou científica explica, por outro lado, os motivos que nos levam a utilizar a categoria de "doutrina da criação" ou de "criacionismo", e não de "mito".

O criacionismo

deles é o fato de que, embora a maioria das definições de criacionismo afirme seu caráter fundamentalmente cristão,[3] há de se reconhecer que este fenômeno vai além do contexto teológico cristão; afinal, existem, por exemplo, criacionismos islâmicos e hindus. Assim, necessitamos de uma abordagem mais abrangente do que a base bíblica, porém mais específica do que a crença na criação por seres transcendentes. O segundo motivo advém do fato de que necessitamos também de um conceito de "criacionismo" que leve em conta o papel central das tensões entre o termo e a teoria darwiniana da evolução.

O "ismo" do criacionismo sinaliza não somente uma afirmação positiva — certa doutrina da criação é a única verdadeira — mas também uma afirmação negativa — outras crenças são falsas e perigosas. Vemos assim que o criacionismo é um fenômeno "fundamentalista". Usamos este termo aqui sem nenhuma dimensão negativa e simplesmente para salientar o fato de o criacionismo ser essencialmente um fenômeno moderno. Dentro das ciências da religião (a disciplina acadêmica que estuda as várias religiões de maneira comparativa) o *fundamentalismo* se define em duas vertentes: a afirmação de certas crenças "tradicionais" como "fundamentos" da religião e a negação de certas tendências "modernas", vistas como ameaças a estes fundamentos. Isto não quer dizer que o fundamentalismo seja uma espécie de atavismo pré-moderno, uma resistência anacrônica a todas as novidades.[4] Ao resistirem a certos aspectos da modernidade, os fenômenos fundamentalistas abraçam outros: são eles mesmos fenômenos altamente modernos. (Assim, o criacionismo não consiste na sobrevivência de crenças pré-modernas: é um fenômeno moderno que se posiciona contra outros fenômenos modernos). Também notamos que o fundamentalismo tem uma dimensão institucional: é uma espécie de movimento social orientado por estas ideias, um "tradicionalismo mobilizado e radicalizado".[5] No caso do criacionismo cristão cujo fundamento é a Bíblia (e para católicos, o magistério), a teoria da evolução é a grande ameaça, e estas ideias servem para unificar certos grupos.

Em geral, o criacionismo se posiciona não contra a ciência, mas contra o *cientificismo*. "Cientificismo" sinaliza, primordialmente, uma lealdade intelectual à filosofia do "materialismo científico", tendência que Alfred North Whitehead, por exemplo, separou nitidamente da ciência propriamente dita.[6] Esta perspectiva ideológica afirma que não existe uma substância ou dimensão espiritual e que a ciência é a única maneira verdadeira de entender e explicar este universo estritamente material. Junto com posições relacionadas — por exemplo, o naturalismo científico, o materialismo evolucionário ou o secularismo científico — esta posição se choca facilmente com

---

3   ENGLER, *Tipos de criacionismos cristãos*, pp. 84-87.

4   SHUPE, Religious fundamentalism, pp. 478-490.

5   RIESEBRODT, *Pious Passion*, p. 16.

6   WHITEHEAD, *Science and the modern world*, pp. 51-57.

certas crenças religiosas. Podemos distinguir vários tipos ou dimensões do cientificismo: epistemológico (afirma que não existe conhecimento atual ou potencial que não seja científico ou reduzível ao conhecimento científico); ontológico (afirma que não existe nada que não seja acessível à ciência); moral (afirma que a ética pode ser reduzida à ciência); existencial (afirma que a ciência pode explicar e tomar o lugar da religião) e político (afirma que a ciência pode ser a chave do desenvolvimento social, político e econômico; é o tipo de cientificismo presente, por exemplo, na ideologia maoista).

O inimigo do criacionismo, portanto, é o cientificismo, muito mais do que a ciência. Em termos estritos, a *ciência* trabalha com ideias materialistas sem afirmar ou negar a existência de uma realidade espiritual. O *cientificismo*, por sua vez, ultrapassa a ciência ao afirmar a proposição filosófica do materialismo, negando a existência de uma realidade espiritual, negação essa que não pode ser provada pelo método científico. A ciência se dedica a estudar seus objetos a partir de seus métodos; o cientificismo insiste em aplicar esses métodos a objetos que não são seus: "O cientificismo é a tese de que o caminho científico é a melhor abordagem possível aos problemas cognitivos de todos os tipos em todos os campos. Ele [...] defende que o método científico seja aplicável para além de todos os limites disciplinares".[7] Hoje em dia, é até comum ouvirmos a afirmação de que a ciência é uma religião moderna, mas, de fato, é o cientificismo que tem as características de fé: esta "teocracia do cientificismo" ou "teologia do secularismo" tem um grande impacto popular, baseado principalmente nos êxitos da tecnologia.[8] Em geral, o que temos no caso das tensões entre o criacionismo e o evolucionismo é um conflito não entre ciência e religião, mas entre cientificismo e tendências religiosas.[9] Quando a própria teoria da evolução adota uma postura de materialismo exclusivo e se posiciona como uma cosmovisão que pretende abranger tudo, mesmo aquilo que está além da evidência científica atual, e quando aplica as ideias evolucionistas para além da ciência (por exemplo, nas esferas sociais e políticas) podemos falar em *evolucionismo*. E, nesse sentido, devemos distinguir nitidamente entre a teoria científica da evolução e o evolucionismo: a primeira tenta explicar certos fenômenos empíricos sem utilizar de ideias religiosas e sem, ao mesmo tempo, negá-las; o segundo adiciona esta negação ideológica. A falta de reconhecimento desta distinção tanto entre proponentes da evolução quanto entre proponentes do criacionismo é uma grande fonte de tensões entre estas posições.

---

7   "*Scientism is the thesis that the scientific approach is the best of all approaches to cognitive problems of all kinds in all fields. It [...] holds that the scientific method is applicable across all the disciplinary barriers*" (BUNGE, Sociology, epistemology of, pp. 14.572).

8   ROY, Scientism and technology as religions, pp. 836, 842.

9   HAUGHT, Science and scientism; PETERS, Science and religion.

O criacionismo

Levando em conta essas considerações introdutórias, podemos, então, sugerir a seguinte definição de criacionismo: *trata-se de uma doutrina da criação divina que se posiciona contra a teoria da evolução ou, mais frequentemente, contra o evolucionismo*. Salientamos assim as duas vertentes que enquadram o criacionismo, em termos gerais, dentro dos fenômenos fundamentalistas: o criacionismo afirma uma doutrina da criação e nega uma determinada crença moderna — o evolucionismo e não, necessariamente, a teoria científica da evolução —, como uma ameaça. Para entender melhor esta perspectiva sobre o criacionismo, é necessário, porém, distinguir os vários criacionismos existentes e colocá-los em seu contexto histórico respectivo.

2. Tipos de criacionismo cristão

Existem vários tipos de criacionismo cristão[10] que podem ser agrupados de diversas formas. Uma delas seria a partir das respostas que fornecem para as quatro perguntas a seguir:

1. Qual é o modo de leitura bíblica?

    a. A Bíblia deve ser lida literalmente.

    b. A Bíblia deve ser lida figurativamente.

2. Qual foi o período da atividade criativa divina?

    a. Deus criou o mundo em um único período curto que se situa no início dos tempos.

    b. Deus criou o mundo em um único período curto que se situa depois do início dos tempos, mas ainda na Antiguidade.

    c. Deus criou o mundo durante um período mais extenso que se situa na Antiguidade.

    d. Deus vem criando o mundo desde o início dos tempos até hoje.

3. Qual é o modo de atividade divina?

    a. Deus cria em momentos distintos e por milagres.

    b. Deus cria uniformemente durante a história, por exemplo, através das leis naturais que Ele estabeleceu.

4. Qual é a idade da Terra?

    a. A Terra é jovem e tem, geralmente, entre 6 e 7 mil anos.

    b. A Terra é antiga e tem até bilhões de anos.

---

10   ENGLER, Tipos de criacionismos cristãos.

Entre os criacionismos cristãos que leem a Bíblia literalmente, há dois grupos distintos: o *criacionismo da Terra jovem* e o *criacionismo do intervalo*. O *criacionismo da Terra jovem* defende a tese de que a criação tenha ocorrido durante um período de seis dias de 24 horas há, no máximo, 10 mil anos. Esta data recente baseia-se principalmente no cálculo das gerações desde Adão, a partir do que está dito em Gênesis 5. Teófilo de Antioquia (século II EC) estabeleceu uma data ao redor de 5529 AEC; o bispo anglicano James Ussher (1581-1656) estabeleceu a famosa data de 23 de outubro de 4004 AEC.[11] O *criacionismo do intervalo* afirma que houve uma ou mais criações antes dos sete dias mosaicos. Baseiam sua afirmação no fato de que Gênesis 1,1-3 pode ser interpretado de diversas maneiras, mesmo que os versículos sejam lidos literalmente: "No princípio criou Deus os céus e a terra. A terra era sem forma e vazia; e havia trevas sobre a face do abismo, mas o Espírito de Deus pairava sobre a face das águas. Disse Deus: haja luz. E houve luz".[12]

Os criacionistas da Terra jovem veem a criação dos céus, da terra e da luz como parte do primeiro dia da criação. Os criacionistas do intervalo afirmam que há um intervalo implícito no texto, isto é, que houve um intervalo indeterminado entre o "princípio" quando "criou Deus os céus e a terra" e o primeiro dia quando "Disse Deus: haja luz". O primeiro ato de criação pode ter ocorrido há bilhões de anos e o segundo pode ser bem mais recente. Entre os criacionistas do intervalo podemos distinguir os que afirmam a "teoria da destruição e da restauração", segundo a qual Deus criou o mundo "no princípio" e depois o destruiu (resultando nos fósseis, com sua idade de milhões ou bilhões de anos) e, mais tarde, criou (em seis dias literais) as formas de vida que existem hoje.

O *criacionismo científico* é um tipo de criacionismo da Terra jovem que se autoavalia como uma visão propriamente "científica". Este é o tipo de criacionismo cristão que, recentemente, tem protagonizado conflitos dramáticos com a teoria da evolução nas escolas e nos tribunais dos Estados Unidos da América. Seus defensores acreditam que o relato bíblico seja a verdade literal e que, portanto, sirva para explicar, de maneira estritamente científica, os fenômenos estudados por geólogos e paleontólogos. Por exemplo, o grande Dilúvio descrito no Gênesis explicaria, entre muitas outras coisas, a presença de fósseis de espécies extintas em camadas geológicas distintas.[13]

Outros criacionismos cristãos leem a Bíblia menos literalmente. O *criacionismo do dia-era* afirma que ocorreram numerosos atos criativos (do universo, da Terra e

---

11   Lembremos que se torna normativo evitar AC (antes de Cristo) e DC (depois de Cristo) por serem termos puramente cristãos e, portanto, excludentes das outras culturas religiosas que usam o mesmo calendário. Usamos aqui os termos novos AEC (antes da Era Comum) e EC (Era Comum). [NE: A normatização ainda não ocorreu no Brasil].

12   Tradução de João Ferreira de Almeida, atualizada.

13   MORRIS, *A Bíblia e a ciência moderna*; cf. NUMBERS; STENHOUSE (orgs.), *The creationists*, pp. 217-238.

O criacionismo

dos seres vivos), durante longos períodos de tempo. Segundo esta posição, os "dias" da criação em Gênesis 1 corresponderiam, cada um, a uma longa era na história geológica e biológica da Terra. Por exemplo, o geólogo canadense Sir J. William Dawson — um dos mais importantes cientistas a rejeitar a teoria de Darwin, no final do século XIX — alinhava os seis dias da criação com uma série de eventos astrofísicos e de períodos geológicos.[14]

O *criacionismo especial* aceita os resultados científicos quanto à geologia e à cosmologia, mas rejeita a biologia evolucionária. Ele limita a intervenção milagrosa de Deus à criação da vida, afirmando que as várias espécies foram criadas por Deus, cada uma por um ato criativo distinto. Este criacionismo concorda que as espécies vêm aparecendo cada uma na sua época diferente, durante os bilhões de anos da história da Terra, conforme demonstra o registro paleontológico. Porém, ele nega o mecanismo proposto pela teoria da evolução para a origem das espécies e afirma que todas elas são, na verdade, resultado direto de atos de Deus e não da seleção natural e sexual.

A posição oficial da Igreja Católica Apostólica Romana, a que podemos chamar de *criacionismo antropocêntrico*, vê a intervenção de Deus de maneira ainda mais limitada. Este criacionismo aceita as teorias geológicas quanto à formação da Terra e as teorias biológicas quanto à evolução de todas as espécies não humanas e até quanto à evolução do próprio corpo humano. Insiste, porém, que Deus seja responsável direto pela alma humana. Em resumo, a teoria da evolução explica tudo, menos a alma, cujas bases estão nas leis naturais estabelecidas por Deus.

Já desde o começo do século XX, muitos cristãos passaram a adotar outra posição, o *evolucionismo teísta*. Essa posição aceita a teoria científica da evolução completamente, interpretando-a como um processo criado e dirigido por Deus. Ou seja, o evolucionismo teísta aceita *toda* a visão científica da evolução e *adiciona* uma ressalva religiosa: Deus estaria por trás da ciência. Segundo essa perspectiva, não existe conflito entre a doutrina cristã da criação e a teoria da evolução, pois a evolução pode ser vista como o próprio processo da criação. Como o nome desta posição indica, o evolucionismo teísta não é propriamente um tipo de criacionismo. Relembramos aqui nossa definição anterior de criacionismo e de suas vertentes: trata-se da afirmação de certas crenças religiosas e da negação do evolucionismo, considerado uma ameaça. Todos os criacionismos discutidos aqui negam alguma parte da teoria da evolução, à exceção e ao contrário do evolucionismo teísta, que a aceita completamente, adicionando, porém crenças religiosas.

Os criacionismos mencionados formam, em termos gerais, um espectro entre o criacionismo da Terra jovem, que nega toda a teoria da evolução, e o criacionismo

---

14   DAWSON, *The origin of the world according to revelation and science*, pp. 343-359; cf. NUMBERS; STENHOUSE (orgs.), *The creationists*, pp. 21-23, 30, 69, 83.

antropocêntrico, que a aceita com exceção da evolução da alma humana. É importante notar que a posição de uma pessoa neste espectro não corresponde necessariamente à sua fé. O teólogo e cientista evolucionário canadense Denis Lamoureux é um ótimo exemplo disso. Lamoureux era cirurgião-dentista, ateu e evolucionista. Converteu-se ao cristianismo evangélico e se tornou criacionista da Terra jovem. Passou então a se posicionar academicamente contra Darwin, realizando dois mestrados em teologia em diferentes escolas evangélicas e completando um doutorado em teologia evangélica, cujo foco era uma análise das relações entre a religião e a ciência. Reconheceu, por fim, que não conseguiria abalar a teoria da evolução sem conhecer a ciência e passou, dessa forma a se dedicar a um doutorado em ciência evolucionária, focado na evolução dos dentes. Durante a elaboração dessa segunda tese, foi "convertido" pela evidência científica que apoia a teoria da evolução, mas não abandonou sua fé cristã. Atualmente, é professor de ciência e religião na Universidade de Alberta, Canadá, escreve livros como *Amo Jesus e aceito a evolução* e dá palestras durante as quais levanta a Bíblia em uma mão e um osso pré-histórico na outra.[15]

Um novo desenvolvimento importante é a elaboração da *Theory of Intelligent Design* (ID), a *Teoria do Plano Inteligente*. Esta argumenta que a "complexidade irredutível" de certas estruturas dos seres vivos evidencia sinais de um arquiteto ou criador. Defende também que a teoria neodarwiniana da evolução não conseguiria explicar tais estruturas complexas. Reconhecemos aqui as duas vertentes do criacionismo já citadas. O argumento é antigo no pensamento religioso e filosófico do Ocidente, mas o posicionamento desse criacionismo como estritamente científico é uma inovação da década de 1990.[16] Quanto à afirmação de um arquiteto, a ID evita falar explicitamente em Deus. Porém, um juiz federal nos EUA — em uma decisão de 2005 que rejeitou a imposição de ID no currículo dos colegiais no estado da Pensilvânia — concluiu que a ID é um tipo de criacionismo cristão: "Embora os proponentes do IDM [movimento do plano inteligente] sugiram às vezes que o arquiteto poderia ser um alienígena ou um biólogo que viaja pelo tempo, não propõem nenhuma alternativa séria a Deus como o desenhista".[17] Quanto à negação da teoria da evolução, os cientistas evolucionistas respondem que a teoria neodarwiniana consegue explicar a evolução de estruturas complexas. Por exemplo, o avanço do conhecimento científico já abalou o modelo central da "complexidade irredutível"

---

15 LAMOUREUX, *I love Jesus and I accept evolution*.

16 "*Although proponents of IDM occasionally suggest that the designer could be a space alien or a time-travelling cell biologist, no serious alternative to God as a designer has been proposed by members of the IDM*". DEMBSKI, The Design Argument, pp. 71-72; BEHE, *A caixa preta de Darwin*; JOHNSON, *Darwin on Trial*; DEMBSKI, Intelligent Design, pp. 4.515-4.518.

17 AYALA, *Darwin and Intelligent Design*, pp. 71-72.

O criacionismo

da ID, o flagelo do paramécio (um tipo de motor rotatório que produz o movimento deste organismo microscópico).[18]

A ciência não prova que não exista um arquiteto do universo. Afirmar isso seria cientificismo e não ciência. Assim, o *status* atual da ID é ambíguo: se for considerada ciência, é uma teoria rejeitada pela maioria dos cientistas com bases nas evidências atuais; se for religião, é criacionismo. E, da mesma forma que com o criacionismo, as ideias da ID representam uma modernização importante de antigas ideias filosóficas da criação.

3. Uma breve história do criacionismo cristão

O criacionismo não consiste na sobrevivência de uma cosmovisão pré-científica; ao contrário, trata-se de um fenômeno moderno, ligado primariamente aos Adventistas e ao fundamentalismo cristão norte-americano. Portanto, é importante colocar esse fenômeno cristão moderno em seu contexto histórico. Existe uma percepção comum, porém falsa, de que a teologia cristã teria lutado contra o darwinismo desde o lançamento deste último em meados do século XIX. Na verdade, esse conflito se estabeleceu efetivamente apenas a partir da segunda década do século XX, com o desenvolvimento do fundamentalismo protestante.

Em termos gerais, não existe e nunca existiu uma "guerra" entre a ciência e a religião. Existiram e existem, sim, vários momentos e pontos de tensão entre certas tendências religiosas e outras científicas, mas é essencial enquadrar esses assuntos em seus contextos específicos. A visão de um conflito eterno e necessário entre a ciência e a religião parece ser uma particularidade estadunidense: "O modelo de conflito é tão persistente na cultura americana que continua mesmo quando a evidência contra ele é clara".[19] A perspectiva da guerra entre a religião e a ciência entrou em vigor no final do século XIX, com as influentes obras dos americanos John William Draper (1811-1882) (*História do conflito entre a religião e a ciência* [1874])[20] e Andrew Dickson White (1832-1918) (*A guerra da ciência* [1876] e *História da guerra entre a ciência e a teologia no cristianismo* [1896]).[21] Estes livros foram publicados logo após a sexta e definitiva edição (1872) do livro seminal de Charles Darwin, *A origem das espécies*. Porém, apesar das aparências, o evolucionismo não era o motivo desta perspectiva bélica sobre as relações entre a religião e a ciência: a "tese Draper-White" fala muito em Galileu e pouco em Darwin; centra-se em uma tensão inevitável entre ciência

---

18   MILLER, The Flagellum Unspun, pp. 81-97.

19   *"The conflict model is so persistent in American culture that it does not give way even when the evidence is right before one's eyes"* (PETERSON, Going public, p. 20).

20   *History of the conflict between religion and science* [1874]

21   *The warfare of science* [1876] e *A history of the warfare of science with theology in christendom* [1896].

239

e Igreja Católica e corresponde a uma época em que esta instituição encontrava-se marcada pelo anti-intelectualismo e pela então recente afirmação da doutrina da infalibilidade pontifical. Estes autores defendiam, portanto, o protestantismo, que acreditavam ser, por natureza, mais aberto à ciência: afirmação irônica, tendo em vista as batalhas que seriam travadas poucas décadas depois entre a teologia protestante e a teoria darwiniana.

Desde a década de 1970, a metáfora do conflito (ou da guerra) entre religião e ciência vem sendo menos utilizada pelos historiadores da ciência e pelos cientistas da religião: "Estudos históricos sérios revelam a tese de conflito como, na melhor das hipóteses, uma simplificação excessiva e, na pior, um engano".[22] Estes estudos revelam que uma relação de conflito entre religião e ciência nunca foi necessária e nem tem sido predominante. A verdadeira relação é marcada por maiores nuances: "O conhecimento sério da história da ciência revelou uma relação tão extraordinariamente rica e complexa entre ciência e religião no passado que as teses gerais dificilmente se sustentam. A verdadeira lição provou-se ser a complexidade".[23]

No caso do criacionismo, esta complexidade começa antes da publicação do livro do Charles Darwin (1809-1882), *A origem das espécies*.[24] Na cultura intelectual europeia, ideias sobre a transformação das espécies vinham sendo discutidas desde o começo do século XVIII, por exemplo, por Marchant, Buffon, Maillet e outros intelectuais franceses.[25] O século XIX, por sua vez, foi marcado por uma série de especulações sobre a evolução. Entre outros, Erasmus Darwin (1731-1802), avô do Charles, propôs o progresso evolutivo desde os micro-organismos até a sociedade civilizada; Jean-Baptiste Lamarck (1744-1829) afirmou que as características dos organismos resultariam de dois processos naturais: uma força interna que leva à complexidade crescente e uma força ambiental de adaptação baseada no uso ou no desuso de cada uma destas características. A proliferação das especulações evolucionistas era tamanha que alguns teólogos celebraram a teoria de Darwin, por ter reduzido este caos intelectual. Com a sua ênfase central da lei da seleção natural, propôs uma lei tão simples e poderosa que, diziam os teólogos, somente poderia ser divina.

Obviamente, essa não foi a única recepção que a teoria de Darwin recebeu. Houve reações teológicas distintas à teoria da evolução nos diversos países já no século

---

22 "Serious historical scholarship has revealed the conflict thesis as, at best, an oversimplification and, at worse, a deception" (RUSSELL, The conflict of science and religion, p. 16; cf. NUMBERS; STENHOUSE (orgs.), *The creationists*.

23 "Serious scholarship in the history of science has revealed so extraordinarily rich and complex a relationship between science and religion in the past that general theses are difficult to sustain. The real lesson turns out to be the complexity" (BROOKE, *Science and religion*, p. 5).

24 *The origin of species by means of natural selection ou The preservation of favoured races in the struggle for life* [1. ed. 1859].

25 ROSTAND, Les précurseurs français de Charles Darwin.

O criacionismo

XIX. Historiadores salientam a importância dos fatores locais na recepção dessas ideias, inclusive no Brasil.[26] É importante notar que a reação mais comum, entre os cientistas e o público educado, foi a de aceitação. Mesmo entre os teólogos, tanto católicos quanto protestantes, houve grande aceitação destas ideias evolucionistas: já em 1880 o editor de um periódico religioso americano escreveu que "talvez um quarto, ou até metade dos pastores educados das preeminentes denominações evangélicas [...] [acreditem] que a história da criação e da queda do homem contada no Gênesis seja tanto um registro de eventos reais quanto a parábola do filho pródigo".[27]

O caminho da Igreja Católica em direção ao criacionismo antropocêntrico se projeta ao longo do século XX. Em 1909, a Comissão Bíblica Papal, com a aprovação do Papa Pio X, insistiu na perspectiva bíblica sobre os seres humanos, deixando espaço para as teorias científicas, inclusive evolucionistas, desde que não ultrapassassem os limites estabelecidos pelo magistério. Essa posição foi esclarecida pelos Papas Pio XII em 1950, João Paulo II em 1996 e Bento XVI em 2007.[28] Um momento-chave no desenvolvimento da posição católica foi a reação de elementos conservadores dentro do Vaticano à publicação em 1918 do livro *O darwinismo do ponto de vista da ortodoxia católica*, do padre e geólogo belga Henry de Dorlodot.[29] A Comissão Bíblica Papal, interpretando sua decisão de 1909 da maneira mais conservadora, exigiu que Dorlodot retirasse publicamente sua tese central, isto é, a tese de que a teoria da evolução é verdadeira e que explica até mesmo o desenvolvimento do corpo humano (efetivamente o criacionismo antropocêntrico). Dorlodot recusou-se a cumprir a exigência e a Comissão enfrentou uma decisão difícil: rejeitar a teoria da evolução aberta e explicitamente (em face da ampla aceitação da teoria darwiniana entre os cientistas e grande parte dos católicos laicos), ou deixar passar em silêncio essa situação constrangedora. Ao escolher a segunda opção, a Igreja sinalizou o fim de um período de antimodernismo ativo e deixou aberta a porta para uma maior aproximação entre a teologia católica e a teoria da evolução.

Uma das denominações mais importantes no desenvolvimento do criacionismo foi (e ainda é) a Igreja Adventista do Sétimo Dia. Esta denominação (evangélica em termos gerais, porém com algumas crenças distintas) surgiu em meados do século XIX e se tornou a maior de várias denominações adventistas que resultaram da fragmentação do movimento milenarista depois do "grande desapontamento" de 1844.

---

26   DURANT, *Darwinism and Divinity*; ROBERTS, *Darwinism and the Divine in America*; BROOKE, *Science and religion*, pp. 296-303; NUMBERS; STENHOUSE (orgs.), *Disseminating Darwinism*; DOMINGUES; SÁ; GLICK (orgs.), *A recepção do darwinismo no Brasil*.

27   "Perhaps a quarter, perhaps a half of the educated ministers in our leading Evangelical denominations" believed "that the story of the creation and fall of man, told in Genesis, is no more the record of actual occurrences than is the parable of the Prodigal Son" (NUMBERS; STENHOUSE [orgs.], *The Creationists*, p. 15).

28   HILBERT, Darwin's divisions, pp. 28-34.

29   DE BONT, Rome and theistic evolutionism, pp. 457-478.

Enfatizando a leitura literal da Bíblia (base para sua afirmação de que sábado seria o verdadeiro dia de repouso ordenado por Deus), Ellen White e outros fundadores afirmaram que o mundo teria sido criado em seis dias literais. Pesquisas nos EUA apontam para o fato de que os adventistas têm uma das mais altas porcentagens de crença no criacionismo literalista (geralmente da Terra jovem), ultrapassada somente pelos batistas conservadores, e de que esta crença é entendida mais consistentemente entre os adventistas.[30]

George McCready Price (1870-1963), um adventista canadense, foi uma das figuras mais importantes na história do criacionismo. Partindo da ideia de Ellen White de que o dilúvio bíblico teria sido uma catástrofe mundial responsável pela distribuição dos fósseis, Price elaborou a teoria da "geologia do dilúvio", em livros publicados a partir de 1906. Nesta perspectiva, o dilúvio de Gênesis 6–9 teria sido um evento histórico que matou a maioria dos organismos no mundo e que reorganizou, de maneira catastrófica, a superfície da terra. Portanto, este evento bíblico explicaria os mesmos dados geológicos e paleontológicos que informam a teoria da evolução. A geologia do dilúvio serviria, assim, como uma competidora do evolucionismo no próprio ramo científico.

O grande impulso do criacionismo foi o crescimento do *fundamentalismo protestante* nos EUA. A partir do século XIX, vários teólogos evangélicos norte-americanos enfatizaram a leitura literal da Bíblia e a ideia de que não pode existir nenhum erro no texto bíblico. Entre 1910 e 1915, os evangélicos A. C. Dixon e Reuben Archer Torrey organizaram uma série de 90 artigos publicados em 12 volumes: *Os fundamentos: uma testemunha à verdade.*[31] O nome "fundamentalista" tem a sua origem neste projeto de publicação. Com a meta de informar o trabalho pastoral de pastores evangélicos, a coletânea defendeu crenças protestantes ortodoxas e atacou uma variedade de movimentos e tendências, a maioria explicitamente modernas: a crítica literária e histórica da Bíblia, a teologia liberal, o Catolicismo, o Socialismo, o ateísmo, a Ciência Cristã, o Mormonismo, as Testemunhas do Jeová, o Espiritualismo, e (em vários artigos) o "darwinismo" e o "evolucionismo". Os teólogos fundamentalistas tinham vários problemas com o evolucionismo: sua ênfase no progresso, em contraste com a ênfase na degeneração associada ao conceito cristão de pecado; seu aparente materialismo exclusivo, em contraste com o dualismo espiritual do cristianismo; sua ênfase explicativa em populações, aparentemente desvalorizando o indivíduo; seu distanciamento da agência de Deus, da criação direta pelos milagres e aproximação

---

30 NUMBERS; STENHOUSE (orgs.), *The creationists*, pp. 330-331.

31 *The fundamentals;* a testimony to the truth. Reeditados por Baker Books (Ada, MI) em quatro volumes em 1993 e disponível, em parte, na Internet: http://www.xmission.com/~fidelis/index.php.

O criacionismo

da ideia de criação indireta, mediada pelas leis naturais; e sua negação da teleologia, isto é, da ideia de que toda mudança é orientada por uma meta predeterminada.[32]

Seguiu-se então um período de crescimento rápido da crítica fundamentalista à teoria da evolução. Esta foi a primeira das três grandes ondas do criacionismo nos EUA, cada uma delas marcada tanto pelo avanço do criacionismo nas escolas públicas quanto por um processo jurídico de nota que deteve este avanço. Em 1922, o estado do Tennessee passou o "ato Butler", que proibia o ensino da teoria da evolução em escolas públicas. Em 1925, o professor de ensino médio John Thomas Scopes (1901-1970) quebrou esta lei intencionalmente, contando com apoio legal e financeiro de anticriacionistas. O tribunal que o julgou culpado (impondo a multa mínima de US$100) tornou-se objeto de grande atenção da mídia internacional. Houve três resultados do "processo Scopes". O primeiro foi o estabelecimento na imprensa popular do fundamentalismo como motivo de piadas, visto como uma posição intelectual ignorante, rústica, anacrônica e retrógrada e contribuindo para que os evolucionistas acreditassem ter levado a vitória. O segundo resultado foi que os fundamentalistas, nada subjugados, focalizaram suas atividades nos âmbitos sob seu controle: Igrejas, publicações e escolas evangélicas. Estabeleceram assim uma base forte que iria apoiar o ressurgimento do criacionismo quatro décadas depois. Houve até avanços jurídicos: em 1928 o Arkansas proibiu o ensino da evolução. O terceiro resultado foi que os sistemas de ensino e as editoras, temerosos de novos escândalos, passaram a dar uma ênfase mínima à teoria da evolução até a era da Guerra Fria, que trouxe um renovado enfoque nas ciências na educação norte-americana.

Por fim, cabe lembrar que, em relação ao ponto-chave, os fundamentalistas saíram-se melhor: "Os evolucionistas dos anos 1920 acreditavam ter atingido uma grande vitória no processo Scopes. Mas, quanto ao ensino de biologia nos colégios, eles não ganharam; perderam. Não só perderam, mas nem sabiam que haviam perdido".[33]

A segunda grande onda do criacionismo norte-americano resultou do desenvolvimento do criacionismo científico nas décadas de 1960 e 1970 e da entrada deste nas salas de aula dos Estados Unidos, numa época de separação nítida entre Igreja e Estado. Em 1963, por exemplo, o Superior Tribunal de Justiça dos EUA julgou que a presença obrigatória de preces cristãs e de leituras da Bíblia nas escolas públicas era inconstitucional. O ato Butler foi revogado no Tennessee em 1967 e a lei do Arkansas foi julgada inconstitucional em 1968. Os criacionistas procuraram outro caminho

---

32 ARTEAGA, O darwinismo e o sagrado na segunda metade do século XIX; MAYR, Darwin's impact on modern thought.

33 "The evolutionists of the 1920's believed they had won a great victory in the Scopes trial. But as far as teaching biology in the high schools was concerned they had not won; they had lost. Not only did they lose, but they did not even know they had lost" (GRABINER; MILLER, Effects of the scopes trial, p. 836).

para defender suas ideias e encontraram-no no livro *O dilúvio do Gênesis*, escrito em 1961 por dois criacionistas da Terra jovem.[34]

Desenvolvendo as ideias do adventista George McCready Price, os autores, Henry M. Morris e John C. Whitcomb ajudaram a elaborar o *criacionismo científico* durante a década de 1960. Sob a bandeira desta "ciência alternativa", o movimento criacionista conseguiu que o criacionismo científico fosse ensinado ao lado da teoria da evolução nas escolas do Arkansas, da Louisiana e de vários distritos escolares de outros estados.[35] Em 1981, um juiz distrital julgou o criacionismo científico "inescapavelmente" religioso e ligado ao fundamentalismo protestante, e sua afirmação como ciência alternativa "um dualismo artificial sem base científica nos fatos e sem objetivo educativo legítimo".[36] Esta decisão e a de *Edwards v. Aguillard* (do STJ americano em 1987) retardaram o avanço do criacionismo científico.[37]

A terceira grande onda do criacionismo norte-americano resultou do desenvolvimento da teoria do plano inteligente (ID) na década de 1990 e de sua entrada nas salas de aula, mais uma vez a partir da afirmação de que se trataria de uma teoria científica comparável à teoria da evolução. Um juiz distrital julgou, em 2005, que "a esmagadora quantidade de evidências apresentada durante o julgamento estabeleceu que o ID é uma perspectiva religiosa, o criacionismo com novo rótulo, e não uma teoria científica".[38] Como acontecera com o criacionismo científico vinte anos antes, o avanço deste novo criacionismo foi parado pelos tribunais estadunidenses.

É importante notar que definições filosóficas de "ciência" tiveram um papel central nos processos mais significativos neste vaivém jurídico entre criacionistas e evolucionistas. Em *McLean* (1981), o filósofo Michael Ruse teve grande influência na decisão do juiz ao afirmar que ciência se caracteriza pela falsificação (a possibilidade de que qualquer hipótese pode se provar errada quando confrontada com evidências). Desse ponto de vista, o criacionismo científico, que não admite que suas premissas bíblicas sejam falsificadas, não seria ciência. Na verdade, esta visão de ciência fora considerada indefensável mais de vinte anos antes deste processo, o que levou muitos observadores do processo, inclusive anticriacionistas, a criticarem o fato da decisão não ter se embasado em perspectivas mais atualizadas dos especialistas em ciência. Em *Kitzmiller* (2005), novamente a decisão do juiz foi tomada a partir de

---

34 MORRIS; WHITCOMB, *The Genesis flood*.

35 NUMBERS; STENHOUSE (orgs.), *The creationists*, pp. 270-279.

36 *"A contrived dualism which has not scientific factual basis or legitimate educational purpose"*. McLean v. Arkansas Board of Education, 529 F. Sup. 1255, 1258-1264 (ED Ark. 1982). <http://www.talkorigins.org/faqs/mclean-v-arkansas.html>.

37 Edwards v. Aguillard, 482 U.S. 578 (1987).

38 *"The overwhelming evidence at trial established that ID is a religious view, a mere re-labeling of creationism, and not a scientific theory"*. Kitzmiller, et al. v. Dover School District, et al. (400 F. Sup. 2d 707, Docket no. 4cv2688), p. 43. <http://www.pamd.uscourts.gov/kitzmiller/kitzmiller_342.pdf>.

O criacionismo

uma perspectiva conservadora da definição de ciência. Ele ignorou o argumento de um dos depoentes, o sociólogo da ciência Steve Fuller, que declarou ter a ID longa história como perspectiva científica, e que, portanto, se qualificaria para enfrentar o fogo das provas empíricas da ciência, não devendo ser sumariamente considerada "religião".

Aprendemos assim que os contextos políticos e jurídicos tiveram grande impacto na trajetória do criacionismo e que as discussões determinantes nestes contextos muitas vezes ignoraram importantes perspectivas intelectuais. Uma lição desta história é que a meta do presente livro — o esclarecimento das relações complexas entre a ciência e a teologia — pode ser de grande valor.

4. Criacionismo no Brasil

Um passo importante da popularização das ideias da evolução no Brasil foi uma série de preleções públicas realizadas no Rio de Janeiro, entre 1875 e 1880.[39] Essas ideias logo foram levadas pelas contraditórias correntes ideológicas do momento brasileiro de então: algumas vozes salientaram o fato de essas ideias serem científicas, modernas e originárias da Europa e, portanto, uma oportunidade para o Brasil participar das discussões mais recentes oriundas de fora; outras enfatizaram o tema do progresso; outras notaram paralelos ideológicos entre a unificação teórica na ciência e na política; outras traçaram as implicações eugênicas, com vantagens específicas para o serviço militar; e ainda outras, na imprensa católica — tocando em temas que o criacionismo protestante iria desenvolver mais tarde —, criticaram a aproximação dos humanos aos macacos e a apropriação do poder da criação que pertenceria somente a Deus. As ideias darwinianas também tiveram repercussões na vida intelectual do Brasil. Por exemplo, o intelectual sergipano Manoel Bomfim (1868-1932) se apropriou das ideias de Darwin para construir sua visão antirracista da fraternidade humana, uma visão da moralidade fundada na natureza e não no cálculo de interesses individuais.[40]

A história do criacionismo no Brasil está fortemente vinculada à Igreja Adventista do Sétimo Dia (IASD). A primeira obra brasileira que tratou do criacionismo foi publicada em 1919;[41] seu autor, Guilherme Stein Jr. (1871-1957), foi o primeiro adventista brasileiro, o primeiro professor de uma escola adventista no Brasil e o editor da primeira revista adventista no Brasil.[42] Os adventistas continuaram du-

---

39   CARULA, O darwinismo nas Conferências Populares da Glória.

40   UEMORI, Darwin por Manoel Bomfim; DOMINGUES; SÁ; GLICK (orgs.), *A recepção do darwinismo no Brasil*.

41   STEIN JR., *O sábado ou o repouso do sétimo dia*.

42   BORGES, *A chegado do adventismo ao Brasil*, pp. 84-87, 209-210.

245

rante o século XX a serem porta-vozes do criacionismo brasileiro: publicaram livros sobre o assunto; enfatizaram a educação científica dos professores de criacionismo em suas escolas (a partir da década de 1980); fundaram, em 1999, o Núcleo de Estudos das Origens (NEO) do Centro Universitário Adventista de São Paulo (UNASP) e convidaram importantes representantes estadunidenses a dar palestras no Brasil (incluindo vários adventistas do *Geoscience Research Institute* e os famosos Henry M. Morris e Duane Gish, do *Institute for Creation Research*).

Entre os criacionistas adventistas mais importantes do Brasil estão o jornalista Michelson Borges, os membros da NEO (incluindo a bióloga Marcia Oliveira de Paula e o físico Urias Echterhoff Takatohi) e, no segundo centro universitário adventista em Engenheiro Coelho, SP, o biólogo Roberto César de Azevedo, o arqueólogo e teólogo Rodrigo Pereira da Silva e o engenheiro e geólogo Nahor N. Souza Jr. O livro de Souza Jr., *Uma breve história da terra*, se destaca no mundo criacionista internacional por ser uma perspectiva unicamente complexa e cientificamente informada do criacionismo da Terra jovem.[43] Entre os criacionistas não adventistas, importantes vozes incluem os físicos Adauto José Lourenço e Eduardo F. Lütz.

Em 1972, o engenheiro, professor universitário e adventista Ruy Carlos de Camargo Vieira fundou a *Sociedade Criacionista Brasileira* (SCB) e a *Revista Criacionista*. Sob a direção admirável de Vieira (que adota o que poderíamos chamar de "ecumenismo criacionista") a SCB continua até hoje como a mais importante fonte de publicações e organizadora de eventos criacionistas no país, juntando uma grande variedade de perspectivas criacionistas nacionais e estrangeiras (por exemplo, da Terra jovem, Dia-era e ID).[44] A segunda organização criacionista mais importante do Brasil (porém pouco ativa nos últimos anos) é a *Associação Brasileira de Pesquisa da Criação* (ABPC), fundada em Belo Horizonte em 1979 por Christiano Pinto da Silva Neto. Existe um grupo de proponentes da ID com base em São Paulo, que tem Enézio E. de Almeida Filho como porta-voz.

5. Criacionismos não cristãos

A globalização do criacionismo tem duas faces. Primeiro, o criacionismo cristão, primariamente o criacionismo científico, cresce fora dos EUA. O criacionismo científico e o design inteligente têm uma presença nítida, se não forte, no Brasil, no México, na Rússia, no Canadá, na Austrália, na Nova Zelândia, na Europa, na África, e na Coreia do Sul.[45] Por exemplo, o crescimento do criacionismo científico no Reino

---

43 SOUZA JR., *Uma breve história da terra*.

44 Sociedade Criacionista Brasileira <http://www.scb.org.br/>.

45 NUMBERS; STENHOUSE (orgs.), *The creationists*, pp. 399-421; COLEMAN; CARLIN (orgs.), *The cultures of creationism*.

O criacionismo

Unido vem causando preocupações entre certas camadas intelectuais e religiosas: uma sondagem recente da BBC perguntou qual assunto deveria ser ensinado nas escolas públicas: 69% dos entrevistados responderam evolução; 44%, criacionismo e 41%, design inteligente;[46] cientistas estão preocupados e o arcebispo de Cantebury, Rowan Williams, líder da Igreja Anglicana, expressou publicamente sua oposição ao criacionismo. Em geral, este crescimento global do criacionismo cristão acontece entre os Adventistas, sua base tradicional, e entre novos pregadores do criacionismo científico, os fundamentalistas cristãos.

A segunda face da globalização do criacionismo é o surgimento de criacionismos não cristãos. Existem até agora poucas pesquisas sobre estes criacionismos. Porém, podemos salientar algumas características que servirão para comparar, em termos gerais, os criacionismos cristãos e os não cristãos.

O *criacionismo islâmico* está crescendo rapidamente, sobretudo na Turquia, onde o escritor influente Harun Yahya (provavelmente uma figura composta) tem produzido um número prodigioso de livros, filmes etc. sobre o assunto.[47] Numa sondagem recente sobre o apoio à teoria da evolução em trinta e quatro países, a Turquia ficou em último lugar e os EUA, em penúltimo.[48] Ha várias atitudes para com a relação entre ciência e religião no islamismo, mas o argumento fundamental é de que a revelação do Alcorão é a fonte mais perfeita e autêntica da verdade, inclusive do conhecimento científico.[49] Portanto, existem duas tendências distintas. Por um lado, alguns pensadores islâmicos aceitam a teoria da evolução com duas afirmações adicionais: os seres humanos foram criados — não evoluíram — e o resto da teoria da evolução já está no Alcorão, a fonte de todo conhecimento. Por outro lado e especialmente na Turquia, que mantém relações intelectuais e institucionais com o movimento do criacionismo científico cristão nos EUA, há um criacionismo científico islâmico muito mais ativo na crítica da teoria da evolução.

Existem várias semelhanças entre os criacionismos cristãos e os islâmicos. Primeiro — como os criacionismos cristãos — o criacionismo islâmico se fundamenta em uma escritura sagrada, o Alcorão, enfatizando sua leitura literal. As histórias da criação na Bíblia e no Alcorão têm vários pontos em comum: criação em seis dias; criação do primeiro homem, Adão, a partir do pó etc. Segundo, como faz o criacionismo científico cristão, o criacionismo islâmico nega a teoria da evolução, mas

---

46 RANDERSON, Four out of ten say science classes should include Intelligent Design; cf. NUMBERS, Mitos e verdades, neste volume, cap. VIII.

47 http://www.harunyahya.com/

48 HENEGHAN, Muslim creationism makes inroads in Turkey; cf. NUMBERS, Mitos e verdades, neste volume, cap. VIII.

49 SADAR, Science and Islam; HEDIN, Islam and science; EDIS, *An illusion of harmony*.

não a ciência. Ao contrário, ele se afirma mais científico do que a própria teoria da evolução:

> O Alcorão endossa o conceito básico da evolução. Além disso, os cientistas e o Alcorão concordam que o homem é o auge da criação, com a diferença de que a ciência considera o homem o ápice de um processo evolutivo [...]. Os cientistas tentaram desenvolver uma história coerente quanto à evolução do homem. Contudo, eles não conseguiram, por conta da natureza fragmentária das evidências que servem para suas formulações teóricas [...]. Ao contrário da perspectiva dos cientistas, os conceitos alcorânicos são claros e categóricos [...]. Os cientistas que são investigadores da verdade não devem hesitar em descartar uma teoria que é falaciosa e que não pode ser comprovada cientificamente.[50]

Terceiro, mais uma vez como o criacionismo científico cristão, os criacionismos islâmicos esforçam-se para criticar a teoria da evolução. Às vezes isso parece ser mais importante do que afirmar sua própria posição. Quarto, uma meta dos criacionistas, principalmente na Turquia, é que o criacionismo tome o lugar da teoria da evolução nas escolas públicas. Quinto, como os criacionistas científicos cristãos nos EUA, os islâmicos da Turquia estão focados no proselitismo fora do seu país.

Existem também diferenças entre os criacionismos cristãos e os islâmicos, além da escritura distinta. Em primeiro lugar, destaca-se o fato de que o encontro entre a teoria darwiniana e as crenças religiosas não foi tão dramático nas culturas islâmicas como nas culturas cristãs, por três motivos: a teoria evolucionária veio de fora; as instituições científicas não foram tão desenvolvidas; e existe a confiança de que não poderia existir conflito com o Alcorão, que se afirma inegavelmente verdadeiro. Em segundo lugar, há o fato de que, em contraste com o criacionismo científico cristão, que salienta o dilúvio bíblico como a parte científica da Bíblia, o criacionismo islâmico interpreta uma grande variedade de textos do Alcorão como científicos (evolução dos animais [não dos humanos] no mar, embriologia, anatomia, geomorfologia, cosmologia etc.). Em terceiro lugar, ao menos na Turquia, o criacionismo islâmico é ainda mais politizado do que o criacionismo científico cristão nos EUA: darwinistas são perseguidos; o criacionismo faz parte da plataforma política de um dos partidos mais influentes e supostamente considera-se a causa do terrorismo o ateísmo, fruto da crença na teoria darwiniana.[51]

---

50 *"The Qur'ān endorses the basic concept of evolution. Further the scientists and the Qur'ān agree that man is the climax of creation, with the difference that the former treats man to be at the apex of an evolutionary process [...]. The scientists have attempted to develop a coherent story regarding the evolution of man. They have, however, failed to do so because of the fragmentary nature of evidence underlying their theoretical formulations [...]. In contrast to the standpoint of the scientists the Qur'ānic concepts are clear and categorical [...]. The scientists who are seekers after truth should not hesitate to discard a theory which is fallacious and cannot be scientifically sustained"* (ALAM, Evolution of man, pp. 59, 63, 73).

51 KOENIG, Creationism takes root where Europe, Asia meet; HENEGHAN, Muslim creationism makes inroads in Turkey.

O criacionismo

Outro acontecimento recente é o surgimento do *criacionismo hindu*, védico, ou avatárico,[52] cujo início data do século XIX e que afirma a prioridade e cientificidade do sistema védico, surgido parcialmente em reação à presença cristã dos colonizadores.[53] Este criacionismo não cristão se fundamenta nas escrituras sagradas hindus, primariamente os *Vedas*, enfatizando frequentemente sua leitura literal. Tratam-se dos textos religiosos mais antigos do hinduísmo, oriundos de tradições orais que datam de algum momento entre 1500 e 1000 AEC e que chegaram às suas formas escritas conhecidas por volta de 200 AEC. Outros textos sagrados também importantes e que são algumas vezes lidos literalmente na tradição pelos hindus são a *Bhagavat Purana*, a *Bhagavad Gita*, e os dois épicos, a *Mahabharata* e a *Ramayana*.

O criacionismo hindu, na verdade, não teve muito impacto na Índia. A interpretação védica (ou apropriação fundamentalista) da física é de muito maior importância.[54] Nos EUA, o criacionismo hindu é citado pelo movimento cristão do plano inteligente como um aliado, mesmo que os dois criacionismos estejam consideravelmente distantes em suas crenças básicas: o termo "criacionismo de krishna" refere-se, portanto, mais especificamente à convergência tática entre o criacionismo védico e a teoria cristã do plano inteligente promovida pelo movimento *Hare Krisha* nos EUA.

A versão mais importante do criacionismo hindu atual vem de dentro desse movimento[55] e teve seu início com A. C. Bhaktivedanta Swami Prabhupada (1896-1977), que fundou em 1966 a *Sociedade Internacional de Consciência Krishna* (ISKCON). Ele criticava a teoria da evolução e pregava uma mensagem criacionista. Não está claro se ele afirmava um ato único da criação divina ou uma série de tais atos, mas sabemos que entre seus seguidores estão os autores que mais disseminam essa vertente do criacionismo.

As semelhanças mais importantes entre os criacionismos cristãos e hindus são as mesmas que apontamos para os criacionismos cristãos e islâmicos. Primeiro, o criacionismo hindu se fundamenta em escrituras sagradas. Segundo, como fazem o criacionismo científico cristão e o criacionismo islâmico, o criacionismo hindu nega a teoria da evolução, mas não a ciência: ele afirma ser científico e a teoria da evolução, religiosa.[56] Terceiro, também como os criacionismos científicos cristão e islâmico, o criacionismo védico ataca diretamente a teoria da evolução.

---

52 BROWN, Hindu and Christian creationism; WODAK; OLDROYD, "Vedic creationism".

53 KILLINGLEY, *Yoga-Sutra* IV, 2-3 and Vivekananda's interpretation of evolution; BROWN, Three historical probes. Brown aponta a possibilidade de que Madame Blavatsky tenha influenciado o pensamento de Keshub Chunder Sen, o primeiro pensador hindu a publicar uma teoria do criacionismo avatárico em 1882 (BROWN, Three historical probes, pp. 436-440).

54 NANDA, O quanto somos modernos?

55 THOMPSON, *Mechanistic and nonmechanistic science*; CREMO, *Human devolution*; CREMO; THOMPSON, *Forbidden archeology*.

56 BROWN, Hindu and Christian creationism, pp. 104-105; NANDA, *Prophets facing backwards*, pp. 71,

As diferenças entre os criacionismos cristãos e hindus, além das escrituras distintas, são mais marcantes do que aquelas entre os criacionismos cristãos e islâmicos. Primeiro, o criacionismo hindu afirma uma idade muito mais antiga para a espécie humana, às vezes centenas de milhões de anos, às vezes bilhões ou até trilhões de anos. O contraste com o criacionismo cristão do tipo "Terra jovem" é marcante: os dois criticam a teoria da evolução como não científica, mas enquanto um conclui que a Terra tem no máximo 10 mil anos, o outro coloca essa origem há bilhões de anos. Segundo, o criacionismo hindu afirma a criação cíclica: depois de um ciclo de muitos bilhões de anos, o cosmo é destruído e recriado. Terceiro, todas as espécies de seres vivos são vistos como manifestações do *atman*, a consciência pura que passa por transmigrações sem fim durante os ciclos longos do universo. Quarto, qualquer aparecimento de espécies novas é interpretado como uma manifestação de uma força básica espiritual e não material: a mudança do *atman* preso nas formas materiais se torna mais pura devido a efeitos cármicos. Quinto, este criacionismo não só nega a evolução (a descendência dos organismos mais complexos dos mais simples) como a inverte. A crença nos seres vivos como manifestações do *atman* é vista como a "devolução".[57]

Existem outros criacionismos não cristãos. O *judaísmo ortodoxo* rejeita a teoria da evolução por ser inconsistente com a leitura rabínica da história da criação. Uma pesquisa realizada entre judeus ortodoxos estudantes de uma faculdade pública de Nova York revelou que 94% deles rejeitam a teoria da evolução e que 73% acreditam que a Terra tem uma idade de mais ou menos 7 mil anos.[58] Na ortodoxia judaica "centrista", muitos aceitam elementos da teoria da evolução, como parte da consonância entre *Torah u-Madda* (entre as escrituras religiosas e o conhecimento secular). Os judeus conservadores e reformistas geralmente aceitam a teoria da evolução. Existem também movimentos criacionistas entre vários *povos indígenas* que servem para afirmar a ligação antiga entre estes povos e seus territórios, um fenômeno a que Numbers chama de "criacionismo de identidade".[59]

Aprendemos três lições destes criacionismos não cristãos. Primeiro, os criacionismos, tanto os cristãos quanto os não cristãos, não só afirmam suas doutrinas de criação como também resistem ao evolucionismo, que consideram como ameaça aos seus fundamentos religiosos. A teoria da evolução é vista como uma força que corrói a religião. Por exemplo, do ponto de vista do antievolucionismo islâmico, Victor Danner afirma que "o evolucionismo é a ideologia mais poderosa na moderna

---

119-121.

57 Podemos comparar esta afirmação às ideias antievolucionistas da adventista Ellen White, que explicou a proliferação das espécies desde a época edênica pela influência degenerativa de Satanás.

58 NUSSBAUM, Orthodox Jews and science.

59 NUMBERS; STENHOUSE (orgs.), *The creationists*, p. 430.

O criacionismo

civilização secular Ocidental. Ele surgiu no Ocidente há mais de um século e se estendeu primeiro por lá, gradualmente reduzindo a cultura cristã do Ocidente até que ela se tornasse uma influência residual".[60] Segundo, a leitura da Bíblia cristã não define o "criacionismo". Por mais que sejam importantes e perceptivos, comentários como o seguinte são provincianos: "A controvérsia entre criacionismo e teoria da evolução é fundamentalmente um conflito sobre o *status* da Bíblia no mundo moderno".[61] Terceiro, o criacionismo tem uma dimensão política. Ele delimita discussões fundamentais sobre as fontes de autoridade no mundo, potencialmente evocando tensões entre cosmovisões, denominações, religiões e culturas. Entretanto, cabe lembrar que, como vimos, estas tensões não são sintomas de um antigo conflito entre religião e ciência, mas de disputas altamente modernas e ideológicas entre certas tendências religiosas (tradicionais, conservadores e fundamentalistas) e cientificismo.

6. Conclusão

Terminamos este olhar rápido sobre o criacionismo com uma colocação importante: o fato de reconhecermos um sistema de crenças como criacionista não nega — nem tampouco afirma — que ele seja verdadeiro. O conceito de "criacionismo" aponta para um encontro entre fé e mundo empírico. Se a fé fosse sujeita à prova científica, não seria fé. Se a ciência se apoiasse na fé, não seria ciência. Mas isso ainda deixa espaço na vida e nos sistemas intelectuais para ambas estas pistas da verdade. Devemos lembrar que a maioria dos criacionismos discutidos aceita ao menos uma parte da teoria da evolução. Também devemos lembrar que — deixando o cientificismo de lado — nenhuma teoria propriamente científica nega a existência de Deus. O importante é pensar sobre estes assuntos com clareza, com responsabilidade e com respeito.

---

60 *"Evolutionism is the most powerful ideology in modern Western secularist civilization. It arose in the West over a century ago and spread there first, gradually reducing the Christian culture of the West until it became a residual influence"* (DANNER, Western evolutionism in the Muslim world, p. 67).

61 *"The creationism-evolution controversy is at bottom a conflict over the status of the Bible in the modern world"* (McCALLA, *The creationist debate*, p. xiv).

7. Referências bibliográficas

ALAM, S. M. Evolution of man: Qur'anic concepts and scientific theories. *Hamdard Islamicus*, 15, 1992, pp. 59-74.

ARTEAGA, J. S. O darwinismo e o sagrado na segunda metade do século XIX: alguns aspectos ideológicos e metafísicos do debate. *Revista Brasileira de História*, vol. 28, n. 56, 2008, pp. 371-382.

AYALA, F. J. *Darwin and Intelligent Design*. Minneapolis: Augsburg Fortress Press, 2006.

BEHE, M. *A caixa preta de Darwin*; o desafio da bioquímica à teoria da evolução. Rio de Janeiro: Jorge Zahar, 1997 [1996].

BORGES, M. *A chegada do adventismo ao Brasil*. Tatuí, SP: Casa Publicadora Brasileira, 2001.

BROOKE, J. H. *Science and religion*; some historical perspectives. Cambridge: Cambridge University Press, 1991.

BROWN, C. M. Hindu and Christian creationism: "Transposed Passages" in the Geological Book of Life. *Zygon: Journal of Religion & Science*, vol. 37, n. 1, 2002, pp. 95-114.

_____. Three historical probes: the western roots of avataric evolutionism in colonial India. *Zygon: Journal of Religion & Science*, vol. 42, n. 2, 2007, pp. 423-447.

BUNGE, M. Sociology, epistemology of. In: SMELSER, N. J.; BALTES, P. B. (orgs.). *International encyclopedia of the social & behavioral sciences*, 26 vol. New York: Pergamon Press, 2001. vol. 21, pp. 14.569-14.574.

CARULA, K. O darwinismo nas Conferências Populares da Glória. *Revista Brasileira de História*, vol. 28, n. 56, 2008, pp. 349-370.

COLEMAN, S.; CARLIN, L. (orgs.). *The cultures of creationism*; anti-evolutionism in English-speaking countries. Aldershot: Ashgate, 2004.

CREMO, M. A. *Human devolution*; a Vedic alternative to Darwin's theory. Badger, CA: Torchlight Publishing, 2003.

CREMO, M. A.; THOMPSON, R. L. *Forbidden archeology*; the full unabridged edition. 2. ed. Badger, CA: Torchlight Publishing, 1998.

DANNER, V. Western evolutionism in the Muslim world. *The American Journal of Islamic Social Sciences*, vol. 8, n. 1, 1991, pp. 67-82.

DAWSON, J. W. *The origin of the world according to revelation and science*. 6. ed. London: s.n., 1893.

DE BONT, R. Rome and theistic evolutionism: the hidden strategies behind the "Dorlodot Affair", 1920-1926. *Annals of Science*, vol. 62, n. 4, 2005, pp. 457-478.

DEMBSKI, W. A. The Design Argument. In: FERNGREN, G. B. (org.). *The history of science and religion in the western tradition*; an encyclopedia. New York: Garland Publishing Co., 2000. pp. 65-67.

_____. Intelligent Design. In: JONES, L. (org.). *Encyclopedia of religion*. 15 vols., 2. ed. Detroit: Macmillan Reference, 2005. vol. 7, pp. 4.515-4.518.

DOMINGUES, H. M. B.; SÁ, M. R.; GLICK, T. (orgs.). *A recepção do darwinismo no Brasil*. Rio de Janeiro: Editora Fiocruz, 2003.

DURANT, J. (org.). *Darwinism and divinity*. Oxford: Basil Blackwell, 1985.

EDIS, T. *An illusion of harmony*; science and religion in Islam. Amherst: Prometheus Books, 2007.

ENGLER, S. Tipos de criacionismos cristãos. *Revista de Estudos da Religião (Rever)*, vol. 6, n. 2, 2007, pp. 83-107. Disponível em: http://www.pucsp.br/rever.

GRABINER, J. V.; MILLER, P. D. Effects of the scopes trial. *Science (n.s.)*, vol. 185, n. 4.154, 1974, pp. 832-837.

HAUGHT, J. F. Science and scientism: the importance of a distinction. *Zygon: Journal of Religion & Science*, vol. 40, n. 2, 2005, pp. 363-368.

HEDIN, C. Islam and science: tensions in contemporary epistemology. *Temenos*, vol. 31, 1995, pp. 55-76.

HENEGHAN, T. Muslim creationism makes inroads in Turkey. *MSNBC / Reuters*, 2006. Disponível em: http://www.msnbc.msn.com/id/15857761/

HILBERT, M. Darwin's divisions: the pope, the cardinal, the jesuit and the evolving debate about origins. *Touchstone*, June 2006, pp. 28-34.

JOHNSON, P. E. *Darwin on trial*. Downers Grove, IL: InterVarsity Press, 1993.

KENNY, A. Seven concepts of creation. *Aristotelian Society Supplementary Volume*, vol. 78, n. 1, 2004, pp. 81-92.

KILLINGLEY, D. H. *Yoga-Sutra* IV, 2-3 and Vivekananda's interpretation of evolution. *Journal of Indian Philosophy*, vol. 18, n. 2, 1990, pp. 151-179.

KOENIG, R. Creationism takes root where Europe, Asia meet. *Science*, vol. 292, n. 5520, 2001, pp. 1286-1287.

LAMOUREUX, D. O. *I love Jesus and I accept evolution*. Eugene, OR: Wipf and Stock Publishers, 2009.

MAYR, E. Darwin's impact on modern thought. *Proceedings of the American Philosophical Society*, vol. 139, n. 4, 1995, pp. 317-325.

McCALLA, A. *The creationist debate*; the encounter between the Bible and the historical mind. London/New York: T&T Clark, 2006.

MILLER, K. The Flagellum Unspun: the collapse of "irreducible complexity". In: DEMBSKI, W. A. (org.). *Debating design*; from Darwin to DNA. Cambridge e New York: Cambridge University Press, 2004. pp. 81-97.

MORRIS, H. M. *A Bíblia e a ciência moderna*. São Paulo: Imprensa Batista Regular, 1965.

MORRIS, H. M.; WHITCOMB, J. C. *The Genesis flood*. Philadelphia, PA: Presbyterian and Reformed Co., 1961.

NANDA, M. *Prophets facing backwards*; postmodern critiques of science and Hindu nationalism in India. New Brunswick, NJ: Rutgers University Press, 2003.

_____. O quanto somos modernos? As contradições culturais da modernidade da Índia. *Revista de Estudos da Religião (Rever)*, vol. 6, n. 2, 2007, pp. 164-182. Disponível em: http://www.pucsp.br/rever.

NUMBERS, R. L.; STENHOUSE, J. (orgs.). *Disseminating Darwinism*; the role of place, race, religion, and gender. Cambridge e New York: Cambridge University Press, 2001.

NUSSBAUM, A. Orthodox Jews and science. *Skeptic*, vol. 12, n. 3, 2006, pp. 29-35.

PETERS, T. Science and religion. In: JONES, L. (org.). *Encyclopedia of religion*. 15 vols. 2. ed. Detroit: Macmillan Reference, 2005. vol. 12, pp. 8180-8192.

PETERSON, G. R. Going public: science-and-religion at a crossroads. *Zygon: Journal of Religion & Science*, v. 35, n. 1, 2000, pp. 13-24.

RANDERSON, J. Four out of ten say science classes should include Intelligent Design. *The Guardian*, 26 de jan. 2006.

RIESEBRODT, M. *Pious Passion*; the emergence of modern fundamentalism in the United States and Iran. Chicago: University of Chicago Press, 1993.

ROBERTS, J. H. *Darwinism and the Divine in America*; protestant intellectuals and organic evolution, 1859-1900. Madison: University of Wisconsin Press, 1988.

ROSTAND, J. Les précurseurs français de Charles Darwin. *Revue d'histoire des sciences et de leurs applications*, vol. 13, n. 1, 1960, pp. 45-58.

ROY, R. Scientism and technology as religions. *Zygon: Journal of Religion & Science*, v. 40, n. 4, 2005, pp. 835-844.

RUSSELL, C. A. The conflict of science and religion. In: FERNGREN, G. B. (org.). *The history of science and religion in the western tradition*; an encyclopedia. New York: Garland Publishing Co., 2000. pp. 12-16.

SADAR, M. H. Science and Islam: Is there a conflict? In: SARDAR, Z. (org.). *The touch of Midas*; science, values and environment in Islam and the west. Manchester: Manchester University Press, 1984. pp. 15-25.

SHUPE, A. Religious fundamentalism. In: CLARKE, P. (org.). *The Oxford handbook of the sociology of religion*. Oxford: Oxford University Press, 2009. pp. 478-490.

SOUZA JR., N. N. *Uma breve história da terra*. 2. ed. Brasília: Sociedade Criacionista Brasileira, 2004.

STEIN JR., G. *O sábado ou o repouso do sétimo dia*. 2. ed. Brasília: Sociedade Criacionista Brasileira, 1995 [1919]. Disponível em: http://bit.ly/aDes9Y.

THOMPSON, R. L. *Mechanistic and nonmechanistic science*; an investigation into the nature of consciousness and form. Los Angeles: Bhaktivedanta Book Trust, 1981.

UEMORI, C. N. Darwin por Manoel Bomfim. *Revista Brasileira de História*, vol. 28, n. 56, 2008, pp. 327-348.

WHITEHEAD, A. N. *Science and the modern world*. New York: Free Press, 1967.

WODAK, J; OLDROYD, D. "Vedic creationism": a further twist to the evolution debate. *Social Studies of Science*, vol. 26, n. 1, 1996, pp. 192-213.

8. Sugestões de leitura

BORGES, M. *Por que creio*; doze pesquisadores falam sobre ciência e religião. 2. ed. Tatuí, SP: Casa Publicadora Brasileira, 2004. [*Obs.: Defende o Criacionismo*]

BRANCO, S. M. *Evolução das espécies*; o pensamento científico, religioso e filosófico. São Paulo: Moderna, 1995.

CRUZ, E. Criacionismo, lá e aqui, *ComCiência* vol. 56, 2004. Disponível em: http://www.comciencia.br/200407/reportagens/16.shtml.

FREIRE-MAIA, N. *Criação e evolução*; Deus, o acaso e a necessidade. Petrópolis: Vozes, 1986.

ROSE, M. R. *O espectro de Darwin*; a teoria da evolução e suas implicações no mundo moderno. Rio de Janeiro: Jorge Zahar, 2000.

PARTE III

Temas de atualidade: tecnologia, ética, ecologia

CAPÍTULO XI

Bioética e o futuro pós-humano: ideologia ou utopia, ameaça ou esperança?

Leo Pessini

1. Introduzindo

Um dos maiores desafios para a bioética neste início de século XXI, batizado como sendo "o século da biotecnologia", são os primeiros sinais que inauguram a chamada era do pós-humanismo ou transumanismo.

Uma das mais prestigiosas revistas científicas da atualidade, a norte-americana *Science*, de uma forma bastante criativa e original, ao completar 125 anos de existência (1/7/2005), listou as 125 perguntas sem respostas sobre o Universo, a vida e o homem. "Os mistérios não solucionados alimentam a ciência com motivação e direção", diz Tom Siegfried, jornalista norte-americano.[1] Entre os 25 mistérios mais detalhados por *Science*, de diversas áreas do conhecimento humano, destacamos os relacionados com o assunto desta reflexão ética sobre a chegada da "era do pós-humanismo".

a) *Astronomia*: Do que o universo é feito? Estamos sozinhos no universo?

b) *Genética*: Por que os humanos têm tão poucos genes (cerca de 25 mil genes estruturais, metade do genoma do arroz)? Em que medida variação genética e saúde pessoal são ligadas? Quais mudanças genéticas nos fazem humanos?

c) *Corpo*: Qual é a base biológica da consciência e até quando a vida humana pode ser estendida? O que controla a regeneração? Como uma célula da pele vira uma

---

1   Cf. SIEGFRIED, T. Ciência lista os mistérios da vida. *O Estado de S.Paulo*, 1º de julho de 2005, A 18.

célula nervosa? Como a memória é armazenada e recuperada? Podemos desligar a resposta imunológica de forma seletiva? A vacina contra o HIV é possível?

d) *Biologia*: Como uma célula somática se torna uma planta? O que determina a diversidade de espécies? Como e onde surgiu a vida? Como evoluiu o comportamento de cooperação? Como desenhar os grandes quadros *cenários?* Surgirão de um mar de dados biológicos?

e) *Terra*: como funciona o centro do planeta? Quão quente será o mundo sob o efeito estufa? Malthus continuará a se mostrar errado? O que pode substituir o petróleo, barato, e quando?[2]

É importante destacar que dos 25 mistérios apontados, se levarmos em conta somente três das áreas do conhecimento apontadas, ou seja, *genética, corpo e biologia*, temos aí 15 dos 25 mistérios maiores. É justamente aqui que se situa o trabalho das ciências da vida de revelá-los. Embora a humanidade, via conhecimento científico, já tenha decifrado muitos mistérios relacionados com o universo e a vida do ser humano, percebemos que ainda temos muitos desafios pela frente, é o que revela este criativo ensaio da Revista *Science*.

Esta questão é tão importante, instigante e complexa que a então Comissão de Bioética Norte-Americana, que assessorava o governo Bush, tendo como presidente Leon Kass, produziu um documento que aborda criticamente estas questões relacionadas com o desenvolvimento da biotecnologia. O título deste estudo é sugestivo: *Para além da terapia: biotecnologia e a busca da felicidade.*[3] Voltaremos a este estudo mais adiante em nossa reflexão.

Duas geniais obras de ficção científica marcaram o século XX, em termos de pensar o futuro humano. Trata-se do romance *1984*, de George Orwell (1949), e da novela *Admirável mundo novo*, de Aldous Huxley (1932). Estas obras centravam-se em duas diferentes tecnologias que iriam, de fato, surgir e moldar o mundo ao longo das gerações seguintes. O livro *1984* trata do que hoje chamamos de "tecnologia da informação": crucial para o vasto império totalitário, que fora erigido sobre a Oceania, era uma aparelho chamado teletela, que podia enviar e receber imagens, simultaneamente, entre cada residência — um flutuante Grande Irmão. A teletela era o que permitia a vasta centralização da vida social sob o Ministério da Verdade e o Ministério do Amor, pois permitia ao governo abolir a privacidade mediante a monitoração de

---

2 Cf. www.sciencemag.org/SCIEXT/125th/. Para ver a lista completa dos 125 mistérios sobre o Universo e o homem à espera de uma explicação científica. Para completar a lista dos 25 temos ainda na área da física: As leis da física podem ser unificadas? Princípios mais profundos sustentam a incerteza quântica e a não localidade? Química: Até onde podemos conduzir uma auto-organização química? Computação: Quais são os limites da computação convencional?

3 Cf. http://www.bioethics.gov/reports/beyondtherapy/. Acessado em: 19/08/2005. Este documento também foi publicado em forma de livro eletrônico — ver http://bioethics.georgetown.edu/pcbe/reports/beyondtherapy/ (acesso em 15/06/2010).

Bioética e o futuro pós-humano

cada palavra e ato numa imensa rede de fios. *Admirável mundo novo*, por sua vez, tratava de outra grande revolução tecnológica prestes a ocorrer, a da biotecnologia. Foi publicado em 1932, mas é bom observar que a chamada descoberta do século, a identificação da estrutura do DNA, só vai ocorrer duas décadas após, em 1953. A bokanovskização, a incubação de pessoas não em úteros, mas, como falamos hoje, *in vitro*; a droga soma, que dava felicidade instantânea às pessoas; o cinema sensível, em que a sensação era simulada por eletrodos implantados; e a modificação do comportamento através da repetição subliminar constante e, quando isso não funcionava, da administração de vários hormônios artificiais, são alguns processos deste cenário de ficção simplesmente assustador.[4]

Percebemos que este cenário é simples e profundamente provocativo em termos de reflexão bioética. Como uma introdução (1) a esta discussão o presente texto busca (2) entender o que significa biotecnologia e seus usos; (3) aponta para o entusiasmo e inquietações da idade de ouro das descobertas biotecnológicas; (4) discute os conceitos de terapia e melhoramento; (5) a seguir, apresenta as origens e fundamentos do movimento pós-humanista; (6) as questões éticas inevitáveis; (7) o embate entre os chamados transumanistas e bioconservadores; (8) e a discussão sobre o sentido do conceito de dignidade humana neste contexto. Por fim, concluímos apontando como tarefa da bioética a de levantar as questões não formuladas e aprofundar as questões para além da embalagem ideológica ou fundamentalista em que está envolta.

2. Biotecnologia: conceituação e usos

Em termos amplos, a biotecnologia é definida como sendo

> os processos e produtos (usualmente em escala industrial) que oferecem o potencial de alterar e, até certo grau, controlar o fenômeno da vida — em plantas, em animais não humanos e, crescentemente, nos seres humanos. Para além dos processos e produtos que fabrica, a biotecnologia é também um esquema conceitual e ético, com aspirações progressivas. Neste sentido, ela surge como a mais recente e vibrante expressão do espírito tecnológico, um desejo e disposição racional de compreender, ordenar, predizer e finalmente controlar os eventos e trabalhos da natureza, perseguido para beneficiar o homem.[5]

Entendida desta forma, a biotecnologia significa muito mais que seus processos e produtos: trata-se de *uma forma de empoderamento*[6] *humano*. Por meio de suas

---

4   FUKUYAMA, *Nosso futuro pós-humano*, pp. 18-19.

5   KASS, *Beyond therapy*, pp. 1-2. Minha tradução.

6   Neologismo, tradução do inglês *empowerment*.

técnicas (por exemplo, recombinação de genes), instrumentos (sequenciadores de DNA), e produtos (novos medicamentos e vacinas), a biotecnologia dá poder aos seres humanos para assumir muito mais controle sobre suas vidas, diminuindo nossa sujeição à doença e ao destino infeliz, chance e necessidade. As técnicas, instrumentos e produtos da biotecnologia aumentam nossas capacidades de agir e funcionar efetivamente, para muitos objetivos diferentes. Assim como o automóvel é um instrumento que confere poderes em termos de "automobilidade", cujos poderes podem ser usados para inúmeros objetivos não definidos pela máquina em si, assim também o sequenciamento do DNA é uma técnica que dá poder para a seleção genética (que pode ser utilizada para vários propósitos, não determinados pela técnica), e o hormônio sintético de crescimento é um produto que confere poderes para aumentar a altura do baixinho ou aumentar a força muscular do idoso. "Se entendemos para que serve a biotecnologia, precisamos prestar atenção às novas habilidades que ela provê mais que sobre os instrumentos técnicos e produtos que tornam tais habilidades disponíveis para nós."[7]

Na biotecnologia, como em qualquer outra tecnologia, os objetivos a que ela serve não são dados nem pelas técnicas em si mesmas, muito menos pelos poderes que disponibilizam, mas pelos usuários humanos. Como em outros meios, uma determinada biotecnologia desenvolvida com um determinado objetivo frequentemente serve a múltiplos propósitos, incluindo alguns que nem foram imaginados por aqueles que a criaram.

Existem várias questões em relação ao objetivo geral da biotecnologia: aprimorar a humanidade, mas o que exatamente aprimorar? Deveríamos pensar somente em doenças específicas, sem cura neste momento histórico, tais como diabetes juvenil, câncer, ou Alzheimer? Não deveríamos também incluir doenças mentais e enfermidades, desde retardamento à depressão, da perda de memória à melancolia, entre outras? Além do mais, não deveríamos considerar também aquelas "limitações" constitutivas da natureza humana, sejam corporais ou mentais, incluindo a realidade implacável do declínio e morte? Trata-se somente de doença e sofrimento, ou também coisas, tais como mau humor, falta de entendimento e desespero? O aperfeiçoamento deve ser limitado para eliminar estes e outros males, ou deve também aprimorar aquela parte de bens positivos, tais como beleza, força, memória, inteligência, longevidade, ou felicidade?

Estamos gradualmente aprendendo como controlar os processos biológicos do envelhecimento: devemos buscar somente diminuir as doenças físicas e mentais do período idoso ou também manipular, aumentando ao máximo o tempo de vida humano? Estamos com novas técnicas para alterar a vida mental, incluindo memória e

---

7   Ibid., p. 2.

humor: devemos usá-las somente para prevenir ou tratar doença mental ou também para apagar memórias desagradáveis ou comportamento vergonhoso, transformar um temperamento melancólico, ou aliviar a tristeza do luto?

Mais e mais, estes são exatamente os tipos de questões que seremos forçados a encarar, como consequência de novos poderes biotecnológicos, disponíveis agora e em futuro próximo. Mais e mais devemos nos perguntar: "Para que serve a biotecnologia?"; "Para que ela deveria servir?".[8]

3. Entusiasmo e inquietudes na idade de ouro das descobertas biotecnológicas

Entramos na idade de ouro para a biologia, medicina e biotecnologia. Com o término da fase do sequenciamento do DNA (2000) do projeto Genoma Humano e a emergência da pesquisa com células-tronco, podemos sem dúvida esperar por mais descobertas sobre o desenvolvimento humano, normal e anormal, bem como tratamentos novos e mais selecionados com precisão para as doenças humanas. Avanços na neurociência trazem a promessa de poderosas e novas compreensões dos processos mentais e comportamentos, bem como cura de doenças mentais devastadoras. Instrumentos nanotecnológicos geniais, implantáveis no corpo e cérebro humano, geram esperanças de superação da cegueira e surdez, bem como de aprimoramento de capacidades humanas naturais de consciência e ação. Pesquisas na área da biologia do envelhecimento e senescência sugerem a possibilidade de diminuir o processo de declínio dos corpos e mentes, e talvez até mesmo aumentar ao máximo o tempo de vida humano.

De inúmeras maneiras, as descobertas dos biólogos e as invenções dos biotecnologistas estão aumentando firmemente nosso poder de intervenção no funcionamento de nossos corpos e mentes e alterá-los por um plano racional.

Por parte de muitos existe um significativo entusiasmo em relação a estes desenvolvimentos. Antes mesmo de trazerem benefícios práticos, ansiamos por um conhecimento enriquecido sobre como nossas mentes e corpos funcionam. Mas são especialmente as promessas em torno dos benefícios médicos que alimentam nossa admiração. Muita gente e famílias esperam ardentemente a cura para inúmeras doenças devastadoras e ansiosamente antecipam alívio de tanta miséria humana. Certamente acolheremos, como fizemos no passado, as novas descobertas tecnológicas que podem nos ajudar para que tenhamos corpos mais saudáveis, menos dor e sofrimento, mais paz de mente e vida longa.

---

8   KASS, *Beyond therapy*, p. 4.

Ao mesmo tempo, contudo, o advento de novos poderes biotecnológicos para muita gente é causa de preocupação e inquietação. Primeiramente, porque as descobertas científicas em si mesmas levantam desafios para a autocompreensão humana: as pessoas se questionam, por exemplo, o que o novo conhecimento das funções cerebrais e comportamento fará com os conceitos de vontade livre, responsabilidade pessoal moral, formados antes da chegada de tais tecnologias. Segundo, a prospectiva da engenharia genética, enquanto bem de vida para tratamento de doenças genéticas hereditárias, levanta para muitos o medo da eugenia ou a preocupação com "bebês desenhados". Remédios psicotrópicos, enquanto bem-vindos para o tratamento de depressão ou esquizofrenia, cria o medo do controle de comportamento e preocupações com a diminuição da autonomia ou identidade pessoal confusa. Precisamente por causa do novo conhecimento e dos novos poderes que atingem diretamente a pessoa humana, e em formas que podem afetar nossa própria humanidade, certo sentimento de desconfiança paira sobre o empreendimento como um todo.

Enquanto os benefícios são rapidamente identificados, as preocupações éticas e sociais que a marcha da biotecnologia levanta não são facilmente articuladas. Elas vão além das questões familiares de bioética, e estão mais diretamente ligadas com os fins em si mesmos, para os usos dos poderes biotecnológicos. Em termos gerais, estas preocupações maiores estão ligadas especialmente àqueles usos da biotecnologia que vão "para além da terapia", para além do domínio usual da medicina e dos objetivos de cura, usos que vão desde o ser vantajoso até o pernicioso. Existem hoje biotecnologias já disponíveis como instrumentos de bioterrorismo, como agentes de controle social, e como meios para aperfeiçoar nossos corpos e mentes (por exemplo, esteroides e estimulantes corporais).

Este cenário gera em nós preocupações de que nossa sociedade possa ser danificada e de que nós mesmos possamos diminuir e minar as maiores e melhores oportunidades para a vida humana. Mas nem todos estão preocupados com esta prospectiva. Pelo contrário, muitos celebram a direção em busca da perfeição que a biotecnologia está nos levando. De fato, alguns cientistas e biotecnólogos não se intimidaram em serem profetas de um mundo muito melhor que o presente, que está por chegar, graças à ajuda da engenharia genética, nanotecnologias, e drogas psicotrópicas. "Neste momento único na história do progresso técnico", diz um recente documento da Fundação Nacional de Ciências, "em que o aperfeiçoamento da performance humana torna-se possível, e tal aprimoramento é buscado com vigor, que poderia atingir uma idade de ouro que seria o ponto de virada para a produtividade e qualidade de vida".[9] "Os humanos do futuro olharão para nossa era como desafiante, difícil e um momento traumático", escreve um cientista observando tendências atuais. "Eles verão como um tempo estranho e primitivo, a nossa época, em que as

---

9   NATIONAL Science Foundation. *Converging Technologies for Improving Human Performance*, p. 6.

Bioética e o futuro pós-humano

pessoas viviam somente setenta ou oitenta anos, morriam de doenças horrorosas, e concebiam seus filhos fora do laboratório, frutos do acaso e imprevisível encontro de um espermatozoide e um óvulo".[10] James Watson, codescobridor da estrutura do DNA, coloca a questão de uma forma muito simples: "Se podemos construir seres humanos melhores ao sabermos como acrescentar genes, por que não deveríamos fazê-lo?".[11]

Claro que estas predições em relação a um futuro pós-humano são problemáticas. Nem todos gostam da ideia de "recriar o Éden" ou do "homem brincando de Deus". Nem todos acreditam que este mundo profetizado seja melhor que o nosso. Nasce aqui a necessidade da discussão ética, que permeie um cenário claramente polarizado em termos de ser a favor de uma nova realidade pós-humana ou contra, pois há muitas inquietações em relação a manipulações e à utilização contra a vida destas biotecnologias.

4. Os conceitos de terapia e melhoramento humano: distinguir?[12]

A questão da busca biotecnológica do melhoramento humano ainda não entrou na agenda da bioética pública. Nos círculos acadêmicos recebeu atenção sob a rubrica de "aperfeiçoamento" (*enhancement*) entendida em contraposição à "terapia". Esta distinção nos fornece um bom ponto de partida para entrar na discussão das atividades que objetivam "ir além da terapia". Terapia nesta visão é o uso do poder biotecnológico para tratar as pessoas com doenças conhecidas, deficiências ou danos, tentando restaurá-las para o estado normal de saúde e funcionamento. *Aperfeiçoamento*, por contraste, é o uso do poder biotecnológico direcionado para alterar, através de intervenção direta, não processos de doenças, mas o funcionamento "normal" do corpo e psique humanos, para aumentar suas capacidades e performances naturais.[13]

Em biomedicina, melhoramentos são definidos como "intervenção que tem como objetivo aprimorar a forma ou funcionamento humano, para além do que é necessário para manter ou restaurar boa saúde."[14] Em outras palavras, melhoramentos são intervenções que aprimoram a forma e o funcionamento humano sem

---

10   STOCK, *Redesigning Humans*, p. 200.

11   J. D. Watson, citado por WHEELER, Miracle molecule, 50 years on, p. 8a.

12   Os parágrafos abaixo seguem de perto a seção V ("The limitations of the therapy vs. enhancement distinction") do capítulo 1 ("Biotechnology and the pursuit of happiness: an introduction") de KASS, *Beyond therapy*.

13   Ibid., pp. 13-14.

14   JUENGST, What does enhancement mean?, p. 29.

265

responder a genuínas necessidades médicas. O conceito mais comum contrasta com o entendimento do que sejam melhoramentos com os tratamentos ou terapias, que são intervenções que respondem a uma genuína necessidade médica.

Os que introduziram esta distinção tinham em mente distinguir entre usos aceitáveis, duvidosos ou inaceitáveis da tecnologia médica: terapia é sempre eticamente aceitável, aperfeiçoamento é, pelo menos *prima facie*, eticamente suspeito. Terapia gênica para fibrose cística ou Prozac para depressão é ótima, inserir genes para melhorar a inteligência ou esteroides para atletas olímpicos é no mínimo questionável.

À primeira vista, esta distinção entre terapia e melhoramento faz sentido. A experiência ordinária reconhece as diferenças entre "restaurar para o normal" e indo "para além do normal". A distinção parece ser útil, ao distinguir entre a obrigação central e mandatória da medicina (curar os doentes), e suas práticas extracurriculares, como por exemplo as injeções de Botox e outros procedimentos cirúrgicos meramente cosméticos.

Embora esta distinção seja interessante para início de discussão, ela é inadequada para uma análise moral, diz o *Report* da Comissão de Bioética dos EUA, que, embora utilizando a expressão, a categoriza como "altamente problemática, abstrata e imprecisa". Terapia e melhoramento são categorias que se entrecruzam: todas as terapias que foram bem-sucedidas são também terapias de aperfeiçoamento. Além disso, estes conceitos estão ligados à ideia de saúde e à sempre controversa ideia de normalidade. As diferenças entre saudável e doente nem sempre são tão evidentes. Seria terapia dar o hormônio de crescimento para um anão genético, mas não para uma pessoa anã que se sente infeliz justamente porque tem baixa estatura? Uma vez que sempre mais os cientistas acreditam que todos os traços da personalidade possuem uma base biológica, como distinguiremos "defeito" biológico que permite a "doença" da condição biológica que permite a timidez, melancolia ou irascibilidade?

Por estes e outros motivos, é problemática a distinção entre terapia e melhoramento para fazer um julgamento moral. Além disso, argumentos sobre se algo é ou não um "melhoramento" podem com frequência cruzar o caminho das questões éticas apropriadas: O que seria um "bom" e um "mau" uso do poder biotecnológico? O que é que determina que um uso seja "bom", ou então simplesmente "aceitável"? Não segue a partir do fato de que uma droga está sendo utilizada somente para satisfazer os próprios desejos, por exemplo, para aumentar concentração ou performance sexual, que sua utilização é questionável. Por outro lado, certas intervenções para restaurar o funcionamento corporal (por exemplo, possibilitar que uma mulher após a menopausa gere filhos ou que um homem aos 65 anos possa jogar profissionalmente hóquei no gelo) podem muito bem ser um uso dúbio do poder biotecnológico. "O significado humano e a avaliação moral devem ser enfrentados diretamente. É pouco provável que as questões associadas sejam resolvidas pelo uso

Bioética e o futuro pós-humano

do termo 'melhoramento', não mais do que o sejam pela natureza da intervenção tecnológica em si".[15]

5. Origens e fundamentos do movimento transumanista[16]

Embora os termos transumanismo e pós-humanismo sejam de criação recente, as ideias que eles representam não são novas. O ideal filosófico subjacente é aquele do século das luzes, imbuído com uma saudável dose de relativismo pós-moderno. Do Iluminismo surge uma visão completamente reducionista da vida humana, característica de uma facção daquele movimento materialista e empiricista. Na obra *L'Homme Machine*, escrita em 1748, o médico e filósofo francês Julien Offray de La Mettrie escreveu que os humanos "são, fundamentalmente, somente animais e máquinas", enquanto o Marquês de Condorcet, outro filósofo do iluminismo francês, escreveu em 1794 que "não foram fixados limites para o aperfeiçoamento das faculdades [...]; o aperfeiçoamento do homem é ilimitado". Muitos também veem raízes do pensamento transumanista no pensamento de Nietzsche, particularmente em sua obra *Assim falava Zaratustra*, em que afirma que "o homem é algo para ser superado".

Como movimento, o transumanismo iniciou na década de 1980 com os escritos de um futurista conhecido como FM-2030, com o termo transumano sendo usado como abreviação para homem transitório. Os transumanos seriam "as primeiras manifestações de novos seres evolutivos, em sua jornada para se tornarem pós-humanos (FM-2030)".[17]

A primeira certeza do pensamento transumanista é a rejeição da hipótese de que a natureza humana seja uma constante. Não existe nada de sacrossanto na natureza em geral ou sobre a natureza humana em particular. Katherine Hayles, no seu livro *Como nos tornamos pós-humanos*,[18] apresenta quatro características fundamentais do pós-humanismo: (1) modelos de informação são mais importantes ou essenciais à natureza do ser que qualquer material, de maneira que o estar encapsulado em um substrato biológico é visto como um acidente da história antes que uma inevitabilidade da vida. (2) A consciência é um epifenômeno. Não existe uma alma imaterial. (3) O corpo é simplesmente uma prótese, embora a primeira que aprendemos a usar e manipular. Consequentemente, substituir ou aprimorar a função humana com

---

15   KASS, *Beyond therapy*, p. 16.

16   Estas seções 4 e 5 seguem de perto o verbete de: HOOK, Transhumanism and posthumanism, pp. 2.518-2.520.

17   BOSTROM, The transhumanist FAQ.

18   HAYLES, *How we became posthuman*.

267

outra prótese é somente uma extensão natural de nossa relação fundamental com nossos corpos criados. (4) Por último, a visão pós-humana encara o ser humano como capaz de conectar-se perfeitamente com máquinas inteligentes. No mundo pós-humano, não existe diferenças essenciais ou absolutas demarcações entre existência corpórea e simulação computacional, mecanismo cibernético e organismo biológico, tecnologia robótica e objetivos humanos.[19]

Estamos começando a considerar seriamente possibilidades de "transumano" através de melhoramentos biotecnológicos das capacidades humanas biológicas tais como tempo de vida, tipo de personalidade e inteligência, entre outras dimensões. A genética, a nanotecnologia, a clonagem, a criogenia, a cibernética e as tecnologias de computador fazem parte de uma visão pós-humana, que inclui até a ideia de formar uma mente computadorizada, livre da carne mortal e, portanto, imortalizada. Os pós-humanistas não acreditam que a biologia seja um destino, mas antes algo que deve ser superado, porque, segundo eles, não existe "lei natural", mas somente maleabilidade humana e liberdade morfológica.

A natureza humana, tal como a conhecemos, para uma mente pós-humanista, é um mero obstáculo a ser superado. Para muitos estamos diante de uma atitude arrogante, que desconsidera a apreciação pela dignidade humana natural. Trata-se de uma versão contemporânea de Prometeu, o titã grego que roubou o fogo sagrado dos deuses. Não seria isto um mero cientificismo a ser combatido, que pretende redesenhar a natureza humana e, portanto, até criar biológica e tecnologicamente seres humanos superiores? Para outros, todos estes esforços são vistos como um progresso no desenvolvimento de forças tecnológicas para o "melhoramento humano". Estamos, portanto, na gangorra entre ameaças e esperanças.

Esta questão vem sendo explorada na atualidade por Francis Fukuyama, em sua mais recente publicação, intitulada *Nosso futuro pós-humano: consequências da revolução da biotecnologia*. Segundo Fukuyama,

> este projeto visa inaugurar uma nova era como espécie. Todavia, o princípio básico do transumanismo — o de que um dia usaremos a biotecnologia para nos tornar mais fortes, mais inteligentes, menos violentos, assim como para ampliar nossa vida — será de fato tão bizarro? Uma espécie de transumanismo já está implícita em grande parte do programa de pesquisas da biomedicina contemporânea. Novos procedimentos e tecnologias que estão surgindo em laboratórios de pesquisa e hospitais — como medicamentos que alteram o humor, substâncias que aumentam a massa muscular ou apagam seletivamente as memórias, exames genéticos pré-natais, terapia genética — podem ser facilmente empregados tanto para aperfeiçoar a espécie como para aliviar ou curar doenças.[20]

---

19   HOOK, Transhumanism and posthumanism, p. 2.518b.

20   FUKUYAMA, *Nosso futuro pós-humano*.

Bioética e o futuro pós-humano

O transumanismo foi definido como "um movimento cultural e intelectual que afirma a possibilidade e o desejo de fundamentalmente aprimorar a condição humana através da razão aplicada, especialmente usando tecnologia para eliminar o envelhecimento e aprimorar as capacidades intelectuais, físicas e psicológicas".[21] Subjacente a esta visão está a crença de que a espécie humana, na sua condição atual, não representa o final de nosso desenvolvimento, mas antes, o início.

As ferramentas que os transumanistas usariam para atingir seus fins incluem a manipulação genética, nanotecnologia, cibernética, aprimoramento farmacológico e simulação de computador. A mais ambiciosa — e controversa — visão transumanista envolve o conceito de "mente reprogramável". Segundo os proponentes, avanços na área da informática e das neurotecnologias capacitarão as pessoas, dentro de poucas décadas, a ler completamente as conexões sinápticas do cérebro humano, capacitando uma réplica exata do cérebro para existir e funcionar dentro de um computador. Esta simulação poderia então "viver" em qualquer forma de corpo mecânico que se queira. Finalmente, o cérebro humano seria libertado da fraqueza da carne mortal, em controle de seu próprio destino e não mais limitado no tempo de anos, e assim tal vida pode continuar para sempre.

6. Algumas questões éticas inevitáveis

Uma das primeiras questões éticas relacionadas com o movimento do pós-humanismo é a questão do aperfeiçoamento.[22] Os seres humanos devem se aprimorar, bem como as gerações futuras? Esta não é uma simples questão a ser respondida, embora os humanos praticaram o aprimoramento em si próprios ao longo da história da qual temos registro. Esta é a natureza e o objetivo explícito de toda e qualquer ferramenta e educação.

Por exemplo, consideremos a correção da visão. O uso de óculos ou lentes de contato que corrigem a visão é um exemplo de um aperfeiçoamento comumente utilizado por nós. Esta intervenção é somente uma correção de uma deficiência, que faz com que as pessoas funcionem no nível normal da espécie. Portanto, trata-se de uma intervenção de cura, antes que de um melhoramento. O que torna problemático para muitos é quando o aperfeiçoamento em questão, potencialmente, vai além da função terapêutica. Aceita-se o uso de algumas tecnologias de aprimoramento, tal como o telescópio ou microscópio, que podem ser usados por um determinado momento, e para uma finalidade específica, mas não pode se tornar um característica permanente do ser humano. Elas permanecem como ferramentas, antes que atributos humanos. É aceitável o uso de um computador, que pode estar separado do

---

21   BOSTROM, *What is transhumanism?*
22   HOOK, Transhumanism and posthumanism, pp. 2.518b-2.520a.

usuário, mas permanentemente aprimorar o cérebro com conexões cibernéticas ou implantes cerebrais para muitos ultrapassa os limites que não devem ser violados. Por que é assim?

Existem duas críticas diante de tal aperfeiçoamento permanente: que eles são não naturais e que engajam as pessoas em atividades reservadas somente para Deus, isto é, brinca-se de Deus. Os transumanistas desclassificam a crítica de não ser natural, porque quase tudo que os seres humanos fazem com qualquer tecnologia é algo *não natural*, e estes usos são aceitos como benefícios e consequentemente não são danos. Em relação ao segundo argumento, muitos, se não a maioria dos transumanistas, são agnósticos ou ateus, e portanto engajar-se numa suposta rebelião prometeica contra os deuses não é para eles uma preocupação legítima. A questão é uma grande preocupação para os teístas, os que creem em um Deus criador. Pode Deus ser tão facilmente destronado?

A preocupação maior dos que questionam os objetivos transumanistas é que os seres humanos se engajam em atividades que podem ter um profundo impacto nas pessoas envolvidas, bem como no meio ambiente circundante, sem forças de equilíbrio ou sabedoria divina que poderiam minimizar possíveis consequências negativas de tais atividades. Para a perspectiva teísta, estas mudanças ocorrem sem um entendimento adequado e respeito ao plano inicial de Deus, portanto sem a sabedoria divina. No final, ambos os argumentos expressam preocupações com grandes danos que estas intervenções poderiam potencialmente induzir, introduzindo atividades que pressupõem um grau significativo de conhecimento, previsão e sabedoria que pode e, muito provavelmente, está faltando. A arrogância, e não a ingenuidade ou a paixão para mudar as coisas, é que é o problema fundamental.

Para outros, contudo, mesmo se tais aperfeiçoamentos não fossem testados até que tivéssemos uma cuidadosa avaliação prospectiva, e proteções contra as consequências indesejáveis, qualquer intervenção que vá além do nível normal da espécie seria rejeitada. Isto nos leva a preocupações em torno das *consequências sociais do transumanismo*. Fala-se da possibilidade de discriminação entre seres aprimorados e não aprimorados, cada comunidade podendo se sentir ameaçada pelas outras. Protestos de competição injusta tornam-se prováveis, e levam potencialmente a tentativas de legislação restritiva. Segundo Freeman Dyson, um físico britânico e educador,

> o aperfeiçoamento artificial dos seres humanos virá de uma forma ou de outra, gostemos ou não, assim que os progressos do entendimento biológico tornarem isso possível. Quando são oferecidos às pessoas meios técnicos de aprimoramento de si próprios, e de seus filhos, não importa o que significa para eles o aperfeiçoamento, a oferta será aceita [...]. A tecnologia de aperfeiçoamento pode ser dificultada ou atrasada pela regulamentação, mas não pode ser permanentemente supressa [...]; será vista por milhares de cidadãos como libertação de limites e

injustiças passadas. A sua liberdade de escolha não pode ser permanentemente negada.[23]

Nos EUA, é particularmente forte o argumento do transumanista Anders Sandberg, de que a liberdade de buscar tecnologias de aperfeiçoamento é uma questão fundamental do direito da vida.

Uma das fraquezas fundamentais do transumanista, ou de qualquer outro pensamento utópico, é a falha em compreender a escuridão, os medos e a imprevisibilidade de cada coração humano. Temos lições do século XX a serem assimiladas, tal como a experiência com eugenia, fascismo e comunismo, que nos advertem de termos cuidado com os sonhos utópicos que nos escravizam, destroem e diminuem, antes que nos proporcionem a justiça prometida, liberdade e novo florescer humano.

7. O duelo entre transumanistas *versus* bioconservadores

Segundo Nick Bostrom, que, juntamente com David Pierce, fundou em 1998 nos EUA a Associação Transumanista Mundial, as posições éticas a respeito das tecnologias do aperfeiçoamento humano podem ser de maneira geral caracterizadas como indo do transumanismo ao bioconservadorismo.[24] Os transumanistas acreditam que as tecnologias de aperfeiçoamento humano devem estar amplamente disponíveis, que as pessoas devem ter poder discricionário sobre qual destas tecnologias aplicar para si próprias, e que os pais devem normalmente ter o direito de escolher autonomamente o aperfeiçoamento ideal para seus filhos.

Os transumanistas acreditam que, enquanto existem perigos que precisam ser identificados e evitados, estas tecnologias de aprimoramento humano oferecerão um potencial valioso e com usos benéficos para a humanidade. É possível que tais aprimoramentos possam nos tornar, ou nossos descendentes, pós-humanos, seres que podem ter um tempo de saúde indefinido, e faculdades intelectuais muito maiores que qualquer ser humano de hoje, e talvez novas sensibilidades e modalidades inteiramente novas, tal como a habilidade de controlar as próprias emoções. A abordagem mais sábia seria de abraçar o progresso tecnológico, defendendo os direitos humanos e escolhas individuais, e agindo contra ameaças concretas, tais como abuso militar ou terrorista de armas biológicas, e contra efeitos colaterais ambientais e sociais indesejados.

---

23 Freeman Dyson, *citado por* HOOK, *Transhumanism and posthumanism*, p. 2.549.

24 BOSTROM, *In defense of posthuman dignity*, pp. 202-214.

Os bioconservadores geralmente se opõem ao uso de tecnologias para modificar a natureza humana. A ideia central é que as tecnologias de aperfeiçoamento humano comprometerão nossa dignidade e podem potencializar fatores desumanizantes. Para interromper esta tendência em direção a um estado pós-humano, os bioconservadores frequentemente argumentam que deveríamos implementar amplas resistências em termos de proibição destas tecnologias. Entre proeminentes bioconservadores, segundo Nick Bostrom, que se proclama pós-humanista, temos Leon Kass, Francis Fukuyama, George Annas, Wesley Smith, Jeremy Rifkin e Bill McBibben.

8. Dignidade humana é incompatível com dignidade pós-humana?

Ainda de acordo com Bostrom, os bioconservadores tendem a negar dignidade pós-humana e veem a pós-humanidade como uma ameaça para a dignidade humana. Consequentemente eles buscam maneiras de denegrir intervenções radicais de futuras modificações que possam levar à emergência de seres considerados pós-humanos. Os transumanistas, em contraste, veem dignidade humana e pós-humana como compatíveis e complementares. Eles insistem que a dignidade, no seu sentido moderno, consiste no que somos e no que temos de potencial em nos transformar. O que somos não é somente uma função de nosso DNA, mas depende também do contexto tecnológico e social. A natureza humana neste sentido amplo é dinâmica e parcialmente modelada pelo homem. Nosso fenótipo atual é marcadamente diferente daquele de nossos ancestrais. Lemos e escrevemos, usamos roupa, vivemos em cidades, temos a expectativa de vida três vezes maior do que no período Pleistoceno. Aos olhos de um ancestral humano, nós na atualidade já aparecemos como pós-humanos. Estas extensões radicais de capacidades humanas, algumas delas biológicas, outras externas, não nos desviaram do *status* moral ou nos desumanizaram no sentido de nos tornar sem valor:

> A partir de uma perspectiva transumanista, não existe necessidade de se comportar como se existisse uma profunda diferença moral entre meios tecnológicos e outros meios de aperfeiçoamento de vidas humanas. Ao defender a dignidade pós-humana, nós promovemos uma ética mais inclusiva e humana, que engloba pessoas tecnologicamente modificadas no futuro, bem como humanos do tipo contemporâneo. Também removemos um distorcido duplo *standard* de visão moral a partir de nosso campo, permitindo-nos assim perceber mais claramente as oportunidades que existem para mais progresso humano.[25]

---

25 Ibid., pp. 213-214.

Importante destacar que a mais recente edição da *Enciclopédia de bioética* (3. ed., 2004) traz novos verbetes que apresentam a questão do pós-humanismo como estes que destacamos, entre outros: cibernética, clonagem, dignidade humana, embrião e feto; pesquisa com células-tronco embrionárias, tecnologia médica e melhoramento humano, nanotecnologia, o envelhecer e o idoso; intervenções antienvelhecimento e questões ético-sociais. Em conjunto todos esses novos verbetes levantam uma questão de fundo: *o que significa ser humano!*

Segundo Stephen G. Post, o editor-chefe desta edição da *Enciclopédia de bioética,*

> o pós-humanismo é um puro cientificismo que propõe alterações fundamentais na natureza humana, superando os limites biológicos e transcendendo o humano pela tecnologia. O pós-humanista tem como objetivo desacelerar ou até mesmo parar o processo de envelhecimento, mas somente como uma pequena parte de uma visão maior de reengendrar a natureza humana, e portanto criar biológica e tecnologicamente seres humanos superiores, que nós seres humanos de hoje desenharemos para o amanhã. Como tal, os pós-humanos não serão mais humanos.[26]

Esta questão do pós-humanismo foi explorada por um conhecido professor de economia política internacional da Universidade Johns Hopkins (EUA), e membro da comissão de bioética do Governo Bush, Francis Fukuyama (já citado acima), que gerou polêmica mundial há duas décadas, com a sua famosa obra sobre *O fim da história e o último homem.* Uma de suas publicações, não menos polêmica, é *Nosso futuro pós-humano,* justamente sobre esta temática. Fukuyama fala dos transumanistas, que pretendem nada menos do que libertar a raça humana de seus limites biológicos.

Para alguns, a ambição dos pós-humanistas em criar um novo pós-humano, que não é mais humano, é uma atitude arrogante, pretensiosa e que desconsidera a apreciação pela dignidade humana natural. Para outros, todos estes esforços são vistos como potencial para um progresso no desenvolvimento destas forças tecnológicas. Enfim, como se pergunta Stephen G. Post,

> a nossa época está começando a considerar seriamente possibilidades de "transumano" através de melhoramentos biotecnológicos das capacidades humanas biológicas, tais como tempo de vida, tipo de personalidade e inteligência. Qual será o *status* da generatividade altruística que Erikson associou com a velhice à medida que os seres humanos aventureiramente envidam esforços para alterar o tempo de vida? Será a compaixão deixada de lado em favor da busca biotecnológica de músculos mais fortes, maior longevidade, disposições de felicidade e beleza permanentes? Ou seriam o cuidado e a compaixão que estão em nós, o último aperfeiçoamento humano?[27]

---

26 POST, *Encyclopedia of bioethics,* p. XIII.

27 POST, *Encyclopedia of bioethics,* p. XIV.

9. Considerações conclusivas

Sem dúvida, a questão de um futuro pós-humano é uma das grandes questões da contemporaneidade: como devemos olhar o futuro da humanidade e se devemos utilizar tecnologia para nos tornar "mais que humanos". Embora este assunto ainda não tenha espaço na discussão pública e ainda fique muito ligado a um mundo de ficção, é importante abrir a discussão. O pós-humanismo levanta seriíssimas questões de bioética. Tem a ver com os *fins e os objetivos a serem atingidos pela aquisição de poder biotecnológico* e não somente com questões de segurança, eficácia ou moralidade dos meios. Tem a ver com a natureza e significado da liberdade humana e do florescimento humano. Ele enfrenta a tão propalada ameaça de "desumanização", bem como a promessa de "super-humanização". Chama atenção para o que significa ser um ser humano e ser ativo como ser humano. Estamos longe de estarmos simplesmente diante de um cenário futurístico. Tendências atuais deixam claro que o caminho para "além da terapia" e "em direção à perfeição e felicidade" já é uma realidade entre nós. Por exemplo, o crescente uso e aceitação de cirurgias cosméticas, de drogas para aprimorar a performance corporal e o humor, seleção do sexo dos filhos, cirurgias para remoção de peso e rugas, tratamento de calvície etc. Estas práticas já se transformaram num grande negócio. Em 2002, os norte-americanos gastaram um bilhão de dólares em medicamentos para tratamento da calvície, em torno de dez vezes mais o total gasto com pesquisa científica para encontrar a cura da malária, que continua matando milhares de pessoas pelo mundo afora.

Grande investimento se faz na pesquisa em neurociência e em abordagens biológicas em franca expansão relacionadas com desordens psiquiátricas e a todos os estados mentais. Parece claro que as tão esperadas novas descobertas a respeito do funcionamento da psique e as bases biológicas do comportamento seguramente aumentarão nossa habilidade e nosso desejo de alterar e aprimorá-las. Mas existiria algum limite? Ou o limite seria o quanto de conhecimento disponível temos neste momento histórico?

A biotecnologia, em si mesma, não é má, e de fato tem sido fonte de muito bem, mas também de dano. É uma ferramenta, e como tal deve ser cuidadosamente examinada e utilizada à luz de valores humanos. Transformar-nos em ferramentas na esperança de conquistar imortalidade é uma pura ilusão. Embora seja difícil de conseguir consenso em termos de tecnologias de aperfeiçoamento, a humanidade deve dialogar a respeito destas tecnologias que visam dominar não apenas a natureza física e biofísica, mas também o próprio corpo humano, ou melhor, a condição humana, sem cair ingenuamente prisioneira de utopias científicas escravizadoras, que entregam nosso futuro às forças cegas do mercado.

Diferentemente do que ocorreu com outras transformações técnicas e científicas do passado, hoje as expectativas diante das inovações tecnológicas já não são atitudes de acolhida e sentimentos otimistas, mas cultiva-se um alto grau de saudável ceticismo! A humanidade aprendeu muito com as grandes tragédias coletivas do século XX, em grande parte alimentadas por utopias tecnocientíficas. Estamos vivendo hoje em uma sociedade de risco, em que cada novo passo adiante no domínio da técnica implica não apenas prudência mas também precaução. Mais monitoração e vigilância entre pares, bem como mais escrutínio público e acompanhamento político, se fazem necessários.[28]

É urgente cultivar, junto com a ousadia científica, a prudência ética. Quais seriam as chamadas "qualidades humanas fundamentais" que não deveríamos alterar? Além disso, com a questão ambiental, tivemos como legado o aprendizado da humildade e respeito diante da natureza, que também deve ser aplicado aqui. Perguntamo-nos se, no futuro, a compaixão, a solidariedade, o cuidado não serão preteridos em favor da busca biotecnológica de músculos mais fortes, maior longevidade, disposições de felicidade e beleza permanentes, ou seriam estas virtudes "o último aperfeiçoamento humano" desejável?

Concluímos nossa reflexão com Stephen Post, apontando uma missão para a bioética neste contexto:

> Pelo fato de a bioética lidar com questões que são profundamente relevantes para o futuro da natureza, da natureza humana, e para a área da saúde, estas questões são frequentemente contenciosas. Contudo, na dialética entre objetivismo e relativismo moral, enquanto muitas destas questões permitem uma resolução plausível, existem outras para as quais não emerge nenhuma resolução. Tolerância, civilidade, respeito e a vontade sincera de engajamento sério com a visão dos outros, que têm diferentes tradições, sejam estas seculares ou religiosas, são virtudes e hábitos da mente, necessários. A bioética é inevitavelmente sujeita à crítica daqueles que creem que as respostas para inúmeras questões novas trazidas pelas revoluções, biológica e dos cuidados de saúde, são imediata e simplesmente fáceis. Mas, afinal, o que é um bom profissional da ética, seja este secular ou religioso, senão aquele que levanta uma nova questão que ninguém tinha antes formulado e que propicia um debate aprofundado como uma alternativa à superficialidade?[29]

Trata-se na essência de um convite a fugirmos da superficialidade das aprovações ou condenações fáceis, superando aspectos ideológicos, utópicos e fundamentalistas, avançando num diálogo respeitoso em relação às diferenças. Isto sem dúvida pode ser fator de superação de utopias que sugerem e semeiam o medo e o terror em

---

28 SOROMENHO-MARQUES, A bioética e o desafio da pós-humanidade: seis teses críticas, p. 99.

29 POST, *Encyclopedia of bioethics*, p. XV.

termos de futuro da humanidade, em vez de promover serenidade e uma construção com a marca da esperança humana. Temos que exercer um saudável ceticismo em relação aos que se autoproclamam como detentores da verdade suprema em relação ao futuro do ser humano. Na verdade sempre seremos eternos aprendizes da verdade. Enfim, a biotecnologia está avançando tão rapidamente que necessitamos de sabedoria, que nasce do diálogo respeitoso das diferenças, para discernir entre as intervenções e transformações evolutivas que são salutares daquelas destrutivas, e que comprometem irremediavelmente a dignidade do ser humano e o futuro da vida no planeta.

10. Referências bibliográficas

BOSTROM, N. The transhumanist FAQ. Disponível em: http://www.nickbostrom. com. Acesso em 1999.

_____. *What is transhumanism?* Disponível em: http://www.nickbostrom.com. Acesso em 1999.

_____. In defense of posthuman dignity. *Bioethics*, vol. 19, n. 3, 2005, pp. 203-214.

FUKUYAMA, F. *Nosso futuro pós-humano*; consequências da revolução da biotecnologia. Tradução de Maia Luiza X. de A. Borges. Rio de Janeiro: Rocco, 2003.

HAYLES, N. K. *How we became posthuman*; virtual bodies in cybernetics, literature and informatics. Chicago: University of Chicago Press, 1999.

HOOK, C. C. Transhumanism and posthumanism. In: POST, *Encyclopedia of bioethics*, pp. 2.517-2.520.

JUENGST, E. T. What does enhancement mean? In: PARENS, E. (org.). *Enhancing human traits*; ethical and social implications. Washington, DC: Georgetown University Press, 1998. pp. 29-47.

KASS, L. R. *Beyond therapy*; biotechnology and the pursuit of happiness. New York: Regan Books, 2003.

NATIONAL SCIENCE FOUNDATION. *Converging technologies for improving human performance*; nanotechnology, biotechnology, information technology and cognitive science. Arlington, Virginia: National Science Foundation, 2003.

POST, S. G. (org.). *Encyclopedia of bioethics*. 3. ed. New York: Macmillan Reference USA/Thomson/Gale: 2004.

SOROMENHO-MARQUES, V. A bioética e o desfio da pós-humanidade: seis teses críticas. In: NEVES, M. C. P.; LIMA, M. (orgs.). *Bioética ou bioéticas na evolução das sociedades*. Edição Luso-brasileira. Gráfica de Coimbra/Centro Universitário São Camilo, 2005.

STOCK, G. *Redesigning humans*; our inevitable genetic future. New York: Houghton Mifflin, 2002.

WHEELER, T. Miracle molecule, 50 years on. *Baltimore Sun*, 4 February 2003, p. 8a.

11. Sugestões de leitura

FUKUYAMA, F. *Nosso futuro pós-humano*: Consequências da revolução da biotecnologia. Tradução de Maia Luiza X. de A. Borges. Rio de Janeiro: Rocco, 2003.

PESSINI, L.; BARCHIFONTAINE, C. P. (orgs.). *Bioética e longevidade humana*. São Paulo: São Camilo/ Loyola, 2006.

RÜDIGER, F. *Cibercultura e pós-humanismo*; exercícios de arqueologia e criticismo. Porto Alegre: EDIPUC-RS, 2008.

CAPÍTULO XII

Teologia, ciência e natureza: uma relação ecológica

Leomar Brustolin

A crise da terra é também uma crise de Deus e uma crise dos seres humanos quando a natureza deixa de ser uma manifestação do divino.[1]

Um dos maiores problemas da atualidade é a preservação do ambiente. Semelhante à paranoia nuclear do auge da Guerra Fria, a crise ecológica impõe mudanças de atitudes e de paradigmas. Por isso, o problema precisa também da abordagem teológica, pois, num tempo de relativização de verdades e universalização de particularidades, impõe-se a crítica sobre a leitura da realidade e o estilo de vida a que a atual sociedade obriga. A crise ambiental expressa o que a humanidade fragmentada ainda possui em comum: o empenho pela preservação das condições de vida na Terra.

A preocupação ecológica há de fazer-nos mais atentos ao organismo Terra. Os cenários atuais são dramáticos. O projeto de vida moderna e a ideologia do progresso sacrificaram muitas vidas, espécies e ecossistemas. O caminho tende à catástrofe planetária. Emerge uma nova radicalidade em relação à natureza. No passado, ela era o espaço da liberdade e da realização dos projetos. Hoje, o ambiente natural exige uma nova aliança entre os seres humanos e a Terra, onde a palavra "cuidar" torna-se um imperativo. Preservar o ambiente é uma questão urgente e indispensável para pensar na vida humana no planeta.

E, apesar de algumas pessoas se confinarem em ambientes virtuais, numa "segunda vida", a consciência do estado atual do planeta exige que cada ser humano reeduque sua visão de mundo, promovendo um olhar de cuidado e reparação à vida que se encontra ao seu redor.

---

1   WILFRED, *Para uma ecoteologia interreligiosa*, p. 45.

Teologia, ciência e natureza: uma relação ecológica

A maior contribuição da teologia, nesse cenário, se refere à interpretação dos significados que perpassam a crise e sua relação com as grandes questões que incidem na relação "pessoa-ambiente-sagrado". Igualmente, ela deverá fazer proposições para uma prática que enfrente os problemas, a partir da dimensão religiosa e espiritual, embasada na fé professada pelas tradições judaica e cristã.

Há quem não consiga fazer nenhuma leitura teológica diante da crise ambiental, entendendo a ação da fé para a salvação como exclusiva para o gênero humano e apenas no âmbito espiritual, reservado para depois da morte. Para outros, o advento de problemas ecológicos, como o aquecimento global, são um claro sinal de que é iminente o "final dos tempos". Para esses, as constantes catástrofes ecológicas que atingem os mais diferentes lugares do mundo são evidências de que o fim se aproxima. Assim, as previsões nada otimistas sobre o clima no planeta seriam concebidas como sinais da "ira de Deus" se manifestando para dar um fim nesta história produzida pela ação da humanidade. Contudo, vale recordar que discursos semelhantes multiplicaram-se ao longo dos tempos, deixando seus ecos e marcas. Nunca faltaram profetas do mau agouro, pregando o caos e a destruição do cosmo pela mão divina. Tais leituras não condizem com a fé judaico-cristã expressa nos relatos bíblicos.

1. Natureza: o olhar da ciência e da teologia

Muitos fazem questionamentos acerca da utilidade dos contributos teológicos para uma ética do cuidado na ecologia. Isso expressa que perdura o paradigma moderno de separação entre ciência e teologia, como se essa não fosse ciência por não abordar diretamente experimentos pragmáticos e objetivamente diagnosticados. É uma ilusão acreditar que qualquer experimento científico possa ser imparcial e imune a interesses e fundamentos filosóficos e/ou teológicos. A ciência não é neutra e nem se reduz ao experimento.

Durante muito tempo, a teologia pretendia ter uma resposta para todas as questões. Com a emancipação da razão moderna e o progresso científico, a teologia foi deposta desse pedestal e teve que ceder o lugar para a ciência. Esta, por sua vez, também assumiu, de outra forma, a função de dar todas as respostas para as perguntas da humanidade. A Modernidade interpretou com chave científica as forças da natureza, a constituição do ser humano, as relações sociais e os movimentos da história. Criou-se uma civilização baseada na ciência e na técnica. Com essa revolução de paradigmas, o ser humano não depende mais da natureza, mas esta depende da ação humana.

A evolução científica ocorrida nos séculos XIX e XX levou ao esquecimento da metafísica, da transcendência, da teologia. Exilou-se o campo religioso para um mundo subjetivo sem implicações e nem interesse coletivos. A religião, a fé e a

279

teologia foram convidadas a retirarem-se do cotidiano, das decisões e da organização da vida. Tudo ficou muito "concreto e real", sem tempo para subjetividades e aspectos não prováveis em laboratório. O mundo não foi mais visto como obra criada e ficou reduzido aos confins da matéria que deve ser analisada, verificada, provada e explicada. Adotou-se o princípio de que somente o que fosse tecnicamente factível seria verdadeiro.

Através do método de Descartes, a análise da realidade supõe fragmentá-la em suas menores partes constituintes para compreender a unidade básica, que é o indivíduo. O equívoco desta concepção é analisar uma abstração indeterminada e colocá-la como princípio fundamental da vida humana. O humano não é apenas uma estrutura biológica ou uma determinada espécie animal. Em sua essência, ele é linguagem, trabalho, religião, costumes, relações, cultura. Ele depende do meio social para se humanizar.

Desde Hiroshima e Auschwitz, entretanto, as ciências naturais perderam sua inocência. O sonho político mundial do novo mundo e do novo tempo, dos direitos humanos e da dignidade humana, foi desmentido pelas duas guerras mundiais do século XX. Esse cenário de destruição, privado de esperança, tornou-se o marco que determinou o fim do sonho de felicidade plena, concebido pelo mundo moderno:

> No século XX [...] os físicos enfrentam pela primeira vez um sério desafio à sua capacidade de entender o universo. Todas as vezes que faziam uma pergunta à natureza, num experimento atômico, a natureza respondia com um paradoxo, e, quanto mais eles se esforçavam por esclarecer a situação, mais agudos os paradoxos se tornavam. Em sua luta para apreenderem essa nova realidade, os cientistas ficaram profundamente conscientes de que seus conceitos básicos, sua linguagem e toda a sua forma de pensar eram inadequados para descrever os fenômenos atômicos. O problema deles não era apenas intelectual, mas envolvia uma intensa experiência emocional e existencial.[2]

Cientistas identificaram os limites de seus campos e perceberam a necessidade de uma avaliação ética de seus resultados. Os médicos passaram a se confrontar com o impasse de como e sob que condições a vida deve ser preservada. No campo da cosmologia impõem-se questões sobre a origem e o destino do universo. Diante da crise ecológica, o desafio da sustentabilidade depende de uma nova consciência ética e de um novo sentido de pertença ao mundo.

Hoje, ambas as pretensões revelam-se desproporcionais. Teologia e ciência encontram-se diante da complexidade do mundo que torna insuficiente qualquer proposta de universalizar tanto o discurso quanto a solução dos problemas. Os cientistas contemporâneos constatam que a ciência não sabe tudo e nem pode ter tal

---

2   CAPRA, *O ponto de mutação*, p. 71.

Teologia, ciência e natureza: uma relação ecológica

pretensão. Estudos de física atômica e cosmologia permitem evidenciar que há mais perguntas do que respostas, quando se pesquisa. O progresso científico de hoje pode ser relativizado amanhã e superado por novos conhecimentos descobertos. O questionamento sobre esta organização científica concebida pela sociedade moderna é exatamente a de identificação de "natureza" com "utilidade" e "exatidão", sem levar em consideração a complexidade de sistemas relacionais destas com o ser humano que a domina.[3]

Diante dos limites da ciência, concede-se que a teologia entre na rede dos saberes para colaborar com sua especificidade. Descobre-se uma ambivalência da teologia e da ciência para o progresso humano. Questões referentes ao sentido e à origem da vida, por exemplo, não podem ser codificadas no laboratório.

Ciência e teologia, portanto, são duas forças que influenciam o ser humano na apreensão da realidade. Trata-se da força das nossas intuições religiosas, e a força do nosso impulso para a observação da natureza e a dedução lógica. O trabalho cooperativo entre os dois campos do conhecimento revela que ambos podem ser conciliáveis. São dois mundos que abrem horizontes intelectuais, que expandem o acesso à verdade. Teólogos e cientistas entram em diálogo partindo de seus próprios campos de competência: o empírico ou o metafísico, e ambos, dentro do possível, tentam responder às grandes inquietações do presente, e aos questionamentos sobre o fim último de tudo. Nessa ambivalente relação, o teólogo há de se familiarizar com os fatos científicos, e o cientista com os dados da fé. O cientista é, também, um ser humano e, em sua existência, confronta-se constantemente com as questões da fé e da cultura. Essas apontam para uma realidade que está além dos fatos puros e do mundo observável. Os teólogos necessitam do saber detalhado e científico para que sua fé não se reduza a ideologia cega.

2. A crise ambiental

Percebe-se hoje uma crise sem precedentes. Civilizações sendo abaladas não é um fato inédito. O específico, porém, deste tempo é que, pela primeira vez, corre-se o risco da destruição do gênero humano. As mudanças climáticas e suas consequências destrutivas apresentam uma nova realidade ao ser humano atual: enquanto desfrutava do conforto consumista com o pressuposto domínio sobre a natureza, tida como ilimitada, não imaginava a ilusão que vivia e o quanto o estilo de vida predatório, ainda vivido na sociedade, causa a morte do planeta. A atual situação do mundo expressa o fracasso da modernização e do "progresso" que provocou a atual crise ecológica. A degradação da natureza é apenas uma parte de uma tragédia maior: o esgotamento dos recursos, a elevação dos índices de pobreza e miséria, o consumo

---

3   MOLTMANN, *La justicia crea futuro*, p. 104.

desenfreado nos países ricos, a violência urbana e a injustiça social, as guerras, a corrupção sem limites e as relações econômicas. A função das religiões nesse contexto tem sido ambígua: por um lado, foram fonte de relações abusivas com a natureza e entre os seres humanos e, por outro lado, se constituíram em fonte de ética e maneiras de ser-no-mundo.[4]

Para enfrentar a crise, precisamos esclarecer os termos e aprofundar os conceitos. Antes de analisarmos algumas possíveis causas do problema ambiental, importa explicitar o sentido da palavra ecologia hoje. No vocábulo ecologia, identifica-se o prefixo "eco", de raiz grega: *oikos*, que designa "casa", "lar" e todas suas partes. Estudiosos linguísticos contemporâneos ensinam que *oikos* não significa apenas a estrutura física da moradia, mas inclui as relações que ocorrem no interior da casa e conferem identidade aos seus moradores. No âmbito científico, a ecologia permite conhecer a natureza e interpretar a realidade, respondendo à pergunta sobre o que está acontecendo e explicando por que algo acontece daquela forma. Assim, a ecologia não se limita ao estudo das relações com o entorno biofísico, comumente denominado de natureza, mas inclui as dinâmicas culturais, sociais, econômicas, políticas e religiosas. Isto é, reúne as representações mentais que descrevem as relações consigo mesmo, com os outros e com Deus.

3. Do antropocentrismo ao biocentrismo

A ciência natural clássica é caracterizada por um paradigma que supõe o ser humano como sujeito da história e capaz de conhecer o mundo através do esforço científico. A crença no poder técnico e científico fez com que se pensasse no progresso determinado pelo poder do ser humano sobre a matéria. Assim, o cosmo se tornou objeto natural, passível de domínio explorador. Pode-se compreender, portanto, que uma das causas da crise ecológica é "a visão antropocêntrica de mundo".[5] Assim, o ser humano é compreendido "como sujeito na natureza; não é membro na comunidade da criação, mas coloca-se como sendo seu senhor e proprietário".[6]

O antropocentrismo gerou uma civilização sedenta de poder e ambiciosa em dominar tudo, especialmente a natureza:

> A crise do mundo moderno não surgiu apenas através das tecnologias que possibilitaram a exploração da natureza ou em decorrência das ciências naturais, através das quais os seres humanos se tornaram senhores da natureza. Ela se baseia muito mais na ambição que pessoas têm por poder e prepotência.[7]

---

4   CLAMMER, *Aprendendo da Terra*, pp. 106ss.

5   É o que sustenta o teólogo alemão Jürgen MOLTMANN, *Deus na doutrina da criação*, p. 56.

6   Ibid., p. 51.

7   Ibid., p. 43.

Teologia, ciência e natureza: uma relação ecológica

A atitude possessiva e destruidora do ambiente não pode ser compreendida sem a centralidade do ser humano como dominador e articulador da crise. Aqui emerge a perda de valores capazes de nortear a convivência harmoniosa na Terra. Se tudo está imbricado numa grande rede de relações, a crise ética deve ser considerada uma das consequências mais nefastas da prepotência antropocêntrica das últimas décadas:

> A compreensão de Ecologia como relação e inter-relação de tudo/todos, faz-nos mergulhar dentro de uma séria e grave constatação, a grande ameaça que a natureza e o ser humano estão sofrendo, vítimas do próprio ser humano, de sua prepotência e autossuficiência exacerbadas, fruto de um antropocentrismo "bizarro" e da falta de valores éticos.[8]

O ser humano, mesmo na suposta objetividade isolada dos métodos científicos, está estreitamente ligado ao meio ambiente. Jamais está isento das relações com o ambiente natural, porque é participante da natureza.[9] Ele não se coloca apenas diante da natureza como um sujeito de conhecimento e de atividade, mas se entende como sujeito de uma história junto à natureza. O ser humano tem natureza e é natureza. Ele toma consciência não apenas do poder que ele dispõe sobre a natureza, mas também da solidariedade em relação à natureza à qual está coligado.

A ação humana, suas decisões e seu estilo de vida afetam profundamente a vida no planeta. Inclusive o que consome: "Igualmente preocupante, ao lado do problema do consumismo e com ele estritamente ligada, é *a questão ecológica*. O homem, tomado mais pelo desejo do ter e do prazer, do que pelo de ser e de crescer, consome de maneira excessiva e desordenada os recursos da terra e da sua própria vida".[10]

Numa percepção antropocêntrica, a questão ecológica é reduzida à preservação da vida humana na Terra. Sempre é um risco querer cuidar da natureza somente porque, se assim não for, o ser humano não sobreviverá. A ética nasce da responsabilidade diante do outro. Acolhendo ou rejeitando o semelhante, definem-se as relações de cooperação ou de dominação. Decorre, então, a necessidade de estabelecer critérios que permitam cuidar da vida.

Há que se apresentar como alternativa ao antropocentrismo moderno a proposta de um biocentrismo. Nessa visão, o ser humano é tido apenas como uma célula de um superorganismo. Trata-se de uma espécie de "negação abstrata" do antropocentrismo.[11] Esta maneira de pensar propõe a absolutização da natureza. Para os críticos dessa posição, a natureza não pode ser concebida como um ser pessoal capaz de ditar orientações humanas. Ora, entender que a natureza seja o centro do universo é mi-

---

8   VIEIRA, *O nosso Deus*, p. 63.
9   WAINWRIGHT, *O livro da genealogia*, p. 15.
10   JOÃO PAULO II, *Centesimus Annus*, p. 37.
11   OLIVEIRA, *Tópicos sobre dialética*, p. 167.

nimizar a questão ambiental. De fato, ela é a casa, *oikos*, do ser humano. Entretanto, toda consideração parte de apontamentos racionais e, por isso, são pressuposições preconcebidas. Não se pretende restituir o antropocentrismo moderno com isto, ao contrário, é preciso equilibrar a relação sem atingir um extremo biocentrista. O ser humano não é apenas um mero subsistema do cosmo, a não ser que seja entendido apenas organicamente. Mas, reduzindo-o ao dado biológico, corre-se o risco da despersonalização. O ser humano é pessoa e, portanto, responsável pelo cuidado e salvaguarda da criação.

O equilíbrio entre biocentrismo e antropocentrismo implica alinhar justiça social com justiça ecológica. O equilíbrio nessa relação é de fundamental importância para refutar uma concepção de visões opostas ou paralelas. Não basta querer defender uma justiça ambiental se em contrapartida se relega às pessoas apenas uma nefasta injustiça. "A instrumentalização da terra vai de mãos dadas com a manipulação dos seres humanos e com a negação da justiça através de um jogo de poder e dominação."[12] A destruição do cosmo provoca também feridas sociais insanáveis. Ou melhor, a degradação ambiental é parte de uma tragédia complexa, de uma crise cultural.[13]

4. Dominar a terra? A revisão dos conceitos

Diante do desafio de preservar o planeta e de frear a destruição do ecossistema, é preciso combater conceitos e paradigmas que possam validar projetos que depredem o ambiente. Até mesmo questões religiosas precisam ser mais bem analisadas. Uma crítica frequente acusa o cristianismo de ser responsável pela destruição ecológica, ou pelo menos o aponta como um sistema religioso justificador da dominação humana sobre o cosmo.[14] Seria simplesmente superficial não compreender qual é a deturpação teológica que justificou o antropocentrismo moderno. "A verdade é que o cristianismo que está sendo censurado é um cristianismo interpretado através do antropocentrismo iluminista do Ocidente, que fundamentou o desencantamento com a natureza como marca do progresso e de humanismo secular."[15] Apesar dessa distinção, é preciso recuperar o sentido original da fé cristã sobre o mundo criado por Deus a partir das fontes bíblicas.

---

12 WILFRED, *Para uma ecoteologia interreligiosa*, p. 49.

13 CLAMMER, *Aprendendo da Terra*, p. 106.

14 A crítica é de Lynn White Jr., que responsabiliza o cristianismo pela crise ecológica. A análise é um tanto simplista por não fazer distinções e diferenciações necessárias. Os estudiosos da Bíblia têm procurado interpretar o domínio como administração, superintendência e cuidado. Contudo, é muito importante elucidar o fato indiscutível das consequências de uma abordagem que mostra concretamente que a dominação foi a maneira como a tradição bíblica tem sido interpretada na prática ocidental. Ora a culpa dessa dominação não pode ser lançada sobre o cristianismo em sua totalidade.

15 WILFRED, *Para uma ecoteologia interreligiosa*, p. 54.

Teologia, ciência e natureza: uma relação ecológica

Cada vez mais fica evidente a necessidade de rever o conceito de criação utilizado pela teologia e o conceito de natureza concebido pela ciência. A crise ecológica impõe, tanto para a tradição judaico-cristã quanto para o mundo científico, uma profunda revisão de concepções e práticas que acabaram estimulando o domínio e a exploração de toda obra criada. A teologia cristã tem por tarefa corrigir a interpretação vigente de que o ser humano deva dominar a Terra, submeter a natureza, desmontar os sistemas naturais e explorá-los para seus próprios fins.

Uma primeira questão a ser enfrentada pela teologia refere-se à expressão "dominai", do texto do Gênesis 1,28, o primeiro livro da Bíblia. Muitos entendem que o vocábulo "dominai" estimulou uma exploração ilimitada dos recursos naturais. Embora a expressão só tenha adquirido a conotação de exploração com o progresso técnico e científico da modernidade, é preciso analisar o texto e o contexto do versículo para identificar as distorções sofridas em sua interpretação. Considere-se, porém, que os livros bíblicos descrevem uma história sagrada que é antiga, que nasceu de culturas e cosmologias profundamente diferentes daquelas da história contemporânea da Terra, fornecida por cosmologias e biologias evolucionistas.

O estudo bíblico permite identificar dois relatos no livro do Gênesis sobre a criação do mundo. No primeiro relato, de Gn 1,1–2,4a, temos a criação do homem com o comando divino de dominar a Terra. No segundo relato, de Gn 2,4b-25, o mandato de Deus é cultivar a Terra e não dominá-la e subjugá-la. "E Deus os abençoou, e Deus lhes disse: 'Frutificai e multiplicai-vos, e enchei a Terra, e *sujeitai-a*; e *dominai* sobre os peixes do mar e sobre as aves dos céus, e sobre todo o animal que se move sobre a Terra'" (Gn 1,28). O comando de Deus é de "subjugar" e "dominar".

O versículo que nos interessa situa-se no primeiro relato da criação, Gn 1,1–2,4a, mais precisamente na parte relativa ao sexto dia da criação. Diferentemente das fontes que o inspiraram, o escritor bíblico testemunha outra compreensão do "humano". Enquanto antigas tradições religiosas apresentam o rei como imagem da divindade, investido da autoridade divina, o relato bíblico atribui ao ser humano em geral essa imagem. Na Mesopotâmia, o homem era visto como escravo da divindade, mas no relato bíblico ele dominará sobre todas as criaturas. O "subjugai a Terra" (v. 28) é para colocar a Terra selvagem a serviço dos homens.

No comando de subjugar a Terra e dominar os animais (Gn 1,28), não se pode deixar de ver que a Terra é um dom de Deus a Israel, desde a criação do mundo. No hebraico o verbo "subjugar" não tem o sentido ocidental moderno de dominar, mas significa "trabalhar" (= saber cuidar, com sabor e compaixão), transformando as trevas em luz, o caos em cosmo. "Dominar" significa continuar lutando permanentemente contra desertos e trevas. O comando de dominar os animais segue a ordem de "subjugar" a Terra. Este segundo verbo pertence ao contexto de subordinação ou domínio. A criação humana tem um objetivo, uma finalidade. Tanto os animais

285

como os homens são abençoados, em vista da fertilidade, mas uma ordem hierárquica é estabelecida entre os seres vivos: humanos e animais são colocados em relação, mas os humanos são encarregados de dominá-los.

O domínio sobre a criação, no entanto, não pode ser realizado de qualquer jeito, de modo a desprezar ou destruir a vida vegetal ou animal. Como enviado de Deus, o ser humano permanece como a criatura que deve proteger a criação. A atitude de respeito com relação aos animais é reforçada em Gn 1,29-30, onde o alimento vegetal é dado ao ser humano e aos animais.

O relato da criação, portanto, não expressa noções de domínio e exploração do mundo criado. O ser humano é tido como um cuidador e continuador da obra criada por Deus. Se dominar significa continuar atuando na criação entre luzes e trevas, então a criação não pode ser vista de forma estática. Ela é essencialmente movimento e abertura. Tal revisão da leitura do versículo bíblico sobre o "dominai" é uma recuperação do sentido original e uma compreensão ética que impede ao ser humano abusar da natureza, entendida como obra do Criador. "O domínio conferido ao homem pelo Criador não é um poder absoluto, nem se pode falar de liberdade de 'usar e abusar', ou de dispor das coisas como melhor agrade".[16]

5. As contradições entre progresso e miséria

Percebe-se como a história apresenta uma bela fachada de progresso, de um futuro promissor através da evolução da ciência e da técnica, mas esconde o lado apocalíptico, escuro e mortal das massas "sobrantes" do planeta e da crise ecológica que ameaça a vida humana na Terra. Há uma ambiguidade fundamental no mundo de hoje. Enquanto uma minoria do planeta já vive no futuro da informática, do mundo virtual, do conforto e da facilidade que a tecnologia pode oferecer, a grande maioria da população global vive no passado, sem direito à saúde, educação, alimentação e moradia. Um sistema econômico alicerçado na cobiça, a promoção da competição e o padrão de produção e consumo desenfreado forçarão a Terra além de sua potencialidade regenerativa. Se esse sistema e esse estilo de vida perdurarem, não será possível pensar o futuro da espécie humana. Os sinais dessa crise são muito eloquentes. Onde há cobiça, há também instrumentalização. A Terra instrumentalizada possibilita a manipulação dos seres humanos e a negação da justiça através de um jogo de poder e dominação.

Ao ser humano foi imposto um estilo de vida a partir do Primeiro Mundo, que não é aplicável em nível global, e só pode ser mantido à custa do Terceiro Mundo. O que representou emancipação e liberdade para as populações mais desenvolvidas

16 JOÃO PAULO II, *Sollicitudo Rei Socialis*, n. 34.

Teologia, ciência e natureza: uma relação ecológica

economicamente, repercutiu nos países pobres como o avesso da história moderna: na multidão de empobrecidos.

O hiato entre o padrão de vida de quem já está no futuro e a falta de condições mínimas de vida dos que estão no passado da sobrevivência cresce como um abismo intransponível. Resultado desse processo é a crescente violência urbana, a expansão da drogadição para aqueles que desejam eternizar o presente e a exploração desequilibrada do meio ambiente a partir dos princípios do mercado global que deve crescer: custe o que custar!

A própria ideia de progresso humano, portanto, é muitas vezes ambígua. Nem toda forma de ação humana é verdadeiramente uma humanização da história. Existe também uma história de trevas, na qual o domínio técnico-científico, marcado pelo materialismo e guiado pelo jogo do poder e do mercado, deturpa e afeta a imagem do ser humano. A fé cristã professa que o universo está destinado a participar da própria história íntima de Deus. Aqui, então, vale o princípio: nada se perde, tudo se transforma, e mais: tudo será transfigurado em Deus.

Enquanto vivermos sob o signo do desenvolvimento, não conseguiremos pensar o signo do equilíbrio. Outrora o binômio desenvolvimento e equilíbrio suportava uma sociedade que crescia menos, mas também explorava menos os recursos naturais e vivia em maior harmonia com o planeta. Não basta, então, defender a vida ameaçada na Terra. É preciso promover uma mudança de paradigma e de atitude em relação a esse mundo. Certamente uma das mais vivas urgências é reduzir o consumismo que produz tanta descartabilidade.

6. Cuidar do equilíbrio

A preservação do ambiente e da vida humana não pode ocorrer apenas com vistas a um futuro remoto. A questão exige uma nova centralidade, pois se reflete sobre todos os saberes. Há uma responsabilidade comum em vista da sobrevivência. É hoje que se deve agir, como se o futuro inteiro do gênero humano estivesse nas mãos da atual geração. O tempo da salvação da Terra é o presente. As previsões são desanimadoras, principalmente no que se refere aos recursos hídricos, pois o problema da escassez da água potável, em muitas regiões do planeta, tende a se alastrar.

Assumir a responsabilidade ecológica não significa fazer alarde ou prever infortúnios, mas alertar pedagogicamente sobre os riscos que corremos. Precisamos tomar uma nova posição: evitar toda violência sobre a natureza e buscar um novo paradigma de convivência pacífica e de coexistência. Contra a acelerada exploração dos recursos naturais, a fé no futuro da criação tem uma dimensão terapêutica para o planeta. Nesse sentido, o diálogo entre ciência e teologia deve reconfigurar o ser humano para uma posição de interação com o meio ambiente.

Necessita-se de uma nova consciência diante das ameaças da vida no planeta. Nova, porque não se limita à preservação de espécies em extinção, mas de todo meio ambiente; nova, porque inclui o ser humano como protagonista da defesa e vítima do desequilíbrio:

> Relacionado com a promoção da dignidade humana está também o direito a um meio ambiente saudável, já que o mesmo põe em evidência a dinâmica das relações entre o indivíduo e a sociedade. Um conjunto de normas internacionais, regionais e nacionais sobre o meio ambiente está gradualmente a dar forma jurídica a tal direito. Todavia, as medidas jurídicas sozinhas não bastam [...]. O presente e o futuro do mundo dependem da salvaguarda da criação, porque existe uma interação constante entre a pessoa humana e a natureza.[17]

O equilíbrio ecológico, portanto, não se faz apenas salvando espécies em extinção, mas também se ocupando dos grandes problemas que afetam a comunidade humana no planeta. Uma preocupação não pode ser pensada sem a outra, mas a prioridade deve ser sempre o ser humano, pela sua dignidade e pelos seus direitos. Nenhuma ideia de evolução ou progresso pode prescindir do valor da vida humana que se insere no ambiente e dele deve cuidar como um jardineiro dedicado. O humano é o único ser para o qual a vida é uma tarefa, porque ela não se reduz ao dado somático-psíquico. Ele tem uma existência inacabada, não só do ponto de vista biológico, mas também espiritual e, principalmente, enquanto unidade pessoal.

7. A conversão ecológica

A questão ecológica atual reflete um esquecimento de sentido, por parte do ser humano, que tem, nas crises causadas no ambiente externo, um reflexo de suas crises internas. Sobre isso, Jürgen Moltmann argumenta que a morte dos bosques corresponde à devastação psíquica e espiritual dentro de nós e que a poluição das águas corresponde à atitude destrutiva assumida como modo de vida nas grandes metrópoles. Ele afirma que a presente crise não é apenas ecológica no sentido técnico, pois sua reversão exigirá conversão.[18] Aqui, a palavra "conversão" é compreendida num sentido amplo, não se refere apenas à dimensão religiosa, mas relaciona-se a uma nova postura diante dos fatos e da busca de um acordo possível a partir de paradigmas que apontem para novos horizontes. Precisa-se de uma educação que sofra uma "conversão", capaz de abandonar a relação abusiva para com a Terra e entendê-la como um jardim cultivável e casa para a atual civilização e sua descendência.

---

17 JOÃO PAULO II, *Mensagem para o Dia Mundial da Paz de 1999*, n. 10.

18 Cf. MOLTMANN, *Dio nel progetto del mondo moderno*, p. 95.

Isso implica rever o conceito de mundo que produzimos e sustentamos. Rever a ideologia do progresso sem limites, a concepção que reduz a natureza à mercadoria, o conceito de exploração que devora a vida e massacra os ecossistemas, a percepção de natureza como serva do ser humano, com direito à manipulação e alienação.

Será preciso, também, rever as concepções de ciência, que entendem o saber como domínio e não como participação ou comunhão. Acima de tudo, negou-se todo envolvimento da transcendência para interpretar o mundo. E apesar das ameaças que se aproximam, a fé cristã há de proclamar sua confiança no Deus fiel que não abandona a sua criação. Assumir a responsabilidade ecológica não significa fazer alarde ou prever infortúnios, mas alertar pedagogicamente sobre os riscos que corremos, para tomar uma nova posição: evitar a violência científica e econômica sobre a natureza e buscar um novo paradigma de convivência pacífica e de coexistência.

Perante a crise ambiental, o ser humano pode reagir tanto com angústia quanto com esperança. Pode preocupar-se com o iminente perigo de destruição. Assim a angústia tem um sentido positivo de alerta para uma intervenção imediata, tal como faz a dor no organismo enfermo. Entretanto, se a pessoa humana não caminhar para uma esperança acabará num sufocante vazio da angústia. A esperança garante sonhar, projetar e trabalhar por outro mundo ecologicamente viável. "Na angústia antecipamos o possível perigo, na esperança, a possível salvação."[19] Ambas estão concatenadas, visto que, na questão ecológica, há um futuro e não um destino.

8. Referências bibliográficas

CAPRA, Fritjof. *O ponto de mutação*. São Paulo: Cultrix, 2001.

CLAMMER, John. Aprendendo da Terra: reflexões sobre educação teológica e crise ecológica. *Concilium*, Petrópolis, n. 331, 2009/3, pp. 105-112.

CONCÍLIO VATICANO II. *Constituição Pastoral Gaudium et Spes*. São Paulo: Paulinas, 1997.

JOÃO PAULO II. *Centesimus Annus*. São Paulo: Paulinas, 1981.

_____. *Sollicitudo Rei Socialis*. São Paulo: Paulinas, 1989.

MOLTMANN, Jürgen. *La justicia crea futuro*; política de paz y ética de la creación en un mundo amenazado. Santander: Sal Terrae, 1992.

_____. *Deus na doutrina da criação*; doutrina ecológica da criação. Petrópolis: Vozes, 1993.

_____. *Quem é Jesus Cristo para nós, hoje?* Petrópolis: Vozes, 1996.

_____. *Dio nel progetto del mondo moderno*; contributi per una rilevanza pubblica della teologia. Brescia: Queriniana, 1999.

---

19   MOLTMANN, *Quem é Jesus Cristo para nós, hoje?*, p. 54.

OLIVEIRA, Manfredo Araújo de. *Tópicos sobre dialética.* Porto Alegre: EDIPUC-RS, 1996.

VIEIRA, Tarcísio Pedro. *O nosso Deus*; um Deus ecológico; por uma compreensão ético-ecológica da teologia. São Paulo: Paulus, 1999.

WAINWRIGHT, M. Elaine. O livro da genealogia... Como devemos lê-lo? *Concilium,* Petrópolis, n. 331, 2009/3, pp. 10-21.

WILFRED, F. Para uma ecoteologia interreligiosa. *Concilium,* Petrópolis, n. 331, 2009/3, pp. 45-58.

9. Sugestões de leitura

Além dos livros de MOLTMANN, *Deus na doutrina da criação,* e de VIEIRA, *O nosso Deus,* os seguintes livros são sugeridos para um aprofundamento:

JUNGES, José Roque. *Ética ambiental.* São Leopoldo: Unisinos, 2004.

KERBER, Guillermo. *O ecológico e a teologia latino-americana.* Porto Alegre: Sulina, 2006.

MOLTMANN, Jürgen. *Ciência e sabedoria*; um diálogo entre ciência natural e teologia. São Paulo: Loyola, 2007.

SUSIN, Luiz Carlos. *A criação de Deus.* São Paulo: Paulinas, 2003.

CAPÍTULO XIII

Repensando o secular: ciência, tecnologia e religião hoje*

Bronislaw Szerszynski

John Caiazza[1] trouxe à tona um provocativo e estimulante início de conversa para o simpósio que celebra o 40º aniversário da revista *Zygon*.** Ele nos apresenta uma vívida descrição de como, em certo nível, a ciência se encontra em um caminho ascendente, e, assim fazendo, parece deslocar a religião como a forma mais privilegiada de conhecimento. Em outro nível, destaca o enfraquecimento da ciência em desafiar a pretensão do conhecimento religioso. O *status* da ciência como a detentora de verdade objetiva e universal vem sendo desafiado não somente por grupos religiosos fundamentalistas, mas também por acadêmicos das ciências sociais e humanidades. E níveis de abstração da ciência mais e mais sofisticados fazem com que os argumentos que se impõem como verdades científicas raramente possam ser tidos como definitivos, da maneira como antes acontecia. Em vez disso, segundo Caiazza, a razão primária para o avanço do secularismo não é a reivindicação da autoridade de uma verdade científica, mas o poder da tecnologia em moldar vidas — uma tecnologia cujos mecanismos causais estão se tornando progressivamente obscuros para o público leigo, que a percebe como um fenômeno "mágico".

Há muito na consideração de Caiazza em relação à condição tecnológica contemporânea que estou de acordo. Entretanto, gostaria de sugerir que a sua análise do presente está comprometida por uma compreensão inadequada do secular como um fenômeno histórico. Caiazza apresenta debates correntes sobre a relação entre ciência e religião como simplesmente a última manifestação de uma tensão contínua

---

*   Artigo publicado originalmente em *Zygon: Journal of Religion and Science*, v. 40, n. 4, dezembro 2005, pp. 813-822. Tradução gentilmente autorizada pelo autor e pelo editor, e direitos para a língua portuguesa concedidos por Wiley-Blackwell. Tradução de Alfredo Veiga e revisão de Eduardo R. da Cruz.

1   CAIAZZA, Athens, Jerusalem, and the Arrival of Techno-Secularism.

** Periódico norte-americano, fundado em 1965, dedicado especificamente à interface entre ciência e religião *(NE)*.

entre duas diferentes formas de conhecimento, uma, secular e, outra, revelada — uma tensão que fora fortemente implantada na cultura europeia quando do encontro entre o grego clássico e o pensamento judaico no início da era cristã. De modo diferente, sugiro que precisamos ver o secular moderno, incluindo ciência e tecnologia, como um produto distintivo da história religiosa do Ocidente.[2] Fazendo tal aproximação, poderemos ver como o moderno mundo secular — incluindo ciência e tecnologia — tem sua própria teologia camuflada. Uma vez feito esse movimento, o pensamento religioso será capaz de se engajar com a ciência e a tecnologia em um diálogo crítico mais profundo e significativo.

1. O sagrado e o secular

O pensamento moderno é dominado pela imagem peculiar de um relacionamento entre o sagrado e o secular, que pensa o secular como um termo neutro, que não precisa de explicação. O secular é entendido tanto como uma realidade autodependente, sublinhando algumas sacralizações específicas oferecidas pelas religiões mundiais, ou como uma forma universal de pensamento que estava sempre à espreita dentro da história humana como uma potencialidade, na verdade o destino da humanidade. Ao contrário, sugiro que precisamos ver o secular como um produto peculiar e distintivo da história cultural e religiosa do Ocidente e até mesmo como um fenômeno religioso.

Uma implicação imediata dessa forma de repensar o secular é que o título do artigo de Caiazza, *Atenas, Jerusalém e a chegada do tecno-secularismo*, precisa ser mais bem considerado. Em sua forma presente, e principalmente quando ele o detalha na página 10, parece sugerir que os debates correntes sobre a relação entre ciência e religião, como aqueles que aparecem nas páginas de *Zygon*, podem simplesmente ser vistos como uma manifestação contemporânea das tensões correntes — algumas vezes criativas, outras antagônicas — entre os pensamentos grego e hebraico na história cultural europeia. Entretanto, é problemático apresentar o pensamento filosófico clássico grego como secular no sentido moderno. Tanto o monoteísmo judaico quanto o pensamento filosófico grego tomaram sua forma em um contexto de mudança radical na compreensão do sagrado, que tomou conta de grandes áreas do globo entre 800 e 200 a.C. Com essa ideia emergente, à qual Karl Jaspers[3] denominou de *era axial*, o monismo cosmológico das compreensões primitivas do sagrado foi progressivamente reordenado em torno de uma distinção dualística entre *este* mundo e uma realidade transcendental percebida como algo que existe além. Religião e

---

2   Para um desenvolvimento mais sustentado desse argumento, ver SZERZYNSKI, *Nature, technology and the sacred*.

3   JASPES, *The origin and goal of history*.

Repensando o secular: ciência, tecnologia e religião hoje

cultura não eram mais organizadas preferencialmente em torno da reprodução de uma vida no mundo, mas algo que se preocupa em seguir uma transcendência da particularidade e da necessidade, seja através de prática devocional, meditação ou por contemplação. Dessa forma, apesar das diferenças óbvias das expressões religiosas mais explícitas dessa mudança, a razão filosófica grega partilhou com as várias religiões mundiais que também emergiram durante esse período a concepção de uma realidade mais *alta*, com referência à qual um mundo *empírico* como um todo era entendido como significativo. Os gregos não teriam sequer imaginado que nosso conhecimento e manipulação do mundo material pudessem um dia se aproximar da clareza da razão reflexiva.

Reiterando, se quisermos entender adequadamente o mundo secular contemporâneo e a possibilidade de um engajamento religioso nele, precisaremos de uma compreensão mais refinada das condições dessa emergência histórica,[4] uma vez que, originalmente, o conceito de profano sempre teve como pressuposto o sagrado. Conceitualmente, operavam lado a lado, tendo apenas um relativo contraste entre os dois conceitos e que às vezes poderiam se alterar em momentos particulares.[5] No mundo clássico, em seu sentido original, o profano ou mundano era, portanto, entendido religiosamente — de fato, do latim, *pro-fanum* se referia ao espaço em frente do templo.[6] Mesmo assim, o secular moderno, com seu pensamento e sua ação, compreende a si mesmo como secular ou profano em um senso absoluto, não relativo. Mas como uma forma cultural fez emergir essa compreensão de si mesma não como algo que se insere em heresia, idolatria, apostasia, mas em um *não* religioso, entendido em si mesmo, em termos imanentes, sem necessidade de um ponto de referência sacral para se fazer inteligível? E, ainda, estariam certos os religiosos em conceder essa reivindicação — que vê o diálogo entre religião e o secular, incluindo ciência, como um entre os caminhos radicalmente separados de conhecimento, cada um com seu próprio magistério?

O movimento-chave que quero fazer aqui é virar o secularismo de ponta-cabeça e sugerir que, mais do que entender religião como um fenômeno cultural distinto dentro de um mundo fundamentalmente secular, aberto à explicação, tendo como referência realidades seculares, como a psicologia ou outros interesses e ideologias, é sempre o *secular* que deveríamos problematizar — entendido como um desenvolvimento especificamente cultural moderno pelo qual o profano, sempre um espaço dentro de um cosmo sacral, torna-se uma realidade autofundamentada e independente.[7]

---

4   Ver, por exemplo, MILBANK, *Theology and social theory*; GAUCHET, *The disenchantment of the world*.

5   VAN GENNEP, *The rites of passage*.

6   GADAMER, *Truth and method*, p. 150.

7   Ao construir esse argumento, fico certamente muito grato ao trabalho de John Milbank (op. cit.).

2. As raízes teológicas da ciência moderna

Essa ideia, a de que o secular moderno se formou não rompendo com o pensamento religioso, mas sim pela transformação de ideias especificamente religiosas, tem implicações significativas para o projeto *Zygon*, que é o de reconciliar ou unir religião e ciência. De fato, a emergente ciência moderna do século XVII não foi somente um evento decisivo na "separação entre secular e conhecimento revelado",[8] mas, muito mais, foi um momento de fusão espetacular entre o pensamento religioso e a filosofia natural. Como historiador, Amos Funkenstein sustenta que o trabalho de Galileu, Descartes, Newton e Leibniz pode ser visto como o ponto alto da convergência entre ciência, filosofia e teologia. Funkenstein descreve a atividade desses e outros filósofos naturalistas desse tempo como uma "teologia secular", no sentido de que essa era uma teologia orientada para o "mundo" de uma maneira nunca antes registrada. Esse era um mundo cada vez menos visto, como era o caso nas religiões axiais, como um estágio transitório do desenvolvimento das almas humanas, mas sim que tinha seu próprio valor religioso, ambos como uma moradia, onde a criação revela a mente do seu criador. Como Funkenstein afirma: "O mundo se tornou o templo de Deus, e os leigos se transformaram em sacerdotes".[9]

A Revolução Científica, portanto, não dispensou Deus; no entanto, seus proponentes mudaram o significado da linguagem teológica, o que fez com que os atributos divinos fossem progressivamente absorvidos para dentro do mundo empírico. Com a finalidade de continuar seu projeto de reconfigurar a compreensão humana da natureza e capacitá-la para a certeza matemática, personagens como Descartes, Newton, More e Leibniz reconheceram que precisavam de clareza e nitidez em suas noções sobre Deus, que fosse similar àquelas que tinham em relação à natureza. Linguagens sobre os atributos e o ser divinos tinham que ser despojadas de metáforas e receber significados inequívocos; da mesma forma, a linguagem sobre a ação divina tinha que ser purificada de mistério, como foi feito ao desempenhar papéis específicos na retratação do mundo pela ciência que se estava então se formando.[10] Assim, a ciência moderna nasceu no meio de um discurso teológico — herético, para alguns — em transformação, embora essas raízes teológicas tivessem progressivamente se tornado obscuras à medida que se passavam décadas e séculos.

---

8   CAIAZZA. Athens, Jerusalem, and the arrival of Techno-secularism, p. 10.

9   FUNKENSTEIN, *Theology and the scientific imagination from the middle ages to the seventeenth century.* p. 6.

10 SZERSZYNSKI, *Nature, technology and the sacred*, p. 48.

Contra esse pano de fundo, não seria surpresa que, como Hava Tirosh-Samuelson[11] e John Polkinghorne[12] apontaram no número de março (2005) da revista *Zygon*, a relação entre ciência moderna e religião certamente não tem sido somente de conflitos. Em vez disso, tem havido repetidos episódios de influências mútuas: às vezes a religião tem retirado ideias da ciência, outras vezes, a ciência em relação à religião.[13] No entanto, até mesmo onde há conflitos, é possível ver isso não como evidência de racionalidades autônomas radicais de duas modalidades de pensamento, mas como uma dependência comum de postulados teológicos. A discordância é menos uma maneira de falar de coisas diferentes (anjos *versus* forças, por exemplo), do que discordar *sobre a mesma coisa* — a natureza do tempo, do ser etc. Tal movimento deveria encorajar críticos religiosos dos postulados da ciência a pensar estas contendas nem sempre no território da justificação científica — aquele da evidência, replicabilidade e coerência com o corpo do conhecimento científico — mas também sobre o mais fundamental território da teologia. Que imagem do ser se está assumindo a partir dessa visão do mundo? Como se poderia, de tal visão passiva e mecânica da matéria, inferir uma visão excessivamente voluntarista da soberania divina sobre as criaturas? O que isso parece implicar a respeito dos humanos, se estes são feitos à imagem de Deus?

3. As "guerras da ciência"

Essa forma de pensar a respeito da relação entre ciência e religião pode ajudar a entender o que está em relevo nas "guerras da ciência".[14] Esses conflitos sobre a autoridade da ciência são mais complexos do que Caiazza indica;[15] a batalha é menos sobre a *existência* da ciência do que sobre aquilo que parece ser vagamente denominado de sua *democratização*. Pessoas, em suas variadas caminhadas, estão preocupadas a respeito da maneira pela qual o conhecido privilégio epistêmico da ciência é usado como um aparelho de exclusão de quaisquer considerações mais amplas do influente desenvolvimento científico e tecnológico: questões sobre valores, fins e meios; o valor epistêmico do conhecimento leigo e o raciocínio ético; a crescente proximidade de relacionamento entre ciência, comércio, Estado etc. Essas preocupações não podem ser reduzidas a qualquer oposição simples entre revelação e razão; de fato, elas são largamente partilhadas pelos críticos, religiosos e não religiosos, do cientificismo — embora mesmo aqueles que se declaram críticos seculares recorram

---

11 TIROSH-SAMUELSON, Rethinking the past and anticipating the future of religion and science.

12 POLKINGHORNE, The continuing interaction of science and religion.

13 Ver BROOKE, *Science and religion*.

14 ROSS, *Science wars*.

15 CAIAZZA. Athens, Jerusalem, and the arrival of Techno-secularism, p. 13.

frequentemente à linguagem religiosa quando se trata de expressar ansiedades sobre caminhos tecnológicos.[16]

É esse sem dúvida o caso quando, em algumas partes do mundo, formas de fundamentalismo religioso parecem estar alinhadas contra a livre indagação, seja científica, filosófica, artística ou teológica. No entanto, dentro do espírito otimista de *Zygon*, deveríamos resistir em caracterizar isso como resultado de um embate inevitável entre revelação e razão. De fato, é possível desenvolver uma crítica religiosa de uma porção de prática científica que castigue esta por não ser cética *o suficiente*. Por exemplo, se a dúvida é uma "parte constante da fé", conforme Caiazza que parafraseia um dito de Dorothy Day,[17] isso não é por conta da existência de um mundo "secular" constante com o qual o cristão se depara, mas sim porque o cristianismo é uma experiência particular do tempo.[18] O cristão está suspenso no tempo messiânico, entre o *já* da encarnação e o *ainda não* escatológico. O cristianismo radicalizou a ruptura judaica das continuidades sacrais do sagrado arcaico, abrindo um espaço crescente entre a verdade divina e a terrena. Com a rejeição cristã de entendimentos cúlticos e gnósticos de salvação, os crentes eram deixados a si mesmos e à Igreja para determinar qual a maneira de viver — uma Igreja que assim simbolizava e prometia mediar o abismo entre céu e terra nesse tempo de suspensão. Dúvida e consciência individual eram, pois, fenômenos psíquicos imanentemente produzidos pela estrutura mesma da experiência cristã do tempo.[19]

Desse ponto de vista é preciso dizer que, quando se considera um cientificismo menos rígido, a ciência mesma se transforma em cúltica na medida em que oferece uma forma de conhecimento que nega a natureza messiânica do tempo, um conhecimento que seria possível apenas no momento da realização escatológica. Bruno Latour, antropólogo e filósofo da ciência, recentemente falou de uma "secularização" da Ciência (com C maiúsculo), referindo-se ao abandono da pretensão mítica da ciência de ter acesso privilegiado à verdade objetiva.[20] Segundo ele, as ciências (com c minúsculo) — as formas particulares e falíveis que temos de gerar conhecimento sobre o mundo — precisam se salvar desse mito, de maneira que possamos dispensar a ilusão perigosa de que a construção do conhecimento científico pode e deve ser isolada da política e do debate. Latour evoca essa "secularização" para indicar o modo como isso serviria para uma remoção do privilégio epistêmico transcendental da ciência, fazendo-a descer para o nível do mundo, para os termos de um engajamento entre ciência e política. Ainda, ironicamente, essa mesma secularização da

---

16   DEANE-DRUMMOND; SZERSZYNSKI. *Re-ordering nature*.

17   CAIAZZA. Athens, Jerusalem, and the arrival of Techno-secularism, p. 15.

18   MANCHESTER, Time in Cristianity.

19   GAUCHET, *The disenchantment of the world*, p. 137.

20   LATOUR, *Politics of nature*, pp. 30-31.

ciência também poderia facilitar um engajamento mais produtivo entre ciência e *religião*, através de um rebaixamento para o nível de uma reflexão consciente, um debate partilhado e que confronta a pretensão teológica sobre temas como tempo, finitude e poderes epistêmicos humanos.

4. Tecnologia e significados humanos

Em suas intrigantes conclusões Caiazza aponta para a tecnologia como a razão principal para o afastamento da religião da esfera pública.[21] A fim de melhor julgar essa declaração, talvez seja útil distinguir entre duas dimensões da religião que têm sido identificadas pelos antropólogos. Segundo David Mandelbaum,[22] na sociedade Ocidental a ênfase está na dimensão *transcendental* da religião, uma preocupação com o bem-estar em longo prazo da sociedade e com questões de significância fundamental, enquanto o foco de outras religiões está frequentemente baseado em dimensões *pragmáticas*, o local e o particular. Um contraste similar é feito por Roy Rappaport[23] entre a dimensão *indéxica* da ação religiosa, focada nas necessidades e situações presentes, e a dimensão *canônica*, relacionada com o abstrato e ideias impessoais de ordem cósmica.

Tais distinções podem ajudar a entender o papel cultural da ciência e da tecnologia na sociedade contemporânea. Em termos de sua recepção pelo público, a ciência parece falar essencialmente para a dimensão canônica da necessidade das pessoas. O apelo da ciência popular, como a cosmologia ou sociobiologia, parece ser seu poder de prover uma narrativa abrangente para a realidade sem precisar criar prescrições normativas aparentes. Seu foco está mais no conteúdo do que na forma da ciência, nos produtos, mais do que no processo da criação do conhecimento científico (assim se poderia dizer que ela encoraja uma orientação não crítica à ciência). Por outro lado, o apelo imediato da tecnologia parece ser indéxica, no sentido de que seu poder pragmático alcança as necessidades particulares de indivíduos particulares.

Mais tarde qualificarei esse contraste. Por enquanto quero simplesmente afirmar que talvez a mudança no discurso público que Caiazza percebe, afastando-se da ciência teórica e na direção da tecnologia como a mais alta forma de conhecimento, é parte de uma mudança cultural mais abrangente, distante do canônico e na direção de formas indexicais de significado e ação — mudança esta que toma lugar também na religião. Dessa forma, talvez a mais fundamental mudança não esteja partindo da religião em direção à tecnologia, mas no seio tanto da religião como das ciências

---

21   CAIAZZA. Athens, Jerusalem, and the arrival of Techno-secularism, pp. 18-19.

22   MANDELBAUM, Transcendental and pragmatic aspects of religion.

23   RAPPAPORT, Veracity, verity and *verum* in liturgy.

técnicas, afastando-se dos significados canônicos impessoais e em direção a soluções indexicais, pragmáticas.

Em um recente estudo empírico sobre a mudança do caráter da religião,[24] descobriu-se que as religiões e as espiritualidades que estão crescendo no mundo desenvolvido são aquelas que são sentidas como algo que dão apoio ao indivíduo no contexto de sua distinta narrativa de vida. Essas formas de religião são tipicamente voltadas mais ao aqui e agora do que a uma vida além, nutrindo-se, portanto, daquilo que é singular, individual, na experiência do dia a dia, e assim deixando de promover a vida em um particular e prescrito papel social. Nós acreditamos não somente que as religiões institucionalizadas estão encolhendo às expensas de um setor alternativo crescente, mas também que já se pode detectar uma volta ao indéxica que ocorre em todos os níveis no interior da religião organizada, entre formas de espiritualidade alternativa e ainda nas mais difusas formas de espiritualidades e sensibilidades da cultura popular.[25] Lendo a lista de Caiazza sobre as características da "ética do tecno-secularismo",[26] é de surpreender o quão próximo essas características se encaixam nesse poderoso retorno à vida individual, à experiência vivida que descobrimos dentro do domínio do pensamento e ação da religião, sugerindo que estamos lidando aqui com um incremento fundamental no interior de um contínuo desenvolvimento histórico do sagrado.

Apesar disso, é importante não superestimar o caráter indéxico do significado da tecnologia no mundo contemporâneo. Em particular no (pós) monoteístico do Ocidente, a promessa feita pelas tecnologias de realizar aquilo que é localizado e de atender às necessidades e aos desejos individuais está profundamente infectada por uma espécie de promessa mais "canônica" — aquela da libertação das limitações terrenas e das incertezas.[27] A compreensão ocidental das artes práticas mudou no século XVII, de maneira que conhecer a natureza se tornou sinônimo de intervenção. E, ao contrário, intervir na natureza se baseou na pretensão de conhecê-la objetivamente, do ponto de vista do seu criador. Como parte dessa mudança, as ideias modernas sobre tecnologia emergiram à medida que as artes práticas (*techné*)

---

24 HEELAS; WOODHEAD; SEEL; SZERSZYNSKI; TUSTING, *The spiritual revolution.*

25 Ver <www.kendalproject.org.uk>.

26 CAIAZZA. Athens, Jerusalem, and the arrival of Techno-secularism, pp. 19-20.

27 Uma promessa, é claro, sempre adiada. É difícil, se não impossível, separar a realidade material do desenvolvimento tecnológico da esperança imaginária e das expectativas que são projetadas para o futuro e que "dão o arranque" que guia o desenvolvimento em direções específicas, como aquelas nas quais as expectativas são parcialmente satisfeitas, parcialmente transformadas, parcialmente contrariadas (BROWN; RAPPERT; WEBSTER, *Contested futures*). Perceba-se a retórica similar apresentada por gerações sucessivas de técnicos, à medida que os melhoramentos tradicionais de plantas e animais foram ultrapassados pelo melhoramento científico mendeliano, depois por modificação genética, e mais recentemente, pela promessa da engenharia biológica encabeçada pelo MIT. Em cada caso, a "promessa" de um novo paradigma tecnológico foi a introdução de níveis sem precedência de certeza e exatidão na produção de características e funções.

Repensando o secular: ciência, tecnologia e religião hoje

começaram a ser vistas como geradoras de certeza, o que era característica da razão (*logos*), e assim recebiam a função soteriológica de libertar a humanidade da finitude e da necessidade.[28] A ênfase de Caiazza na dimensão pragmática das tecnologias nega a maneira pela qual as compreensões contemporâneas de tecnologia ainda estão profundamente baseadas por esse movimento que lhes fornece encantamento e as aproxima da figura estético-religiosa de um *sublime tecnológico*[29] que parece transcender perspectivas e interesses cotidianos.

Dessa forma, gostaria de sugerir que as compreensões *mágicas* da tecnologia que Caiazza atribui ao público leigo contemporâneo coexistem com uma compreensão mais *religiosa* (de fato, o puramente *mágico* e o puramente *religioso*, com suas respectivas lógicas de interesse e desinteresse, são certamente abstrações ideais de alguns sistemas religiosos produtores de sentido). No entanto, eu também contestaria a conclusão de Caiazza de que a razão pela qual as tecnologias contemporâneas são vistas como mágicas seria porque as pessoas simplesmente não entendem o seu funcionamento. Tecnologia é pensada como algo misterioso não simplesmente devido à ignorância ou a algum *processo de mistificação*, mas porque ela *é* um mistério. Os engenheiros, a partir do próprio ponto de vista, concebem a tecnologia naquilo que poderia ser chamado de mentalidade *de invenção*, na qual o significado de uma tecnologia é mais ou menos esgotado pela função pela qual foi criada para funcionar. Esse é um elemento importante para nossa compreensão de tecnologia; contudo, isso não nos deveria privar de ver outras dimensões do tecnológico. Tecnologias não fazem apenas aquilo que os designers desejam. Elas são adaptadas pelos usuários e utilizadas para outros fins. Elas também estendem e transformam esses fins, de maneira a transformar nossos conceitos de necessidade humana, desenvolvimento e até mesmo identidade. Podem ter efeitos colaterais inesperados que acabam se tornando bem mais significativos do que se esperava da sua função pretendida. Pensemos nas fábricas do século XIX vomitando CO_2, nos carros motorizados, no uso de clorofluorocarbonetos (CFC_S) como aerossóis. Parte do mistério das tecnologias é certamente devido ao seu "poder de mudar vidas",[30] mas isso não somente em termos da maneira como podem aumentar nosso poder de atingir nossos propósitos terrenos ou nos ligar a uma razão tecnológica suprapessoal. Tecnologias, como fenômenos sociomateriais dinâmicos, sempre irão ultrapassar as fronteiras de qualquer esquema estático de pensamento, seja ele indéxico — no sentido de perseguir determinado alvo — ou canônico — no sentido de alinhamento com significados transistóricos.

O ensaio de Caiazza engendrou debates frutíferos sobre o futuro do diálogo entre religião, ciência e tecnologia. Para mim, no entanto, o passo mais produtivo para

---

28   BACON, *The advancement of learning, and new Atlantis.*

29   NYE, *American technological sublime.*

30   CAIAZZA. Athens, Jerusalem, and the arrival of Techno-secularism, p. 18.

esse diálogo é que a religião tem de se engajar não só com os frutos de uma atividade científica e tecnológica mas, sobretudo, com o profundo e constantemente oculto significado religioso que continua a dar informações em nível bem fundamental, mesmo em uma era aparentemente secular. Não deveríamos ver ciência e tecnologia de um lado e religião de outro como se estivessem se confrontando mutuamente como forças totalmente autônomas e com suas lógicas independentes, uma vez que todas elas têm sido sempre condicionadas pela mesma extraordinária história religiosa do Ocidente. As tensões e choques derivam de suas origens em um mesmo universo cultural — dessas origens retiraram diferentes posições dentro dos debates teológicos partilhados. À medida que lembramos isso, deveríamos ser capazes de trazer à memória que aquilo que está em destaque não é a simples verdade e aceitação desse fato ou a reivindicação desse conhecimento, ou a aceitação deste ou daquele desenvolvimento tecnológico, mas também questões muito mais fundamentais e que devem ser consideradas.

5. Referências bibliográficas

BACON, Francis. *The advancement of learning, and new Atlantis*. London: Oxford Univ. Press, 1960. Ed. bras.: *O progresso do conhecimento*. São Paulo: Unesp, 2007.

BROOKE, John H. *Science and religion*; some historical perspectives. Cambridge: Cambridge Univ. Press, 1991. Ed. port.: *Ciência e religião*; algumas perspectivas históricas. Porto: Porto Editora, 2003.

BROWN, Nik; RAPPERT, Brian; WEBSTER, Andrew (orgs.). *Contested futures*; a prospective of techno-science sociology. Aldershot, U.K.: Ashgate, 2000.

CAIAZZA, John C. Athens, Jerusalem, and the Arrival of Techno-Secularism. *Zygon*: *Journal of Religion and Science*, n. 40, março 2005, pp. 9-21.

DEANE-DRUMMOND, Celia; SZERSZYNSKI, Bronislaw (orgs.). *Re-ordering nature*; theology, society and the new genetics. Edinburgh: T&T Clark, 2003.

FUNKENSTEIN, Amos. *Theology and the scientific imagination from the Middle Ages to the Seventeenth century*. Princeton, N.J.: Princeton Univ. Press, 1986.

GADAMER, Hans-Georg. *Truth and method*. New York: Seabury, 1975. Ed. bras.: *Verdade e método*. Petrópolis: Vozes, 1997.

GAUCHET, Marcel. *The disenchantment of the world*; a political history of religion. Princeton, N.J.: Princeton Univ. Press, 1997.

HEELAS, Paul; WOODHEAD, Linda; SEEL, Benjamin; SZERSZYNSKI, Bronislaw; TUSTING, Karin. *The spiritual revolution*; why religion is giving way to spirituality. Oxford: Blackwell, 2004.

JASPERS, Karl. *The origin and goal of history*. London: Routledge and Kegan Paul, 1953.

LATOUR, Bruno. *Politics of nature*; how to bring the sciences into democracy. Cambridge: Harvard Univ. Press, 2004. Ed. bras.: *As políticas da natureza*. Bauru: Edusc, 2004.

MANCHESTER, Peter. Time in Christianity. In: BALSLEV, Anindita Niyogi; MOHANTY, Jitendranath (orgs.). *Religion and Time*. Leiden: E. J. Brill, 1993.

MANDELBAUM, David G. Transcendental and pragmatic aspects of religion. *American Anthropologist*, n. 68, 1966, pp. 1.174-1.191.

MILBANK, John. *Theology and social theory*; beyond secular reason. Oxford: Blackwell, 1990. Ed. bras.: *Teologia e teoria social*. São Paulo: Loyola, 1995.

NYE, David E. *American technological sublime*. Cambridge: MIT Press, 1994.

POLKINGHORNE, John. The continuing interaction of science and religion. *Zygon: Journal of Religion and Science*, n. 40, março 2005, pp. 43-50.

RAPPAPORT, Roy A. Veracity, verity and *verum* in liturgy. *Studia Liturgica*, n. 50, 23, 1993, pp. 35-50.

ROSS, Andrew. *Science wars*. Durham, N.C.: Duke Univ. Press, 1996.

SZERSZYNSKI, Bronislaw. *Nature, technology and the sacred*. Oxford: Blackwell, 2005.

TIROSH-SAMUELSON, Hava. Rethinking the past and anticipating the future of religion and science. *Zygon: Journal of Religion and Science*, n. 40, março 2005, pp. 33-41.

VAN GENNEP, Arnold. *The rites of passage*. Chicago: Univ. of Chicago Press, 1960. Ed. bras.: *Os ritos de passagem*. Petrópolis: Vozes, 1978.

6. Sugestões de leitura

BROOKE, John H. *Ciência e religião*; algumas perspectivas históricas. Porto: Porto Editora, 2005.

MILBANK, John. *Teologia e teoria social*. São Paulo: Loyola, 1995.

EXCURSO

Há alguém
lá fora?

CAPÍTULO XIV

Teologia e realismo: afinal, qual é o objeto do falar religioso?

Eduardo R. da Cruz

No decorrer dos anos ponderei sobre a longa história da religião. Em particular, pensei a respeito das implicações das evidências arqueológicas mais primitivas para ela [...]. Senti o quão salutar foi explorar a antropologia social (cultural) [...]. Fome, fogo e espada têm sido os cães da guerra da religião por tanto tempo [...] à medida que percorremos esta triste tapeçaria temporal, devemos enfrentar uma questão fundamental — uma que muitos hoje, crentes e não crentes, tentam evitar: haverá de fato um domínio espiritual ocupado por seres sobrenaturais e forças que se preocupam com a vida humana na terra? Ao contemplar a história da religião e da ciência, somos capazes de responder tal questão de um modo que gradualmente leve à "liberdade de pensamento".[1]

1. Introdução

Nestes capítulos tivemos a oportunidade de ver que a relação da teologia com as ciências naturais e a tecnologia possui uma longa história, rica e complexa, que mostra tanto a grandeza como a miséria da civilização ocidental. Mas não nos contentemos com pequenos louros. Há questões de fundo que permanecem, mesmo em momentos de maior cordialidade.

No presente capítulo, pretendemos enfrentar justamente algumas destas questões de fundo, que dizem respeito à natureza peculiar da teologia: esta é, sim, um

---

1   LEWIS-WILLIAMS, *Conceiving God*, pp. 1-2. A menção à "liberdade de pensamento" vem de Charles Darwin. A posição de Lewis-Williams é clara em relação à suposta incompatibilidade entre pensamento científico (o único que para ele se sustenta) e pensamento religioso.

conhecimento acadêmico disciplinado, mas que repousa sobre outro que pretende falar da natureza última do real, o conhecimento religioso. Este último está subordinado a outros aspectos da religião, como veremos, o que tende a retirar a teologia da esfera do conhecimento objetivo.

A desvalorização do caráter cognitivo do conhecimento religioso é de fato tentadora, pois seria muito confortável pensar o discurso religioso como tendo apenas funções emotivas e morais, pois aí não haveria colisão com a ciência, esta sim encarregada de falar do real. Mas a citação inicial, de um recente livro do eminente paleontólogo Daniel Lewis-Williams, não deixa dúvidas sobre perguntas básicas, típicas de nossa civilização que não querem calar: e Deus, *realmente* existe? Será que nossas *representações* dEle não passariam de ilusões ou delírios? Será que é *verdade* que há uma vida após a morte? Tais noções pautam-se por aquelas das ciências naturais, e queremos ter o mesmo grau de certeza de quando dizemos "esta cadeira existe" ou "é verdade que o movimento dos elétrons fornece a luz das lâmpadas". A resposta dada a Tomé, de quem foi solicitado o ato de fé, em vez de receber evidências empíricas, parece não nos satisfazer. O objetivo principal deste capítulo, portanto, é enfrentar o desafio de propor que de fato pode-se falar de um *conhecimento* religioso, que diga respeito tanto a questões de realidade como de verdade.

Este objetivo enfrenta um limite de princípio, pois tem em mente o conhecimento religioso judaico-cristão. Ficará para outro momento a tarefa de confirmar se intuições semelhantes podem ser aplicadas também a outras religiões.

2. O realismo em ciência

Iniciemos por notar que, quando se trata de conhecimento, o buraco é mais embaixo, como se diz popularmente. Em termos históricos, as questões já foram levantadas por Platão e pelo livro do Gênesis. O primeiro, com sua "alegoria da Caverna", nos indica que vivemos mergulhados em um mundo de aparências, intuindo que há um mundo real por detrás (e através) delas. Já o livro do Gênesis nos ensina que todo conhecimento vem na forma de conhecimento do bem *e* do mal, e não temos como distinguir claramente um do outro. No caso da alegoria da Caverna, o processo de saída das aparências para o conhecimento pode ser representado pelo quadro:

MATRIZ DO CONHECIMENTO

REALIDADE	ILUSÃO	
VERDADE	FALSIDADE	
CONHECIMENTO	OPINIÃO (SENSO COMUM)	

Teologia e realismo: afinal, qual é o objeto do falar religioso?

Trata-se de um movimento de realimentação contínua em que a segunda coluna, apesar de representar o avesso do conhecimento, é entretanto pré-condição para o desenvolvimento deste. Isto nos une ao relato do Gênesis: todo conhecimento, sendo conhecimento do bem *e* do mal, envolve opinião, que também associa ilusão e falsidade.

Comecemos pelo conhecimento científico.

Toda ciência é humana, no sentido de ser marcada por nossa condição existencial, e disso a teologia também não escapa. Uma consequência é que o conhecimento científico será para sempre limitado, a "Realidade" continuamente nos escapará, não porque a ciência ainda não evoluiu o suficiente, mas por um limite intrínseco. Como nos diz o físico brasileiro Marcelo Gleiser: "Existe o risco de que fenômenos inesperados, não previstos pelas teorias, sejam eliminados pela filtragem dos dados [requerida pelo limite de nosso cérebro]. Nesse caso, nossas próprias teorias limitam o que sabemos sobre o mundo — uma conclusão um tanto paradoxal".[2]

Mesmo assim, o discurso científico pretende falar algo confiável e aplicável sobre o real. Esta atitude, ainda que não compartilhada por todos os filósofos e cientistas, é certamente a mais aceita, sendo denominada *Realismo*.[3]

Para os realistas científicos, "uma teoria científica é um relato aproximadamente verdadeiro de como o mundo é. Para eles, portanto, a crença envolvida na aceitação de uma teoria é a crença em sua verdade aproximada".[4] Voltaremos especificamente à noção de "verdade". Por ora, notemos termos como "aproximadamente" e "crença". Esta última ocupa um lugar legítimo na atividade científica, e a análise dela na filosofia da ciência pode ser também aplicada à religião/teologia. Assume-se que haja dois tipos de realismo: (1) realismo metafísico (ou ontológico, ou de entidades), que afirma que nosso conhecimento diz respeito a coisas que estão efetivamente "lá fora", independentemente de nossas crenças e afirmações a respeito. A linguagem científica, por conta disto, *refere-se* efetivamente a alguma coisa, ela é representacional. É neste ponto que a noção de *crença* entra positivamente na ciência; (2) realismo epistemológico (ou de teorias), onde teorias e modelos são tidos como relatos confiáveis, ainda que aproximados, do tal "lá fora". Neste caso, mantém-se certo agnosticismo sobre a natureza deste domínio externo. Ele fala do que podemos conhecer ou não em ciência, e como este conhecimento pode ser justificado. A confusão entre um realismo e outro é danosa tanto para a ciência como para a teologia, porque eles

---

2   GLEISER, Como Sabemos? Recentemente o próprio Gleiser tem destacado que a própria noção de uma realidade una não pode ser objeto de convicção plena (GLEISER, *Criação imperfeita*).

3   Para uma boa descrição do realismo em ciência, ver DUTRA, *Introdução à teoria da ciência*, cap. 4, assim como MCGRATH, *Fundamentos do diálogo entre ciências e religião*, cap. 7. Que o realismo possa ser aceito com mais força hoje, ver GAETA, A filosofia da ciência hoje: a crítica da crítica e o retorno ao realismo.

4   DUTRA, *Introdução à teoria da ciência*, p. 132.

Eduardo R. da Cruz

não se implicam mutuamente: pode-se ser realista a respeito de entidades sem sê-lo a respeito de teorias e vice-versa, por mais estranho que isto seja à primeira vista.

O realismo metafísico, de acordo com Alexander Bird, pode ser colocado em termos de três afirmações: que o mundo que investigamos é em larga escala independente de nossa mente; que os nomes de entidades e propriedades científicos são termos que genuinamente fazem referência; que afirmações de cunho teórico são candidatas à verdade.[5] Já o realismo epistemológico é de cunho mais pragmático, e contempla duas afirmações básicas: é possível à ciência fornecer boas razões em favor de teorias que pretendem descrever o real; e que não se poderia explicar o sucesso da ciência sem uma perspectiva realista.[6] Antirrealistas de vários tipos oferecem argumentos razoáveis contra cada uma destas asserções, mas a discussão pode se tornar muito técnica.

Voltemos agora à questão da *verdade*, que perpassa toda a discussão sobre o realismo. A noção de verdade não é única, como já nos dizia Pilatos (na forma de uma pergunta). O primeiro significado, popularizado por Tomás de Aquino, é o da verdade por correspondência: uma afirmação é verdadeira quando corresponde ao que podemos assegurar pelos dados da observação e da experiência. Por várias razões, podemos falar, em termos de teoria do conhecimento, de mais três noções: verdade por coerência (quando a afirmação é coerente com outras que já foram mostradas como verdadeiras pela correspondência); verdade pragmática, quando a afirmação é verdadeira porque funciona (em termos tanto internos à ciência, quanto de aplicação tecnológica); verdade por consenso (Pierce, Habermas), quando a apreciação informada e competente dos especialistas assume a afirmação como verdadeira.[7]

Se em nosso inconsciente coletivo a verdade científica é só por correspondência, então o conhecimento religioso surge na melhor das hipóteses como inferior. Assim, entender a verdade em um sentido mais amplo auxilia a encaminhar a questão da verdade na teologia. Falando nesta última, há ainda outras perspectivas sobre a verdade que nos foram transmitidas pela tradição cristã, relacionadas à pessoa de Cristo e às três virtudes teologais (estas serão discutidas mais adiante). Riqueza de significados, no entanto, pode ser uma faca de dois gumes, pois rapidamente somos conduzidos do conhecimento de volta para a opinião se não tivermos balizas claras. Vamos assumir, portanto, que o modo de verdade por correspondência é o *default*, para empregar um anglicismo recente.

---

5   BIRD, Scientific and theological realism, pp. 61-64.

6   Ibid., pp. 64-66.

7   Ver, em termos tanto gerais como específicos para a teologia, MIRANDA, *A Igreja numa sociedade fragmentada*, pp. 297-314.

3. Realismo em religião: premissas e limites

Com esta breve apresentação do que acontece em ciência, podemos voltar ao realismo religioso. A reflexão recente sobre este é bem menos desenvolvida do que no caso do realismo científico,[8] e assim temos assim muito que aprender com o que tem sido discutido no âmbito da filosofia da ciência nestas últimas décadas. Entretanto, nem tudo que vale para um caso vale para o outro também.

Em primeiro lugar, deve-se ter em mente que a expressão "realismo religioso" diz respeito tanto à religião quanto à teologia, mas os termos da discussão mudam um bocado. De modo simples, a teologia, enquanto saber acadêmico disciplinado, tem seu caráter cognitivo destacado, e seu conhecimento é do tipo proposicional. Para a religião, além de seus inúmeros outros atributos, deve-se levar em conta que, no caso de algumas, o aspecto cognitivo nem precisa ser o mais importante, e o conhecimento se dá mais por familiaridade (experiencial). Como se verá, o antirrealismo (principalmente metafísico) parece ser muito mais comum hoje entre os teólogos, pelo menos quando em diálogo com a esfera pública.

Uma postura antirrealista muito popular nestas últimas décadas, que afeta qualquer pretensão cognitiva, é o contextualismo (ou, com diferenças, construtivismo). Considerando-se que a ciência (a religião, a teologia etc.) é uma atividade essencialmente humana, e portanto histórica e social, muitos destacam que os termos científicos de maior interesse, como "célula" e "átomo" podem ser mais produtos das práticas científicas e seus interesses do que algo "lá fora" (uma imagem que assim perde sentido). O que vale para termos metafísicos também vale também em termos epistemológicos: não há acesso privilegiado à verdade, todas as atividades cognitivas [*Weltasnschaaungen*] são igualmente marcadas por interesses das comunidades envolvidas.

Se em filosofia da ciência esta postura tem sido criticada com algum sucesso, o mesmo não parece ser o caso quando nos voltamos aos teólogos. Primeiro, por conta de uma estratégia de defesa em face da ciência moderna, de duvidoso valor. Quando se critica o caráter totalitário desta, por exemplo, com frequência se recorre a pensadores contextualistas ou pós-modernos que encontram escassa ressonância na filosofia da ciência. Segundo, por uma postura apologética diante daqueles que questionam a existência das entidades religiosas e seus respectivos atos, como Richard Dawkins e outros. Neste caso, sugere-se que a religião estaria algo imune às

---

8   Esta é uma situação irônica, pois foi no contexto da teologia e da filosofia medievais que primeiro se refletiu sistematicamente sobre a questão do realismo — ver a discussão entre realistas e nominalistas, para a qual remetemos o leitor a qualquer dicionário das duas disciplinas. Por outro lado, há um crescente interesse no uso da filosofia da ciência para caracterizar o realismo em teologia, principalmente na comunidade de língua inglesa.

Eduardo R. da Cruz

solicitações de verificação empírica feitas por tais detratores, como no artigo de Karen Armstrong citado a seguir.

Costuma-se então acrescentar um antirrealismo epistemológico: o corpo doutrinário de uma religião não seria resultado de uma forma de conhecimento, mas sim de crenças. Nesta perspectiva mais radical, as crenças religiosas seriam simétricas ou não ao seu *status* de ilusão (Feuerbach, Freud) — não importa se as entidades e atos são apenas projeções da mente ou não, pois o central é o efeito que eles têm sobre as consciências e ações humanas, ou seja, para desenvolver as atitudes das pessoas.

Outra diferença da teologia em relação às ciências diz respeito ao significado das proposições. Em filosofia da ciência, costuma-se fazer uma distinção entre linguagem observacional e linguagem teórica. A relação entre as duas está associada à postura mais ou menos realista de quem desenvolve a análise. No extremo do positivismo, por exemplo, a linguagem que emerge da observação e da experiência seria independente de interpretações e considerações teóricas, pois emergiria por indução do mundo empírico. Já a filosofia da ciência pós Thomas Kuhn fala da subdeterminação da teoria pelas evidências empíricas — aqui a teoria ganha mais autonomia, e conduz a observação e a experiência, ou seja, a linguagem de observação é diretamente influenciada pela linguagem teórica.

Para o caso da teologia, as evidências empíricas disponíveis ao fiel e ao teólogo não têm uma relação direta com uma "teoria teológica" (poucos usam tal expressão). Veja-se, por exemplo, a doutrina da Trindade. O que contaria como evidência empírica para as afirmações nela contidas? Tal doutrina resulta de uma *revelação* (mais sobre isso adiante) e de reflexões eminentemente ligadas a uma história, a pessoas e decisões conciliares, ainda que isto não lhe retire seu caráter racional.

No âmbito do diálogo ciência-religião fala-se em realismo "crítico",[9] que destaca o que é amplamente aceito, o fato de uma teoria científica apresentar um quadro apenas aproximado da realidade. Não pretendemos entrar nessa discussão, pois, deduzindo-se do que vimos acima, a adição do "crítico" seria supérflua. Tal expressão destaca, de qualquer forma, o papel de analogias e metáforas tanto na ciência como na religião/teologia. Costuma-se dizer que, em uma perspectiva realista, a ciência nos oferece, não um retrato da realidade, mas um mapa dela. Tal imagem do mapa está associada à noção de *modelo* em ciência.[10] Em poucas palavras, as teorias científicas que de alguma forma descrevem o real estão associadas a modelos de vários tipos, que em geral operam de modo analógico. O discurso científico enfrenta os limites descritivos da linguagem humana, ainda que amenizados pelo recurso à ma-

---

9 BARBOUR, *Quando a ciência encontra a religião*, pp. 98-99; MCGRATH, *Fundamentos do diálogo*, pp. 181-219

10 Para uma apresentação bem clara sobre mapas e modelos, ver ZIMAN, *Conhecimento confiável*, especialmente pp. 38-43; Para a perspectiva de um representante do "realismo crítico", ver BARBOUR, *Quando a ciência encontra a religião*, pp. 40-43.

Teologia e realismo: afinal, qual é o objeto do falar religioso?

temática. De forma semelhante, ainda que sem este último recurso, lembremos que o discurso religioso é do tipo mitopoético, recorrendo a analogias para exprimir o inexprimível (para a presença do mito em religião, ver o capítulo de Edênio Valle neste livro).

Esta abordagem é de fato relevante, pois valoriza tanto o conhecimento religioso quanto o teológico. Considere-se, entretanto, que a função de um modelo em ciência é a de organizar o pensamento científico — não há nenhuma necessidade de que o "mapa" em questão represente efetivamente um "território", como nos mapas geográficos que conhecemos. Novamente, este paralelismo pode oferecer pouco conforto: ao se enfatizar o caráter mitopoético do discurso religioso, termina-se por desvalorizar seu conteúdo cognitivo. Podemos ver tal tendência em um recente artigo de Karen Armstrong: "Quando uma narrativa mítica era simbolicamente reencenada, ela trazia à luz dentro do praticante algo 'verdadeiro' sobre a vida humana e a maneira como nossa humanidade operava, mesmo que suas intuições, como aquelas das artes, não pudessem ser provadas racionalmente".[11]

E o mesmo seria válido para o *homo religiosus* de hoje. Ou seja, a verdade aí aparece entre aspas, para indicar que sua natureza seria diferente daquela da ciência, cujo modo *default*, como visto, é o da correspondência. No caso da teologia, há certamente uma atitude comum de julgar (e até certo ponto justificada) a empreitada teológica como basicamente hermenêutica — ela não teria como preocupação descrever e explicar o "mundo sobrenatural", priorizando a interpretação dos dados da tradição à luz da história e do conhecimento profano.[12] Com honrosas exceções, tampouco se houve falar com frequência de "explicação teológica".

Mas, como diz Mário F. Miranda, "se Deus não é pensado como origem de toda realidade e esta em sua totalidade como remetida a Deus, o vocábulo 'Deus' se torna uma palavra vazia ou passa a ser considerado como produto dos sonhos humanos".[13] É claro que meras racionalizações de Deus, em face de questionamentos externos, não resolvem, como bem argumentou Juvenal Savian no capítulo IV. É preciso conhecer melhor os aspectos cognitivos da religião também de pontos de vista internos; é isto que será tentado a seguir.

---

11   ARMSTRONG, Metaphysical mistake.

12   GEFFRÉ, *Crer e interpretar*, cap. 1. Miranda assim se posiciona: "Se aquele que emite uma metáfora e se aquele que a recebe nada conhecem das conotações *não metafóricas* da metáfora em questão, então a metáfora permanece completamente incompreensível" (MIRANDA, *A Igreja numa sociedade fragmentada*, p. 304). Uma exceção a essa postura seria a exegese científica, mas a realidade a que esta se refere se restringe àquela dos textos e de suas condições de produção.

13   MIRANDA, Um intruso na universidade, p. 9.

4. O real em religião e em teologia

A pergunta central, portanto, diz respeito a quais seriam as bases para afirmar que o conhecimento religioso diz respeito ao real. Primeiro, devemos pensar o conhecimento religioso em termos gerais, para então nos dirigirmos ao conhecimento teológico.

No que tange à religião, muito da reflexão a respeito no século XX acentuou seu caráter funcionalista: ela serviria para funções de aglutinação da sociedade, força moral, consolo e edificação etc. As crenças religiosas, neste caso, seriam tributárias de tais funções, e assim verdadeiras apenas para o grupo religioso em questão. O pesquisador deve ser agnóstico em relação a tais crenças, pois o único conhecimento a ser considerado como tal é o acadêmico, público, enquanto crenças por definição seriam privadas.

Infelizmente, como já visto, tal noção de "crença" se tornou um lugar comum na modernidade, de uso corrente na mídia, indicando algo subjetivo e não passível de comprovação — a noção de verdade não se aplicaria a ela. Na pior das hipóteses seria "credulidade" e na melhor delas surgiria como motivação para atitudes piedosas e humanitárias. Bem diferente do uso que se faz da noção de "crença" em ciência, como já vimos! Podemos recuperar seu uso positivo ao falarmos de "fé", mas por ora vamos chamar a atenção para três outros aspectos do conhecimento religioso e de seu objeto.

1. O primeiro deles diz respeito ao surgimento de novas abordagens que acentuam o caráter cognitivo da religião. Temos em especial as "ciências cognitivas da religião", novo e complexo campo de estudo.[14] Não havendo como expor aqui seus métodos e conclusões, vamos apenas destacar algo que é relevante a respeito de nossa temática. Primeiro, é claro, é que a religião está, sim, no ramo de conhecer, e que entender a mente religiosa é um bom ponto de partida para entender outros de seus aspectos. A religião fala de um mundo sobrenatural, onde agentes (divindades, espíritos etc.) atuam de maneiras que lembram tanto o agir humano quanto aquilo que lhe ultrapassa.

É bom lembrar, entretanto, que tais ciências nada dizem sobre a verdade envolvida neste tipo de conhecimento. Enquanto alguns autores, como Justin Barrett, destacam a compatibilidade de tais ciências com a teologia, outros, como Pascal Boyer, falam deste conhecimento como um *airy nothing*, assemelhado à ilusão do tipo freudiano.[15]

---

14   Para uma breve descrição dele, ver PAIVA, Psicologia cognitiva e religião. Praticamente todos os autores que trabalham neste ramo preocupam-se com o tema da ilusão — o que mais uma vez reforça a necessidade de se debruçar sobre o realismo em religião e em teologia.

15   Expressão contida na peça de Shakespeare, *Sonho de uma noite de verão*: "O olho do poeta, num delírio excelso, passa da terra ao céu, do céu à terra, e como a fantasia dá relevo a coisas até então desconhecidas, a pena do poeta lhes dá forma, e a essa coisa nenhuma aérea (*airy nothing*) e vácua empresta nome e fixa lugar certo". (http://www.culturabrasil.pro.br/sonhoverao/sonho_verao_s.htm) Ridendo Castigat Mores, 2000.

Teologia e realismo: afinal, qual é o objeto do falar religioso?

Volta-se assim ao caráter mitopoético do conhecimento religioso: pode-se aquiescer que, do ponto de vista científico, não se pode mais que atribuir o estatuto de "ilusão" (produto da imaginação, fantasia) à religião.[16] Por outro lado, pode-se falar da "dignidade da narrativa" e do "valor da imaginação" no mundo humano (e isto nos lembra do autor brasileiro Rubem Alves). Ainda que esta seja uma postura válida, volta-se inevitavelmente a um ponto central: para a pessoa religiosa, tal produto da imaginação corresponde efetivamente à natureza mesma das coisas, em concordância com as ciências naturais. O dilema nos faz lembrar um pouco o menino-robô do filme *Inteligência artificial*. Ele parte em busca da Fada Azul (remetendo ao conto de Pinóquio), para realizar seu sonho de ser amado pela mãe como um filho, apenas para constatar que a solução por fim é de cunho virtual, resultado de um conhecimento científico-tecnológico avançadíssimo. Pouco consolo!

Em termos mais positivos, tais ciências, por estarem associadas ao estudo de outras formas de cognição, estabelecem uma maneira inteiramente nova de acentuar o caráter cognitivo da religião: esta e o senso comum compartilham várias características, profundamente enraizadas no passado evolutivo humano. A passagem da primeira à teologia também apresenta paralelos com a passagem do senso comum à ciência. Com isso, a aproximação que a ciência faz do Real (e os limites deste esforço) tem em muito em comum com o que a teologia faz deste mesmo Real.[17]

2. O segundo aspecto diz respeito ao entendimento de "conhecimento religioso". Falar dele só em termos de "mitopoético" é muito pouco. Fernando Testa, ao analisar o tema, destaca cinco outras possibilidades. Primeiro, a noção algo vaga de "experiência religiosa", muito em voga hoje em dia, que empresta um caráter sapiencial ao conhecimento que dela resulta.[18] Em segundo lugar, a aproximação ao mistério, do tipo revelacional, que acentua o mistério em vez de elucidá-lo. Este surge não como algo ainda desconhecido, mas é mistério justamente porque se manifestou à nossa consciência; é provocação ao conhecimento da realidade, não um obscurecimento da razão. Depois, como especificação do anterior, o conhecimento místico: um olhar dentro do mistério associado à religião, uma participação nele, um êxtase que depois é traduzido (ainda que reduzido) para a comunidade onde a experiência ocorre. Em quarto lugar, a já mencionada distinção entre conhecimento proposicional e por familiaridade, que se dá tanto por experiência própria como pelo testemunho de outros. Por fim, o conhecimento religioso se dá pela Graça, que informa o desejo do

---

16 Isto não significa que não se possa discutir racionalmente tal estatuto. Ver o curioso título do abrangente artigo publicado pelos irmãos FINGELKURTS, Is our brain hardwired to produce God, or is our brain hardwired to perceive God? (algo como "Nosso cérebro é pré-configurado para produzir Deus, ou para percebê-Lo?").

17 Para uma análise desse processo, ver de MCCAULEY (um famoso representante desta área de estudos), How science and religion are more like theology and common sense explanations than they are like each other.

18 No entanto, esta noção tem sido objeto de controvérsia. Ver, p. ex., TAVES, *Religious experience reconsidered*.

Eduardo R. da Cruz

intelecto para orientá-lo à verdade; é o reconhecimento do caráter finito e distorcido de todo conhecimento, que precisa ser orientado para que seja autêntico.[19]

3. O terceiro aspecto diz respeito às virtudes teologais. Como visto, "crença" é apresentada como algo que corre paralelo ao, ou vai contra o, conhecimento. Muitos fiéis e até teólogos usam o termo fé como se este fosse pouco mais que as crenças e as respectivas atitudes de assentimento de um grupo religioso particular. Ora, para falarmos de realismo em religião e do caráter cognitivo desta, precisamos recorrer ao entendimento primeiro da noção: "Fé é um modo de possuir desde agora o que se espera, um meio de conhecer realidades que não se veem" (Hb 11,1 — Bíblia TEB). Deixando de lado por um momento a primeira frase, concentremo-nos na segunda.

Pensemos primeiro em uma noção de fé que acentua a opção e o compromisso. Se assumimos com Paul Tillich que a fé é o "estar possuído incondicionalmente" por aquilo que nos "preocupa de maneira suprema",[20] isto permite introduzir divergências e semelhanças entre o âmbito da ciência e o da teologia. As diferenças giram em torno do objeto de preocupação. Em uma primeira abordagem a atitude científica não implica participação no objeto. O ato cognitivo vincula-se ao aspecto da realidade que opera mecanicamente, sem uma história ou intencionalidade (no caso das ciências humanas, é claro, a situação é mais complexa). A reprodutibilidade também tem um lugar de destaque: onde quer que se opere com procedimentos bem testados, chegar-se-á a resultados semelhantes. Nem o incondicionado, nem o supremo cumprem diretamente um papel na prática científica. Para a teologia, também em uma primeira abordagem, o vínculo existencial é uma premissa necessária. Tanto o teólogo como o fiel fiam-se em um modo particular de como o *logos* universal se revelou. Mais do que o aspecto cognitivo, há aquele soteriológico. Mas o teólogo, ao contrário do fiel, participa do que Tillich chama "círculo teológico": começa já dentro de uma opção existencial, um "sim", um ser possuído por Alguém, que se manifesta em uma história e em uma comunidade; ao mesmo tempo, é sua função nesta história "tornar clara a validez universal, a estrutura do *logos* daquilo que o preocupa de forma última"[21] É neste momento de distanciamento que ele sofre o assédio de seus colegas que aparentemente representam apenas o *logos* universal: filósofos, cientistas etc. É o seu grande drama existencial.

Assim, para além da primeira abordagem, há um importante momento de ruptura entre o teólogo e a pessoa religiosa quando o primeiro, sem renegar sua opção de fé, procura refletir sobre "as realidades que não se veem", que assume como sendo comuns a toda a humanidade e ao cosmo. Como fiel, ele intui que a "fé é o ato em

---

19   TESTA, *Deus sob as coisas*, pp. 87-97. O autor aqui se utiliza do interessante artigo de BOYER, The logic of mystery.

20   Ver, por exemplo, TILLICH, *Dinâmica da fé*.

21   TILLICH, *Teologia sistemática*, p. 42.

Teologia e realismo: afinal, qual é o objeto do falar religioso?

que a razão [*logos* universal] irrompe extaticamente para além de si". Como teólogo, esta intuição é traduzida em termos conceituais, acessíveis a este *logos*.[22]

Mas também a ciência lida com realidades que não se veem (o que, aliás, permite o "realismo epistemológico"). Como a ciência é empírica, associamo-la a objetos em nossa escala, como cadeiras, árvores e tempestades. Nós vemos isso, não precisamos de nenhuma fé, e cabe à ciência explicar o que está por detrás destes fenômenos simples. Entretanto, quando se vai para longe de nosso cotidiano, do senso comum, e de nossa escala, as coisas mudam de figura. Continuam existindo fenômenos, mas só se pode associá-los a uma entidade específica pelas lentes de uma teoria. É o caso de "entidades inobserváveis" (termo técnico da filosofia da ciência), como *quarks* e o universo como um todo. Podemos considerar o *quark* como parte do que chamamos de realidade, mas há um inevitável elemento de crença associado a ele. Isto não só porque a descrição científica da entidade sempre será uma aproximação, mesmo que confiável (a "fé que"), como também porque os cientistas acreditam, pela própria complexidade do conhecimento científico, nas apreciações de cientistas mais abalizados e de artigos em periódicos consagrados (a "fé em"). Termos como "fidedigno", "crível", "confiar", todos remetem a uma noção de fé.

Associado a isto, percebemos que também o cientista (assim como o filósofo, o historiador etc.) tem seus empenhos, suas preocupações de cunho último, também eles são possuídos por uma ânsia de busca do Real por detrás da realidade que eles conseguem a duras penas explicar. Não se quer dizer que o modo como a fé surge nas três esferas (ciência, religião, teologia) seja o mesmo, apenas que muitos dilemas da cognição humana são comuns a eles todos.

Concluamos esta reflexão com a imagem usual de que a fé é o conhecimento adequado ao mundo sobrenatural, enquanto a ciência desenvolve o conhecimento propriamente dito, do mundo natural, empírico. Os críticos da religião utilizam-se frequentemente desta imagem, questionando a existência do sobrenatural como um domínio "lá em cima", populado de maneira bem diferente do que esse nosso mundo. Essa imagem, entretanto, reduz muito o âmbito da fé. Como muitos já apontaram, o termo "sobrenatural" é de proveniência tardia, além de ter ganho a pecha de "mundo dos espíritos" no Romantismo.[23] Não há dois mundos, apenas que o sobrenatural é o mesmo mundo natural, visto agora sob a perspectiva que Deus quis em seu plano de criação e salvação (mundo transfigurado — mais disso na parte sobre Revelação).

Retornemos agora rapidamente à primeira frase da citação de Hebreus. Esta extensa exposição do lugar da virtude da fé no âmbito do realismo já deixa subentendido o lugar das outras duas virtudes teologais, que são aqui tratadas de modo ainda

---

22   TILLICH, *Dinâmica da fé*, pp. 51ss.

23   Para um resumo da história do termo, ver WARD, Supernaturalism. Ver também TORRES QUEIRUGA, *Repensar a revelação*, pp. 233-238.

mais breve. No caso da esperança, a religião possui uma dimensão existencial pouco presente na ciência, o de usufruir na vivência do cotidiano algo com a qual apenas se pode sonhar. Ao se levar em conta a dimensão humana da ciência, entretanto, também a ciência envolve esperança — veja-se sua associação com o progresso e com as utopias modernas, como vários capítulos indicaram. De fato, há neste século XXI todo um movimento para a realização de expectativas judaico-cristãs seculari-zadas, que envolve não só uma fé vagamente baseada na ciência, mas também muita esperança. Vejam-se por exemplo os movimentos pós-humanistas, como expostos no capítulo de Leo Pessini, ainda que aqui queira se destacar o lado positivo dessas esperanças, como reflexo daquela que a tradição teológica ressalta.

E a caridade? Afinal de contas, aqui o testemunho de Paulo é inequívoco: esta é a principal das virtudes. Sem esta "aplicação tecnológica",[24] o amor ao próximo (para falar de uma das dimensões da caridade), a verdade do discurso religioso se torna vazia e sem sentido. A teologia compartilha com a experiência dos fiéis este chamado à perfeição, a caridade constitui uma virtude extra quando comparada com as virtudes da ciência. Em acordo com o que sustentamos em vários lugares deste capítulo, entretanto, esta preeminência da caridade de forma alguma invalida a importância de uma atitude realista em teologia. Ao contrário, a caridade só se sustenta se a fonte for segura e houver uma intencionalidade calcada na realidade mesma das coisas. Lembramos aqui a parábola da casa sobre a rocha, Mt 7,24-28 (ou a do semeador: Mc 4,1-9) — sem tal fundamento e alvo, a caridade se torna emotiva e incoerente, e rapidamente se dissipa.

5. Revelação e realidade

Uma palavra agora sobre a noção de *revelação*. Por muitos séculos se sustentou no Ocidente a noção dos "dois livros" de Deus: Este teria escrito o livro da natureza, de tal modo que o cientista possa lê-lo; e escreveu a Bíblia, os livros sagrados que elucidam os mistérios da criação, da queda e da redenção.[25] Por razões diversas, o livro da revelação foi sendo gradualmente abandonado no Ocidente moderno, como forma de conhecimento. Contribuiu para tanto, além de certo anticlericalismo, a crítica histórica e textual à qual a Bíblia é submetida até os dias de hoje, que mostra o processo bem profano, cheio de acidentes e contradições, de redação dos textos sagrados. Só o livro da natureza poderia ser de fato conhecido por meio de métodos desenvolvidos pelas ciências.

---

24 Uma das "provas" da verdade das afirmações científicas é a capacidade de traduzi-las em sofisticadas aplica-ções tecnológicas. Para a teologia, de modo similar (ainda que menos inequívoco), vale o "é por seus frutos que os reconhecereis" (Mt 7,20).

25 Para uma breve descrição da metáfora dos dois livros, ver PETERS; BENNETT, *Construindo pontes entre a ciência e a religião*, pp. 163-183. Ver também cap. VII, quando se cita Galileu.

Teologia e realismo: afinal, qual é o objeto do falar religioso?

Não é o caso aqui de novamente retomar a discussão sobre a validade do conceito de revelação hoje (isto é, se e como ela fornece um quadro confiável para entender o que seja a realidade), por urgente que seja esta tarefa.[26] Apenas uma citação e uma digressão relativamente original.

A citação nos vem de Coélet: "Se não sabes o caminho do sopro vital, nem como se formam os ossos no seio da mulher grávida, tampouco podes saber a ação de Deus, que faz todas as coisas" (Ecl 11,5 — TEB). Em vez de enfatizar o conhecimento pela natureza ou pelas Escrituras, o cético Coélet ressalta a ignorância diante do mistério muito maior que nos envolve. Por outro lado, enfatiza também que um maior conhecimento da natureza também nos auxilia a melhor conhecer os desígnios de Deus.

Algo parecido nos diz um teólogo que trabalha com as relações entre ciências naturais e teologia:

> O que os teólogos poderiam a meu ver aprender da psicologia evolutiva [que está na base das ciências cognitivas da religião] é que uma noção teológica convincente da revelação divina não deveria apresentar um evento revelatório como um "evento sobrenatural", ou uma atividade divina não humana que vai contra a nossa cognição [...]. A revelação, nesta perspectiva, é um tipo de princípio de circunscrição que é capaz de distinguir quais são as abordagens úteis das que distorcem o divino. No caso do cristianismo, a revelação é uma Pessoa, que em si própria exemplifica as regras a serem seguidas pelos recipientes da revelação.[27]

A digressão diz respeito a um possível paralelo com a matemática. Como se sabe, Galileu já dizia que o livro da natureza é escrito em linguagem matemática. De fato, nas ciências físicas até os processos de modelização se fazem através de procedimentos matemáticos. Após longos e exaustivos cálculos, os físicos finalmente se perguntam: "Mas será que estes resultados têm algum significado físico?". Em outras palavras, diante das múltiplas possibilidades fornecidas por tais cálculos, pode-se afirmar que alguma delas corresponda mais adequadamente aos resultados da observação e da experiência? Para eles, é surpreendente que em geral isto acabe ocorrendo.

O grande mistério é como algo tão "puro" como a matemática, construído pela mente humana sem nenhuma finalidade prática, pode afinal de contas corresponder à ordem da realidade física? É o que o famoso físico Eugene Wigner chamou de "a incrível eficácia da matemática nas ciências naturais". Como diz ele, "o milagre da apropriação da linguagem da matemática para a formulação das leis da física é

---

26 Para um bom apanhado do tema, ver LIBANIO, *Teologia da revelação a partir da modernidade*. Ver também TORRES QUEIRUGA, *Repensar a revelação*, com sua crítica a um entendimento formalista, a-histórico desta noção.

27 GREGERSEN, The naturalness of religious imagination and the idea of revelation, parte IV.

317

Eduardo R. da Cruz

um presente maravilhoso que não entendemos e nem merecemos. Deveríamos ser agradecidos (ao milagre) e esperar que continue valendo em pesquisa futura e que se estenda [...] a amplos ramos do conhecimento".[28] E a palavra "milagre" é repetida várias vezes ao longo do texto. A noção de "presente maravilhoso" remete-nos imediatamente à noção da graça, ainda que Wigner não fosse um homem religioso. Voltando à teologia, há toda uma tradição desde o século XVIII (e o representante mais famoso é Lessing) que questiona a possibilidade de situações históricas particulares e contingentes virem a apresentar configurações de realidades que possuam uma dimensão cósmica.[29] E além disso temos a pretensão infinita daquele carpinteiro de Nazaré que motivou, a partir de alguns escritos de escassa representatividade histórica, a elaboração de toda uma doutrina sobre ele ser filho de Deus e cocriador de todo o cosmo. As discussões sobre se o Deus de Abraão, Isaac e Jacó pode ser o mesmo Deus dos filósofos levam à pergunta: será que todos estes relatos sobre o real têm algo a dizer sobre Ele, ou tal associação se dá no plano da pura fé?

Bem, muito se tem escrito sobre a relação entre matemática e ideias religiosas, mas uma pergunta que poucos já tiveram curiosidade de enfrentar é: será que se pode traçar um paralelo entre a milagrosa eficácia da matemática para descrever o funcionamento da realidade física e a eficácia da revelação judaico-cristã em descrever o sentido da realidade como um todo? Em outras palavras, seria a semelhança entre, por um lado, a tensão matemática-como-construção-humana e matemática--como-espelho-de-formas-ideais, e por outro, a tensão reflexão-humana-sobre--Deus e automanifestação-divina, algo útil para nossa reflexão? Como se devem evitar paralelismos fáceis, sempre sujeitos a equívocos, esta intuição fica mais para provocar futuras discussões.[30]

6. Realismo e pluralismo religioso

Por fim, uma questão aparentemente vexatória, a do pluralismo das religiões. Em uma primeira aproximação a ciência é uma, seu discurso é público, e os cientistas adotam uma suspensão de julgamento até que um consenso comum se estabeleça para designar o que é conhecimento científico. No caso da teologia e da religião, a situação no campo cognitivo parece ser exatamente a oposta: há disputas intermináveis sobre qual discurso religioso é verdadeiro, e muitas vezes certo "consenso" só é obtido pela força. Como falar de um realismo epistemológico, se cada pretensão de verdade é distinta da outra? E quais são as entidades que efetivamente fazem parte

---

28 WIGNER, Unreasonable effectiveness, p. 14.

29 Para este ponto, ver TRIGG, *Racionalidade e religião*, pp. 107-129.

30 Há muitos artigos escritos a respeito da coerência entre a linguagem matemática e a teologia. Entre estes, por dizer diretamente respeito ao realismo, veja-se BYL, Matter, mathematics, and God, como também LIGOMENIDES, The reality of mathematics.

do real? Não basta sugerir que todas acreditam haver um transcendente. Mas não é nossa intenção aqui fornecer nem sequer um esboço de uma resposta,[31] apenas fornecer algumas diretrizes para tanto.

Primeiro, da parte da ciência. Ao contrário do que muitos imaginam, esta está longe de ser monolítica. Além das duas divisões básicas, ciência teórica e experimental e ciências naturais e humanas, há que considerar as divisões entre as disciplinas (e no caso das ciências humanas, as escolas no seio de cada uma). Dada também a complexidade do conhecimento científico atual, têm-se um mosaico de conhecimentos locais (não por regiões geográficas, mas por disciplinas), cuja compatibilidade pode ser ou não ser conseguida.[32]

Além disso o conhecimento, por ser altamente especializado, só é detido adequadamente por um pequeno grupo de especialistas neste ou naquele assunto. O grosso dos cientistas tem apenas um conhecimento parcial, potencialmente distorcido (e isto é obviamente muito mais acentuado para o grande público) de tais assuntos, e a universalidade do conhecimento científico fica assim prejudicada. Mas que isto não sirva de consolo ao teólogo, pois o objeto de estudo das ciências, sendo a natureza como algo de circunscrito e controlável, presta-se com muito mais detalhes a ser estudada do que o "misterioso" mundo sobrenatural. Melhor procurar uma visão mais unificada do religioso que não sirva apenas para fins apologéticos.

Por várias razões pode-se defender que o sucesso de um diálogo inter-religioso não corresponde necessariamente a um sucesso no plano teórico de integração de pensamento religioso. Para fins deste estudo, as questões internas a esses diálogos ficam entre parênteses. Tanto a opção "todas as religiões falam a mesma coisa" como aquela oposta, que remete a um agnosticismo em relação a pretensões de verdade delas, não são adequadas para uma postura realista. Creio que a teologia cristã tem um grande diferencial que pode se colocar a serviço de outras reflexões religiosas: sua longa reflexão sobre os critérios de aceitabilidade de suas pretensões de verdade. Mesmo que o recurso a uma revelação específica coloque em cheque a adequação de alguns destes critérios, há todo um espaço no que se chama de teologia fundamental (mencione-se também a teologia natural) para colocar tal revelação em contexto mais amplo e em diálogo com outros discursos sagrados, orais ou escritos.

---

31   O leitor pode ver uma análise muito pertinente do assunto em TRIGG, *Racionalidade e religião*, pp. 63-84.

32   Como diz Peter Harrison: "A história do termo mostra que 'ciência' é uma construção ou reificação humana. Isso não implica necessariamente dizer que o conhecimento científico é socialmente construído: mais propriamente é a categoria 'ciência' (uma maneira de identificar certas formas de conhecimento e excluir outros) que é construída [...]. Entretanto, uma consequência inevitável da construção da categoria é que a ciência terá um conteúdo disputado e fronteiras contestadas [...]; não pode haver uma relação normativa ciência-religião, pois as ciências são plurais e distintas. Fraser Watts [...] apontou que 'existem diferentes ciências e cada qual possui sua própria história, métodos e hipóteses. Cada uma tem também um diferente relacionamento com a religião'" (HARRISON, "Ciência" e "religião": construindo os limites, p. 10).

Em outras palavras, antes que chegar a acordos fáceis, seja com o pensamento científico ou com outros pensamentos religiosos, os próprios teólogos precisam recuperar uma vez mais os esforços laboriosos de seus antecessores, até a mais remota antiguidade. A melhor forma de proceder a um trabalho teórico comum em um esforço de aproximar-se da verdade (e o uso do verbo "aproximar" aqui nos remete ao realismo científico) é que cada reivindicação particular de verdade possa ser desenvolvida à sua plenitude.[33]

7. Conclusão

Como se vê, realismo em teologia não é algo fácil de ser configurado. Sendo associada a uma longa e multifacetada história, o mundo "sobrenatural" descrito pelas religiões, principalmente o cristianismo, tem uma lógica sobretudo interna, e parece estar muito distante da visão de mundo que nos é apresentada pela ciência, pelo menos no âmbito cósmico. Creio que a articulação racional entre um realismo ontológico e outro passe obrigatoriamente pela noção de Deus — sem entretê-la racionalmente todo o mundo "sobrenatural" desaba como um castelo de cartas (e aqui retornamos à citação inicial de Lewis-Williams).

Já no século XI, Santo Anselmo colocava a noção de Deus de uma forma absolutamente fascinante e concisa, ainda que puramente lógica: "Aquilo acima do qual nada maior pode ser pensado". O uso de "aquilo" em vez de "aquEle" mostra a universalidade desta definição. É claro que, como muitos críticos apontaram, existência lógica não implica necessariamente existência empírica. Por outro lado, a menção ao "nada mais se pode pensar" apresenta um interessante paralelo com a cosmologia, quando fala de "horizonte de eventos". Em todo caso, a afirmação anselmiana implica que Deus está fora do tempo e do espaço (em termos teológicos, Ele os criou), uma forte razão, aliás, pela qual a ciência (que trabalha com objetos circunscritos ao tempo e ao espaço) não pode negar Sua existência.

Voltamos, assim, à pergunta básica do realismo teológico: "Mas, afinal de contas, Deus existe?". Para ser mais preciso, o atributo "existência" não se aplica propriamente a Deus, pois quando dizemos "X existe", assumimos "X" como algo no seio do tempo e do espaço. Alguns filósofos e teólogos afirmam que se pode mostrar o ser de Deus por meio de razões universais, outros utilizam Hebreus 11,3 para mostrar que a fé é essencial. Ainda que os dois não se excluam, certamente há uma tensão entre esses polos. Ao longo deste capítulo vimos que a defesa do realismo em religião e em teologia é possível, e que se pode argumentar racionalmente em prol de uma

---

33 Para dois tratamentos interessantes de como pensar a reivindicação de verdade particular do cristianismo com as demandas do pluralismo religioso, ver MIRANDA, *A Igreja numa sociedade fragmentada*, pp. 297-314; TRIGG, *Racionalidade e religião*.

Teologia e realismo: afinal, qual é o objeto do falar religioso?

opção referencial de seus discursos. Sobre Deus, ou ele é o Real por excelência, ou a realidade a que temos acesso e é explicada pela ciência é um fato bruto.[34] Não há meio termo. E, como vimos, não havendo dados que não sejam já interpretados, a única coisa que podemos dizer, após esgotados nossos argumentos racionais, é que é uma adesão a uma "nuvem de testemunhas" (novamente recorrendo ao imaginário de Hebreus 11) qualificadas que nos vai fazer adotar uma ou outra postura. Ir além disso já constitui uma idolatria da razão, uma pretensão injustificada de nossa pobre cognição.

8. Referências bibliográficas

ARMSTRONG, Karen. Metaphysical mistake. Confusion by Christians between belief and reason has created bad science and inept religion. *The Guardian*, 12/07/09. Disponível em http://www.guardian.co.uk/commentisfree/belief/2009/jul/12/religion-christianity-belief-science. Acesso em 11/11/09.

BARBOUR, Ian. *Quando a ciência encontra a religião*; inimigas, estranhas ou parceiras? São Paulo: Cultrix, 2004.

BIRD, Alexander, Scientific and theological realism. In: MOORE, Andrew; SCOTT, Michael (orgs.). *Realism and religion*; philosophical and theological perspectives. Aldershot: Ashgate, 2007. pp. 61-81.

BOYER, Steven D. The logic of mystery. *Religious Studies*, v. 43, 2007, pp. 89-102.

BYL, John. Matter, Mathematics, and God. *Theology and Science*, v. 5, issue 1, March 2007, pp. 73-86.

DUTRA, Luiz Henrique. *Introdução à teoria da ciência*. 3. ed. Florianópolis: Ed. UFSC, 2009.

FINGELKURTS, Alexander; FINGELKURTS, Andrew A. Is our brain hardwired to produce God, or is our brain hardwired to perceive God? A systematic review on the role of the brain in mediating religious experience. *Cognitive Processing*, v. 10, n. 4, November 2009, pp. 293-326.

GAETA, Rodolfo. A filosofia da ciência hoje: a crítica da crítica e o retorno ao realismo. In: REGNER, Anna Carolina K. P.; ROHDEN, Luiz (orgs.). *A filosofia e a ciência redesenham horizontes*. São Leopoldo: Unisinos, 2005. pp. 32-50.

GEFFRÉ, Claude. *Crer e interpretar*; a virada hermenêutica da teologia. Petrópolis: Vozes, 2004.

GLEISER, Marcelo. Como sabemos?. *Folha de S.Paulo*, Caderno Mais, domingo, 22/03/2009.

_____. *Criação imperfeita*. Rio de Janeiro: Record, 2010.

---

34   Stephen Hawking.

GREGERSEN, Niels H. The naturalness of religious imagination and the idea of revelation. *Ars Disputandi*, v. 3, 2003.

HARRISON, Peter. "Ciência" e "religião": construindo os limites. *REVER: Revista de Estudos da Religião*, março 2007, pp. 1-33.

LEWIS-WILIAMS, Daniel. *Conceiving God*; the cognitive origin and evolution of religion. London: Thames & Hudson, 2010.

LIBANIO, João B. *Teologia da revelação a partir da modernidade*. São Paulo: Loyola, 1995.

LIGOMENIDES, Panos A. The reality of mathematics. *Journal of Computational and Applied Mathematics*, 227, 2009, pp. 10-16.

MCCAULEY, Robert N. How science and religion are more like theology and common sense explanations than they are like each other: a cognitive account. Manuscrito não publicado disponível em http://userwww.service.emory.edu/~philrnm/publications/article_pdfs/How_Sci_and_Reli.pdf. Accesso 09/30/2009.

MCGRATH, Alister E. *Fundamentos do diálogo entre ciência e religião*. São Paulo: Loyola, 2005.

MIRANDA, Mário França. *A Igreja numa sociedade fragmentada*; escritos eclesiológicos. São Paulo: Loyola, 2006.

_____. Um intruso na universidade? *ALCEU*, v. 8, n. 16, jan./jun. 2008, pp. 5-18.

PAIVA, Geraldo J. Psicologia cognitiva e religião. *REVER: Revista de Estudos da Religião*, março, 2007, pp. 183-191.

PETERS, Ted; BENNETT, Gaymon (orgs.). *Construindo pontes entre a ciência e a religião*. São Paulo: Loyola/Unesp, 2003.

TAVES, Ann. *Religious experience reconsidered*; a building block approach to the study of religion and other special things. Princeton: Princeton University Press, 2009.

TESTA, Gernando G. *Deus sob as coisas*; o pensamento espiritual de Chiara Lubich sobre a natureza. Dissertação de mestrado defendida no Programa de Ciências da Religião da PUC-SP, maio de 2010.

TILLICH, Paul. *Dinâmica da fé*. São Leopoldo: Sinodal, 1970.

_____. *Teologia sistemática*; três volumes em um. 5. ed. revista. São Leopoldo: EST/ Ed. Sinodal, 2005.

TORRES QUEIRUGA, Andrés. *Repensar a revelação*; a revelação divina na realização humana. São Paulo: Paulinas, 2010.

TRIGG, Roger. *Racionalidade e religião*; precisará a fé da razão? Lisboa: Inst. Piaget, 2001.

WARD, Graham. Supernaturalism. In: VAN WENTZEL, J.; WENZEL, V. (orgs.) *Encyclopedia of science and religion*. New York, Macmillan Reference, 2003. pp. 846-848.

WIGNER, Eugene. The unreasonable effectiveness of mathematics in the natural sciences. *Communications in Pure and Applied Mathematics*, v. 13, n. I, February 1960, pp. 1-14.

ZIMAN, John. *Conhecimento confiável*; uma exploração dos fundamentos para a crença na ciência. Campinas: Papirus, 1996.

9. Sugestões de leitura

Além dos livros introdutórios de Ian Barbour, Luiz H. Dutra, Alister McGrath, Roger Trigg e John Ziman, citados, o leitor também pode consultar:

COTTINGHAM, John. *A dimensão espiritual*; religião, filosofia e valor humano. São Paulo: Loyola, 2008.

POLKINGHORNE, John. *Explorando a realidade*; o entrelaçamento entre ciência e religião. São Paulo: Loyola, 2008.

USARSKI, Frank. *O espectro disciplinar da ciência da religião*. São Paulo: Paulinas, 2007.

WARD, Keith. *Deus, um guia para os perplexos*. Rio de Janeiro: Difel, 2009.

POSFÁCIO

Desafios para o futuro

Eduardo R. da Cruz

Percorridos estes capítulos, versando sobre os mais variados aspectos do que se convencionou chamar "teologia e ciências naturais", é hora de destacar alguns pontos que consideramos importantes, e chamar a atenção sobre o futuro desta área no Brasil.

De início, podemos notar que pouco se falou, nos capítulos, do contexto institucional onde as presentes reflexões se desenvolvem. De fato, os autores pertencem a departamentos de universidades modernas, seculares ou confessionais. Em qualquer um destes casos, a teologia é nelas uma "intrusa", na feliz formulação de Mário F. Miranda.[1] O problema, é claro, aflige todo o mundo ocidental (culturalmente, não geograficamente), mas adquire um colorido brasileiro. Primeiro, como já se indicou na Introdução, o padrão de universidade que aqui se estabeleceu é o da universidade secular, com influências positivistas e laicistas, recebendo depois um viés marxista. As universidades confessionais procuram, de um lado, mimetizar o modelo acadêmico das primeiras, e de outro, contrapor-lhes em sua ideologia. Segundo, as universidades confessionais, jogadas que foram ao campo das "universidades privadas", têm dificuldade em se afirmar no panorama acadêmico nacional. Terceiro, em um sentido mais positivo, também nas universidades estatais está presente certo "catolicismo cultural", o que faz com que a teologia seja tolerada em várias circunstâncias, mas não se pode deixar de sentir que ela é vista como "café com leite" no jogo acadêmico.

1. O desafio do "novo ateísmo"

Mas este não é ainda o panorama completo: ainda que boa parte dos cientistas brasileiros sejam culturalmente cristãos, há uma minoria mais vocal, em postos-chave

---

1   MIRANDA, Um intruso na universidade?

Desafios para o futuro

na comunidade científica brasileira, que carrega uma suspeita em relação a coisas religiosas. Ao falar de temas como o do criacionismo e das crenças populares, o tom muitas vezes é de condescendência e recusa. Além disso, certas concepções na ciência são repetidas como chavões e de modo dogmático. Um recente exemplo surge no *Jornal da Ciência*, da SBPC. Em entrevista dada ao jornal, Caio M. C. de Castilho, da Universidade Federal da Bahia, fala dos neo-obscurantismos que ameaçam a razão e, ainda que a religião não seja o tema principal da entrevista, aproveita para reiterar o mito de Galileu: "É necessário também 'retomar Galileu no sentido de mostrar a diferença de essência entre ciência e religião'".[2] Neste caso, torna-se necessário enfrentar tais cientistas no próprio campo: questionar as credenciais da historiografia empregada por eles (ver capítulo de Numbers), assim como os pressupostos filosóficos e as opções ideológicas.

Por outro lado, é necessário que a própria teologia apresente suas credenciais acadêmicas de modo mais plausível para o público universitário brasileiro. Seu objeto central, Deus, "faz sentido" em um contexto de plausibilidade judaico-cristão. Corremos o risco de "pregarmos aos convertidos" com um livro como este, por mais brilhantes que sejam os argumentos aqui contidos, pois para o contexto de plausibilidade ateu-acadêmico, tais argumentos se constroem sobre o que é tido como uma ficção — Deus e sua história. O desafio, portanto, é tornar estes argumentos também plausíveis, pelo menos a pessoas dispostas a um diálogo e que mantenham outros pontos de vista. Sugerimos agora alguns arremedos de encaminhamento.

Em primeiro lugar, levar muito a sério o contexto de plausibilidade alheio. Por exemplo, temos que ter muita clareza sobre o alcance e o limite da ciência de nossos interlocutores, separando o que é consensual e seguro daquilo que é opinião derivada desta ciência. Por ser opinião, entretanto, não deve ser *ipso facto* rejeitada, mas explicitada em seu caráter. Se a argumentação racional, sendo necessária, não é por si suficiente para o convencimento, pelo menos pode-se esperar que a relevância da teologia e de seu objeto se torne plausível para tais interlocutores.

É preciso lembrar também que os cientistas costumam partir de questões teóricas (e até metafísicas), e subordinar questões morais a essas primeiras. No meio teológico, reagindo a uma tradição formalista pré-Vaticano II, dá-se hoje certa prioridade à práxis, abordagens hermenêuticas, e pontos de partida na experiência. Por oportuno que tenha sido este encaminhamento, há sempre a possibilidade de um choque cultural, onde cientistas podem acusar teólogos de subordinar fatos a sentimento e entusiasmo, e estes últimos acusar os primeiros de cínicos, por não atentarem às consequências morais de seu labor.

---

2   *Jornal da Ciência*, A ameaça do neo-obscurantismo à ciência.

Da mesma forma, a tecnologia (que é relativamente autônoma em relação à ciência) procede por considerações pragmáticas: na presença de problemas, perguntam-se pelas soluções mais simples, eficientes e de baixo custo, e se concentram esforços para viabilizá-las. Entretanto, como foi visto nos capítulos V, XI e XII, tal procedimento rapidamente se presta a produzir problemas que afetam o homem e a natureza. Teólogos se apressam em apontar tais problemas, mas isso pode alienar mais do que conscientizar os tecnólogos.

2. Novos paradigmas?

Se a apologética por confronto se tornou obsoleta[3] (pelo menos em círculos acadêmicos), o que por vezes a substitui tem escasso valor. Temos em mente aquilo que surge como alternativa para a ciência-padrão universal, na esteira dos movimentos de contracultura. Discursos libertários (atualmente ligados a movimentos ecológicos) mantêm que a ciência tal como a conhecemos deve ser superada e substituída por outra, holista e respeitadora dos anseios humanos. Não falamos tanto da crítica a uma ciência descontextualizada mantida por Hugh Lacey em seu capítulo, e da proposta que daí advém. Falamos, sim, de algo que se aproxima mais dos fenômenos descritos por Marcelo Camurça, da mistura sincrética que conjuga Nova Era e o organicismo típico do Romantismo alemão. Ao contrário do que é ressaltado por Camurça, entretanto, não se trata de ciência "popular", mas sim daquela entretida por alguns cientistas com variáveis credenciais acadêmicas. O nome de Fritjof Capra é apenas um dentre os que podem vir à baila.

Há um risco real que teólogos vejam nesses movimentos uma saída para a irrelevância atual da disciplina, pois haveria novos desenvolvimentos nas ciências naturais que seriam propícios a uma integração.[4] Mas esta opção lembra aquela da porta larga de Mt 7,13-14. Propomos que qualquer opção viável percorra o caminho da porta estreita, aquele de relacionar a teologia com a ciência mais consensual e mais difícil de ser apreendida.[5]

É certo que, como visto em vários dos capítulos, há uma nova compreensão na filosofia da ciência, que destaca os limites intrínsecos dela, na medida em que é feita por seres apenas humanos. Entretanto, isto não retira da ciência seu caráter de conhecimento confiável[6] e histórico. Confiável não só pelas aplicações tecnológicas,

---

3   Salvo casos de polêmicas públicas, como a recém-exemplificada pelo *Jornal da Ciência*.

4   Para uma apreciação desses riscos, ainda que sutil, ver de EUVÉ, *Ciência, fé e sabedoria*, especialmente o cap. IV, "Ciência e misticismo".

5   Tive a oportunidade de argumentar com mais detalhes nesse sentido em meu artigo "Ciência de quem? Qual epistemologia?".

6   Para essa noção, ver de ZIMAN, *Conhecimento confiável*.

como também pelos inúmeros testes empíricos e lógicos a que afirmações sobre a natureza são submetidos, em um processo onde o aspecto institucional é muito importante. Histórico, porque todo novo passo em ciência carrega consigo todo o peso de sua história pregressa. Quem renega a boa ciência do passado corre o risco de ficar apenas com o que de ruim nos foi legado.

O desafio para os interessados no diálogo entre religião e ciência não é pequeno. Não há ciência fácil, e toda divulgação científica tende a reduzir o significado daquilo que apresenta. Isso significa que um intenso esforço de familiarização com um determinado ramo da ciência se torna necessário. Não se trata tanto de frequentar cursos universitários regulares destes campos, o que seria muito oneroso, mas principalmente de acompanhar divulgação científica de boa qualidade, e de um esforço de compreensão dos bons textos que tratam do diálogo em pauta (ver a lista sugerida ao final deste livro).

O que se nota também é a falta de pesquisas nesta área, que levem a mestrados e doutorados, por exemplo. Portanto, um dos objetivos deste volume é justamente incentivar pessoas, tanto provindos da área de humanas (teologia, filosofia, história etc.), como provindos das ciências naturais, a se dedicar à pesquisa na área, aproveitando-se do fortalecimento da área de teologia e ciências da religião na pós--graduação brasileira.

3. Conclusão

Para a maioria dos leitores deste volume, entretanto, não se coloca no horizonte o engajar-se em tais empreitadas. Com relação a eles, a mensagem do presente volume é dupla: primeiro, destacar a importância e atualidade do tema, que efetivamente tem um impacto no cotidiano e nas pessoas. Segundo, considerando-se que um de seus públicos-alvo são professores de cultura religiosa, da necessidade de estes engajarem seus colegas das áreas de "exatas" em atividades em comum, para as quais o livro pode servir de subsídio, e suscitar nos alunos a compreensão da relevância desses temas, conjugando os materiais mais reflexivos desse livro com ilustrações que diariamente surgem nos meios de comunicação e na web. Seja com professores ou com alunos, contamos com que esse volume possa contribuir para dissipar mal--entendidos e confusões, tanto conceituais quanto históricos e factuais, que são tão comuns quando se fala de ciência e religião.

Por fim, é preciso relembrar de um dos limites desse livro: ele é ainda eminentemente cristão. Fica, então, o convite a especialistas de/em outras religiões de retomar a mesma caminhada a partir de suas próprias tradições.[7]

---

[7]   Para uma primeira aproximação a abordagens de outras religiões, ver PETERS; BENNETT (orgs.), *Construindo pontes entre a ciência e a religião*, especialmente caps. 8-13.

4. Referências bibliográficas

CRUZ, Eduardo R. Ciência de quem? Qual epistemologia? Racionalidade contemporânea e teologia fundamental. *Revista Portuguesa de Filosofia*, Tomo 63, fascs. 1-3, 2007, pp. 507-532.

EUVÉ, François. *Ciência, fé e sabedoria*; é preciso falar de convergência? São Paulo: Loyola, 2009.

Jornal da Ciência. A ameaça do neo-obscurantismo à ciência. 17/09/2010. Disponível em http://www.jornaldaciencia.org.br/Detalhe.jsp?id=73520, acesso em 18/10/2010.

MIRANDA, Mário F. Um intruso na universidade? *ALCEU*, v. 8, n. 16, jan./jun. 2008, pp. 5-18.

PETERS, Ted; BENNETT, Gaymon (orgs.). *Construindo pontes entre a ciência e a religião*. São Paulo: Loyola/Unesp, 2003.

ZIMAN, John. *Conhecimento confiável*; uma exploração dos fundamentos para a crença na ciência. Campinas: Papirus, 1996.

Glossário

Antropocentrismo: Forma de pensamento que atribui ao ser humano uma posição de centralidade em relação a todo o universo. Na transição para a época moderna um conjunto de mudanças ocorreu na Europa, principalmente na esfera econômica e política. O ser humano torna-se mais crítico em relação à realidade que o circunda. É a mudança da mentalidade teocêntrica (tipicamente medieval), na qual Deus estava no centro, para o antropocentrismo, com o homem no centro do universo (ver a coincidência com o "copernicanismo"). É o perfil do homem que predomina a partir da Renascença e da Revolução Científica, que pretende explicar tudo através da razão e da ciência.

Biocentrismo: É a perspectiva que valoriza a relação dos seres humanos com a biosfera e a complexa teia da vida. A visão biocêntrica não rejeita a sociedade humana, mas a retira do *status* de superioridade. Dá prioridade à vida em suas diversas conexões: com as plantas, os animais, o clima e as condições geográficas. Tem profunda consideração pelo meio ambiente. Empenha-se em ir além das visões antropocêntricas para considerar toda vida e as dinâmicas dos ecossistemas que a sustentam.

Ciência (natural): Atividade de produção de conhecimento (ver verbete "epistemologia") que busca regularidades e mecanismos na natureza (ver verbete correspondente), a partir de evidências materiais, empíricas, reproduzíveis e públicas. Assim como a conhecemos, teve seu início no século XVII (ver verbete "Revolução Científica") e ganhou uma institucionalização definitiva no século XIX.

Cientificismo: Posição ideológica que parte do materialismo (ou naturalismo), negando a existência de uma realidade espiritual. Afirma ser a ciência o único ramo que fornece uma compreensão verdadeira da realidade (ver verbete "evolucionismo").

Copernicanismo: Entendimento das trajetórias dos planetas devido a Nicolau Copérnico (1474-1543), que as assume como sendo em torno do Sol, e não em torno da Terra, como aceito anteriormente. Violando aparentemente algumas citações bíblicas, foi o ponto de discórdia entre dois grupos na Itália, um capitaneado por Galileu e outro que eventualmente se utilizou de mecanismos eclesiásticos para condenar o copernicanismo.

Cosmologia relativística: É o estudo científico moderno do universo como um sistema físico único usando os conceitos e técnicas da Teoria da Relatividade Geral de Einstein. Difere, portanto, da cosmologia newtoniana, a qual aplica apenas as leis da mecânica de Newton para o estudo do universo. Deve ser distinguida também da cosmologia no mito e na filosofia.

Criação: No sentido teológico tradicional, exprime o ato divino de fazer surgir o universo do "nada". Contudo, a partir da consciência atual na cosmologia e nas ciências da vida, criação adquire o sentido fundamental de uma relação entre a realidade total perceptível e a transcendência. Mais importante do que fazer surgir algo do "nada", aqui se impõe a relação com o que não é nada.

Criacionismo científico: Entendimento da origem das espécies que se posiciona contra a teoria da evolução ou, mais frequentemente, contra o evolucionismo. Esta alternativa parte de uma leitura quase literal dos primeiros capítulos do Gênesis. Hoje em dia o movimento que sustenta esta leitura é conhecido apenas como "criacionismo", apesar de que este termo deveria ser usado para qualquer entendimento da natureza como criação, como nos três monoteísmos (ver também "Desígnio Inteligente").

Deísmo: "Religião do Iluminismo", foi um movimento complexo que procurou separar razão e revelação, dando precedência a uma "religião natural" ou rigorosamente racional. Nela, pode-se racionalmente crer na existência de um Deus Criador e autor da lei moral, mas itens como milagres e atos sobrenaturais são expurgados como supersticiosos. Com isso, o deísmo tirou a força da convicção de que uma religião deva se orientar a partir de uma revelação histórica específica.

Desígnio: Em particular como proposto por William Paley (1743-1805), "desígnio" aparece como o "para quê" de mecanismos ou órgãos-artefatos, dada a maior ou menor complexidade de sua ordem. Por outro lado, se desígnio é um efeito que só se explica por uma causa, então essa contém uma razão suficiente que possui dois elementos que fazem parte do conceito mesmo de desígnio: conhecimento ou inteligência e intenção de propósito ou de finalidade.

Desígnio Inteligente (*Intelligent Design, Design Inteligente*) (ver verbete "desígnio"): Ramo do "criacionismo científico" segundo o qual algumas estruturas complexas dos seres naturais só poderiam ser explicadas pela existência de um plano inteligente e não pela teoria da evolução. Não se utiliza do literalismo bíblico, mas é compatível com este.

Ecossistema: Do grego *oikos* ("casa") e *systema* ("sistema onde se vive"). Designa o conjunto das comunidades que vivem e interagem em determinada região. Assim, trata-se da interação das diversas populações de animais, plantas e bacté-

Glossário

rias umas com as outras e com os fatores externos como a água, o sol, o solo, o gelo, o vento. Todas as relações dos organismos entre si e com seu meio ambiente denomina-se ecossistema.

Epistemologia: A epistemologia, ou teoria do conhecimento, é um domínio da filosofia que se preocupa em compreender a natureza, as fontes e os processos de validação do conhecimento, científico ou não. As suas mais importantes questões são: o que é o conhecimento? Como nós o alcançamos? Qual é a sua relação com o mundo externo? Apesar de serem questões antigas, já discutidas pelos gregos, foi a partir da Era Moderna, com filósofos como Descartes, Hume e Kant, que a epistemologia passou a desfrutar de importância central na filosofia.

Evolucionismo: Tipo de cientificismo que estende a teoria da evolução darwiniana (ver verbete correspondente) para além de seus limites propriamente científicos e de sua correspondente aplicabilidade para a explicação das mudanças nas espécies biológicas. Um exemplo é sua aplicação à análise do desenvolvimento de ideias e outros fenômenos culturais, prescindindo das ciências humanas.

Fundamentalismo: Tipo de fenômeno religioso moderno (encontrado em parte das religiões históricas, mas principalmente no Protestantismo) que afirma aspectos selecionados de sua tradição como fundamentos essenciais, rejeitando simultaneamente elementos bem fundados do pensamento moderno, que passam a ser vistos como ameaças a estes fundamentos.

Hermenêutica: O termo vem de Hermes, o deus que trazia as decisões de Zeus, e traduz a ciência da interpretação dos textos. Aplica-se especialmente aos textos normativos como livros sagrados (Bíblia) e leis civis. Explicita os mecanismos da pré-compreensão, da textualidade e da circularidade entre leitor e texto na produção do sentido. Considera a temporalidade e o ambiente cultural em que os textos são escritos a fim de validar seu significado para os leitores.

Natureza: O termo "natureza" pode significar o que está sob os olhos ou que pode ser percebido com os sentidos; não é feito e nem transformado pelo ser humano e também não supõe ação divina ou de outro ser. Filosoficamente, possui um significado geral de expressar aquilo que as coisas são: a natureza (ou essência) humana, por exemplo. Do ponto de vista religioso e teológico, traduz a criação (ver verbete correspondente) em seu estatuto de autonomia, concedido pelo criador.

Natureza, livro da: Uma expressão que remonta ao modo bíblico de falar da natureza ao lado dos textos sagrados escritos em livros. Entende o cosmo como uma comunicação acessível universalmente, uma outra Revelação que ocorre em paralelo com a dos textos sagrados. Mesmo se na sociedade tecnológica a percepção de uma natureza tende a ser menor, pelo menos considera-se que do ponto de vista científico há uma apreensão mais rica e profunda. Há livros de divulgação científica que falam da "Mais Bela História", referindo-se à evolução do universo, da biosfera e do homem. Mas, é claro, o autor dessa história deixa de ser o Deus judaico-cristão.

Ontologia: Apesar da definição de ontologia ter sofrido modificações ao longo da história, pode-se partir da seguinte definição, algo simplista, para ela: a ontologia é a ciência ou estudo mais geral do ser, existência ou realidade. Atualmente, a ontologia possui duas acepções (divergentes entre si): por um lado, pode-se concebê-la como a investigação dos objetos e das propriedades mais fundamentais constituintes da realidade. Por outro, ontologia é a busca por respostas aos três problemas metafísicos tradicionais, a saber: o que é o homem? O que é o real? Qual é o lugar do homem no real? Segundo esta definição, ontologia diz respeito à determinação do sentido da existência humana.

Princípio de Razão Suficiente: popularizado por Samuel Clarke (1675-1729) e de G. W. Leibniz (1646-1716) como princípio metafísico, ele reza que "tudo o que existe tem uma causa, uma razão, um motivo para a sua existência, um fundamento sobre o qual sua existência repousa, um motivo ou uma razão por que ele de fato existe em vez de não existir" (Samuel Clarke).

Revolução Científica: Movimento que deu lugar à ciência moderna, ocorrido a partir de meados do século XVI, de reação ao aristotelismo e suas explicações por causas finais. Tendo como figuras centrais Galileu e Newton, procurou explicar as transformações físicas utilizando a observação e a experiência, a matematização das regularidades observadas, e a atribuição de causas, como massa e movimento, desligadas de influência humana.

Sagrado/profano: Sagrado (separado) diz respeito a domínios da realidade onde o divino se manifesta especialmente; profano, por oposição, diz respeito ao não religioso, ao cotidiano, àquilo que não manifesta imediatamente o divino. Nem todas religiões sustentam tal separação, tipicamente ocidental.

Secularização: O termo provém de "século", "época", "este mundo", em contraste ao "outro mundo" mencionado no Evangelho. O termo "secularização" ("tornar deste mundo") tem vários significados; o que mais importa aqui é a retirada do conteúdo cognitivo da religião na modernidade, transformando a teologia em um conhecimento de uma crença particular. Assim, só à ciência caberia o estatuto de "conhecimento público", apoiado pelo Estado e desenvolvido nas universidades.

Sublime tecnológico: Termo popularizado nos Estados Unidos, reflete a autotranscendência da tecnologia, que deixa de ser uma mera aplicação da ciência e organização das técnicas de manipulação da natureza, e passa a ter um significado espiritual em si própria.

Glossário

Teologia: No sentido atual, apresenta dois significados principais: estudo da fé cristã ou o estudo de Deus. De todos os modos, é aquela ciência que, partindo dos pressupostos de uma fé, discute o significado deles em diálogo com as demais ciências, em vista de uma explicitação responsável diante da comunidade humana. Tem a preocupação de dizer e testemunhar diante de outros o conteúdo da fé, de forma compreensível e acadêmica. Sem dúvida, esta acentuação na fé coloca o problema de sua presença na universidade (ver verbete "secularização")

Teologia natural: É um esforço teórico de conhecer a Deus apenas com recursos racionais válidos, sem recorrer à Revelação. Inclui argumentos teístas ou a favor da proposição "Deus [com tais e tais características] existe". A "teologia natural" é um ideal partilhado por pensadores tão distintos e distanciados no tempo como Aristóteles, Agostinho, Anselmo de Cantuária, Tomás de Aquino, Duns Scotus, Descartes, Berkeley e Leibniz. Entre os argumentos encontram-se o "ontológico", o "cosmológico" e o "teleológico".

Teoria da evolução darwiniana: Teoria científica, desenvolvida inicialmente por Darwin e outros, que explica a origem e o desenvolvimento das espécies com referência a duas forças de seleção: natural (hipótese de que algumas características hereditárias aumentam a chance de sobrevivência dos indivíduos e, portanto, a chance de estas mesmas características terem uma maior incidência na próxima geração) e sexual (hipótese semelhante, mas enfatizando a escolha dos parceiros sexuais). A unidade de seleção é em geral o gene.

Totalidade: É o termo usado para o conjunto de todos os objetos e sistemas individuais que constituem o mundo físico, desde as estruturas e componentes microscópicos da matéria até os maiores e mais distantes objetos celestes. Esse conjunto inclui não só os objetos em si, mas suas interações em todas as formas conhecidas pela física para descrevê-los, ou seja, utilizando conceitos como massa, energia, temperatura etc. A totalidade inclui os objetos visíveis que interagimos pela captação de sua radiação eletromagnética e/ou raios cósmicos, os invisíveis, ou seja, aqueles cuja detecção é apenas indireta e também os objetos cuja radiação e, portanto, informação sobre a sua existência, ainda não nos alcançou, mas que nos alcançará no futuro. Em geral, os termos universo e totalidade são considerados sinônimos em cosmologia moderna.

Universo observável: É a parte do universo a qual temos acesso por meio da captação da radiação eletromagnética emitida pelos objetos celestes. Como a luz tem uma velocidade finita, os objetos que emitiram luz que ainda não nos alcançou estão na parte do universo a qual somente teremos informação no futuro e, portanto, estão fora do universo observável. A estes últimos se diz que estão fora de nosso horizonte. Assim, o universo observável é a região do universo a qual está dentro do nosso horizonte de observação.

Livros sobre teologia e ciência em português

ARNOULD, Jacques. *Darwin, Teilhard de Chardin e Cia*. Paulus.

_____. A teologia depois de Darwin. Loyola.

BARBOUR, Ian G. *Quando a ciência encontra a religião*. Cultrix.

BROOKE, John H. *Ciência e religião*. Porto Editora.

COLLINS, Francis. *A linguagem de Deus*; um cientista apresenta evidências de que ele existe. Gente.

Concilium, 284-2000/1 — "Evolução e fé". Vozes.

Concilium, 3090-2005/1 — "Ciberespaço, ciberética, ciberteologia". Vozes.

CRAWFORD, Robert. *O que é religião?* Vozes.

DALAI LAMA. *O universo em um átomo*. Ediouro.

EUVÉ, François. *Pensar a criação como jogo*. Paulinas.

_____. *Ciência, fé, sabedoria*; é preciso falar de convergência? Loyola.

GOULD, Stephen J. *Pilares do tempo*; religião e ciência na plenitude do tempo. Rocco.

HAUGHT, John. *Deus após Darwin*. José Olympio.

_____. *Cristianismo e evolucionismo em 101 perguntas e respostas*. Gradiva.

_____. *Cristianismo e ciência*; para uma teologia da natureza. Paulinas.

KÜNG, Hans. *O princípio de todas as coisas*. Vozes.

LAMBERT, Dominique. *Ciências e teologia*; figuras de um diálogo. Loyola.

MALDAMÉ, Jean-Michel. *Cristo para o universo*; fé cristã e cosmologia. Paulinas.

MCGRATH, Alister. *Fundamentos do diálogo entre ciência e religião*. Loyola.

_____. *O Deus de Dawkins*; genes, memes e o sentido da vida. Shedd.

MIES, Françoise (org.). *Bíblia e ciências*; decifrando o universo. Loyola.

MOLTMANN, Jürgen. *Ciência e sabedoria*; um diálogo entre ciência natural e teologia. Loyola.

MORELAND, James P.; REYNOLDS, John M. (ogs.). *Criação e evolução*; 3 pontos de vista. Vida.

PASSOS, João D.; SOARES, Afonso M. L. (orgs.). *Teologia e ciência*. Paulinas.

Livros sobre teologia e ciência em português

PETERS, Ted; BENNETT, Gaymon (orgs.). *Construindo pontes entre a ciência e a religião*. Loyola/Unesp.

POLKINGHORNE, John. *Além da ciência*; o contexto humano mais amplo. Edusc.

_____. *Explorando a realidade*; o entrelaçamento entre ciência e religião. Loyola.

REGAN, Hilary D.; KELLY, Terence J. (orgs.). *Deus, vida, inteligência e o universo*. Loyola.

RUSE, Michael. *Pode um Darwinista ser Cristão?* As relações entre ciência e religião. Ana Paula Faria.

SANCHES, Mário A. (org.). *Criação e evolução*; diálogo entre teologia e biologia. Ave-Maria.

SOTER (org.). *Religião, ciência e tecnologia*. Paulinas.

STOEGER, Wiliam R. *As leis da natureza*. Paulinas.

VAL DUSEK. *Filosofia da tecnologia*. Loyola.

Autores

Antonio Augusto Passos Videira

Graduação em Filosofia pela UFRJ e doutorado em Filosofia na Université de Paris VII – Université Denis Diderot. Atualmente é professor adjunto da UERJ, além de professor colaborador no Programa de Pós-Graduação em Epistemologia e História das Ciências e das Técnicas da UFRJ e pesquisador visitante no CBPF. Entre suas publicações, destaque-se *Einstein e o Brasil* (organizado com I. C. Moreira, Editora UFRJ).

Bronislaw Szerszynski

Sociólogo e palestrante sênior em Ambiente e Cultura no Instituto do Meio Ambiente, Filosofia e Política Pública no Furness College, Universidade de Lancaster. Entre os seus vários interesses de pesquisa está a relação entre tecnologia e religião. Sua principal publicação na área é *Nature, Technology and the Sacred* (Blackwell).

Eduardo Rodrigues da Cruz

Professor titular da PUC-SP. Bacharelado e mestrado em Física pela USP, bacharelado em Teologia na Faculdade de Teologia Nossa Senhora da Assunção, e doutorado em Teologia pela Universidade de Chicago. Uma versão revista de sua tese foi publicada pela Loyola: *A dupla face; Paul Tillich e a ciência moderna* (2007). Possui outros livros e artigos, em português e outras em línguas, relativos à interface entre teologia e ciência.

Erico João Hammes

Professor de Teologia Sistemática e participante das discussões sobre fé, ciência e teologia na Pontifícia Universidade Católica do RS — PUC-RS. Seu doutorado é em Teologia pela Gregoriana de Roma, e pesquisa a reflexão da fé cristã no contexto latino-americano e brasileiro. Editor da revista *Teocomunicação*, tem vários artigos em periódicos, além de capítulos de livros na Alemanha e no Brasil.

Hugh Lacey

Professor emérito de Filosofia no Swarthmore College (PA, EUA), e pesquisador colaborador no Departamento de Filosofia da USP. Entre suas publicações recentes se incluem: *Is Science Value Free?* Values and Scientific Understanding; *A controvérsia sobre os transgênicos: questões científicas e éticas;* e *Valores e atividade científica* (2 vols.).

João Edênio dos Reis Valle

Professor de Psicologia da Religião no Programa de Pós-Graduação em Ciência da Religião da PUC-SP. Possui graduação em Teologia na Philosophisch-Theologische Hochschule Sankt Augustin, e especialização em Psicologia com doutorado em Pedagogia na Pontifícia Università Salesiana de Roma. Entre seus livros, mencione-se *Psicologia e experiência religiosa* (Loyola).

Juvenal Savian Filho

Doutor em Filosofia pela USP e diplomado em Teologia pela Università Pontificia Salesiana di Roma. Professor da Graduação e Pós-Graduação em Filosofia da Unifesp, Campus de Guarulhos. Publicou, entre outros, *Fé e razão: uma questão atual?* (Loyola) e *Deus* (Globo). É também editor, junto com Marilena Chauí, da série "Filosofias: o prazer do pensar" (Martins Fontes).

Leo Pessini

Mestre em Teologia Moral pela Faculdade Teologia Nossa Senhora da Assunção e doutor em Teologia na mesma faculdade. Atualmente é professor na Pós-Graduação do Centro Universitário São Camilo, na área de Bioética. Entre as suas publicações, destaca-se o livro *Problemas atuais de bioética* (em colaboração com Paul Barchifontaine, São Camilo/Edições Loyola), já na sua oitava edição.

Leomar Antonio Brustolin

É doutor em Teologia pela San Tommaso de Roma. Professor e coordenador do Programa de Pós-Graduação em Teologia da PUC-RS. Dedica-se especialmente à Antropologia Teológica e Moral Social. Dentre as suas publicações encontra-se:

Quando Cristo vem... a parusia na escatologia cristã (Paulus) e *Bioética: cuidar da vida e do ambiente* (Paulus).

Marcelo Ayres Camurça Lima

Mestre em Sociologia pela UFC e doutor em Antropologia Social pelo Museu Nacional da UFRJ; pós-doutorado na École des Hautes Études/Sorbonne. Atualmente é professor associado II de Ciências da Religião da UFJF, na área de antropologia da religião. Entre suas publicações, destacam *Ciências sociais e ciências da religião; polêmicas e interlocuções* (Paulinas).

Marcelo Byrro Ribeiro

Professor associado do Instituto de Física da UFRJ. Doutor em Física pelo Queen Mary & Westfield College, Universidade de Londres; pós-doutorado em Cosmologia no Observatório do Vaticano, Universidade do Arizona. Pesquisa na área de Astrofísica e relatividade geral, na área de aspectos epistemológicos da ciência moderna, e tem inúmeras publicações em periódicos especializados.

Maria Clara Lucchetti Bingemer

Mestre em Teologia pela PUC-Rio e doutora em Teologia Sistemática pela Gregoriana de Roma. É professora associada do Departamento de Teologia da PUC--Rio. Atua principalmente nos seguintes temas: Deus, alteridade, mulher, violência e espiritualidade. Tem pesquisado e publicado nos últimos anos sobre o pensamento da filósofa francesa Simone Weil. Publicou, entre outros, *Simone Weil, a força e a fraqueza do amor* (Rocco).

Roberto Hofmeister Pich

É Doutor em Filosofia pela Universidade de Bonn, Alemanha. Professor adjunto de Filosofia na PUC-RS. Editor de *Veritas — Revista de Filosofia*. Entre seus livros, contam-se *João Duns Scotus; textos sobre poder, conhecimento e contingência* (EDI-PUC-RS), e *Filosofia, religião e ciência* (organizado junto com Urbano Zilles, EST);

Ronald L. Numbers

Hilldale Professor de História da Ciência e da Medicina, Universidade de Wisconsin-Madison. Ex-presidente da International Union of the History and Philosophy of Science. Entre suas inúmeras publicações, contam-se *Galileo Goes to Jail, and Other Myths about Science and Religion* (Harvard U. Press), e seu celebrado *The Creationists: from Scientific Creationism to Intelligent Design* (Harvard).

Steven Engler

Professor associado de Ciências da Religião da Universidade Mount Royal, Canadá, e professor assistente adjunto na Universidade Concórdia, Canadá. Doutor em Ciências da Religião pela Universidade Concórdia. É editor norte-americano do periódico *Religion* e foi professor visitante no Programa de Ciências da Religião da PUC-SP (2005-2007), quando pesquisou o criacionismo no Brasil como bolsista Capes.

Índice remissivo de autores

A

Agostinho, Sto. 41, 71, 76, 112, 333
Alston, William P. 81
Alszeghy, Z. 214, 215
Amaral, Leila 153
Anselmo, Sto. 20, 76, 80, 99, 320, 333
Archer, Margaret 242
Aristóteles 41, 53, 58, 76, 77, 80, 105, 202, 333
Armstrong, Karen 310, 311
Arnould, Jacques 213, 216, 223, 227

B

Bachelard, Gaston 13, 32, 53, 54, 55, 56, 58
Bacon, Francis 223
Barbour, Ian 30, 31, 32, 40, 323
Barth, Karl 77
Bento XVI 241
Berkeley, George 76, 333
Bird, Alexander 308
Blondel, Maurice 102
Bostrom, Nick 271, 272
Bowler, Peter J 202
Boyer, Pascal 53, 312
Bruno, Giordano 200, 201, 296, 301

C

Caiazza, John 291, 292, 295, 296, 297, 298, 299

Camurça, Marcelo A. 15, 148, 326
Capra, Fritjof 150, 326
Cassirer, Ernst 103
Catão, Francisco 122
Champion, Françoise 153
Clarke, Samuel 14, 79, 80, 81, 82, 83, 84, 85, 86, 98, 332
Clayton, Philip 79, 218
Colombo, Cristóvão 201
Concílio Vaticano II 215, 220
Condorcet, Marquis de 267
Congar, Yves 113, 115
Cooper, John 33
Copérnico, Nicolau 26, 162, 166, 198, 199, 200, 202, 212, 329
Craig, William L. 12, 80

D

Darwin, Charles 12, 44, 92, 164, 198, 200, 202, 203, 204, 210, 211, 212, 213, 214, 215, 216, 217, 218, 220, 221, 223, 228, 229, 230, 237, 238, 239, 240, 241, 243, 245, 252, 253, 254, 255, 305, 333, 334
Dawkins, Richard 12, 20, 29, 142, 228, 309, 334
Deleuze, Gilles 102
Dennett, Daniel 12
Derrida, Jacques 103
Descartes, René 26, 76, 106, 107, 167, 196, 280, 294, 331, 333
Dorlodot, Henry de 241, 252

Índice remissivo de autores

Draper, John William 16, 168, 199, 200, 204, 239
Drees, Wilhelm 31
Duns Scotus 76, 333, 338
Durkheim, Émile 15, 51, 52, 148
Dutra, Luiz H. 323
Dyson, Freeman 270, 271

E

Einstein, Albert 16, 55, 56, 152, 164, 165, 168, 171, 172, 173, 177, 179, 181, 185, 190, 191, 194, 195, 217, 330, 336
Eliade, Mircea 46
Ellul, Jacques 19
Erikson, Erik H. 273

F

Feuerbach, Ludwig 41, 109, 120, 310
Fichte, Johann G. 109
Flew, Antony 95
Frankl, Victor 111
Fukuyama, Francis 18, 268, 272, 273
Funkenstein, Amos 294

G

Galileu Galilei 26, 166, 167, 185, 196
Galvani, Luigi 199
Geertz, Clifford 42, 47
Gilson, Étienne 76, 102
Gleiser, Marcelo 12, 29, 36, 307
Gould, Stephen Jay 11, 92, 207

H

Habermas, Jürgen 103, 308
Harrison, Peter 27, 319
Haught, John F. 31, 216, 217, 218, 219, 225, 227
Hawking, Stephen 168, 183, 321
Hefner, Philip J. 31
Hegel, Georg W. F. 81, 104, 109
Heidegger, Martin 19, 102
Hick, John 96
Hume, David 14, 77, 82, 84, 85, 86, 87, 92, 93, 94, 95, 96, 97, 98, 99, 100, 331
Husserl, Edmund 102
Huxley, Aldous 204, 260

J

Jacquemont, Patrick 117
James, William 42, 44, 51, 60, 188, 200, 236, 265
Japiassu, Hilton 53
Jaspers, Karl 102, 292
João Paulo II 17, 32, 33, 215, 241
Jossua, Jean-Pierre 117
Jung, Carl G. 13, 46, 49, 103

K

Kant, Immanuel 14, 41, 77, 78, 80, 85, 104, 106, 107, 170, 188, 331
Kardec, Alan 154
Kass, Leon 18, 260, 272
Kepler, Joahannes 26, 200, 212
Kessler, H. 213, 216, 221, 226, 227
Kierkegaard, Sören 102, 108

L

Lacey, Hugh 15, 19, 127, 326
La Mettrie, Julien O. 267
Lamoureux, Denis 238
Latour, Bruno 296
Leibniz, Gottfried W. 76, 80, 98, 107, 294, 332, 333
Lessing, Gotthold E. 318
Lewis-Williams, Daniel 305, 306, 320
Libanio, João B. 37, 40, 41

M

MacIntyre, Alasdair 103
Marcel, Gabriel 102, 151, 161, 300
Marx, Karl 39, 41, 102
Maslow, Abraham 38, 49
Mauss, Marcel 151
Mayr, Ernst 202
McGrath, Alister 323
Merleau-Ponty, Maurice 103, 111
Milbank, John 293
Miranda, Mário F. 311, 324
Mithen, Stephen 53
Moltmann, Jürgen 19, 282, 288

N

Nietzsche, Friedrich 41, 102, 108, 267
Numbers, Ronald L. 16, 198, 250, 325

O

Orwell, George 260

P

Paiva, Geraldo J. 30
Paley, William 14, 79, 87, 88, 89, 90, 91, 92, 96, 98, 221, 330
Pannenberg, Wolfhart 78
Pascal, Blaise 58, 59, 107, 109, 312
Passos, João D. 5, 39, 40
Pasteur, Louis 199
Pedersen, Olaf 223
Piaget, Jean 13, 48, 61, 322
Piette, Alber 148, 149, 150, 151, 152, 153, 154, 155, 160
Pio X 17, 214, 241
Pio XII 17, 214, 241
Plantinga, Alvin 33, 77, 78, 79, 80, 96, 97
Platão 41, 105, 185, 232, 306
Polkinghorne, John 209, 295
Popper, Karl 32, 53
Post, Stephen G. 18, 273, 275

Q

Quelquejeu, Bernard 117

R

Rahner, Karl 120, 226
Rappaport, Roy 297
Ricoeur, Paul 103, 222, 223
Ruse, Michael 244
Russell, Colin 201, 209

S

Sartre, Jean P. 102
Scheler, Max 102
Scopes, John Thomas 16, 198, 205, 206, 243
Stoeger, William 16, 168, 170, 185, 191, 192, 193, 194
Suárez, Francisco 108
Swinburne, Richard 14, 77, 96, 97, 99, 100, 101

T

Taliaferro, Charles 78, 114
Teilhard de Chardin 152, 213, 214, 217, 218, 228, 334
Tillich, Paul 314, 336
Tirosh-Samuelson, Hava 295
Tomás de Aquino 41, 76, 78, 79, 80, 82, 308, 333
Trigg, Roger 323

V

Van Belzen, Jacob 13, 47, 48, 50, 51, 52
Velho, Otávio 150
Venter, Craig 12
Vergote, Antoine 42
Vesalius, Andreas 200
Viveiros de Castro, Eduardo 43, 44, 45
Voltaire 107, 109, 167
Vygotsky, Lev 13, 47, 48, 49, 50, 51, 61

W

Watson, James 265
Whewell, William 201
White, Andrew D. 16, 200, 201, 204, 239, 242, 250, 284
Whitehead, Alfred N. 233
White Jr., Lynn 284
Wigner, Eugene 317
Winnicott, Donald W. 103, 111
Wittgenstein, Ludwig 53
Wolterstoff, Nicholas 33

Y

Yandell, Keith 114

Z

Zilles, Urbano 85, 338
Ziman, John 323

Índice remissivo de assuntos

A

abordagem descontextualizada 15, 131ss, 139-140, 326
Adventista 241ss
agência humana 129, 134-135, 142, 144
agnóstico, agnosticismo 30, 77, 210, 213, 270, 312, 319
Alcorão (Corão) 208, 232, 247-248
América Latina 41, 103, 144
analogia 45, 77, 88, 90ss, 148-149, 190, 227, 310-311
anatomia 91-92, 200, 248
animismo 150
antropocentrismo 19, 282ss
aperfeiçoamento 18, 262, 264ss
Apologética 41, 309, 326
argumentos da existência de Deus 14, 76-97, 103-104, 108, 116, 214, 221, 311, 321
arqueologia 219
astrofísica (o) 153, 172, 225
astrologia 151, 155ss
astronomia 166-167, 172, 186, 199, 259
ateísmo, ateus 12, 15, 26, 28, 90, 96, 102, 109, 114, 116, 119-120, 208, 210-213, 238, 270, 324
atitude científica 129, 135-140, 146, 314
autocomunicação, de Deus 121, 220, 225, 227-228
autotranscendência 226

B

Behaviorismo 49, 134, 150
Bíblia 64, 66, 71-72, 154. 207, 213, 216, 222, 232, 235-238, 242-243, 251, 285, 316
biocentrismo 19, 282-284
biodiversidade 140
Bioética 18, 259-276
biotecnologia 18, 259-276
Budismo 116, 150
buraco negro 30, 183
busca de sentido 12, 29, 31, 34, 43, 45, 50, 57-58, 67, 70, 90, 103, 110, 116, 119-120, 148, 192, 219, 224-225, 228, 261, 281, 288, 299, 318

C

caos 64, 74, 232, 285
categorias intencionais 134-135
causalidade 30, 93, 210-21, 220
células-tronco 263, 272
cibernética (o) 268ss
ciência moderna 15, 16, 19, 39, 45, 56, 130-131, 136, 139, 162ss, 185-186, 19192, 199ss, 208, 294-295, 309
ciências cognitivas da religião 20, 312, 317
ciências do espírito 35
ciências naturais 12, 16-17. 26, 32, 35, 57, 78, 187, 192, 213-214, 219-220, 226, 280, 282, 305-306, 313, 317, 326-327

343

cientificismo 19, 35-36, 43, 56, 231, 233-34, 239, 251, 268, 273, 295-296
clonagem 268, 273
cognitivismo, cognitivista 47-48, 134
comunhão 65, 68, 74, 289
conhecimento científico 25, 31, 36, 54ss, 97, 128, 134-136, 141, 143, 159, 168, 190, 234, 247, 260, 295-297, 307, 313, 315, 318-319
conhecimento religioso 13, 39-40, 291, 306, 308ss
conhecimento teológico 39, 312
construtivismo 309
conteúdo cognitivo 108, 110, 310
contextualismo 309
conversão 288
convicções religiosas 29, 203
Copernicanismo 166-167, 173-174, 185, 201-202, 330
Corão (ver Alcorão)
Cosmos 162
Cosmovisão 220, 222, 234, 239
creatio ex nihilo 67
criação do mundo 73-74, 106, 110, 205, 285
criacionismo 207-209, 211, 217, 228, 231-255, 325, 331
Criador 14, 17, 63-68, 74, 76, 81, 91, 95, 106, 110, 186, 211, 216, 220-222, 225-227, 232, 238, 270, 286, 294, 298, 318
criatura 64-69, 88, 116, 220, 227, 285-286, 295
crise ecológica 15, 18, 65, 278, 280-286
Cristianismo 13, 16, 27, 36, 64, 667-67, 69, 71, 76-77, 103, 105, 108, 198-200, 203-305, 216, 223, 239, 242, 284, 296, 317, 320

D

Darwinismo 16-17, 202-203, 208, 210, 217-218, 238-245, 331
Deísmo 81, 107, 109, 330
desencantamento 19, 147, 155, 284
desígnio 17-18, 68, 79, 85, 87-97, 218, 330
determinismo 58, 65, 83, 88, 132
dialética 15-16, 19, 54ss, 104, 275
diálogo inter-religioso 319,

dignidade humana 18, 119, 212, 261, 268, 272ss, 280, 288
DNA 261ss, 272
dois livros, metáfora 146, 222-223, 316
domínio, sobre a natureza 64, 74, 281-289
doutrina Espírita 154
dualismo 71, 218, 242, 244

E

ecologia (ógica) 13, 15, 18-19, 63-64, 75, 129, 133, 140-143, 159, 278-289, 326
efeitos colaterais 128, 137, 271, 299
emergentismo, -tista 218, 226
empirismo 54-56, 85
encantado (a) 65, 68, 147, 155, 284, 299
Encarnação 66-67, 70, 227, 296
entidades inobserváveis 315
epifania 13, 63, 65
era axial 292
Escolástica 26, 41, 76, 212
Esotéricos 153, 155
espécie humana 47, 51, 65, 225, 250, 269, 286
Espiritismo 15, 150, 154-155
eugenia, 18, 264, 271
evolução, teoria darwiniana da 16-17, 92, 212-217, 225, 233-251, 330
evolução humana 206
evolucionismo 17, 44, 211, 214, 231, 234, 237, 239, 242, 250, 330
existência de Deus 14, 78, 85, 102-104, 107, 111, 116, 167, 212, 221-222, 251
experiência mística 104, 108
experiência religiosa 14, 39, 42, 50-51, 10103, 105, 109, 111-118, 120, 142, 313

F

fé bíblica 72, 219-221
fé Cristã 14, 20, 32, 40, 68, 103-118, 167, 203, 214-215, 227-228, 238, 251, 284, 279, 287, 289, 296, 314-315, 318, 320-321, 333
feminismo 69-70
fenômeno religioso 19, 104, 292, 331
fenomenológico (a) 14, 46, 49, 104, 114, 117, 119, 142-143, 211
filosofia da ciência 15, 28, 57, 184-194, 307, 309-310, 315, 326-327, 331

Índice remissivo de assuntos

filosofia da linguagem 110
filosofia natural 19, 186-187, 198, 204, 294
filosofias materialistas 120, 130, 132ss
fim da religião (ver também "secularização") 159
fine tuning 96
finitude 67, 94, 297, 299
fisicalismo 132, 218
fisiologia 120, 200
fundamentalismo (ta) 17-18, 26, 203, 205-206, 213, 216-217, 231-251, 261, 275, 291, 296, 331

G

Gaudium et Spes 120, 289
Gênesis, livro do 17, 19, 63-65, 73, 206, 214-215, 222, 231-232, 236-237, 241-242, 244, 285-286, 306
Genética 29, 32, 92, 219, 259-260, 262, 264, 268-269, 298
genoma humano 12, 259, 263
geologia 206, 219, 237, 242
geometria 173-174, 177-180, 199, 224
globalização 207, 246-247
Gnósticos 149, 152, 296
Graça 66-67, 72, 146, 313, 318
grego, pensamento 29, 33, 105, 204, 292-293
"guerras da ciência" 19, 295

H

hebraico, pensamento 285, 292,
heresia, herético (a) 200-201, 293-294
hermenêutica 17, 52, 69, 104, 117, 210, 217, 220-224, 311, 325, 331
hindu, hinduísmo 18, 116, 233, 249-251
história natural 26, 47, 204
holismo, holista, holísticos 152-153, 219, 326
homo religiosus 311
humanismo 284

I

ideologia do progresso 130ss, 278, 289
idolatria 146, 293, 321
Igreja Católica 166-167, 199, 213-215, 222, 237, 240-241

iluminista, iluminismo 26-27, 81, 104-106, 108, 167, 199, 267, 284, 330
ilusão, religiosa 20, 39, 41, 110, 202, 310, 312
Imagem de Deus 70-71, 103, 108, 295
imanente 68, 228, 293
in vitro 261
indução, indutivo 28, 38, 54, 77, 94, 97, 154, 201, 310
inferno 203
inteligente, teoria do plano (ou desígnio); Intelligent Design 208, 218, 238, 244, 330
intencionalidade 15, 80, 133, 314, 316
Islamismo, Islâmico (a) 18, 77, 105, 208-209, 232, 247-250

J

Jesus Cristo 66, 68-71, 107, 116, 145, 201, 308
Judaísmo 77, 105, 250

K

kantiano (a) 78-79, 92, 107
Kardecismo 116, 150

L

lacunas fósseis 219
laicismo, laicista 26, 324
lei natural 268
leis da Natureza 11, 168, 191-192, 203
LHC (Large Hadron Collider) 28-29
linguagem científica 225, 307,
livros Bíblicos 220, 285
logos 36-37, 299, 314-315
lysenkoismo 208

M

macroevolução 207
magia, mágico (a) 15, 44-46, 151, 155, 291, 299
Magistério 11, 17, 32, 213-215, 222, 233, 241, 293
malthusianismo 260
marxismo 19, 119, 324
materialismo, aterialista 15, 47-49, 55, 57, 81, 95, 119-120, 130-146, 208, 222, 224, 234, 242, 267, 287

345

Eduardo R. da Cruz (org.)

medicina 137, 204, 263-266
meditação 151-152, 293
melhoramento 261, 265ss, 298
Mesopotâmia 285
metafísica (o) 14, 19, 28-29, 77-80. 88, 90,
    107, 130, 136-137, 167, 194, 220, 279,
    281, 307-309, 325, 332
metáfora 35, 112, 221-224, 240, 294, 310-311
método científico 15, 31, 36, 45, 54, 56, 106,
    148, 154, 179, 191, 234, 280, 283, 316
microevolução 207
milenarismo, 241
mistério 12, 19, 29, 35, 40, 58, 65, 68, 71-74,
    109, 112, 211, 216, 220, 225, 259-260,
    294, 299, 313, 316-317
misticismo 150, 154, 326
mito 13, 16, 25, 27, 33-35, 39-46, 51, 53, 55,
    58, 154, 179, 198-199, 205, 222-223,
    227, 231-232, 311-313
mitopoético 311, 313
modelo, em ciência 16, 40, 50, 97, 112-113,
    150, 152, 163, 169-171, 174-178, 181,
    189, 194, 307, 310
modelo matemático 106
monismo, monista 152, 222, 228, 292
monoteísmos 105-106, 118, 292, 330
morte de Deus 102, 108

N

nanotecnologias 264, 268-269, 273
naturalismo 116, 198, 233, 329
natureza 13, 17-19, 27, 34, 36, 44, 53, 63-68,
    74, 86, 90-96, 106, 129, 136, 146, 153,
    163, 166-167, 169-171, 180, 184-194,
    210-21, 217-228, 261, 275, 278-289,
    294, 298, 316-317, 326, 331
natureza humana 51, 67, 113, 129-130, 262,
    267-268, 272-273, 275
neotomismo 226
niilismo 120
nominalismo 148, 309
Nova Era 15, 152-153, 326

O

Ocidente 19, 80, 238, 251, 284, 292, 298, 300,
    316
Origem das espécies (A) 92, 239-240

P

paleontologia, -ólogo 207, 236-237, 242
paraciências 15, 149, 155-159
paradigmas 21, 79, 96, 107-108, 278-279,
    282, 287-289, 298, 326
paradoxo religioso 102, 111-112
pecado original 214-215, 228
perspectiva (s) de valor (es) 15, 127-130, 137,
    146
pessoa humana 112, 121, 264, 288-289
pós-humanismo (ista) 259, 261, 267-268,
    272-274, 316
pós-modernidade 20, 32, 267, 309
positivismo 27, 32, 35-36, 53, 57, 190, 310
princípio de precaução 141, 144
princípio de razão suficiente 81-82, 87-88,
    332
problema do mal 66-67, 85, 103, 119, 306
produção de sentido 148
profano 148, 293, 311, 332
progresso 19, 36, 65, 68, 93, 188, 198-199,
    204, 240, 245, 270, 272, 279, 281-282,
    284-299, 316
progresso tecnológico 127, 130, 136, 264,
    271,
Prometeu, -teico 268, 270-271
provas da existência de Deus ver argumen-
    tos da existência de Deus
psicanálise 45-46, 48-49, 57, 103, 143, 156,
    202

Q

quântica 56, 131, 133, 150-151, 168, 176, 184
quark 315

R

Rachamim (clemência, associada à materni-
    dade de Deus) 72
razão, conceito de 13, 36-38, 41, 54, 56-58,
    77, 94-95, 103, 106, 167, 191, 293
reducionismo 81, 132, 148, 152,
realismo16, 20, 55, 169, 185, 305-320
reencantamento 155
reencarnação 149
relativismo 116, 267, 275

Índice remissivo de assuntos

religião, conceito de 13, 38-43, 148, 309-314
religiosidade 30-31, 37-42, 47, 49, 51-52, 57, 148
religiosidades científicas, seculares 148ss, 160
retorno do religioso 159
Revelação 20, 27, 63ss, 71, 74-75, 76, 81, 146, 220, 225, 295-296, 310, 316-318, 319, 330, 333
robótica 268
Ruach 72-73
Romantismo 107, 315, 326

S

sacralidade laica 148
sagrado 15, 43-44, 148, 152, 217, 279, 292-296, 298, 316, 332
Salvação 13, 63, 67-68, 70, 72-74, 279, 287, 289, 296, 315
santidade 68, 105
sapiencial 13, 35, 40-41, 215, 313
secularização, secularizado 19, 26, 30, 155, 158, 202-203, 296, 316, 332
senso comum 34, 36, 38-39, 51, 53ss, 306, 313, 315
sentimento religioso 102
significação 49, 137, 148, 224
símbolo 40, 42,69, 71
sincretismos 151-153, 160
sobrenatural 12, 155, 311-312, 315, 317, 319-320
sociobiologia 297
Sociedade Criacionista Brasileira 246
SOTER 11, 27, 335
soteriologia, soteriológico 68, 299, 314
sublime tecnológico 299, 332

T

tecnocientíficas 136-138, 141, 275
tecnologia da informação 260
teísmo 77-78, 81, 85, 87, 97, 213, 218
teleologia 212, 243
teodiceia (s) 109, 213
teologia, conceito de 40-41, 104, 309-314, 333
teologia da criação 63, 75, 210ss, 218, 278ss
Teologia da Libertação 41, 144

teologia natural 14, 18, 76-97, 213, 319, 333
terapia 153, 260-261, 264ss, 274-276
Terra 18-19, 63-64, 66-67, 73, 177, 182, 198, 201-202, 205-207, 235ss, 250-251, 278, 283-289, 305, 329,
transcendência, transcendente 14-15, 35, 43, 74, 105, 109-113, 116-117, 120-121, 149-153, 211-212, 218, 220-221, 225, 227-228, 233, 279, 289, 292-293, 297, 319, 330
Transumanismo 259, 267-271
Trindade 13, 73-74, 81, 310

U

Universo 14, 16, 29, 33, 76-77, 81, 86, 92-96, 105, 107, 109-110, 119, 152, 164-166, 171-184, 186, 189-190, 194, 201-202, 210-212, 216-217, 221-225, 228, 236, 239, 250, 259-260, 280, 283, 287, 315, 329-330, 333
utopias, utópico 18, 259, 271, 274-275, 316

V

valores do progresso Tecnológico 127, 130-140
Vaticano 120, 199, 201, 215, 220, 241, 289, 325
verificação experimental 106
vida humana 103, 109, 111, 113, 120, 129, 132, 168-169, 217, 225, 259, 264, 267, 278, 280, 283, 286-288, 305, 311
virtudes Teologais 20, 308, 314-315
visão de mundo 15, 44. 87, 127, 129-130, 134, 145-146, 193, 278
    científica do mundo, de mundo
    científica 130
    materialista 15, 130, 135-139, 144, 146
    religiosa 144, 146, 320

X

xamanismo 150

Z

Zygon (Revista) 31, 229-230, 252-254, 291-292, 294-296, 300-310

Sumário

Agradecimentos..5

Apresentação da coleção 7

Introdução...11

PARTE I
FUNDAMENTOS HISTÓRICO-SISTEMÁTICOS

I. Religião como forma de conhecimento: mito e razão
EDÊNIO R. VALLE 25

II. Deus: segredo escondido em sua criação
MARIA CLARA BINGEMER 63

III. Teologia natural: debates na filosofia moderna
ROBERTO HOFMEISTER PICH..76

IV. Filosofia da religião: a experiência religiosa
como desafio paradoxal à filosofia e às ciências
JUVENAL SAVIAN FILHO 102

PARTE II
A CIÊNCIA MODERNA: SEU FAZER E SEU CONHECIMENTO

V. A interação da atividade científica, visões de mundo
e perspectivas de valores
HUGH LACEY...127

VI. "Religiosidades científicas" hoje: entre o secular e o religioso
MARCELO CAMURÇA 148

VII. Cosmologia, uma ciência especial? Algumas considerações sobre
as relações entre cosmologia moderna, filosofia e teologia
MARCELO BYRRO RIBEIRO E ANTONIO AUGUSTO PASSOS VIDEIRA 162

VIII. Mitos e verdades em ciência e religião: uma perspectiva histórica
RONALD NUMBERS..198

IX.   Teologia e evolução: uma hermenêutica da aliança
Erico João Hammes 210

X.   O criacionismo
Steven Engler 231

Parte III
Temas de atualidade: tecnologia, ética, ecologia

XI.   Bioética e o futuro pós-humano: ideologia ou utopia,
ameaça ou esperança?
Leo Pessini 259

XII.   Teologia, ciência e natureza: uma relação ecológica
Leomar Brustolin 278

XIII.   Repensando o secular: ciência, tecnologia e religião hoje
Bronislaw Szerszynski 291

Excurso
Há alguém lá fora?

XIV.   Teologia e realismo: afinal, qual é o objeto do falar religioso?
Eduardo R. da Cruz 305

Posfácio: Desafios para o futuro
Eduardo R. da Cruz 324

Glossário 329

Livros sobre teologia e ciência em português 334

Autores 336

Índice remissivo de autores 340

Índice remissivo de assunto 343

Impresso na gráfica da
Pia Sociedade Filhas de São Paulo
Via Raposo Tavares, km 19,145
05577-300 - São Paulo, SP - Brasil - 2011